Das Buch

Die Geschichte der europäischen Juden – das ist die Geschichte eines stets problematischen Verhältnisses einer ethnischen, religiösen und immer auch gesellschaftlichen Minderheit zur übrigen Bevölkerung. Es ist die wechselvolle Geschichte von Abgrenzung und Selbstbehauptung, Resignation und Flucht, von Duldung und Schutz durch Kaiser und Landesherren – verbunden mit Sondersteuern und Ghettobildung –, von Ausbeutung, religiöser Verfemung und Verfolgung bis zu den blutigen Pogromen im hohen Mittelalter, die zu Massenauswanderungen führten, die Geschichte von offizieller Emanzipation, Assimilierung und Aufstieg in Wirtschaft, Wissenschaft und Kunst, der einen neuen Antisemitismus zeitigte, bis hin zum ideologisch verbrämten, staatlich organisierten Völkermord in unserer Zeit durch die Nationalsozialisten.

Diese Ringvorlesung für Hörer aller Fakultäten an der Universität Freiburg i. Br. fand vor überfüllten Hörsälen statt. Die Beiträge von Historikern aller Fachrichtungen aus Freiburg und von drei ausländischen Universitäten geben die Erkenntnisse der modernen Forschung zu einem zentralen und noch immer aktuellen Thema der Geschichts- und Sozialwissenschaft wieder; zugleich fordern sie uns auf, unser Verhalten zu heute mit uns lebenden Minderheiten zu überdenken.

Die Juden
als Minderheit in der Geschichte

Herausgegeben von Bernd Martin und Ernst Schulin

Deutscher
Taschenbuch
Verlag

Der Umschlag zeigt Kaiser Heinrich VII. mit Gefolge nach seiner Krönung in Rom 1312 auf dem Krönungsritt vom Lateran nach S. Sabina, als er den Vorständen der römischen Juden ihre Privilegien bestätigt.
Die Bildlegende lautet: *Imperator redit, dans Judeis legem Moysi in rotulo* – Der Kaiser kehrt zurück und gewährt in einem Rotulus den Juden das Gesetz des Moses.
Entnommen dem dtv-Band *Kaiser Heinrichs Romfahrt. Die Bilderchronik von Kaiser Heinrich VII. und Kurfürst Balduin von Luxemburg 1308–1313.* Mit einer Einleitung und Erläuterungen herausgegeben von Franz-Josef Heyen (Nr. 1358).

Die Karte auf Seite 218 zeichnete Karl-Friedrich Schäfer.

Originalausgabe
1. Auflage November 1981
2. Auflage Mai 1982: 11. bis 16. Tausend

Umschlaggestaltung: Celestino Piatti
Vorlage: Harald Boldt Verlag, Boppard
Gesamtherstellung: C. H. Beck'sche Buchdruckerei, Nördlingen
Printed in Germany · ISBN 3-423-01745-7

Inhalt

Vorwort der Herausgeber

Weit über ein Jahrtausend haben Juden in europäischen Ländern gelebt. Das vorliegende Buch sucht Aufschluß über das spannungsreiche Verhältnis der christlichen Völker zu diesen Minderheiten zu geben. Eine zusammenhängende Geschichte des Judentums von der Spätantike bis zum Zweiten Weltkrieg soll damit nicht geboten werden; auch keine vollständige Darstellung der Judenfeindschaft. Das Material ist so reich und die Erklärungsbedürftigkeit so groß, daß selbst die Verfasser mehrbändiger Darstellungen bei einem solchen Vorhaben mit starken Verkürzungen arbeiten müssen. Beabsichtigt sind Einblicke in wesentliche Bereiche und Umbruchszeiten dieses christlich-jüdischen Nebeneinanders.

Seit vier Jahrzehnten ist diese Existenzform der Juden so weitgehend verschwunden, daß wir heute immer weniger davon wissen. Weil sie aber damals in einem millionenfachen Massenmord zerstört wurde, der mit allen seinen Folgen auf uns lastet, ist es für unsere geschichtliche Aufklärung notwendig, dieses Wissen zu erneuern und zu vertiefen. Untrennbar sind damit Erklärungsversuche der nationalsozialistischen Vernichtungsaktion verbunden, die für uns immer noch, vielleicht sogar zunehmend, unfaßlich ist. Ausführlich wird deshalb im vorliegenden Buch dasjenige berücksichtigt, was man als die Vorgeschichte der versuchten totalen »Ausrottung« ansehen muß, nämlich die Judenemanzipation und den Antisemitismus in Deutschland seit dem 19. Jahrhundert. Aber diese nur auf Deutschland bezogene Vorgeschichte genügt keineswegs. Darum werden andere Länder herangezogen, Rußland und Frankreich, in denen der Antisemitismus um die Jahrhundertwende sogar virulenter war als im Reich. Und darum wird auch auf die gesamte jahrhundertelange Geschichte der christlich-jüdischen Verhältnisse eingegangen. Herausragende Gebiete und Wendepunkte der Feindschaft, der Verdrängung und des Integrationszwanges seit der Spätantike werden untersucht. Der Historiker kann sich außerdem bei allen diesen Fragen nicht damit begnügen, die jüdische Minderheit lediglich als Objekt zu behandeln – wie es die damalige Mehrheit tat und wie es ihr manche Antisemitismusforscher nachmachen. Das Sozialverhalten der Juden, ihre Beweggründe bei Anpassung und Nichtanpassung, ihre Aufstiegschancen bei partieller Emanzipation werden deshalb, soweit es möglich ist, beleuchtet.

Wer fürchtet, die nationalsozialistische Diktatur könnte durch solche geschichtliche Einordnung und Vergleichung ungebührlich entlastet werden, sei daran erinnert, daß Beurteilungen ohne gute historische Kenntnisse nicht nur zu dem Extrem neigen: dergleichen sei noch nie dagewesen, sondern auch zu dem gefährlicheren anderen: es sei immer schon ganz genauso gewesen. Die historischen Betrachtungen werden, beides einschränkend, zeigen, daß den Juden auch früher schon manches Unfaßliche angetan wurde, und werden die noch wichtigere Einsicht vermitteln, wieviel Minderheitenhaß potentiell in jeder Gesellschaft steckt.

Innerhalb des gegebenen Rahmens haben die Verfasser ihre Beiträge verschiedenartig gestaltet, je nach Thema, Größe des Bereichs und Notwendigkeit, mehr zu erklären und zu bewerten oder erst einmal zu informieren. Es ist bemerkenswert, daß in dem vielfältigen Gesamtbild die Kontinuität eines für den christlichen Kulturkreis spezifischen Judenhasses deutlich zutage tritt. Die christlichen Konfessionen haben immer wieder wesentlich dazu beigetragen, die Spannungen zu dieser Minderheit zu erneuern. Für den Betrachter allein der jüngsten Geschichte wäre das nicht erkennbar gewesen. Noch weniger für den Betrachter allein der Gegenwart, der unter dem Eindruck des arabischen Antizionismus steht und leicht vergißt, daß diese Erscheinung kaum aus islamischer Tradition, sondern fast nur aus dem modernen Palästina- und Israelproblem herzuleiten ist.

Entstanden ist dieses Sammelwerk, wie schon der beibehaltene Vortragsstil der Beiträge erkennen läßt, als eine Ringvorlesung. Sie wurde im Winter 1980/81 an der Universität Freiburg vom Historischen Seminar zusammen mit dem Studium generale veranstaltet. Einer der Herausgeber, Bernd Martin, regte das Vorhaben an und organisierte seine Durchführung. Um einer begrenzt deutschen Sichtweise vorzubeugen, wurden neben den Freiburger Historikern drei ausländische Gäste eingeladen. Das Echo bei den Studenten, Schülern und älteren Mitbürgern aus der Stadt war ungewöhnlich stark und anhaltend. Endlich war sichtbar die Bereitschaft da, Genaueres über die Schicksale einer Minderheit zu hören, von der die Jüngeren nichts wußten und die Älteren so lange nichts wissen wollten.

Kennt die hellenistisch-römische Antike eine »Judenfrage«?

von Walter Schmitthenner

Wenn man feststellen will, ob es in der hellenistisch-römischen Antike eine »Judenfrage« gegeben hat, dann dürfte es zweckmäßig sein zu prüfen, ob dieser schillernde Begriff überhaupt auf ein der Zeit nach so fernliegendes Gebiet angewandt werden darf.

Die Wortprägung »Judenfrage« ist relativ jungen Datums. Sie scheint auf den Junghegelianer Bruno Bauer zurückzugehen, der einen Aufsatz in den ›Deutschen Jahrbüchern für Wissenschaft und Kunst‹ von 1842 so betitelte. Bauer verstand darunter das Problem der Eingliederung der Juden in Staat und Gesellschaft der christlichen europäischen Völker. Er lehnte sie unter den gegebenen Umständen ab. Unter den zahlreichen Publikationen der 40er Jahre zur Judenemanzipation ist Bauers Schrift vor allem durch die grundsätzliche Kritik bekannt geworden, die sein Studienfreund Karl Marx unter dem gleichen Titel in den ›Deutsch-Französischen Jahrbüchern‹ von 1844 an ihr übte und im Anschluß an die er seine berühmte Gleichsetzung von Judentum und Kapitalismus vornahm. Für eine Weile wurde das Schlagwort »Judenfrage« eher von den Gegnern der Emanzipation verwendet, so im gleichen Jahr von Konstantin Frantz, dem konservativen Publizisten. Neue Aktualität gewann es im Zusammenhang mit der um 1880 – zugleich mit einer neuen Vokabel – einsetzenden »antisemitischen« Bewegung. Eugen Dührings Pamphlet ›Die Judenfrage als Racen- usw. frage‹ (1881) gehört hierher; sein Verfasser lebt am ehesten heute fort durch Friedrich Engels' sogen. ›Anti-Dühring‹ (seit 1878). Besonders langfristig hat Theodor Fritsch mit seinem ›Handbuch der Judenfrage‹ (1. Ausg. 1887, 49. Aufl. 1944) zur Popularisierung beigetragen. Dem entsprach die Terminologie des nationalsozialistischen Regimes. 1934 wurde auf Veranlassung des Propagandaministeriums in Berlin ein »Institut zum Studium der Judenfrage« begründet, das eine Zeitschrift und Monographien herausgab. Zwei Jahre später wurde von Walter Frank und seinem »Reichsinstitut für Geschichte des neuen Deutschlands« eine »Forschungsabteilung (Hauptreferat) Judenfrage« eingerichtet, deren acht Bände »Forschungen zur Judenfrage« (1937–1943) nicht selten nach dem von einem Mitarbeiter geäußerten Prinzip: »die Dinge sind doch da, auch wenn sie nicht in den Quellen stehen«[1] erarbeitet wurden. Im Auftrag der Forschungsabteilung erschienen seit 1936 im repräsentativen Organ der deutschen Geschichtswissenschaft, der ›Historischen Zeitschrift‹, Referate zur »Geschichte der Judenfrage«, die im Ausland Aufsehen erregten. Ein weiteres »Institut zur Erforschung der Judenfrage« wurde 1941 als Frankfurter »Außenstelle der Hohen Schule der NSDAP« (Reichsleiter Rosenberg) ins Leben gerufen. Vielleicht ist mit dem »Referat Judenforschung«, das im Jahre 1940 innerhalb des dem Generalgouverneur Hans Frank unterstellten »Instituts für Ostforschung« abgezweigt wurde, die letzte dieser Einrichtungen genannt.

Was unter »Judenfrage« verstanden wurde, war damals keineswegs einheitlich. Der Mittelalter-Historiker Wilhelm Grau definierte sie in einem programmatischen Vortrag als »alle jene Probleme ..., die in der Begegnung der Völker mit dem jüdischen Volk zu jeder Zeit in der Geschichte in Erscheinung getreten sind«[2]. Für seinen Gesinnungsgenossen, den klassischen Philologen Hans Bogner, von 1936 bis 1942 Professor an der Universität Freiburg, galt: »Judenfrage, ... d. h. zugleich ...Antisemitismus«[3]. Der Fachkollege an der Prager deutschen Karls-Universität, der sudetendeutsche Theodor Hopfner, bezeichnete als »Judenfrage« »auch schon für das Altertum ... alle jene Probleme und Konflikte, die sich aus dem Zusammenleben von Nichtjuden mit Juden ergaben«[4].

Es könnte scheinen, daß das Wort »Judenfrage« entsprechend seinen Anfängen den Antisemiten vorbehalten war. Das trifft nicht zu. Gerade im Zusammenhang mit der judenfeindlichen Welle der 80er Jahre des vorigen Jahrhunderts ist es auch von jüdischer Seite, ins Positive gewendet, gebraucht worden. Insbesondere haben sich die Begründer der zionistischen Bewegung seiner bedient. So Leon Pinsker, Arzt in Odessa und Diagnostiker der Lage des Judentums nach den russischen Pogromen, in einer 1882 zuerst anonym erschienenen Broschüre, und Theodor Herzl, dessen 1895 fertiggestelltes Buch ›Der Juden-

[1] V. Losemann, *Nationalsozialismus und Antike*. Hamburg 1977, S. 88.

[2] *Die Judenfrage als Aufgabe der neuen Geschichtsforschung*. Hamburg 1935, S. 9.

[3] *Die Judenfrage in der griechisch-römischen Welt*. In: *Forschungen zur Judenfrage*, Bd. 1. Hamburg 1937, S. 81–91, hier S. 81.

[4] *Die Judenfrage bei Griechen und Römern*. Prag 1943, S. 3.

staat‹ den Untertitel ›Versuch einer modernen Lösung der Judenfrage‹ trug. Martin Buber zitierte bereits 1909 mit nachdrücklicher Zustimmung die Definition des mit ihm befreundeten Berliner jüdischen Schriftstellers Moritz Heimann, der als »die Wurzel aller Judenfragen« die Identifizierung der Juden mit sich selbst nannte[5]. »Die Judenfrage . . . ist das Problem, das entsteht aus der Spannung zwischen dem Erbe des jüdischen Volkes und seiner Umgebung . . ., zwischen ›innerem Palästina‹ und dem ›Amerika‹, ›England‹, ›Rußland‹ oder ›Deutschland‹, das seinen äußeren Existenzraum ausmacht«, so 1927 ein in England wirkender jüdischer Publizist[6].

Aber es gibt im jüdischen Lager auch eine Gegenposition. Für den Wiener Oberrabbiner und Historiker Moritz Güdemann war die Judenfrage »nichts anderes als . . . eine auf materielle Geschäftszwecke angelegte Konstruktion der Antisemiten, die sich diesen Namen gleichsam als eingetragene Firma zum Betrieb der von ihnen aufgeworfenen ›Judenfrage‹ beilegten«[7]. Die Unabhängigkeitserklärung des Staates Israel vom 14. Mai 1948 verzichtet demgemäß auf die Vokabel und spricht vom »Problem der jüdischen Heimatlosigkeit«[8], und die ›Encyclopaedia Iudaica‹ von 1971/72 kennt kein Stichwort »Judenfrage«. Jedoch hat soeben Alexander bzw. Alex Bein, Meinecke-Schüler und Historiker am Reichsarchiv, 1933 nach Palästina emigriert, wo er 1955 die Leitung des Zionistischen Zentralarchivs in Jerusalem übernahm und bis 1971 Archivar des Staates Israel war, bekannt als der Biograph Theodor Herzls, ein umfangreiches zweibändiges Werk veröffentlicht, das den Titel ›Die Judenfrage. Biographie eines Weltproblems‹ trägt, einer »mehr als zweitausend Jahre« alten Erscheinung, wie es im Vorwort heißt[9] – womit die eingangs angestellte Überlegung, ob die hellenistisch-römische Antike eine Judenfrage kannte, schon beantwortet wäre.

Für Alex Bein gilt also, daß die Judenfrage als Problem, wenn auch nicht unter diesem Namen, »mindestens seit der Zerstreu-

[5] Vgl. A. Bein, *Die Judenfrage. Biographie eines Weltproblems.* Stuttgart 1980, Bd. 1, S. 1; Bd. 2, S. 3.

[6] P. Horowitz, zitiert nach Bein, *Judenfrage,* Bd. 2, S. 3.

[7] Monatsschrift für Geschichte und Wissenschaft des Judenthums 62 (1917) S. 61 ff., zitiert nach Bein, *Judenfrage,* Bd. 1, S. 1; Bd. 2, S. 3.

[8] Zitiert nach A. Beins Übersetzung (*Judenfrage,* Bd. 2, S. 351) des hebräischen Originals.

[9] Bein, *Judenfrage,* Bd. 1, S. XII.

ung unter die Völker«[10] besteht – womit ebenso der Sieg des Assyrerkönigs Sargon II. im Jahr 722/21 v. Chr. und die Verschleppung zahlreicher Angehöriger des Nordreichs Israel nach Mesopotamien als Ausgangspunkt gemeint ist wie 587/86, der Beginn der Babylonischen Gefangenschaft, und 70 n. Chr., das Jahr der Zerstörung Jerusalems und der Vertreibung seiner Bewohner. Dementsprechend wird von ihm die Judenfrage als das »Problem der Existenz von Juden unter den Völkern«[11] bezeichnet oder als die Frage an Vergangenheit und Gegenwart nach dem »Zusammenleben der Juden mit den Völkern und der Völker mit den Juden«[12], bei der »die jüdische Diaspora ... das charakteristischste Element ... ist«[13].

Erwähnt sei noch, daß man die Judenfrage »als einen Spezialfall des Problems der ›Vorurteile‹ zu verstehen versucht« hat[14], so daß Psychologie und Soziologie ins Spiel kommen. Endlich begegnet das Wort, das um der Nähe zu dem hier behandelten Zeitraum der Antike willen von Interesse ist, auch als Fachbegriff der neutestamentlichen Theologie: die Thematik von Judenchristen und Heidenchristen und ihrem Verhältnis zueinander ist hier gemeint.

Damit dürfte, von der einleitenden Funktion dieser Hinweise abgesehen, deutlich geworden sein, daß der Begriff »Judenfrage« nicht nur höchst komplex ist, sondern aufgrund seiner Entstehung in der Moderne auch nur mit Vorsicht auf so weit zurückliegende Geschichtsperioden wie die des hellenistisch-römischen Altertums angewandt werden kann. Bevor ich den Versuch einer möglichst neutralen Inhaltsbestimmung mache, möchte ich noch vorsorglich bemerken, daß das Schlagwort »Antisemitismus« für unsere Zwecke unbrauchbar ist. Als es, wie erwähnt, um 1880 seine jetzige Bedeutung erhielt, lehnten schon die ersten Wortführer wie Dühring seinen alle Semiten umfassenden Inhalt ab, und es ist bekannt, daß z. B. in einer »Stellungnahme des Rassenpolitischen Amtes (der NSDAP) zur Araberfrage« (vom 15. Januar 1943) der Ausdruck »Antisemitismus« als falsch bezeichnet wurde[15]. Schon 1942 hatte das Propagandaministerium seine vom bereits genannten »Institut

[10] Ebd.
[11] Ebd., Bd. 1, S. 4; vgl. S. 21.
[12] Ebd., S. XII.
[13] Ebd., Bd. 1, S. 15.
[14] Ebd., Bd. 2, S. 8.
[15] Ebd., Bd. 2, S. 168.

zum Studium der Judenfrage« gesteuerte »Antisemitische Aktion« in »Antijüdische Aktion« umbenannt[16].

Ich schlage deshalb vor, den Begriff Judenfrage, soweit das nach einer solchen Vorgeschichte möglich ist, für die Zwecke unseres Themas in einem rationaleren, nüchterneren Sinn zu verstehen, so wie man in der neueren Geschichte Europas und Asiens z. B. von der Orientalischen Frage spricht, von der Polnischen, der Armenischen Frage, um damit einen länger oder kürzer dauernden Ereigniszusammenhang zu bezeichnen, der die Staatsmänner und die Öffentlichkeit – später dann auch die Historiker – beschäftigt. Es zeigt sich freilich bei allen diesen »Fragen«, und die »Juden-Frage« ist davon am allerwenigsten ausgenommen, daß es nicht allein um Politik geht, sondern immer wieder auch um Ideenmäßiges und Irrationales.

Sucht man nach Beispielen im Bereich der Alten Geschichte, so wäre – wenn auch eine genaue Entsprechung, insbesondere ein passendes Wort nicht gegeben ist – in der hellenistischen Zeit an die Kelten- bzw. Galaterfrage zu denken, die anderthalb Jahrhunderte die Griechen des Mutterlandes und Kleinasiens in Atem hielt, oder im Rom der Republik an die Punische Frage, die Germanische, die durch die ganze Prinzipatsperiode andauerte, und an die Parther-Frage, die ein Erbe der spätrepublikanischen Zeit war.

In vielen dieser Fälle sowohl der antiken wie der modernen Geschichte ist das Vorhandensein einer »Frage« schon durch die Tatsache bestimmt, daß es sich bei dem jeweiligen politischen Partner um eine Minderheit handelt. Darüberhinaus wird man allgemein den Umstand, daß es sich bei dem Gegner in den Augen der führenden Macht um eine – wenigstens als solche vorgestellte – *gefährliche* Minderheit handelt, zu den konstituierenden Faktoren der uns hier beschäftigenden Problematik zählen dürfen.

Hat es in der Antike eine so aufzufassende und vergleichbare »Judenfrage« gegeben? Nach einer Antwort suchen wir nicht vor dem Eintritt des Judentums in den von der griechischen bzw. hellenistisch-römischen Antike bestimmten Kulturraum des Abendlandes. Was sich davor abspielte – die Landnahme der israelischen Stämme; die Bildung ihres eigenartigen Kultbundes unter Zuzug von aus Ägypten entwichenen Verwandten (um 1200 v. Chr.); die weiteren Schicksale dieses Teils von Palä-

[16] W. Schochow, *Deutsch-jüdische Geschichtswissenschaft.* Berlin 1969, S. 154.

stina an der unablässig umkämpften Nahtstelle zwischen dem ägyptischen und den mesopotamischen Großreichen, erst als unabhängiges größeres Fürstentum (Königtum Davids ca. 1012–972 v. Chr.), dann unter assyrischer, später neubabylonischer Herrschaft; die Deportation (»Exil«) von Teilen der Nordstämme (seit 722/21), später des jüdäischen Südens (587/86) (»Babylonische Gefangenschaft«); die teilweise Rückkehr (nach 583); die Unterordnung unter die Perser; das Wirken der späteren Propheten – mit einem Wort, die geschichtliche Welt des Alten Testaments – all das fällt in den Forschungsbereich des Altorientalisten. Auch er würde zu fragen haben, ob in der Völkerwelt Vorderasiens das Judentum eine *besondere* Rolle spielte.

In den Gesichtskreis der Griechen jedenfalls ist es, wie so vieles andere, erst mit dem Anbruch des hellenistischen Zeitalters getreten, d. h. durch die große geschichtliche Veränderung, die Alexander der Große eröffnet hat. Die Griechen, man denke an Herodot, hatten bis dahin wohl schon eine Vorstellung von Ägyptern, Persern, Babyloniern, selbst von den Indern, aber das kleine, zwischen Syrien und der Sinaihalbinsel siedelnde Volk der Juden war ihnen nicht einmal dem Namen nach bekannt. Was sich hier in der angedeuteten Weise von der Entstehung Israels bis zur persischen Eroberung vollzogen hatte, das war, von der Forschungslust der Hellenen her gesehen, im Verborgenen geblieben.

Erst seit die großen Diadochen, Ptolemaios und Seleukos, sich mit Palästina militärisch und administrativ zu befassen hatten, und mit ihnen griechische Intellektuelle, griechische Wißbegier, änderte sich das. Es ist noch nicht sicher ermittelt, ob ein gewisser Hekataios von Abdera, offenbar einer der Berater Ptolemaios'I. (ab 305 König von Ägypten), oder der berühmte Philosoph Theophrast (ca. 371–ca. 287 v. Chr.), ein Schüler des Aristoteles, der erste ist, der, für uns literarisch faßbar, den Griechen Kunde von den Juden gegeben hat. Theophrast berichtet unter anderem in seinem nur fragmentarisch erhaltenen Werk ›Peri Eusebeias‹ (Über Frömmigkeit) von der eigentümlichen Opferpraxis der Juden: »Während dieser ganzen Zeit (sc. ihres Opfers) sprechen sie unablässig miteinander über die Gottheit, denn sie sind Philosophen ihrer ganzen Art nach.«[17]

[17] Porphyrius, De abstinentia 2, 26; M. Stern, *Greek and Latin authors on Jews and Judaism.* 2 Bde., Jerusalem 1974–1980, Nr. 4; im Folgenden zitiert als Stern.

Viel ausführlicher ist, was von Hekataios von Abdera, den man der Philosophenschule der Skeptiker zuordnet, aus seinem, wie es scheint, Buch über Ägypten erhalten ist. Er weiß vom jüdischen Gesetzgeber Moses und der bildlosen Verehrung des einen Gottes, die dieser angeordnet habe: »Am Ende ist auch zu seinen Gesetzen hinzugeschrieben, daß Moses, der es von Gott gehört hat, dieses den Juden sagt«[18] – offenbar ein Echo der Schlußverse des 3. oder 4. Buches Moses' (Leviticus bzw. Numeri). Man wird die Beobachtungen von Theophrast und Hekataios auf dem Hintergrund dieses ersten großen »Entdekkungs«-Zeitalters der okzidentalen Geschichte, das Alexander einleitete, zu sehen haben, aber sie sind auch, und deswegen wurden sie hier zitiert, sozusagen das Leitmotiv der antiken Beschäftigung mit dem Judentum, wenn auch anfängliches Staunen und Bewunderung sich später oft in Abneigung und Haß verkehrten. So oder so gilt die Aufmerksamkeit der nach eigentümlichen Gesetzen geordneten Lebenspraxis der Juden und ihrer Ursache, dem Glauben an eine einzige, unsichtbare Gottheit.

Wir greifen aus der vielhundertjährigen Geschichte der bewußt überlieferten Berührung zwischen hellenistisch-römischer Antike und den Juden, die, wie wir gesehen haben, vor 300 v. Chr. beginnt und mit der Vernichtung des letzten jüdischen Aufstands unter Bar Kochba (132–135 n. Chr.) nicht endet, drei Abschnitte heraus, die auf das Vorhandensein einer »Judenfrage« in dem von mir gemeinten Sinn hin untersucht werden können:

1. Die Auseinandersetzung zwischen der Seleukidenmonarchie und dem jüdischen Priesterstaat (198–129 v. Chr.). Höhepunkte sind die gewaltsamen Hellenisierungsmaßnahmen des Königs Antiochos IV. mit der dadurch ausgelösten Befreiungsbewegung der Makkabäer (166–163 v. Chr.) und die Belagerung Jerusalems durch den bereits in der Phase des Niedergangs des Seleukidenreichs regierenden Antiochos VII. (135/34 v. Chr.).

2. Das Verhältnis zwischen dem Römischen Reich und Iudaea in der Zeit Caesars und des Augustus.

3. Die jüdische Erhebung unter Nero und ihre Niederschlagung durch Vespasian-Titus (66–70 bzw. 73 n. Chr., Masada), selbstverständlich mit einer Vorgeschichte und – erheblichen – Nachwirkungen.

[18] Diodor, Bibliotheke 40, 3, 6; FGrHist. III, Nr. 264, Fragm. 6; Stern I, Nr. 11.

1. Die seleukidisch-jüdischen Auseinandersetzungen

Zu ihrem Verständnis muß darauf hingewiesen werden, daß bis um die Wende vom 3. zum 2. Jahrhundert v. Chr. Palästina unter ptolemäischer Herrschaft stand und sich dabei einigermaßen wohl befand. Immer mehr jüdische Auswanderer, vielfach als Soldaten gebraucht – jüdisches Söldnertum hatte bereits seit der Pharaonenzeit eine Tradition in Ägypten –, fanden sich in Ägypten, vor allem in Alexandria, aber auch über das ganze Land zerstreut. Jedoch brachte im Jahr 200 Antiochos III. Palästina nach erfolgreichen Kämpfen in seleukidische Hand. Der zunehmenden Antipathie gegen die neuen Herren entsprach die Anhänglichkeit an die Ptolemäer-Dynastie, die von ägyptischer Seite bewußt gepflegt wurde; so flieht der Angehörige eines Hohepriestergeschlechts (ca. 170 v. Chr.) zum VI. Ptolemäer und darf dort einen mit Jerusalem konkurrierenden jüdischen Tempel erbauen, seine Söhne steigen zu Befehlshabern im ägyptischen Heer auf. Im ptolemäischen Ägypten dieser Zeit entsteht andererseits die so folgenreiche Übersetzung der jüdischen heiligen Schriften ins Griechische, die Septuaginta.

Mit dem seleukidisch-ptolemäischen Streit um das jüdische Land, der nicht nur mit Waffen, sondern auch mit Propaganda ausgefochten wurde, vielleicht aber auch mit in Ägypten sich abspielenden Auseinandersetzungen zwischen Griechen und Juden, könnte die älteste judenfeindliche Äußerung zusammenhängen, die in der griechischen Literatur erhalten ist. Ein gewisser Mnaseas von Patara (in Lykien), also ein hellenisierter »Barbar«, Schüler des großen alexandrischen Gelehrten Eratosthenes (ca. 284–202 v. Chr.), schrieb von einem Eselskopf, der im Heiligtum von Jerusalem verehrt werde. Die Geschichte sollte bald darauf durch die Behauptung eines Menschenopfers, eines Ritualmordes, angereichert werden. Beiden war eine lange Nachwirkung beschieden, die bis zu Tacitus und den antichristlichen Schmähungen ging und, mit der Bezichtigung der Juden, sie schlachteten Menschen, weit über das Altertum hinaus.

Mittlerweile war im jüdischen Mutterland der von den Ptolemäern begünstigte, durch die Seleukiden weitergetriebene Prozeß der Hellenisierung zu einem gewissen Höhepunkt gelangt. Wenige Hinweise mögen genügen: Das Buch Sirach (›Ecclesiasticus‹ nach der Vulgata), zwischen 180 und 170 v. Chr. entstanden, ist nur *ein* literarisches Beispiel für die tiefe Durchdringung der jüdischen mit hellenistischer Geistigkeit. In den gräzisierten jüdischen Kreisen, bei den »Hellenisten«, legte man Wert auf eine Urverwandtschaft mit Sparta, womit man das »Eintrittsbillet in die europäische Kultur«[19] erstanden zu haben glaubte. Aus dem Bereich von Verfassung und Recht: der aristokratische Rat, dem die politische Führung oblag, wird fortan mit dem aus dem griechischen *synhedrion* gebildeten Fremdwort *sanhedrin* bezeichnet; *prosbol*, gleichfalls ein hebräisches Fremdwort, aus griechisch *prosbole*, heißt jetzt der Grundschuldbrief. Vielleicht am eindrucksvollsten ist eine Statistik der Grabinschriften von Beth-Shearim (Galiläa), die sich freilich über einen längeren Zeitraum erstrecken: 175 Namen sind griechisch, 34 hebräisch. Für die jüdische Überlieferung – die griechisch geschriebenen Makkabäerbücher 2 und 1 sind zwischen 125 und 100 v. Chr. entstanden – gipfelt die Hellenisierung im Bau eines Gymnasiums (175 v. Chr.).

Diese für hellenistische Griechen, zumal die Führungsschicht einer hellenistischen Monarchie, selbstverständliche Entwicklung suchte Antiochos IV. Epiphanes, nachdem ihm die Römer seinen Sieg über Ägypten (167 v. Chr.) durch ihr Diktat aus der Hand geschlagen hatten, mit drastischen Eingriffen bedenkenlos vorwärts zu treiben: Verbot der jüdischen Kult-Praxis, Schleifung der Mauern Jerusalems, Installierung einer Garnison, Inanspruchnahme des Rechts, die Tempelsteuer einzuziehen. (Der Tempel war zudem auch als eine Art Bank der in ihm deponierten Gelder verlockend für den König, den die Römer mit Kontributionen ausspreßten.) Im Dezember 167 wird ein heidnischer Altar im Tempel errichtet, werden dem Zeus Olympios Opfer dargebracht. Die Konsequenzen sind bekannt. Wenige Monate später beginnt der Aufstand des Mattathias, des Ahnen der Makkabäer, und, viel folgenreicher, die Hellenisten innerhalb des jüdischen Volkes erlitten jetzt und für alle Zukunft einen vollkommenen Rückschlag; ihre Gegner, die Chasidim, bestimmen wie später ihre theologischen Nachfolger, die Pharisäer, die Wiederherstellung der jüdischen Religion.

Antiochos IV. – »die einen« hielten »ihn für einen Biedermann, die andern für verrückt, und diese hatten Recht«, schreibt Jacob Burckhardt in seiner ›Griechischen Kulturgeschichte‹[20]. Letzteres ist deshalb das Wahrscheinlichere, weil

[19] E. Bickermann, Artikel *Makkabäerbücher Nr. 1* in: *Paulys Real-Encyclopädie der classischen Altertumswissenschaft* XIV, 1 (1928), Sp. 768.

[20] Im neunten Abschnitt, VI. Kapitel: Der hellenistische Mensch. München (dtv) 1977, Bd. IV, S. 544.

nicht nur, gemäß der in dieser Zeit entstandenen Vision des sogen. Propheten Daniel (Kap. 7), das elfte Horn des vierten Tieres den Seleukidenkönig bedeutete, sondern auch weil er offenbar die Gegebenheiten in Jerusalem ganz falsch einschätzte. Antiochos' und seiner »hellenistischen« Parteigänger Erfolg dauerte nur wenige Jahre. Im Dezember 164 konnte Judas Makkabäus den Tempel von neuem dem Kult des Jahwe weihen. Der damals von den Makkabäern erreichte Status weitgehender Unabhängigkeit war allerdings nicht ständig durchzuhalten. 135/34 v. Chr. belagerte ein Großneffe des IV. Antiochos, Antiochos VII., Jerusalem. »Die Mehrzahl seiner Freunde – d. h. seiner politischen und militärischen Berater – rieten ihm, die Stadt mit Gewalt zu nehmen und das Volk *(genos)* der Juden völlig zu beseitigen *(arden anhelein)*, denn einzig unter allen Völkern besäßen sie keine Bereitschaft, sich mit einem anderen Volk zu vermischen, und hielten alle für ihre Feinde.«[21] Auch dieser Rat und seine Begründung – die jüdische Selbstisolierung und ihr angeblicher Haß gegen alle anderen – sollten eine lange Nachwirkung haben, wiederum nicht nur bis Tacitus. Andererseits ist die Empfehlung, die Feinde völlig zu vernichten, nicht ganz einzigartig, wie aus Catos *Ceterum censeo* in Erinnerung ist.

Stellen wir an die so skizzierte Phase der Kämpfe zwischen dem jüdischen Volk und seinen seleukidischen Oberherren die eingangs formulierte Frage, so wird man – auch wenn Rom durch aufmunternde Senatsbeschlüsse die Unabhängigkeitsbestrebungen der Makkabäer unterstützte – in keiner Weise vom Vorhandensein einer jüdischen Frage für die sich anbahnende einheitliche hellenistisch-römische Welt sprechen können. Selbst für die im Niedergang befindliche Seleukidenmonarchie, von Rom finanziell ausgebeutet und politisch gedemütigt, war die Partherfrage, die ägyptische Front der Ptolemäer doch viel dringlicher.

Das besagt nicht, wie schon angedeutet, daß nicht vom Scheitern der Hellenisierungspolitik, sei es der jüdischen Griechenfreunde selbst, sei es der Seleukidenkönige, weltgeschichtliche Folgen ausgingen und daß die Kämpfe der Makkabäer nicht ein lange nachwirkendes Beispiel der Auflehnung gegen fremde Herrschaft und Vorbild tapferer Haltung wurden. Das Wort des Judas Makkabäus, mit dem er dem Rat widerspricht, der

[21] Diodor, Bibliotheke 34/35, 1, 1; Poseidonios, in: FGrHist. II, Nr. 87, Fragm. 109; Stern I, Nr. 63.

letzten Schlacht mit dem Seleukidenkönig Demetrius I. (im Jahr 160 v. Chr.) durch Rückzug zu entgehen – 1. Makk. 9, 10 in Luthers Übersetzung: »Das sei ferne von uns daß wir fliehen sollten! Ist unsere Zeit gekommen, so wollen wir ritterlich sterben um unserer Brüder willen und unsere Ehre nicht lassen zu Schanden werden« –, ist mehr als einmal in der neueren europäischen Geschichte beherzigt worden. Vielleicht sollte aber vor allem festgehalten werden, daß Judenfeindschaft, Antijudaismus, wo er praktiziert wird, auf geistig-religiöser Fremdheit beruht und stets von politischen Ursachen oder Absichten in Gang gebracht wird.

2. Das jüdisch-römische Verhältnis zur Zeit Caesars und des Augustus

Mit dem Jahr 63 v. Chr., der Einnahme Jerusalems durch Pompeius und der Eingliederung Palästinas in den neu eingerichteten Kommandobezirk (Provinz) Syrien, geriet Iudaea unter die unmittelbare Herrschaft Roms. Jedoch verband sich mit diesem Ereignis keine tiefe Erschütterung des jüdisch-religiösen Selbstbewußtseins, da Pompeius die Unberührbarkeit der Kultheiligtümer des Tempels respektierte. Andererseits machte der zwei Jahre später in Rom gehaltene Triumph, den Pompeius auch *ex Iudaeis* feierte, dieses Volk, von dem bereits seit langem eine Religionsgemeinde in der Hauptstadt existierte, weiter im Westen bekannt. Wieviele jüdische Gefangene als Sklaven aus diesem Anlaß nach Rom gebracht wurden, ist nicht feststellbar. Immerhin wird überliefert, daß einige Generationen später ihre freigelassenen Nachkommen sehr zahlreich waren und einen ganzen Distrikt der Stadt, Trastevere auf dem rechten Tiberufer, bewohnten.

In der bald danach einsetzenden Endphase des römischen Bürgerkriegs waren die Juden eine von den kämpfenden Parteien umworbene Bevölkerungsgruppe. In einigermaßen zuverlässigen modernen Schätzungen wird ihre Zahl im ganzen Reich auf etwa ein Zehntel der ungefähr 50 Millionen betragenden freien Gesamtbevölkerung beziffert. Schon im Jahr 59 v. Chr. weist Cicero, gewiß mit forensischer Übertreibung, auf den Einfluß hin, den sie in Rom wie in der Provinz Asia (d. h. Kleinasien) einschließlich der Querverbindungen haben. Wenn Caesar das jüdische Kultversammlungsrecht, d. i. die Religionsfreiheit in der Provinz und in der Urbs durch zahlreiche – von

Josephus in seinen ›Antiquitäten‹ im Ganzen wohl zuverlässig mitgeteilte – Erlasse schützte, so eher, um sich des Einflusses der Juden gegen die Pompeianer zu versichern als um seine Liberalität und Toleranz zu bezeugen. Ähnlich verhielten sich dann die Parteihäupter nach Caesars Tod bis hin zu Octavian-Augustus. Die Privilegien, welche die Juden damals erhielten und die sie über ein Jahrhundert und mehr ungeschmälert bewahren konnten, sollten sich als kein geringer Anlaß zu Abneigung und Neid gegen sie erweisen. Man versteht jedenfalls, daß die Juden unter den *exterae gentes* auffielen, weil sie nach dem Attentat auf den Diktator, ihren Patron, eine besonders leidenschaftliche Trauer zeigten. Es ist dies nahe Verhältnis zwischen Caesar und den Juden, das Theodor Mommsen im Band 3 seiner ›Römischen Geschichte‹ zu den vielzitierten – und mißverstandenen – Sätzen über die Rolle des Judentums im Imperium Romanum veranlaßt hat. Unter dem, wie er es als überzeugter Demokrat sah, auf Einheit und Gleichheit drängenden Reichsregime Caesars, wo eine »verschliffene Nationalität« erwünscht sein mußte, waren die Juden »ein Ferment des Kosmopolitismus und der nationalen Dekomposition«[22]. Indem man Ferment – Gärungsstoff – negativ als Mittel der »Zersetzung« bezeichnete, war es der nationalsozialistischen Propaganda möglich, Mommsen als Antisemiten zu zitieren, obwohl er die Juden ebenso als wünschenswerte Vorläufer des Ausgleichs der Völker im Imperium Romanum gemeint hatte wie unter den deutschen Stämmen im neuen Deutschen Reich.

Man kann sagen, daß die unbeeinträchtigte Stellung der Juden mit ihrer *religio licita* – d. h. ihrem durch den Senat, später den Princeps bestätigten Recht, sich zu kultischen und folglich auch gesellschaftlichen Zwecken zu vereinigen – während der ganzen Herrschaft des Augustus andauerte. Wie Herodes der vielleicht in Rom einflußreichste Klientelkönig war und über vorzügliche Beziehungen zum Hof des Princeps verfügte, so galt hier eine wohlwollende, entspannte Stimmung gegenüber Iudaea und allem Jüdischen. »Nicht einmal ein Jude hält so streng sein Fasten am Sabbat ein, wie ich es heute eingehalten habe . . .«, scherzt

[22] *Römische Geschichte.* Bd. 3, Berlin 1856, S. 507 (unverändert auf S. 550 in den späteren Auflagen; in der dtv-Ausgabe, München 1976, Bd. 5, S. 216); vgl. Th. Mommsen, *Auch ein Wort über unser Judenthum* (1880). In: *Reden und Aufsätze.* Berlin 1905, S. 410–426; hier S. 416f., und bei W. Boehlich (Hg.), *Der Berliner Antisemitismusstreit.* Frankfurt a. M. 1965, S. 210–225; hier S. 217f.

Augustus in einem privaten Brief an Tiberius[23]. Gemäß einer Mitteilung des jüdisch-griechischen Schriftstellers Philon hat der erste Princeps verfügt, daß die ihm nach den Regeln des Herrscherkults gebührende Altarspende in Jerusalem in der Form täglicher Brandopfer für den »höchsten Gott« dargebracht wurde[24]. Aber andererseits lobt er seinen Enkel C. Caesar, als dieser gelegentlich einer offiziellen Anwesenheit in Iudaea nicht am Gottesdienst des Jerusalemer Tempels teilnahm. Vielleicht darf man dieses Bild, das durch weitere Zeugnisse bestätigt wird, mit zwei Hinweisen abrunden: In einem vermutlich in den 50er Jahren des letzten vorchristlichen Jahrhunderts entstandenen Werk preist der berühmte Antiquar Varro den sittlichen Rang eines bildlosen Gottesdienstes: »Zeuge ... ist das Volk der Juden.«[25] Sprichwörtlich ist der 20 Jahre später publizierte Vers des Horaz, der über den gläubigen Eifer der Juden scherzt[26]. Weitere Anspielungen auf Jüdisches und sonstige literarische Beobachtungen haben zur Vermutung Anlaß gegeben, der Dichter sei Sohn eines zum jüdischen Glauben übergetretenen Italikers gewesen oder auch orientalischer Abkunft, wenn nicht Jude, welche – durchaus unbeweisbare – Hypothese den Althistoriker Otto Seeck zu der Erwägung veranlaßte, Horaz könne ein »Stammesgenosse« »eines Heine und Börne« gewesen sein[27].

Eine »Judenfrage« zur Zeit Caesars und des Augustus? Man muß eine verneinende Antwort geben. Die *Pax Augusta* erstreckte sich offenbar auch auf Roms Vorstellung von den Juden.

3. Die Entstehung der »Judenfrage« im 1. Jahrhundert n. Chr.

Freilich nahmen sich – und damit nähern wir uns dem Zeitabschnitt, der etwas eingehender betrachtet werden soll und dessen Entwicklung in den schicksalsvollen Jahren 66–70 n. Chr. zu seinem schlimmen Höhepunkt kommt – die Verhältnisse, von Iudaea her gesehen, anders aus. Hier bereitete sich ohne

[23] Sueton, Augustus 76, 2; Stern II, Nr. 303.

[24] Philon, Legatio ad Gaium 23, 157; deutsche Übersetzung von L. Cohn u. a., Bd. 7, Berlin 1964, S. 215 f.

[25] Augustinus, De civitate Dei 4, 31; Stern I, Nr. 72 a.

[26] Horaz, I. Satirenbuch 5, 100 (35/33 v. Chr. entstanden): ... *credat Iudaeus Apella ...;* Stern I, Nr. 128.

[27] *Augustus.* Bielefeld 1902, S. 134.

zwingende äußere Ursache, wie es scheint – denn die innerjüdische Kritik an Herodes und seiner Dynastie war eher Anlaß als Ausgangspunkt der Unruhe –, eine zunehmende Radikalisierung der religiösen Fronten vor, die in manchem an die Zeiten unter dem Seleukiden Antiochos IV. erinnert, und dies, obwohl, bis auf die Ausnahme unter Caligula (37–41 n. Chr.), die römische Politik weiterhin die religiöse Sonderstellung der Juden beachtete und z. B. einen Kult für die Person des Princeps in Jerusalem nicht forderte. Die verschiedenen miteinander konkurrierenden apokalyptischen, zelotischen, pharisäischen Bestrebungen sind aus der Zeit des Wirkens Jesu bekannt. Das Statthalterkommando in Iudaea war gewiß nicht nur ein begehrter Posten. Auch wenn man sich die Hände in Unschuld wusch wie Pontius Pilatus, konnte man es, sei es den örtlichen Notablen oder dem jüdischen Volk, sei es der Regierung in Rom, leicht falsch machen. Ob eine Judenverfolgung unter dem, verglichen mit Augustus, weniger »liberalen« Tiberius mit palästinensischen Vorgängen zusammenhängt, ist nicht bekannt. Jedenfalls fand 19 n. Chr. in Rom eine Polizeiaktion gegen ägyptische Kulte und gegen die jüdische Religionsausübung statt, wobei es zur Verbrennung von sakralen Geräten kam; 4000 Freigelassene jüdischen Glaubens wurden zur Räuberbekämpfung nach Sardinien deportiert, der Rest nicht-militärischen Alters aus Italien verbannt. Der Philosoph Seneca (ca. 4 v. Chr.–65 n. Chr.) erinnerte sich gegen Ende seines Lebens an den religionspolitischen Aspekt der Vorgänge.

Die politischen Beziehungen Roms zu Iudaea wurden gespannt unter Caligula. Im Jahr 38 n. Chr. kam es zu einem Pogrom gegen die Juden Alexandrias, die stets mit der palästinensischen Heimat in enger Verbindung geblieben waren. Sie mögen um diese Zeit an die 40 Prozent der Millionenstadt ausgemacht haben. Die Plünderungen, Brandstiftungen und Morde fanden unter Duldung des *Praefectus Aegypti*, des obersten römischen Befehlshabers, statt, A. Avillius Flaccus, der von 32 bis 38 n. Chr. amtierte. Das war nicht der einzige Zusammenstoß zwischen der griechischen Bevölkerung der Weltstadt und den Juden. Drei Jahre später, bei der Nachricht vom Tod des exzentrischen Monarchen, gab es neue schwere Unruhen, über die vor seinem Nachfolger Claudius verhandelt wurde und die ein, seit seiner Entdeckung auf Papyrus, berühmt gewordener Erlaß dieses Fürsten beendete. Die nächsten Ausschreitungen ereigneten sich 66–69, zeitlich und ursächlich in Verbindung mit dem Aufruhr in Palästina, und endeten in blutigem Schlachten unter den alexandrinischen Juden. Im Schreiben des Claudius hatte es 41 n. Chr. nach der huldvollen Bestätigung ihrer bisherigen Privilegien gelautet, er werde »gegen sie einschreiten wie gegen Erreger einer allgemeinen Seuche der bewohnten Welt«, wenn sie nicht bestimmte Verbote, z. B. des Zuzugs aus Syrien und Oberägypten oder der Teilnahme an Wettkämpfen im Gymnasium, einhielten[28]. Mit den Maßnahmen von 19 n. Chr. läßt sich eine Judenvertreibung im neunten Regierungsjahr (49 n. Chr.) vergleichen. Wegen der Erwähnung eines Chrestus (Christus) als Urheber der Unruhen, die als Ursache des Eingreifens überliefert sind, wird auf Spannungen innerhalb der römischen Judengemeinde im Zusammenhang mit der beginnenden christlichen Mission geschlossen. Jedenfalls begegnete der Apostel Paulus in Korinth Opfern der Ausweisung, die sich als Christen bekannten. Man wird die antijüdischen Schritte des Claudius im Rahmen seiner Religionspolitik zu sehen haben, die sich auch gegen andere fremde Kulte richtete, so gegen die keltische Druidenreligion und die aus dem Orient kommende Astrologie.

Über spezielle Anstöße, die von der palästinensischen Heimat auf die römische oder übrige Diaspora wirkten, ist mit Ausnahme der Bewegungen, die sich aus der christlichen Abspaltung ergaben, nichts ausdrücklich überliefert, aber sie müssen in Anbetracht der engen Bindung an Jerusalem vorausgesetzt werden. Dort und in ganz Iudaea mit Galiläa mehrte sich die Unruhe, die von den Quellen wiederum primär als religiös motiviert geschildert wird, obwohl soziale und wirtschaftliche Spannungen damit verbunden sind. Auch ein Procurator, der sich weniger willkürlich verhalten hätte als der Emporkömmling Antonius Felix – gegen Ende seiner Amtszeit (ca. 60 n. Chr.) wurde ihm der gefangene Apostel Paulus vorgeführt, die erwartete Bestechungssumme zahlte dieser nicht –, wäre an der Aufgabe einer Befriedung Palästinas gescheitert. Ein Reflex der Nachrichten aus Iudaea, vielleicht noch mehr der Unruhen in der jüdischen Gemeinde Roms und ihrer, gewiß durch die Mission der neuen Christensekte gesteigerten Anziehungskraft, aber auch Ausfluß seiner eigenen philosophischen Auffassung ist eine Bemerkung Senecas in der Schrift ›Vom Aberglauben‹. In

[28] Papyrus Lond. Nr. 1912, col. 5 lin. 99f.; Tcherikover-Fuks, Corp. Pap. Iud. II (1960), Nr. 153, col. 5, lin. 99f.

den letzten Jahren seines Lebens schrieb er: »... die Lebensweise dieses höchst frevelhaften Volkes (der Juden) hat solchen Einfluß gewonnen, daß sie fast in allen Ländern übernommen worden ist; die Besiegten geben den Siegern ihre Gesetze«[29]. Ein Jahr bevor sich der Philosoph auf Befehl Neros das Leben nahm, hatte der Brand Roms tiefen Eindruck gemacht. Bekanntlich versuchte Nero die aus der jüdischen Gemeinde hervorgegangenen Christen für die Katastrophe verantwortlich zu machen. *Odium generis humani* (griechisch *misanthropia*, »Haß gegen die übrige Menschheit«) war der Tatbestand, aufgrund dessen eine »riesige Zahl« zum Tod verurteilt wurde[30]. Das Wort spielte im sogen. Berliner Antisemitismusstreit (1879–1881) eine Rolle, als der bedeutende jüdische Historiker Heinrich Graetz Heinrich von Treitschke vorwarf, er habe den von Tacitus auf die *Christiani* bezogenen Verbrechensvorwurf des *odium generis humani* fälschlich auf die Juden geleitet. »Von dem Schnitzer ... kann Sie keine Auslegungskunst mehr befreien.«[31]

Damit stehen wir unmittelbar vor dem Ausbruch des *Bellum Iudaicum*, der die militärische Kraft des Imperiums von 66 bis 70 n. Chr. aufs stärkste in Anspruch nahm. Josephus hat ihn mit einer thukydideischen Wendung als den »größten Krieg nicht nur zu unserer Zeit« bezeichnet, »sondern der jemals zwischen Gemeinwesen geführt worden ist«[32]. Auf Einzelheiten ist hier nicht einzugehen. Die eigentlichen Kampfhandlungen begannen mit der Vernichtung einer römischen Kohorte im Herbst 66, sie endeten mit der Zerstörung des Tempels und der Einnahme Jerusalems im August/September 70 (im Fall der Bergfestung Masada dauerte der Krieg noch dreieinhalb Jahre länger). Die von der römischen Heeresleitung für nötig erachtete Konzentration von Truppen war von einem in diesem Jahrhundert unerhörten Ausmaß. Die jüdische Erhebung fiel mit einer schweren Führungskrise des Imperiums zusammen, in deren Verlauf der regierende Monarch Nero sich das Leben nahm und 68/69 n. Chr. drei Herrscher sich ablösten, bis im Dezember 69 ein vierter, Vespasian, als neuer Princeps bestätigt wurde. Erschwerend war, daß der Jüdische Krieg von Ausbrüchen auch

[29] Augustinus, De civitate Dei VI 11; Stern I, Nr. 186.
[30] Tacitus, Annalen 15, 44.
[31] *Mein letztes Wort an Professor von Treitschke* (28. Dez. 1879). In: Boehlich, *Berliner Antisemitismusstreit*, S. 47.
[32] Bellum Iudaicum 1, 1.

in der Diaspora – Alexandria wurde schon erwähnt, syrische Städte kamen hinzu – begleitet wurde.

So prägte sich allen Mitlebenden die Größe der Gefahr für die Existenz Roms tief ein. Bedenken wir andererseits das Fieber der innerjüdischen Gegensätze und die apokalyptische Unruhe – Prophezeiungen eines neuen Herrschers aus dem Osten, die Vespasian am Ende auf sich bezog –, so kann die Erbitterung und Grausamkeit der Kämpfe verständlich werden. Szenen wie die von Josephus geschilderten, wenn die letzten Verteidiger aus Kellern und Zisternen heraufkommen (September 70), sind leider nicht einzigartig in der antiken Kriegsgeschichte, geschweige denn der modernen.

Wir übergehen die Berichte über die Behandlung der Gefangenen und den Triumph, den Vespasian und sein Sohn Titus, der eigentliche Sieger, im Juli 71 feierten. Daß sie aus diesem Anlaß den offenbar als unzweckmäßig empfundenen Beinamen *Iudaicus* nicht annahmen, während *Germanicus, Dacicus* u. ä. in dieser Zeit begegnen, wird von dem Historiker Cassius Dio eigens vermerkt. Auf Münzen wird Iudaea als »gefangen« *(capta)* und »völlig besiegt« *(devicta)* propagiert. Abgebildet ist das Wahrzeichen des Landes, ein Palmbaum, eine trauernde Frauengestalt, die Personifikation der Provinz, und ihr gegenüber ein römischer Soldat. Der Staat Israel zitierte nach seiner Begründung 1948 mit einer Münzemission das Palmbaumsymbol des Vespasian-Denars, aber die Legende ist jetzt *Israel liberata* (hebr. *Israel lacherut*), und anstelle der gebeugten weiblichen Gestalt ist es eine Mutter, die ihr neugeborenes Kind hochhebt. Der Triumphbogen mit der Nachbildung des siebenarmigen Leuchters, des Schaubrot-Tisches und anderer aus dem Tempel geraubter Kultgegenstände, der neun Jahre später fertig wurde, ist heute noch auf dem Forum zu sehen.

Der von den Juden der gesamten Diaspora jährlich gezahlte Tempelbeitrag, das Didrachmon (zwei Denare, etwas über acht Mark nach heutigem Silberwert) für jeden erwachsenen Juden, ein Betrag, der nach Mommsens Feststellung bereitwilliger gezahlt wurde als die Staatssteuern, war nunmehr hinfällig. Daß er weiter erhoben und in eine neu errichtete Kasse, den *Fiscus Iudaicus,* geleitet wurde, mag vielen als »bittere Parodie«[33] erschienen sein. Es ist die erste allgemeine Juden-Sondersteuer

[33] Th. Mommsen, *Römische Geschichte.* Bd. 5, Berlin 1885, S. 539; dtv-Ausgabe, Bd. 7, S. 238.

der Geschichte. Für Ägypten sind Einzelheiten ihrer Beitreibung bekannt; sie wurde rückwirkend vom September 70 an erhoben, mit Verwaltungsmanipulationen zudem um ein Jahr vermehrt und auf alle jüdischen Personen von drei bis 60 oder 62 Jahren erstreckt. An die mit der Erhebung verbundenen, oft rigorosen Kontrollmaßnahmen erinnert sich der Schriftsteller Sueton in einem Fall aus Rom, etwa aus dem Jahr 96 n. Chr. Das *Ioudaikon telesma,* die Judensteuer, die seit Vespasian und wahrscheinlich bis in das 4. Jahrhundert entrichtet wurde, gilt, worauf Alex Bein hinweist, in mittelalterlichen Rechtsbüchern, dem ›Sachsen‹- und ›Schwabenspiegel‹, gewissermaßen als Zeichen für die besondere Unterwerfung (die Kammerknechtschaft) der Juden unter die römischen und deutschen Kaiser – auch ein Stück Nachwirkung der Antike.

Das Judentum hat die Katastrophe, freilich unter weitgehendem Verlust seiner bisherigen Heimstätte, überstanden. Es lebt fortan im endgültigen Exil (hebr. *galuth*). Von der bald anhebenden erstaunlichen theologischen und spirituellen Regeneration ist hier nicht zu reden.

Es wäre nun noch von den schweren Unruhen innerhalb der jüdischen Restgemeinden in Palästina und Teilen der Diaspora gegen Ende der Regierung Trajans (116–117) sowie vor allem unter Hadrian – Bar Kochba (132–135) – zu berichten; aber diese Ereignisse dürften die Stimmung, wie sie seit dem großen *Bellum Iudaicum* in der römischen Führungsschicht herrschte, nicht mehr wesentlich verschärft haben. Auf dem Hintergrund der wachsenden Abneigung, die ihre zahlenmäßige Zunahme und ihre internen Spannungen schon vorher verursacht hatten, war mit dem Judenkrieg des Titus eine entschiedene Wendung zum Schlechteren eingetreten. Wenn man Äußerungen Quintilians (ca. 35–100), des hochgestellten Rhetors und Pädagogen, auch der mit der römischen Gesellschaft vertrauten Dichter Martial (ca. 40–103/04), Iuvenal (ca. 67– nach 138) und anderer beiseite läßt, so mag allein Tacitus' Judenexkurs in den ›Historien‹ (5,2–10) genügen, den er nach antiker literarischer Tradition anläßlich der Schilderung der Belagerung Jerusalems durch Titus einfügt. Das Werk ist zwar erst nach der Jahrhundertwende, etwa 105 bis 110, entstanden und enthält, von formalen Gegebenheiten der antiken historischen Literatur abgesehen, auch Tacitus' spätere Erfahrungen einer erfolgreichen Karriere, aber zur Zeit von Titus' jüdischem Triumph war er doch schon etwa fünfzehn Jahre alt gewesen, und er mag als Angehöriger des vornehmen Priesterkollegiums der *XV viri sacris faciundis*, das der Überwachung nichtrömischer Kulte diente, mit der Abwehr der jüdischen und christlichen Propaganda, ihrer Tendenz, Proselyten zu machen, befaßt gewesen sein. Die »Hartnäckigkeit ihres Aberglaubens« hatte der Historiker schon in einem früheren Zusammenhang erwähnt[34]. »Ihre berühmt-berüchtigte Stadt«, »eine den Göttern verhaßte Menschenart«, »den übrigen Sterblichen widerwärtigen Kultgewohnheiten« einschließlich der Eselsverehrung, auch die »sonstigen Lebensformen übel und schmutzig«, »Sitten, die abgeschmackt und schäbig sind«, »ein abscheuliches Volk« – das sind Stichworte des negativen Tenors[35]. Man sieht, Tacitus greift auf Behauptungen des frühen Hellenismus zurück, wenngleich die Quellen seines Judenexkurses im einzelnen nicht zu ermitteln sind. Daß er aber nicht nur einem ethnologischen Schema folgt, sondern seine eigene Auffassung widergibt, kann vielleicht aus einem Passus seines letzten Werkes geschlossen werden. Gelegentlich des oben unter Tiberius erwähnten Einsatzes von 4000 Juden in Sardinien gibt Tacitus kommentarlos den diesbezüglichen Senatsbeschluß wieder, der mit »geringfügigem Schaden, falls sie dabei zugrundegingen« begründet wird[36]. Die tiefe Wirkung, die dieses Bild des Judentums sowohl anderer klassischer Autoren als auch besonders des Tacitus seit der Wiederbelebung des klassischen Altertums hervorgerufen hat, ist meines Wissens noch nicht im Zusammenhang untersucht worden. Es genügt, auf Edward Gibbon, den Betrachter der ›History of the Decline and Fall of the Roman Empire‹ (1776–1788), zu verweisen, der Tacitus gelegentlich bis aufs Wort folgt. Nietzsche, alles andere als ein Antisemit, schreibt 1885/86 in charakteristischer Übertreibung: »Die Juden – ein Volk, ›geboren zur Sklaverei‹, wie Tacitus und die ganze antike Welt sagt, ›das auserwählte Volk unter den Völkern‹, wie sie selbst sagen und glauben.«[37] Daß Heinrich von Treitschke sich im Berliner »Antisemitismusstreit« nicht die Gelegenheit versagte, gegen Heinrich Graetz die klassischen Autoren ins Feld zu führen, wen kann es wundern? »In diesem Judenhaß sind fast alle Schriftsteller des späte-

[34] Historien 2, 4: *pervicacia superstitionis.*

[35] Historien 5, 2: *famosa urbs;* 3: *genus hominum ... invisum deis;* 4: ritus contrarii ... *ceteris mortalibus;* 5: *cetera instituta sinistra, foeda; mos absurdus sordidusque;* 8: *taeterrima gens.*

[36] Tacitus, Annalen 2, 85.

[37] *Jenseits von Gut und Böse,* Nr. 195.

ren Altertums einig: Plinius, Quintilian, Tacitus, Iuvenal und wie viele Andere ...«[38]

Daß in diesem dritten der hier näher betrachteten Zeitabschnitte die »Judenfrage« ein Thema war, das politisch und geistig die Mitlebenden aufs nachhaltigste beeindruckte, bedarf nach allem Gesagten keines besonderen Nachweises mehr.

Die »Judenfrage« war ab 70 n. Chr., das zeigt Tacitus, in Rom und seinem Reich virulent. Was sie bereits vorher, spätestens seit dem Brand von Rom, mit der aus dem Judentum hervorgegangenen Erscheinung des Christentums verband, wird im nächsten Beitrag berührt werden. Damit hat die »Weltgeschichte« der »Judenfrage« als Ereigniszusammenhang, nicht nur als historiographisches Sujet, bereits in der Antike eingesetzt. In dem hier vorgeschlagenen Sinn reicht sie vielleicht nicht so weit zurück, wie Alex Bein meint. Aber wenn sie auch »nur« mit dem 1. Jahrhundert n. Chr. beginnt, so ist sie gewiß allein wegen ihrer Dauer ein einzigartiges politisches und ideenmäßiges Phänomen. Man wird den Widerspruch gegen diese Singularität, der von Voltaire – »La horde vagabonde des Arabes, appelés Juifs« – bis zu so bedeutenden Universalhistorikern wie Oswald Spengler und Arnold J. Toynbee erhoben worden ist, nicht gelten lassen können.

Gewiß hat das Vorhandensein der Diaspora zu dieser Einzigartigkeit wesentlich beigetragen. Aber auch hier gewinnt man den Eindruck, daß in Mesopotamien, in Indien, in China das Erscheinen von Juden in zum Teil sehr großer Zahl ein »Problem« in unserem Sinn nicht aufwarf. Hier scheint es im großen und ganzen eher zu einer friedlichen Koexistenz gekommen zu sein. Verfolgungen großen Ausmaßes sind kaum bekannt.

Weshalb ist der Verlauf so anders im Bereich des hellenistisch-römischen Mittelmeers, aus dem die europäische »Weltgeschichte« hervorgegangen ist? Es scheint, daß die Fremdartigkeit der Juden, ihr Anderssein – *diversitas morum*[39] –, nur innerhalb der vom griechischen Geist bestimmten Welt so scharf, so trennend empfunden worden ist. Die Abgeschlossenheit des Judentums, wie sie sich vor den beobachtenden Augen der Antike darstellte, reichte von seinem privaten Lebensstil bis zur ökonomisch-wirtschaftlichen Praxis, der allerdings die klassischen Autoren, 2000 Jahre vor Max Weber, kein sonderliches

[38] *Herr Graetz und sein Judenthum* (15. Dez. 1879). In: Boehlich, *Berliner Antisemitismusstreit*, S. 37.

[39] Tacitus, Historien 5, 12.

Interesse schenkten. Es ist nicht zweifelhaft, daß die jüdische Religion, ihr strenger Monotheismus und bildloser Kult, mit denen sie zu Beginn des hellenistischen Zeitalters in den Horizont des Altertums eintrat, als Ursprung und Mitte dieses Andersseins aufgefaßt wurde und es auch war. Die Herauslösung eines neuen, aber auf den gleichen Grundsätzen beruhenden Glaubens, des christlichen, aus dem Judentum sollte, ja mußte eine neue Dimension der »Judenfrage« ergeben.

»Adversus Judaeos« in der Alten Kirche

von Karl Suso Frank

Der vorige Beitrag stellte für die frühe römische Kaiserzeit eine offene Judenfeindschaft fest. Die Antipathie zeigte sich in gesellschaftlichen Verdächtigungen und Unterstellungen, Verleumdungen und übelster Nachrede – ich erinnere an die lange Liste peinlicher Beschimpfungen bei Tacitus. Die Feindseligkeit paarte sich mit politischer Macht und führte zur Zerschlagung des jüdischen Staates. Die in der Diaspora lebenden Juden, eine Minorität zwar, jedoch allgegenwärtig und unübersehbar, konnten ihr gesetzlich geschütztes Eigenleben führen, selbst ihre Religion blieb als *religio licita* respektiert, aber die Juden blieben den Griechen und Römern fremd und suspekt. Ihre betonte gesellschaftliche Absetzung *(amixia)* kam ihnen nicht zugute.

Diese Feindseligkeit gegen die Juden wird niemand den ersten Christen anlasten wollen. Denn diese, so sehr sie sich als etwas Eigenes und Besonderes wußten, trugen gleicherweise das Los solcher Antipathie und weithin der Ablehnung. Sie waren ja in den Augen der meisten Griechen und Römer selbst nur Juden, und war man ein wenig kundiger, dann eben eine Sekte neben anderen jüdischen Sekten. Auch die Christen verlangten von den Ihren die *amixia.* Als kleine Gemeinschaften gingen sie ihre eigenen Wege und gaben mit solchem Sich-Abschließen, Sich-Trennen genügend Anlaß zu den gleichen Verdächtigungen und Verleumdungen, die gegen die Juden verbreitet wurden: Gottlosigkeit, Ritualmord, Unsittlichkeit. So kann der genaue Adressat dieser Vorwürfe – sind's nun die Juden oder die Christen? – manchmal gar nicht eindeutig angegeben werden.

Die Sonderung, die stolz und selbstbewußt vorgetragen wurde – nach Hellenen und Juden seien die Christen das dritte Geschlecht, eine dritte Menschheitsrasse, jene Menschen, auf deren Gebet hin allein die Welt noch Bestand habe![1] –, verstärkte die Abneigung. Wie die jüdische Minorität wird die christliche Minderheit in die Sündenbockrolle gedrängt.

[1] Vgl. Aristides, Apologie 2. (Bibliothek der Kirchenväter, Frühchristliche Apologeten 1, S. 27).

Großartig, wenn auch mit einiger Übertreibung, faßt der nordafrikanische Kirchenvater Tertullian um 200 diese unangenehme gesellschaftliche Rolle ins Wort: An jeder Katastrophe des Staates, an jedem Mißgeschick auf dieser Welt sollen die Christen die Schuld tragen. »Wenn der Tiber die Mauern überflutet, wenn der Nil die Felder nicht überflutet, wenn der Himmel sich nicht rührt, wenn die Erde sich bewegt, wenn eine Hungersnot, wenn eine Seuche wütet, dann schreit man gleich: *Christianos ad leonem!* (Die Christen vor den Löwen) – so viele vor einen einzigen?«[2]

An den Anfang der Judenfeindschaft im kaiserzeitlichen Römerreich darf man die Christen nicht stellen. Sie sind nicht deren Urheber, sondern ebenso ihre Opfer und die Leidtragenden. Doch wird es mir mit meinen Ausführungen nicht möglich sein, die Christen und die Alte Kirche in der vornehmen Rolle zu zeigen, daß sie jene Feindseligkeit gegen die Juden abgebaut hätten. Vielmehr macht sich die Alte Kirche die verbreitete Animosität gegen die Juden zu eigen, nimmt sie zum Vehikel ihrer Absetzungsbemühungen vom Judentum und verschärft sie mit ihren eigenen, aus ihrem theologischen Selbstverständnis genommenen Argumenten.

1. Theologisch begründete Judenfeindschaft

Man wird das Neue Testament nicht als ersten Traktat ›Adversus Judaeos‹ bezeichnen dürfen. Aber der tragische Konflikt zwischen dem alten »auserwählten Volk Gottes« und der neu berufenen »Kirche Gottes« zeichnet sich in den ältesten christlichen Urkunden doch ab, und die unfreundliche Trennung der entstehenden Kirche von ihrem natürlichen und geistigen Ursprung wird doch schon greifbar. Wohl gilt, daß das Heil von den Juden kommt – Joh. 4,23 –, aber die Heilsverheißung und alle Heilsgüter beansprucht die christliche Gemeinschaft exklusiv für sich. Gegen Ende des 1. Jahrhunderts schon haben sich die beiden Gemeinden Gottes eigentlich auseinandergelebt und begannen, sich voneinander scharf abzusetzen und sich gegenseitig zu befeinden. Da bestimmt eine altkirchliche Gemeindeordnung (um 100 etwa) zum Beten der Christen: Wenn ihr betet, dann betet nicht wie die Heuchler (es sind die Juden gemeint); zum Fasten: Wenn ihr fastet, dann fastet nicht wie die

[2] Apologeticum 40, 1–2 (Tertullian, *Die Verteidigung des Christentums.* Hg. von Becker, München 1961, S. 189).

Heuchler (wieder die Juden)[3] – deutliche und feindselige Absetzung und Abgrenzung! Freilich macht die gleiche Schrift auch den Jammer solcher Profilierungsbemühungen sichtbar: Was sie für christliche Taufbewerber anzubieten hat, ist ein aus jüdischer Tradition stammender Moralkatechismus. Die Gebete, die sie für die heilige Mahlfeier der Gemeinde vorschlägt, sind dem Gebetbuch der Juden entnommen, dem Alten Testament. Doch übersehen wir auch das nicht: auf der anderen Seite geht man den gleichen Weg der Absetzung und Absonderung. Da wird in dem sogen. ›Achtzehnbittengebet‹ eine Fluchformel gegen die Abtrünnigen aufgenommen: »Den Abtrünnigen sei keine Hoffnung ... und die Nazarener und die Minim (die Verfluchten) mögen umkommen in einem Augenblick, ausgelöscht werden aus dem Buch des Lebens, und mit den Gerechten nicht aufgeschrieben werden. Gepriesen seist du, Jahwe, der Freche beugt.« (12. Benediktion)[4].

Juden, die den Weg zum Christentum fanden, wurden damit von der jüdischen Gebetsgemeinschaft ausgeschlossen und verflucht. Ebenso suchten die Juden sich im Text ihrer heiligen Bücher von den Christen zu unterscheiden. Nachdem diese die Septuaginta für sich beanspruchten, schufen sich die Juden ihre neue griechische Übersetzung der Heiligen Schrift. – Lassen wir's bei diesen Zeichen der Abkehr voneinander bewenden. Schauen wir uns nun den christlichen Traktat ›Adversus Judaeos‹ an.

Vom 2. bis hinein ins 7. Jahrhundert gibt es eine ganze Reihe christlicher Schriften, die unter diesem Titel veröffentlicht wurden. Nach ein paar verlorenen Traktaten eröffnet Tertullian den Reigen der erhaltenen Kampfschriften gegen die Juden, und altkirchliche Schriftsteller von Rang und Namen schließen sich ihm an. Auch unter dem reichen literarischen Schaffen Augustins findet sich ein Traktat gegen die Juden; Isidor von Sevilla beendet im 7. Jahrhundert diese Art altkirchlichen Schrifttums. Die Thematik wird freilich nicht nur in diesen polemischen Traktaten behandelt, sondern in zahlreichen anderen Schriften der Kirchenväter, so daß ›Adversus Judaeos‹ hier einfach alle antijüdische Polemik und Aktivität der Alten Kirche meint. Die tragenden theologischen Argumente solcher Polemik und Akti-

[3] Didache 8, 1–2 (Bibliothek der Kirchenväter, Apostolische Väter 11).
[4] W. Staerk, *Altjüdische Gebete* (Lietzmann, Kleine Texte Nr. 58), S. 13.

vität nehme ich aus den ältesten antijüdischen Schriften (genauer: aus Schriften bis zum Beginn des 4. Jahrhunderts).

Die Kirche als das wahre Israel. Der Ansatz für dieses urchristliche Selbstverständnis liegt in der Überzeugung: Jesus von Nazareth ist der Messias. Damit wurden alle Zusagen der göttlichen Auserwählung auf die Christusgläubigen bezogen. Diese Überzeugung schlägt sich in den christlichen Selbstbezeichnungen wie Heilige, Auserwählte, Berufene, Brüder, Gottesvolk nieder. Die selbstprädikativen Zentralbegriffe sind zwar alttestamentlich, also jüdisch, aber mit der Trennung von der Synagoge beanspruchen sie Ausschließlichkeit und lassen auf der anderen Seite nichts mehr vom Gehalt dieser Prädikate. Diese Vorzüge, die der Apostel Paulus noch seinen Brüdern dem Fleische nach zugestanden hat, sind jetzt vergessen. Das jüdische Volk, das für Paulus auf Zeit verstockt ist, ist jetzt zum verlorenen Volk geworden. Ein christlicher Lehrer des 2. Jahrhunderts – wir nennen ihn Barnabas – stellt die Existenz eines Bundes zwischen Gott und den Juden kurzerhand überhaupt in Frage. Der im Alten Testament bezeugte Gottesbund kam nie zur Geltung. Denn Moses zerbrach die den Bund besiegelnden Gesetzestafeln (in eigenwilliger Exegese verschweigt der Verfasser die in Exodus 34 gleicherweise bezeugte Wiederherstellung der Gesetzestafeln!). Für diesen Lehrer gibt es nur den einen Bund, den Christus für die Seinen mit Gott gestiftet hat. Das wahre Israel ist allein die christliche Gemeinde.

Tertullian greift in seiner Verhältnisbestimmung von Judentum und Christentum auf Genesis 25, 23–26 zurück: die Geburt der Zwillingssöhne Esau und Jakob. »So nämlich hat Gott zu Rebekka gesprochen: ›Zwei Stämme sind in deinem Leib und ein Volk wird dem anderen überlegen sein, und der Ältere wird dem Jüngeren dienen.‹ Da also das Volk oder der Stamm der Juden zeitlich früher und durch die Gnade des ersten Ranges im Gesetz älter ist, und da tatsächlich erkannt wird, daß das unsere jüngeren Alters im Zeitverlauf ist, ..., so muß ohne Zweifel nach der Verfügung des göttlichen Spruches das frühere und ältere Volk, also das jüdische, dem jüngeren dienen; das jüngere Volk aber, also das christliche, muß das ältere übertreffen. Und weiter hat nach den göttlichen Schriften das jüdische Volk sich von Gott abgewandt, den Götzen gedient, die göttliche Macht im Stich gelassen. Unser Volk hingegen hat die Götzen, denen es zuvor gedient hat, verlassen, und hat sich zu eben diesem Gott bekehrt, von dem Israel abgefallen ist. Auf diese Weise hat das jüngere Volk das ältere übertroffen, indem es die Gnade, die göttliche Gunst erlangte, von der Israel verworfen ist.«[5] Kein Heil mehr bei den Juden also, sondern allein bei den Christen des wahren Israel. Und dazu: die Inferiorität des Judenvolkes ist mit göttlicher Autorität begründet!

Eine interessante Variation dieses Themas bietet schließlich Eusebius von Caesarea. Der Historiker des frühen 4. Jahrhunderts konstruiert einen eigenen Zwiespalt im jüdischen Volk. Die verschiedenen Namen des israelitischen Volkes kommen ihm da zugute: es sind Juden und Hebräer. Der Unterschied wurde auch schon früher bemerkt, und Jude erscheint dabei als der Negativ-Begriff: »Jesus wurde aus dem Volk der Hebräer geboren, und von den Juden gekreuzigt.«[6] Diese Teilung und die damit gegebene Wertung führt Eusebius weiter. Hebräer sind die jüdischen Patriarchen der Zeit vor Moses, die in Freundschaft mit Gott lebten, Christen lange vor Christus! Juden sind die vom reinen Glauben in Ägypten Abgefallenen, denen das Gesetz diktiert werden mußte, das ihnen jedoch nicht zum Heil, sondern zum bleibenden Fluch geworden ist. Das wahre Israel gab's also nur unter jenen frommen Hebräern der älteren Menschheitszeit. Und jetzt existiert es wieder unter den Christen, dem neuen, wahren Israel, den neuen, wahren Hebräern. Mit solchen apologetischen Aufstellungen wird die Kirche Alleinerbin des Alten Bundes. Die göttlichen Verheißungen werden ganz in den Raum der Kirche eingebunden. Die immer noch auf ihr Heil und die Erlösung hoffenden Juden stehen hilflos draußen. Ihr Heilsweg kann in solcher Sicht nur noch in der Umkehr und reuigen Einkehr in die christliche Gemeinschaft liegen.

Der Alleinanspruch auf das Alte Testament. Im Neuen Testament begegnet uns auf Schritt und Tritt die Berufung auf das Alte Testament – für den frommen Juden Jesus von Nazareth und seine Gemeinde eine Selbstverständlichkeit. Die heiligen Bücher waren Gottes Offenbarung. Die ersten Christen hatten keine andere schriftlich festgelegte Offenbarung als eben das Alte Testament. Doch schon in den neutestamentlichen Schriften klingt in verschiedener Weise an, daß die Schriften des Alten Bundes nun anders gelesen werden müssen: nicht auf irgendei-

[5] Adversus Judaeos 1, 4–8 (Corpus Christianorum latinorum 2, S. 1340–1341).

[6] Aristides, Apologie 2 (Bibliothek der Kirchenväter, Frühchristliche Apologeten 1, S. 28).

nen und irgendwann kommenden Messias hin, sondern vom gekommenen und erlebten Herrn Jesus Christus her. Das aber vermögen die Juden nicht: Immer, wenn sie ihre heiligen Bücher lesen, liegt eine Hülle auf dem Buch oder auf ihren Herzen und so können sie den wahren Sinn der Botschaft nicht verstehen (2 Kor. 3, 14–15). Bis auf Christus hin mochten die Juden gut getan haben, wenn sie auf ihre heiligen Schriften hörten, sich an das dort verkündete Gesetz hielten. Jetzt ist das aber abgetan. Heilige Schriften sind diese Bücher nur, wenn sie auf Christus hin gelesen werden. Mit alten, anerkannten Auslegungstechniken – Allegorie und Typologie – wird so das Alte Testament unmittelbar zum christlichen Buch, zur Heiligen Schrift der Christen. Es wird der Synagoge entwunden und für die Kirche allein beansprucht.

Der Vorwurf des Gottesmordes. Mit überraschend wachen Ohren hat die Alte Kirche das Nein der Juden zu Jesus vernommen – mit arg tauben Ohren dabei das doch auch vorhandene Ja zu Jesus durch nicht wenige Juden jedoch überhört. Die stereotype Rede und Klage von der Ablehnung Jesu durch die Juden steigert sich zu der schlimmsten Anklage, die Juden seien die eigentlichen Gottesmörder. Ausdrücklich und klar faßbar wird das zum ersten Mal im späten 2. Jahrhundert. Ein kleinasiatischer Bischof, Meliton von Sardes, rückt in eine von gekonnter Rhetorik geformte Predigt eine harte Abrechnung mit Israel ein:

> Undankbares Israel,
> komm und rechte mit mir,
> ob deiner Undankbarkeit ...

Dann folgt die lange Reihe der göttlichen Wohltaten an Israel, die allesamt das Volk nicht rührten:

> Unschätzbar sind seine Wohltaten an dir!
> Du aber hast schändlich
> ihm nur mit Undank vergolten
> und vergaltest ihm Gutes mit Bösem
> und Freude mit Trübsal
> und Leben mit Tod!
>
> Du hättest für ihn sterben müssen!

Damit ist das Stichwort gegeben. Israel war nicht nur nicht bereit, für den Messias zu sterben, sondern:

> Getötet hast du den Herrn
> inmitten Jerusalems!

Hört es, alle Geschlechter der Völker
und sehet:
Unerhörter Mord geschah inmitten Jerusalems
in der Stadt des Gesetzes,
in der Stadt der Hebräer,
in der Stadt der Propheten,
in der Stadt, die für gerecht galt ...[7]

Das furchtbare Wort vom Gottesmord ist in die altkirchliche Predigt und antijüdische Polemik aufgenommen worden, aus der es lange nicht mehr verschwinden sollte. Die Fortführung dieser erschreckenden Rede brauche ich nicht weiter auszuführen. Die so festgelegte Schuld am Tode Jesu wird den Juden wie eine Erbschuld aufgebürdet, und alles bittere Unrecht und Unheil, das über dieses Volk kommen wird, ist notwendige Strafe und Buße für jene Schuld (auch diese Schuldverhaftung initiierte schon Melito in seiner Predigt).

Noch zwei abschließende Worte zu dieser Art theologisch begründeter Argumentation der altkirchlichen Judenfeindschaft. Es sind sicher ernste und böse Worte. Aber doch nur Worte. Eine unmittelbare Folge für die Juden hatten sie damals nicht, es sei denn jene, die sicher nicht gering zu veranschlagen ist, daß sie geeignet waren, dem judenfeindlichen Milieu neue Stützen zu geben und die Trennung von Kirche und Synagoge festzuschreiben.

Das andere: An wen richten sich solche Worte? Sie sind an Christen hin gesprochen. Außerhalb des Kirchenraumes wird man wenig Notiz davon genommen haben. Warum dann aber diese Heftigkeit? Sahen denn die altkirchlichen Prediger und Seelsorger im Judentum eine Gefahr für ihre eigene Herde? Die Frage ist zu bejahen. Da war einmal in Verfolgungszeiten die Verlockung, sich zur Synagoge zurückzuwenden, über der der schützende Mantel der *religio licita* lag. Zum anderen war die Gesetzesfrömmigkeit der Juden eine bleibende Versuchung für den Christen, der in seiner Heilssorge allein auf den Glauben an Christus bauen sollte. Den Ernst der Versuchung liest man schon aus dem Apostel Paulus heraus; Ignatius von Antiochien prägte für diese Art Christentum, das immer noch das jüdische Gesetz als Hilfe zum Heil mitbeanspruchte, die Begriffe *judaismos* und *judaizein:* wer weiterhin nach dem Judaismos lebt,

[7] De Pascha 87; 90; 93 (Sources chrétiennes 123, S. 110–114).

bekennt, daß er die Gnade nicht empfangen hat[8]. Das legt uns schließlich noch eine Sprachregelung nahe: In der Alten Kirche sollte man nicht einfach von Antijudentum, sondern genau und eingegrenzt von solchem Antijudaismus reden, dessen unmittelbare Adressaten »judaisierende Christen« sind. Denn für die Juden in ihrer Gesamtheit kann die Alte Kirche doch auch Anderes, Besorgteres aufbringen. Eine Kirchenordnung aus dem 3. Jahrhundert weist die Christen an, besonders in den Ostertagen für die Juden zu fasten und zu beten, Erbarmen mit ihnen zu haben: »Als unser Herr zu dem Auserwählten Volk gekommen war, glaubten sie ihm nicht ... Ihr aber seid schon gläubig geworden, darum also betet und bittet für sie, damit sie durch eure Gebete der Vergebung würdig werden und sich unserem Herrn Jesus Christus zuwenden.« – Und ebendort steht auch: »Denn wenn sie euch auch hassen, so müssen wir sie doch Brüder nennen, denn es steht für uns ja geschrieben: Nennt Brüder diejenigen, die euch hassen und verachten, weil so der Name des Herrn gepriesen wird ...«[9] Solches Beten für die Juden begleitet übrigens die ganze Kirchengeschichte; neben aller Feindschaft und Verurteilung bleibt es immer bestehen.

2. Antijudaismus in der römischen Reichskirche

Das 4. Jahrhundert bringt der christlichen Kirche die öffentliche Anerkennung. Aus der mürrisch geduldeten, dann auch ernst und hart verfolgten christlichen Minderheit wird die staatlich geschützte und geförderte Religion. Schließlich erklärt Kaiser Theodosius sie als die einzig anerkannte religiöse Äußerung im Imperium Romanum, wobei allerdings das jüdische Volk weiterhin in seiner religiösen Eigenart respektiert wurde und ihm das Privileg der *religio licita* erhalten blieb. Die sehr rasch über die Bühne gegangene offizielle Christianisierung des Römischen Reiches können wir für diesen Augenblick auf die Formel bringen: Nun sind eben die Tugenden des Römers zu den Tugenden des Christen geworden, die Laster des Römers aber ebenso zu den Lastern des Christen.

Zu diesen Lastern gehört jedoch die weiterhin vorhandene Judenfeindschaft. Das römische Recht, in dem sich nach und

[8] Brief an die Magnesier 8, 1 (Fischer, *Apostolische Väter*. München 1956, S. 167).

[9] Syrische Didaskalie 21 (Texte und Untersuchungen, N. F. 10, 2, S. 108f.).

nach christlicher Einfluß durchzusetzen vermag, sichert ihnen zwar Existenz und gewährt ihnen Sonderrechte, aber in der Gesellschaft bleiben sie in der Rolle der ungeliebten, verdächtigten Minderheit. An vier Vorgängen soll das Verhältnis Juden – Römische Reichskirche nun gezeigt und damit vorgestellt werden, wie sich der christliche Antijudaismus in einer Zeit auswirkt, in der er sich mit politischer Macht verbinden kann.

Synagogenbrand von Kallinikon. Im Jahre 388 wurde in Kallinikon, einer kleinen Stadt am Euphrat, die Synagoge niedergebrannt. Die Brandstifter waren in der christlichen Gemeinde zu suchen; Mönche und der Ortsbischof selbst hatten wohl ihre Hände in dem üblen Unternehmen. Das war eindeutiges Verbrechen, Rechtsbruch. Kaiser Theodosius verlangte die gesetzliche Bestrafung der Verbrecher und die Wiedergutmachung des angestifteten Schadens. Mit all dem sollte gültiges Recht als unbedingt zu respektieren erkannt werden. Aber nun erhob sich christlicher Protest. Ambrosius (339/40–397), der bedeutende Bischof der kaiserlichen Residenzstadt Mailand und enger Vertrauter des Kaisers dazu, formulierte ihn. In einem Brief empörte er sich über die kaiserliche Forderung und verlangte überdies völlige Straffreiheit für das Verbrechen und alle daran Beteiligten: Wiedergutmachung des Schadens? »Soll denn der Ort des jüdischen Unglaubens aus der bei den Christen gemachten Beute erbaut werden? Soll das dank Christi Wohlwollen gesammelte Geld in den Besitz der Ungläubigen übergehen? Sollen nun die Juden an den Giebel ihrer Synagoge schreiben können: Tempel des Unglaubens, errichtet aus der bei den Christen gemachten Beute? Überhaupt, was soll der Wiederaufbau einer Synagoge: Ort des Unglaubens, Heimstätte der Gottlosigkeit, Schlupfwinkel des Wahnsinns, der von Gott selbst verdammt worden ist. Willst du den Juden solchen Triumph über die Kirche gewähren, solchen Sieg über das christliche Volk, diesen Ruhm der Synagoge über die Trauer der Kirche?« Und: »Was hat denn der Fromme gemein mit dem Unglauben? Mit den Ungläubigen müssen auch die Äußerungen des Unglaubens verschwinden.«[10]

Der Brief machte dem Kaiser zu schaffen, zumal er die Entschiedenheit und Kompromißlosigkeit seines Mailänder Hofbischofs kannte. Als Kaiser und Bischof sich danach beim Gottesdienst begegneten und Ambrosius die erwünschte Antwort aus

[10] Epistula 40 (Migne, Patrologia latina 16, S. 1148–1160).

der kaiserlichen Kanzlei noch nicht erhalten hatte, bedrängte der Bischof den Kaiser in aller Öffentlichkeit – und der gab sich schließlich geschlagen. Die Untat von Kallinikon blieb ungestraft! Ambrosius behielt recht mit seinem kühnen Wort: »Das Recht der christlichen Frömmigkeit steht über jedem staatlichen Recht.«[11] – Die Straffreiheit hat danach mancherorts den christlichen Pöbel ermuntert, Synagogen zu zerstören, andererseits aber auch die Kaiser gedrängt, den gesetzlichen Schutz der Synagoge durch neue Gesetze zu sichern.

Johannes Chrysostomus und die Juden von Antiochien. Es geht um acht lange Predigten ›Adversus Judaeos‹, die Johannes Chrysostomus im Herbst 386 in Antiochien gehalten hat. Chrysostomus (354–407) war damals »Domprediger« in Antiochien, ein vollendeter Rhetor auf der Kanzel, dessen Predigten genauso beklatscht wurden wie die Darbietungen in Circus und Theater, aber dabei ein Moralprediger in der Art des eifernden Propheten.

In Antiochien, der östlichen Reichshauptstadt am Orontos, lebte eine starke jüdische Gemeinde. In den frühen sechziger Jahren hatte sich Kaiser Julian Antiochien als seine bevorzugte Residenz gewählt. Zu den christenfeindlichen Maßnahmen dieses Kaisers, der das Römerreich mit ungestümer Gewalt wieder zu den Göttern der Hellenen zurückführen wollte, gehörten auch freundliche Gunsterweise für die Juden: so übersah er großzügig, daß Juden unter seiner Herrschaft christliche Kirchen zerstörten (in Damaskus, Gaza, Askalon, Beirut, Alexandrien). Aber noch mehr: er beschloß den Wiederaufbau des Tempels in Jerusalem. Nun war der zerstörte Tempel in der antijüdischen Polemik der Christen ein gewichtiges Argument für die Wahrheit des Christentums. Dieses Argument sollte den Christen abgenommen werden. Doch wie bei vielen anderen seiner Unternehmungen war Kaiser Julian auch bei diesem Plan vom Unglück verfolgt. Als die Fundamente zum Tempelneubau gelegt waren, zerstörte ein Erdbeben das begonnene Werk, und ein nachfolgender Brand zwang zum völligen Verzicht auf die Ausführung. Für die Christen natürlich ein Gottesurteil, für den Kaiser und die von ihm unterstützten und geförderten Juden mehr als eine Peinlichkeit. Überdies war der philosophierende Kaiser bei den Antiochenern außerordentlich unbeliebt – als »Ziegenbock« verspotteten sie ihn öffentlich. Nach seinem

[11] Ebd.

frühen Tod 363 konnte sich der Haß gegen den Regenten auf die von ihm Geschützten und Geförderten ungehemmt entladen. Und dazu gehörte auch die antiochenische jüdische Gemeinde. Das führte dort zu einer durch den politischen Wechsel bedingten verschärften Judenfeindschaft. Diese machte sich der christliche Prediger zwanzig Jahre später wieder zunutze.

Denn trotz aller Animosität gegen die Juden mußte der Seelsorger auch die ärgerliche Anziehungskraft der jüdischen Feste, des jüdischen Kultes, ihrer Fastenpraxis und anderer religiöser Bräuche feststellen. Die puritanische Art des Christentums scheint die religiösen Bedürfnisse der Antiochener nicht ganz zufriedengestellt zu haben. Und so bediente man sich nebenher auch des jüdischen Angebotes: Man schwor bei den heiligen Büchern der Synagoge, suchte Heilung bei jüdischen Ärzten, bat um den Segen des Rabbi für wichtige Unternehmungen. Nicht von ungefähr kommt es, daß gerade damals in Antiochien der Gedenktag an die makkabäischen Brüder als christliches Fest eingeführt wurde, was neuen Ärger in der jüdischen Gemeinde erwecken mußte. In diese angespannte Lage hinein hielt Chrysostomus seine Predigten gegen die Juden. Er trug keine neuen Argumente zusammen, sammelte vielmehr das als altkirchlicher Antijudaismus Bekannte geschickt ein und trug es mit bitterer Schärfe vor:

Kein Jude verehrt Gott – in der Synagoge wohnt der Teufel mit seinen Dämonen; was dort gefeiert wird, ist Götzendienst. – Zwischen den Juden und Christen gibt es nichts Gemeinsames: Sie haben nicht auf die Propheten gehört und sind Sklaven der Dämonen geworden. Von einem strafenden Gott wissen sie nichts; sie verstehen nur das eine: Fressen, Saufen, sich um Tänzer und Turniersieger die Köpfe blutig schlagen. – Ihre gefährliche und hilflose Minderheitensituation ist wohlverdiente Strafe: »Ihr habt Christus getötet, habt die Hand gegen den Herrn erhoben, deshalb gibt es für euch keine Besserung mehr, keine Verzeihung und auch keine Entschuldigung ... Mit diesem Kapitalverbrechen habt ihr alle Untaten in den Schatten gestellt. Und deshalb werdet ihr jetzt mehr gestraft; das eben ist die Ursache eurer gegenwärtigen Ehrlosigkeit.«[12] – Und von seiner Kanzel herab schleudert er den Fluch gegen die Juden, wobei er sich auf 1 Kor. 16, 22 beruft: »Wenn einer den Herrn Jesus Christus nicht liebt, dann soll er verflucht sein. Nicht ich

[12] Adversus Judaeos 6, 2 (Migne, Patrologia graeca 48, S. 907).

verfluche sie, sondern Paulus, doch auch nicht Paulus, sondern Christus selbst, der durch ihn spricht ...«[13]

Lassen wir's genug damit sein! Die Schärfe der Predigten ›Adversus Judaeos‹ des Chrysostomus ist vom traditionellen Antijudaismus her zu sehen und von der prekären Situation der Großstadt Antiochien, in der der Seelsorger besorgt wahrnehmen mußte, daß viele seiner Christen an der »jüdischen Krankheit« litten. Die rhetorisch geschickte Ausnützung des Vergeltungsaffektes auf Grund der wechselnden kaiserlichen Begünstigungspolitik bewirkte, daß er die Klatscher auf seiner Seite hatte, Beifall fand für sein maßlos übertreibendes Anklagen und seine Schimpfkanonaden, für die er heute sicher einen schlimmen Beleidigungsprozeß angehängt bekäme.

Die Judenpredigt Augustins. Blicken wir noch kurz auf die Judenpredigt des Augustinus (354–430). Der Bischof von Hippo sah in seiner Stadt und in seinem Land die Gemeinden der Juden: unauffällig und doch aufdringlich, geheimnisvoll und allgegenwärtig. Und sicher zählten sie nicht zu seinen Freunden. Aber die vehemente Polemik, die Gewalttätigkeit, die seinen Kampf gegen die christlichen Häretiker bestimmte, fehlt in seinen Judenpredigten. Er ärgert sich über ihre Geschäftigkeit, ihre Ausgelassenheit; ihre Frauen sollten den Sabbat besser am verbotenen Spinnrad zubringen als schamlos auf den flachen Dächern zu tanzen, und er regt sich auf über ihren ständigen Theaterbesuch. In derartigem Ärger laufen auch ihm die bekannten Beschimpfungen in die Feder: Was sind die Juden? Aufgerührter Schmutz, eine triefäugige Schar, zu Essig ausgearteter Wein der Propheten usw.

Im ganzen bleibt seine Kritik jedoch verhaltener: unmittelbarer realer Konflikt zwischen Christen und Juden bedrängte den nordafrikanischen Bischof wohl nicht. Darum konnte er bei seiner Beurteilung behutsamer und gelassener vorgehen; freilich dabei auch bestimmt und entschieden:

Sie mögen sich noch Israel nennen; aber der Name sichert ihnen kein Heil mehr zu. Augustinus trägt ebenso den Vorwurf des Gottesmordes weiter und verwendet ihn als geschichtsapologetisches Argument: »Die Juden, die Christus töteten und nicht an ihn glauben wollten.«[14] In den spitzfindigen Diskussionen reichen ihre Lehrer Jesus in seinem Todeskampf immer

[13] Ebd. 2, 3; 6, 1 (ebd., S. 862; 905).

[14] Vom Gottesstaat 4, 34 (Hg. v. Thimme, München, Zürich, 2. Aufl. 1978, Bd. 1, S. 218); 18, 46 (ebd., Bd. 2, S. 497).

noch Galle und Essig. Und wenn sie das Alte Testament lesen, das ja längst uns gehört, dann lesen sie es als Blinde und singen es als Taube. An die Stelle der gehässigen Polemik tritt bei Augustinus Mitleid, überhebliches Mitleid, das auch zu keinem freundlicher bestimmten Verhältnis führt. Dazu braucht er in seiner großangelegten Apologetik des Christentums die Juden: Ihre Zerstreuung ist ein Erweis für die Wahrheit des Christentums: »Ihr seid zerstreut vom Sonnenaufgang bis zum Sonnenuntergang (Umkehrung der Verheißung in Ps. 50, 1). Gehört ihr nun nicht zu den Feinden dessen, der im Psalm spricht: ›Mein Gott hat mir an meinen Feinden bewiesen: Töte sie nicht, damit sie nicht dein Gesetz vergessen, zerstreue sie vielmehr in deiner Macht‹ (Ps. 59, 11–12)? Deshalb könnt ihr das Gesetz Gottes nicht vergessen, müßt es überall hintragen dem Volke zum Zeugnis, jenem Volk, das wirklich vom Sonnenaufgang bis zum Sonnenuntergang berufen ist ...«[15]

Töten darf man die Juden nicht. Gott selbst hat sie ja auch nicht getötet. Aber ihre Zerstreuung ist Gottes Strafe. Ihr Dasein als gefährdete, ungeliebte Minderheit am Rande der Gesellschaft ist gottgewollt. Ihr heimatloses Umherirren und Zerstreutsein wird zur heilsgeschichtlichen Notwendigkeit, da sie die Auserwählung des neuen Gottesvolkes in seiner universalen Versammlung deutlich macht. Vielleicht war es dieses heilsgeschichtliche Muß, das Augustinus auch noch rührende und zärtliche Töne finden ließ, wenn er von den Juden sprach, und das ihn nie zu Gewalttaten gegen die Juden verführte. In seiner Predigt über das Gleichnis vom verlorenen Sohn heißt es: »So ist also der Jude wie der ältere Sohn. Er kommt vom Feld heim und bleibt vor dem Haus stehen. Er grübelt über die Kirche und fragt sich, was eigentlich mit ihr ist. Er sieht das Gesetz bei sich und dasselbe Gesetz auch bei uns. Die Propheten bei sich daheim, die Propheten bei uns. Kein einziges Opfer mehr bei sich daheim, aber bei uns ein tägliches Opfer. Er sieht, daß er zwar auf dem Feld des Vaters war, aber vom gemästeten Kalb kann er nicht mehr mitessen. Und der Vater wird zu ihm sagen: Mein Sohn, bist du nicht immer noch bei mir?« Doch freilich muß Augustinus klagend hinzufügen: »Aber ach, es ist so selten, daß der ältere wirklich nach Hause kommt.«[16]

[15] Adversus Judaeos 7, 9 (Migne, Patrologia latina 42, 57); vgl. Vom Gottesstaat 18, 46 (wie Anm. 14).

[16] Sammlung Caillon 2, 8–11 (Morin, Sermones post Maurinos reperti, S. 260ff.).

Gregor der Große: Kirchlicher Schutz für die Minderheit. Unser Einblick in das Kapitel ›Adversus Judaeos in der Alten Kirche‹ soll mit Gregors des Großen (590–604) Stellungnahme abgeschlossen sein. In ihr kommt der Bischof von Rom, ein durchaus selbstbewußter römischer Papst, zu Wort, der dazu noch in die Aufgabe des italischen Reichsverwesers gedrängt war. Der Papst kennt und respektiert die staatlichen Gesetze zugunsten der jüdischen Minderheit; diese garantieren den jüdischen Gemeinden immer noch die freie Religionsausübung. Dazu gehört der Schutz ihrer Synagogen und ihrer Feste: »Wir verbieten, daß die Juden belästigt oder über Gebühr bedrängt werden, ungehindert sollen sie ihren Sitten gemäß ihre eigenen Angelegenheiten ordnen ...«[17]

Im Jahr 599 hat ein bekehrter Jude die Synagoge von Cagliari besetzt und mit christlichen Symbolen geschmückt. Es war eine Art Garantiewerk, das den Eifer seiner Bekehrung beweisen sollte. Gregor nennt das eine undisziplinierte, rechtswidrige Handlung, einen ungesetzlichen Raub. Er nennt das Verbrechen also mit Namen und fordert vom Bischof der Stadt sofortige Wiedergutmachung. Eine Verteidigung, man habe das doch nur um des rechten Glaubens willen getan, lehnt er entschieden ab: Den Juden soll man mit Sanftmut begegnen, denn in der Schrift heißt es: »Willig werde ich dir ein Opfer bringen« (Psalm 54, 8) und: »Aus freien Stücken will ich den Herrn bekennen.« (Psalm 28, 7)[18]

Ein ähnlicher Fall wurde dem Papst aus Terracina gemeldet: Die Christen hatten die Juden aus ihrer Synagoge vertrieben, weil sie sich durch deren Gesang in ihrem eigenen Gottesdienst gestört fühlten. Der Streitfall zog sich längere Zeit hin; Gregor schaltete unbefangene Richter ein und verlangte schließlich vom Bischof die Errichtung einer neuen Synagoge an einem geeigneten Ort innerhalb der Stadt.

Das Gesetz verbot den Juden, christliche Sklaven zu halten. Offensichtlich wurde das Gesetz immer wieder umgangen. Wenn Gregor in solchem Fall scharf und entschieden gegen die Juden vorging, dann stellte er sich auf den Boden des gleichen Rechts, mit dem er vorher die Synagogen und Feste der Juden schützte.

Blinder Eifer führte Christen da und dort zu Zwangsbekeh-

[17] Epistula II 6 (Hg. v. Ewald-Hartmann, Monumenta Germaniae Historica, Epistolae, Bd. 1, S. 105).

[18] Epistula IX 16 (ebd., Bd. 2, S. 183f.).

rungen von Juden. Auch solchen pastoralen Wegen wehrt der Papst. Der Weg zur Kirche solle mit Überzeugung und freiwillig geschehen, höchstens könnten materielle Erleichterungen als kleine Nachhilfe in Aussicht gestellt werden. Andere Töne schlägt der Papst freilich da an, wo Juden auf Proselytenmacherei unter Christen aus sind. Die Anziehungskraft des jüdischen Kultes und der jüdischen Feste scheint auch im Italien seiner Zeit nicht erloschen gewesen zu sein. Da schöpft auch Gregor dann aus dem bekannten Repertoire gehässiger und ungerechter Vorwürfe gegen die Juden, das ihm eine lange Tradition zur Verfügung stellt.

Die Korrektheit, die der Papst der jüdischen Minorität gegenüber zeigt, ist eben vom geltenden Recht bestimmt. Zu einer neuen theologischen Wertung des Judentums findet auch er nicht. Aber die Mäßigung und Zurückhaltung, die er der alten Theorie gegenüber einnimmt, verdient Beachtung. Und er zeigt sogar ein auffallendes Ausbrechen aus dem langen Einerlei der feindseligen Polemik, wenn er den Kreuzestod Jesu auf die Schuld aller Menschen zurückführt, also auch den Christen selbst solche Schuld auflädt.

Die Versuchung liegt nahe, das ernste und weithin peinliche Kapitel ›Adversus Judaeos in der Alten Kirche‹ nun einfach mit ein paar freundlichen Hinweisen aufzuheben:

Auf ein paar Korrekturen in der katholischen Liturgie: da wird am Karfreitag nicht mehr *pro perfidis Judaeis* gebetet, sondern »für die Juden, die Gott in der Treue zu seinem Bund bewahre ...«, da wurden angebliche Opfer jüdischer Ritualmorde aus dem Heiligenkalender gestrichen; auf die Erklärungen des 2. Vatikanischen Konzils, die katholische Kirche und Judentum nun doch in einem anderen Lichte sehen, die alle Verfolgungen der Juden beklagt und entschieden verurteilt; auf das Forschungsprojekt, das von einigen Kollegen der Theologischen Fakultät der Universität Freiburg durchgeführt wird, und das zu einer gerechten Darstellung der Bedeutung Israels in der katechetischen Unterweisung hinführen will; auf den rege gepflegten Dialog zwischen Christen und Juden, der gerade hier in Freiburg ein besonderes Zuhause gefunden hat.

All diese Äußerungen sind erfreulich und schon mehr als nur Zeichen des guten Willens. Sie signalisieren eine endlich erreichte Bewußtseinsänderung – durchaus eine Metanoia. Doch damit werden jene Fakten und Aussagen, von denen hier gesprochen werden mußte, nicht einfach in eine belanglose Vergangenheit gesteckt. Sie gehörten lange Zeit zu einem kirchlichen Selbstverständnis und haben im Laufe der Geschichte ihre eigene Wirkung entfaltet, wovon in den folgenden Beiträgen zu hören sein wird. Diese Wirkung ist freilich nicht einfach und überall mit der Intention der Lehrer der Alten Kirche abzudekken. Vielmehr wurde der theologisch motivierte Antijudaismus immer wieder von Kräften in Dienst genommen, die aus ganz anderen Ecken kommen, wie wiederum wohl aus den folgenden Beiträgen erkannt werden wird.

Außerdem darf diese feststellbare Sinneswandlung nicht einfach und vorschnell als original kirchliche Großtat vereinnahmt werden. Die Ursachen dafür liegen doch eher in den schrecklichen Erfahrungen und Erschütterungen, die ein brutaler Antisemitismus in unserem Jahrhundert über die Menschheit brachte. Diese bitteren Erfahrungen drängen auf den Weg der Neubesinnung und Wiedergutmachung; und die kirchlichen Aussagen sind nichts anderes als die endlich im Raum der Kirche erfolgte Rezeption einer solchen Bewußtseinsänderung. Und genau mit dieser Aussage können wir zum altkirchlichen Antijudaismus zurückkehren. Hier hat die christliche Verkündigung ein anders geprägtes und geformtes Bewußtsein aufgenommen und die vorhandene Judenfeindschaft zum Substrat einer theologisch notwendigen Absetzung vom alten Israel übernommen. Das aber bedingte den tragischen Ton des altkirchlichen Traktates ›Adversus Judaeos‹.

Christen und Juden zur Zeit des ersten Kreuzzuges

von DIETER MERTENS

Die Massaker, die 1096 und 1099 im Zusammenhang mit dem ersten Kreuzzug in Nordfrankreich, im Reich und in Jerusalem von Christen an Juden verübt wurden, bedeuten nach einhelliger Auffassung der Historiker eine einschneidende Zäsur in der Geschichte der Juden und des Verhältnisses der Christen zu ihnen. Es war eine entscheidende Wende zum Schlechteren, die jedoch nicht durch entsprechende Wandlungen in der offiziellen kirchlichen Beurteilung des Judentums oder in der Einstellung der Juden zu den Christen, ebenfalls nicht durch Wandlungen in der Rechtsstellung der Juden oder in ihrer ökonomischen Tätigkeit vorbereitet wurde, und die auch hinterher nur allmählich ihren Niederschlag in der Lehre bedeutender Theologen und im Recht gefunden hat.

Die Juden selbst erfuhren diese Verfolgungen denn auch wie einen Blitz aus einem keineswegs verdüstert erscheinenden Himmel. Die Unsicherheit ihrer Lage wurde ihnen dadurch aber noch nicht erhellt. Erst als sich die Verfolgungen 1146/47, zu Beginn des zweiten Kreuzzugs, wiederholten – mit weniger Opfern zwar unter den Juden, aber unter breiterer Beteiligung der Christen –, als auch erste Ritualmordbeschuldigungen in Norwich 1144 und in Blois 1171 unabhängig von den Kreuzzügen größere Verfolgungen auslösten, als die Juden 1180 aus der französischen Krondomäne vertrieben wurden, da erst begannen sie zu begreifen, daß sie 1096 nicht von einer einmaligen Katastrophe getroffen worden waren, sondern eine umfassende und anhaltende Verschlechterung ihrer Lage erlebten, daß sie »von Unglück ausgehen zu Unglück«. So formuliert es in der zweiten Hälfte des 12. Jahrhunderts die hebräische Chronik des Ephraim bar Jakob über die Verfolgungen des zweiten Kreuzzugs, die an Berichte über die Pogrome von 1096 anschließt. Die Namen der Toten von 1096 eröffnen die Märtyrer-Nekrologe der jüdischen Gedenküberlieferung in den Memorbüchern. Und aufgrund der seit 1096 gesammelten Erfahrungen entwikkelten die aschkenasischen europäischen Juden (nicht die sephardischen in Spanien) ein neues, verdüstertes Selbst- und Daseinsverständnis, wie es sich, ebenfalls in der zweiten Hälfte des

12. Jahrhunderts, in dem ›Buch der Frommen‹ *(Sefer Hasidim)* zu erkennen gibt.

Wenn also aus den Perspektiven der christlichen Judentheologie und des christlichen Judenrechts (d. h. der von den kirchlichen und weltlichen Gewalten vorgenommenen christlichen Definition jüdischer Existenz im Unterschied zu jüdischer Theologie und jüdischem Recht), wenn auch aus der Perspektive der Wirtschaftstätigkeit der Juden oder ihrer Einstellung zur christlichen Umwelt die Massentötungen zur Zeit des ersten Kreuzzugs unerwartet kommen, so sind sie aus diesen Perspektiven auch nicht einleuchtend zu erklären. Die wesentlichen Gründe müssen anderswo zu suchen sein. Es soll dargelegt werden, daß sie in einem Versagen der Judentheologie und des Judenrechts unter bestimmten historischen Bedingungen liegen. Da die Verfolgungen von 1096 für die betroffenen Judengemeinden zwar erstmalig waren, aber nicht einmalig blieben, müssen über die Situation von 1096 hinaus längerfristige Entwicklungen und strukturelle Probleme des Verhältnisses von Christen und Juden zur Erklärung herangezogen werden. Es soll darum ferner der Zusammenhang der Ereignisse von 1096 mit der längerfristigen Entwicklung des Judenrechts und der Judentheologie dargestellt und deren strukturelle Schwäche aufgezeigt werden.

Daraus ergibt sich die Gliederung der nachfolgenden Ausführungen. Es werden 1. die Ereignisse von 1096 und 1099 resümierend geschildert, es wird 2. nach den unmittelbaren Ursachen dieser Ereignisse gefragt, 3. die Bedeutung dieser Ursachen im Rahmen einer längerfristigen Entwicklung beleuchtet und 4. ein Fazit gezogen hinsichtlich der Bedingungen der Möglichkeit, d. h. der prinzipiellen Schwäche der Situation der Juden als Minderheit.

1. Die Ereignisse von 1096 und 1099

Sie seien rasch berichtet. Am 27. November 1095, gegen Ende des Konzils von Clermont, ruft Papst Urban II. vor einer großen Menge meist niederen französischen Adels zum Heidenkrieg auf, zur Waffenhilfe für die von den muslimischen Seldschuken bedrängte östliche Christenheit, und gewährt dafür den Teilnehmern Nachlaß aller kirchlichen Bußstrafen. Der Widerhall ist unerwartet groß. Die Propaganda der Amtskirche und der einflußreichen asketischen Wanderprediger mit und ohne kirchlichen Auftrag tragen den Aufruf wirksam verändert weiter: wer mitzieht, das Grab Christi in Jerusalem den Heiden zu entreißen, sei aller Sünden ledig. Der Erfolg der Propaganda ist enorm und unkontrollierbar.

Die Wanderprediger der Armutsbewegung, vor allem der Eremit Peter von Amiens, veranlassen viele, die weder Ritter noch kampfgeübt sind, städtische und ländliche Bevölkerung Nordfrankreichs, Lothringens und der Rheinlande, zum Aufbruch nach Jerusalem, zum regelrechten Exodus in das Gelobte Land. Haus und Habe werden zu Schleuderpreisen verkauft – wer dies eben noch verlacht hat, verkauft tags darauf selber –, um schon vor dem Abmarsch (August 1096) des regulären militärischen Zuges, des Ritterheeres, auf dem Weg zu sein und, statt bewaffnet in den Krieg zu ziehen, mit Frau und Kindern auszuwandern. Der Zug Peters von Amiens – bald viele Tausend Menschen, die sich aus dem Lande ernähren – bleibt nicht geschlossen. Vorausziehende, sich abspaltende, umherziehende und hinterherziehende, ihrerseits auf über 10000 Menschen anschwellende Haufen, schließlich fünf oder sechs, stehen unter der Führung von Priestern oder Rittern wie dem Franzosen Walter ohne Habe oder dem deutschen Grafen Emicho.

In Rouen gibt es um die Jahreswende 1095/96 eine erste Judenverfolgung – Taufe oder Tod – durch Kreuzfahrer, denen der Weg zu weit ist: »Wir wollen die Feinde Gottes im Osten bekämpfen, wofür wir große Entfernungen überwinden müssen. Das ist eine verfehlte Mühe, da wir schon hier vor unseren Augen die Juden haben, die doch die ärgsten Feinde Gottes sind.«[1] Peter von Amiens ist hier nicht der Urheber; die ihm unmittelbar folgen, haben auch sonst keine Massaker verübt. Aber Peter besitzt einen wie auch immer erlangten Brief der französischen Juden, die den deutschen Gemeinden empfehlen, seinen Zug zu versorgen. Bei anderen Führern hilft solcher Loskauf wenig, am wenigsten bei dem Grafen Emicho aus dem Nahegau, dem die Mainzer Juden einen solchen Brief anbieten. Auf den Zug, dessen Führung dieser am linken Mittelrhein mächtige Graf eben dort erst übernommen hat, gehen die größten Massaker zurück.

1096er Pogrome sind unter anderem aus folgenden Orten bekannt: Speyer, Worms, Mainz, Trier und Metz; Köln, Neuß,

[1] Guibert de Nogent, *Histoire de sa vie (1053–1124)*. Hg. v. Georges Bourgin. Paris 1907, S. 118.

Xanten – und zwar in dieser Reihenfolge und Himmelsrichtung, die freilich nicht nach Jerusalem weist. Innerhalb zweier Monate (Mai und Juni), bevor das reguläre Kreuzritterheer sich gesammelt hat, sind alle wichtigen Judengemeinden des rheinfränkisch-lothringischen Raumes nahezu vernichtet. Hinzu kommen schließlich auf dem Weg der Kreuzfahrerhaufen nach Ungarn Regensburg (wo allein eine hastige Massentaufe in der Donau erzwungen wird) und Prag. Zahlen der zu Tode gebrachten Juden sind aus folgenden Städten bekannt: Speyer 11, Worms 800 (140 Familien), Mainz 1014, Metz 22, Köln 150 zuzüglich einer erheblich größeren, aber nicht genau zu bestimmenden Zahl der vom Erzbischof sicherheitshalber, doch vergebens aus der Stadt geführten Kölner Juden; in Neuß dann rund 200. Nach vorsichtiger Schätzung beträgt die Zahl der Opfer von 1096 insgesamt 4000 bis 5000. Die Zahl der Zwangsgetauften ist unbekannt, denn die hebräischen Quellen interessieren sich für sie kaum; nach christlichen Quellen ist sie niedriger.

Um den konkreten Verlauf der Pogrome zu illustrieren, mag Mainz als Beispiel dienen, die damals geistig und wirtschaftlich wohl bedeutendste aschkenasische Judengemeinde Europas. Die Mainzer Juden werden aus Frankreich vor den sich sammelnden Scharen gewarnt. Sie fühlen sich indessen nicht mehr ernstlich bedroht, seit sie bei Kaiser Heinrich IV., der in Italien lange Jahre festsitzt, eilig einen Schutzbrief für alle Juden im Reich erworben haben. Als die Scharen dann aber in Speyer und Worms wüten und in Mainz feindselige Stimmung wächst, bringen die Juden sich und ihre Habe beim Erzbischof (dem Stadtherrn), dem Burggrafen (dem obersten weltlichen Richter) und befreundeten Mitgliedern der kaufmännischen Oberschicht in Sicherheit. Emicho rückt mit 12 000 Menschen vor Mainz, sicher viel mehr, als die Stadt Einwohner zählt; die Juden bieten Geld und Empfehlungsschreiben. Nach zwei Tagen wird die Stadt gegen den Willen des Erzbischofs geöffnet. Er ist außerstande, mit kleinem Aufgebot die Juden zu schützen. Diese verteidigen sich selbst mit Waffen in der bischöflichen Pfalz. Doch die kämpfenden Juden werden getötet, die übrigen töten einander: die Frauen die Kinder, die Männer die Frauen, die Männer sich gegenseitig. Weitere Juden werden innerhalb und außerhalb der Stadt aufgespürt und getauft oder umgebracht. Emicho plündert und zieht weiter. Ein zwangsgetaufter Jude entsühnt sich, indem er seine Kinder in der Synagoge mit dem

Messer tötet und anschließend sich selber samt der Synagoge verbrennt.

Am Mainzer Pogrom sind folgende Züge typisch für die meisten anderen Orte: die Judengemeinde ist städtisch und bedeutend, sie ist angesiedelt in einer Bischofsstadt oder bischöflichen Stadt; sie vertraut auf die Herrschaftsträger, den Schutzbrief des Kaisers bzw. die bischöflichen Stadtherren; der Schutz wird gewährt, zumeist auch in der Bischofspfalz selbst, aber er versagt angesichts der fanatisierten Massen; die Judenschützer geraten selbst in Lebensgefahr und raten den Juden die Taufe an. Das Verhalten der Stadtbewohner divergiert in fataler Weise: der Stadtherr, seine Ministerialen und große Kaufleute stehen gegen andere städtische Schichten, die sich mit den stadtfremden Scharen gegen die Juden und den Stadtherrn verbinden. Die Juden sind waffengeübt und kämpfen; sie töten in auswegloser Lage ihre Kinder (wie Jahwe von Abraham die Opferung Isaaks verlangte) und sie töten sich selbst »zur Heiligung Seines Namens« (hebr.: *Kidusch ha-schem*), um der erzwungenen »Entehrung Seines Namens«, der christlichen Taufe, zu entgehen.

Die Vorgänge in Palästina betreffen nicht speziell das Verhältnis der Christen zu den Juden und gehen uns darum hier nicht eigentlich an. Dies sei nur kurz erläutert. Die Scharen Peters, Emichos und der anderen sehen Jerusalem nie, sie gehen unterwegs schon zwischen Ungarn und Anatolien zugrunde. Palästina erreichen allein die Ritterheere (und Peter von Amiens persönlich). Sie sind an den europäischen Pogromen nicht beteiligt. In Jerusalem richten die Kreuzritter, 1099 endlich am Ziel, bei der Erstürmung der Stadt unter Muslimen und Juden ein grauenvolles Blutbad an; Muslime und Juden haben die Mauern gemeinsam verteidigt. Aus anderen Städten wie Ramla und Jaffa sind Juden und Muslime schon vorher aufs Land geflohen. In Haifa, von seiner überwiegend jüdischen Bevölkerung lange verteidigt, bleibt wie in Jerusalem kaum ein Jude oder Muslim übrig. Allmählich begreifen dann aber die Kreuzritter, daß sie die einheimische Bevölkerung für ihre eigene Existenz benötigen. Es wird darum im Kreuzfahrerstaat für die zahlreichen religiösen Minoritäten eine geordnete Minoritäten- und in ihrem Rahmen auch Judenpolitik betrieben: mit interner Gemeindeautonomie und externem Gerichtsstand an der Cour de la Fonde. In der Stadt Jerusalem selbst aber wird – wie schon in byzantinischer Zeit – Nichtchristen (d. h. Muslimen und Juden) die Ansiedlung verboten. Mit zunehmender Konsolidierung der Verhältnisse, besonders der Wirtschaft, kommt es sogar zur Immigration von Juden aus Europa, seit dort die Wende zum Schlechteren bewußt wird.

Die Kreuzritter treffen in Palästina auf den Widerstand der gesamten nichtchristlichen Bevölkerung, siegen über sie und verhalten sich wie Sieger, anfangs im Blut- und Beuterausch, später den Notwendigkeiten eines Staatsaufbaus und den von diesen vorgezeichneten Grundlinien des Zusammenlebens Rechnung tragend. Eine prinzipielle »Sonderbehandlung« der Juden ist weder beim Erobern und Niedermachen noch dann beim Beherrschen und Besteuern zu erkennen. Das eklatante Ereignis, das Jerusalemer Blutbad von 1099, hat nicht das jüdische Christenbild bestimmt – höchstens ergänzt, bestimmt haben es die Massaker von 1096 –, es hat statt dessen das islamische Christenbild nachhaltig geprägt. Für das Thema »Christen und Juden« sind darum die Ereignisse von 1096 von vorrangigem Interesse.

2. Die unmittelbaren Ursachen

Die Frage nach den Ursachen erschöpft sich selbstverständlich nicht in der Frage nach den unmoralischen Motiven. Über diese waren sich schon die zeitgenössischen Chronisten im klaren. So wertet Albert von Aachen den Untergang der Scharen Emichos in Ungarn mit Genugtuung: wegen Hurerei und Habsucht habe Gott sie vernichtet, denn aus Geldgier hätten sie die Juden vor die Alternative »Tod oder Taufe« gestellt. Der Chronist verbirgt in dem Lasterkatalog, was den Historiker interessiert: Wieso wurde die angeprangerte Habgier den Juden zum Verhängnis und nicht den christlichen Reichen, und wieso gaben sich die Habgierigen nicht mit der Habe zufrieden, sondern tauften und töteten?

Hier wäre nun eigentlich zuerst von der Entstehung des Kreuzzugs zu sprechen, über Jerusalem als Ziel unbewaffneter Pilger, über Ablässe, über »heilige Kriege« gegen Friedensbrecher im Inneren, gegen die Normannen in Sizilien und gegen den Islam in Spanien, über die Bedrohung von Byzanz durch den Islam – aber genug: der Kreuzzug ist Wallfahrt und Kriegsfahrt, bewaffnete Pilgerfahrt nach Jerusalem, populär wie die Wallfahrt nach Jerusalem und geistlich hoch belohnt wie der weniger populäre spanische Heidenkampf. Dieses hat, sollte man annehmen, mit Christen und Muslimen zu tun, aber nicht mit Juden. Doch Jerusalem-Wallfahrt und Heidenkrieg gibt es im 11. Jahrhundert, schon bevor sie zum Kreuzzug verbunden werden, zusammen mit Judenverfolgungen.

Um 1010 gab es Judenverfolgungen in Frankreich, weil der fanatische schiitische Kalif al-Hakim die Grabeskirche in Jerusalem zerstört hatte und dies angeblich auf Anstiften ausgerechnet der Juden aus Orléans getan haben sollte. (Die Furcht vor einem Bündnis der Nichtchristen in Ost und West gegen die Christen begegnet später noch öfter.) Ein Legat Papst Johannes' XVIII. bremste die Pogrome. Der erste Heidenkrieg der Christen, der in die engere Vorgeschichte des ersten Kreuzzugs gehört, war der Spanienfeldzug von 1063/64, veranlaßt durch die Ermordung des Königs von Aragon durch einen Muslim. Die christlichen Krieger machten sich allerdings zunächst über die Juden her. Wie schon 1010 schritt der Papst dagegen ein. Alexander II. bestärkte die Bischöfe Südfrankreichs und Spaniens in der Wahrnehmung des Judenschutzes und verurteilte die Verfolger. Es sei ein großer Unterschied zwischen Sarazenen und Juden. Die Sarazenen, die die Christen angriffen, würden zu Recht bekriegt; nicht aber die Juden, die ja bereit seien, den Christen zu dienen. Und vor allem: es sei Sünde und grobes Unwissen (wenn es nicht überhaupt aus Habgier geschehe), die Juden töten zu wollen, da Gott sie für ihre schließliche Bekehrung am Jüngsten Tag vorherbestimmt habe. Er beruft sich dafür auf Theologie und Beispiel Gregors des Großen. Papst Alexander ist der erste, der Bereicherung als Motiv für Judenverfolgungen nennt. Er ist bis zur Judenschutzbulle Calixtus' II. (1119–1124) der letzte Papst, der den Judenschutz wahrnimmt. Urban hat 1096 geschwiegen.

1010 und 1063 geht es wie bei den Kreuzzügen um eine Auseinandersetzung der Christen mit dem Islam. Jedesmal werden die Juden in diese Auseinandersetzung hineingezogen, die sie unmittelbar gar nicht betrifft. 1010 und 1063 versuchte das Papsttum, sie aus dieser Frontstellung herauszuziehen, 1096 tat es dies nicht. Warum?

Der erste Kreuzzug unterscheidet sich von den vorausgegangenen Auseinandersetzungen grundlegend dadurch, daß er vom Papst selber initiiert und in seinem Auftrag unternommen wird, daß Grab-Christi-Wallfahrt und Heidenkrieg miteinander verbunden werden und daß es sich um eine Unternehmung nahezu der ganzen lateinischen Christenheit handelt. Der Kreuzzug wird als eine weltweite Auseinandersetzung aufgefaßt. Wilhelm von Malmesbury (gest. 1143) läßt es – die Weltkarte vor Augen, die die runde Erdscheibe durch eine T-förmige Unterteilung in einen Halbkreis oben (Asien) und zwei Viertel darunter (Europa und Afrika) scheidet – Urban II. in Clermont ganz deutlich sagen. Es gehe um mehr als um den Zugang zum Heiligen Grab. Vielmehr sei der ganze Erdkreis ungerecht verteilt. »Von seinen drei Teilen beanspruchen die Türken Asien als ihre angestammte Heimat, das doch von unseren Vorfahren mit Recht als gleichwertig den beiden anderen Teilen zusammen angesehen wurde ... Auch Afrika, der zweite Erdteil, wird seit mehr als 200 Jahren von ihnen (unseren Feinden) mit Waffengewalt in Besitz gehalten ... Als dritter Erdteil bleibt Europa übrig, und wieviel davon bewohnen denn wir Christen? Diesen kleinen Rest der Welt, der uns gehört, bedrängen kriegerische Türken und Sarazenen. Seit 300 Jahren halten sie Spanien und die balearischen Inseln besetzt und hoffen, auch alles übrige verschlingen zu können.«[2] Entsprechend dieser Vorstellung eines Existenzkampfes der Christen war die Kreuzzugspropaganda sehr bald auf die Motivation aller abgestellt. Zum (variablen) Bestand der Propaganda zählten: 1. das Aufzeigen der Bedrohung Ostroms als einer Bedrohung der Christenheit insgesamt; 2. die Projektion des Bildes von einem grausamen und mächtigen, doch nicht unüberwindlichen Feind; 3. der Hinweis auf Jerusalems Bedeutung für Glauben und Erlösung, auf die Schändung der Heiligen Stätten und die Notwendigkeit, dies zu rächen; 4. die Versicherung, daß der Kampf gegen die Feinde der Christen Gottes Gebot sei und Gott sein Volk führen werde; 5. der Lohngedanke, d.h. der Nachlaß der Sündenstrafen durch die Kreuznahme, den Antritt der Reise.

Es ist unübersehbar: die Kreuzzugswerbung zielte auf eine Scheidung der Welt in Christen und Feinde der Christen und arbeitete darum in hohem Maß mit Emotionen, einerseits mit Angst- und Rachegefühlen, die um so stärker betont werden mußten, je weniger man von dem Feind wußte, gegen den man ziehen sollte, andererseits mit großen religiösen Hoffnungen. Die Gottesfriedensbewegung des 10. und 11. Jahrhunderts hatte in regionalem Rahmen (den Diözesen) die Massen emotional, religiös und auch militärisch aktiviert, um die heimische öffentliche Ordnung zu schützen gegen Bedrohungen und Gewalttä-

[2] *Willelmi Malmesbiriensis Monachi De gestis regum Anglorum libri quinque.* Hg. v. William Stubbs. Bd. 2. London 1889, S. 395.

tigkeiten, die man unmittelbar erfuhr. Der Kreuzzug aber galt einem fernen Gegner, über den die allermeisten erst ins Bild gesetzt werden mußten – durch die Propaganda. Sie war darum ein konstitutiver Bestandteil der Kreuzzugsbewegung, etwas Neues mit eigener, noch nicht erprobter Gesetzmäßigkeit, aus der Perspektive der konkreten Erfahrung ein Übertritt von der Defensive zur Offensive.

Die Eigengesetzlichkeit der Propaganda machte sich in der Preisgabe wichtiger Unterscheidungen geltend. Dieser Vorgang ist zunächst beim Lohngedanken zu beobachten, in der vielerörterten Ablaßfrage. Hier schritt die Kreuzzugswerbung über die präzisen Formulierungen des Clermonter Konzils hinweg und versprach nicht bloß einen Nachlaß der im Bußsakrament auferlegten Kirchenstrafen (wie Exkommunikation, verschiedene Formen des Fastens usw.), sondern den Erlaß der jenseitigen Sündenstrafen; sie pries die Teilnahme am Kreuzzug sogar an als »eine neue Art, das Heil zu erwerben«.

Ein paralleler Vorgang begegnet bei der Propagierung des Feindbildes, dem Aggressionsgedanken. Von den Türken als den aktuellen Feinden der oströmischen Christenheit schritt die Redeweise der Propaganda zu den Muslimen insgesamt (also Türken und Arabern), von dort zu den Feinden der Christen überhaupt, den Feinden des Namens Christi, den Feinden Christi. Unter die letzteren Kategorien fielen auch die Juden, fielen die Juden sogar vor all den anderen Feinden, welche die Kreuzfahrer ja lange nicht, viele sogar niemals zu Gesicht bekamen. Die Feindbildpropaganda vollzog mit der Redeweise von den Feinden Christi einen Wechsel des Argumentationsfeldes, wechselte vom politisch-militärischen Feld auf das theologische, so wie die Lohnpropaganda vom kirchenrechtlich-disziplinären auf das sakramentale übertrat.

Breitenwirkung und Erfolg der Kreuzzugspropaganda beruhen geradezu auf diesen Überschreitungen. Beim Lohngedanken ist sie dadurch begünstigt worden, daß die Kirche selbst noch keine ausgereifte Ablaßlehre besaß (eine solche ist erst in der Hochscholastik entwickelt worden); die Kreuzzugspropaganda konnte und mußte sich noch ihre eigene Ablaßlehre schaffen. Beim Aggressionsgedanken ist der Feldwechsel grundsätzlich in der Idee des Heiligen Krieges enthalten, hinsichtlich der Juden aber eine wenn nicht logische, so doch typologische Konsequenz aus der Jerusalem-Propaganda. Typologisch-allegorisches Denken setzt nach Zeit und Ort Getrenntes in einen unmittelbaren heilsgeschichtlichen Sinnbezug, erkennt Neues im Alten und umgekehrt. Ihm liegt nicht an der zeitlichen Distanz, sondern an der Totalität der Heilsgeschichte und der Identität der Bedeutungen. Die gegenwärtigen Feinde der Christen bedeuten, ja sind darum die Feinde Christi, und umgekehrt sind die Feinde Christi die Feinde der Christen. Die kriegerische Heilig-Grab-Propaganda stellte den Gedanken an den Tod Christi in den Mittelpunkt und lenkte damit die Aggression nicht zufällig auf die Juden als die »Gottesmörder«. Sie war darum geeignet, alle »grundlegenden Unterscheidungen«, die Alexander II. eingeschärft hatte, vergessen zu lassen. Daß Urban Alexanders »grundlegende Unterscheidungen« nicht wieder in Erinnerung rief, liegt in der Konsequenz seiner eigenen Handlungsweise, die den Kreuzzug zum Kampf um Heil oder Unheil der Christen erklären und auf dem einzigen Unterschied zwischen Christen und Nichtchristen aufbauen ließ. Die Argumentation der judenverfolgenden Kreuzfahrer von Rouen – erst in den Orient zu ziehen und nicht schon die anwesenden Feinde Gottes zu vernichten, sei die falsche Reihenfolge –, die Guibert von Nogent (gest. 1122) wiedergibt, ist nicht so weit hergeholt, wie sie scheinen mag, sondern eine von der Kreuzzugspropaganda nahegelegte oder zumindest eröffnete kurzschlüssige Konsequenz. Es ist darum nicht verwunderlich, daß der hebräische Chronist Salomon bar Simson von den Judenverfolgern im Rheinland dieselbe Argumentation mit nahezu denselben Worten zu berichten weiß.

Bei den Pogromen wurde aber nicht nur getötet, sondern auch getauft. Hierin wird eine weitere religiöse Dimension der Kreuzzugspropaganda sichtbar.

Die Propaganda traf auf eine im Inneren gespaltene und ohnehin schon in Erregung versetzte Christenheit. Nicht wegen des Schismas zwischen Ost und West, denn dieses betraf das Kirchenvolk nicht, und die Propaganda stellte vielmehr die Einheit heraus. Es waren die Folgen der Kirchenreform und des Investiturstreits, welche die lateinische Kirche selbst, am tiefsten in Deutschland, spalteten und jedermann betrafen. Es gab zwei Päpste, die ihre Anhänger wechselseitig exkommunizierten (und von denen der eine, Urban, eben durch den Erfolg seines Kreuzzugsaufrufs schließlich die Oberhand behielt), es gab vielerorts zwei Bischöfe gleichzeitig, eine große Menge Priester, die nach den Maßstäben der Reformer keine gültigen Sakramente spenden konnten; der Kaiser war gebannt, wegen einer Ehesache auch der französische König. Hin- und hergehende Streitschriften, welche die Autorität der jeweils anderen Seite untergruben, wurden auch dem lateinunkundigen Volk zur Kenntnis gebracht. Eremiten predigten gegen den Reichtum des hohen Klerus, der Klöster und Laien und lebten und forderten apostolische Armut. Endzeitberechnungen wurden angestellt und Vorwürfe, Vorbote des Antichrist zu sein, ausgetauscht. Tausende pilgerten nach Jerusalem, »von der verbreiteten Meinung getäuscht, es stehe das Jüngste Gericht bevor« (wie es rückblickend die Heiligenvita des Passauer Bischofs Altmann sagen kann). Die Entzweiung von Papst und Kaiser wurde schon von unmittelbaren Zeitgenossen als eschatologisches Ereignis empfunden. Viele glaubten, es werde der kaiserlose päpstliche Kreuzzug vom wiedererstandenen Kaiser Karl dem Großen nach Jerusalem geführt werden als Abschluß der Geschichte.

Von Endzeiterwartungen waren die Juden in doppelter Weise betroffen, als Subjekt und als Objekt. Jüdische messianische Erwartungen richteten sich auf das Jahr 1022, dann auf 1068, am intensivsten aber auf das Jahr 1096. Dies wurde aus dem Zahlenwert der Buchstaben eines Jeremias-Wortes über die Endzeit berechnet. Nach Auskunft der hebräischen Chroniken war dies die allgemeine Erwartung der Juden in Deutschland, die dann mit der grausigen Enttäuschung endete. Wie weit die jüdischen Berechnungen auf die christlichen apokalyptischen Erwartungen des 11. Jahrhunderts eingewirkt haben, ist umstritten. Daß solche aber existierten, ist unbestritten. Bischof Rainer von Florenz z. B. verkündete zwischen 1086 und 1096, der Antichrist sei schon geboren, wofür der Bischof sich 1106 vor einem Konzil verantworten mußte. Dieses konnte dann aber nicht zu Ende diskutieren, weil das Volk die Versammlung tumultuarisch sprengte; es wollte sich seine Endzeiterwartungen von der Amtskirche nicht nehmen lassen. Apokryphe Prophezeiungen und Legenden über das Weltende brachten die Juden meist als Helfershelfer des Antichrist mit der Endzeit in Verbindung. Wichtiger ist, daß auch nach hochkirchlicher Überlieferung das Schicksal der Juden sich in der Endzeit entscheidet, die mit dem Auftreten des Antichrist beginnt: daß sie zu Christus bekehrt oder, wenn sie seine Gnade nicht annehmen, mit den Ungläubigen verdammt werden. Zwar hat die Amtskirche apokalyptische Naherwartungen stets bekämpft, doch die davon erregten Scharen haben 1096 mit der Alternative

»Taufe oder Tod« eine apokalyptische Endlösung, endzeitliches Gericht an den Juden vollziehen zu dürfen geglaubt. Die Kreuzzugspropaganda hat im Effekt die christlich-theologische Begründung für die Existenzberechtigung der jüdischen Minderheit außer Kraft gesetzt.

Die Juden haben sich freilich nie auf diese Existenzgrundlage verlassen, sondern stets den Schutz der politischen Macht gesucht. Denn nicht in der von Augustin ihnen zugedachten Rolle als überall gegenwärtige Wahrheitszeugen, als die dienstbaren Bücherträger, die den Christen die heiligen Schriften nachtragen, ohne sie selber in der richtigen Weise zu verstehen, sondern in der ihnen seitens der politischen Herrschaft zugewiesenen Rolle von Vorreitern hoch entwickelter Wirtschaftsformen, die sich auf die Organisation des Fernhandels, die Beschaffung hochwertiger Waren und großer Geldsummen verstehen, haben sie sich sicher gefühlt. Daß auch diese Sicherheit trog, hängt mit den sozialen und politischen Veränderungen zusammen, die durch die Turbulenzen des Investiturstreits und der Kreuzzugsbewegung gewaltsame Formen annehmen konnten.

Ein Zusammenhang der sozialen und politischen Situation mit der Kreuzzugsbewegung war den Zeitgenossen durchaus bewußt. Die Berichte über Urbans II. Clermonter Rede lassen den Kreuzzug geradezu als probates Mittel gegen krisenhafte Zustände der Gesellschaft erscheinen. Der ritterliche Kreuzzug ins Gelobte Land wird als Ausweg aus Übervölkerung und Nahrungsknappheit, Verteilungskämpfen, Räubereien und unergiebigem Solddienst vorgestellt. Auch die Emigration der nichtritterlichen Scharen ist vor dem breiten Hintergrund einer von raschem Bevölkerungswachstum in Gang gehaltenen (horizontalen und auch vertikalen) Mobilität zu sehen, die seit etwa 1050 spürbar intensiver wird und zu deren markanten Kennzeichen u. a. das schnelle Anwachsen der Städte, die Veränderung ihrer Strukturen und das Ringen um kommunale Selbständigkeit zählen. Der französische Nordosten, wo auch Peter von Amiens predigte, ist von den Wanderungsbewegungen besonders betroffen. Die Bischofsstädte am Rhein, der wichtigsten Verkehrsader des Reiches, füllen und dehnen sich. Die 1095/96 von vagen Hoffnungen und meist auch von akuter Not zum Aufbruch nach Jerusalem veranlaßten Scharen, die in der Regel nichts mehr zu verlieren hatten, konnten über die Juden und die Judenschützer in den genannten Städten (Speyer ausgenommen) nur deshalb die Oberhand gewinnen, weil dort die sozialen Differenzen sich mit politischen und kirchlichen verknüpften. Ohne das Zusammengehen eines erheblichen Teils der Städter mit den Scharen des von Urban inaugurierten Kreuzzugs gegen die (mit Ausnahme von Worms) der kaiserlichen Seite zugehörigen bischöflichen Stadtherren hätten die Pogrome nicht das eklatante Ausmaß erreichen können. Auch hier werden die Juden Opfer einer Frontstellung, die sie weder unmittelbar noch alleine betraf.

3. Längerfristige Entwicklungen: Die Juden zwischen kirchlichem und weltlichem Judenrecht

Vom Kaiser war bisher wenig zu reden, obwohl er für die Juden der von den Verfolgungen betroffenen Gemeinden der oberste Judenschutzherr war. Es ist aber gerade das Charakteristikum des ersten Kreuzzugs, daß an ihm der Kaiser und die anderen Könige nicht beteiligt waren, daß vielmehr der spektakuläre militärische Erfolg, die Eroberung der Heiligen Stätten, im päpstlichen Auftrag errungen wurde. Die aktuelle Schwäche des Kaisertums zur Zeit des ersten Kreuzzugs ist ein wesentlicher Grund für das Versagen des Judenschutzes im Reich. Darüber hinaus bedeutet für die längerfristige Entwicklung der machtvolle Aufstieg des Papsttums und die damit verbundene Schwächung der Königsgewalt mit allen Folgen auch für die Reichsverfassung eine fortschreitende Schwächung der Rechtssicherheit und des bisherigen Status der Juden.

Die kaiserliche Judengesetzgebung ist in der Karolingerzeit grundgelegt worden. Wir besitzen aus der Zeit Ludwigs des Frommen drei Privilegienformulare für Juden, dann erst wieder die 1090 von Heinrich IV. erteilten Privilegien für die Juden in Speyer und Worms, von denen das letztere 1236 auf die Juden in Deutschland insgesamt ausgedehnt wird. Die Übereinstimmungen der karolingischen Privilegien mit denen Heinrichs IV. sind so weitgehend, daß man von einer karolingischen Privilegienfamilie sprechen kann (Lea Dasberg). Aus ihrem Inhalt läßt sich ein Bild von der rechtlichen Lage und wirtschaftlichen Tätigkeit der Juden in Umrissen gewinnen (das die in den Entscheidungen der Rabbiner abgehandelten Fälle plastisch präzisieren). Die Adressaten – stets sind offenbar Gruppen, kleinere, d. h. mindestens zehnköpfige, oder größere Gemeinden gemeint – werden samt ihrem Besitz in den Schutz des Kaisers bzw. Königs aufgenommen, sie stehen im Dienst des königlichen

Hofes; sie dürfen nach ihrem jüdischen Recht leben, sind vor Zwangstaufen geschützt, können frei über ihr Erbe und Eigentum – Grundbesitz in Stadt und Land gehört dazu – verfügen; ihre heidnischen Leibeigenen dürfen ihnen nicht durch die Taufe entzogen werden; sie dürfen christliches Gesinde halten, sofern sie dieses nicht veranlassen, gegen seinen Glauben zu handeln; sie dürfen innerhalb des ganzen Reiches kaufen und verkaufen, sind dabei von Zöllen, Steuern und sonstigen mit dem Handel verbundenen Abgaben befreit; ihre prozeßrechtliche Stellung vor dem christlichen Gericht ist nicht diskriminierend.

Das kaiserliche Judenrecht hat also Juden als Kaufleute vor Augen, die im Reich und darüber hinaus Handel treiben, im Reich ansässig sind, Grundbesitz haben, auch ländlichen, den sie mit Hilfe von christlichen Tagelöhnern oder nichtchristlichen Unfreien bewirtschaften. Es ist im wesentlichen ein die religiösen Bedürfnisse der Juden berücksichtigendes Kaufmannsrecht, kein Fremdenrecht.

Die Abweichungen zwischen den verwandten Urkunden Ludwigs des Frommen und Heinrichs IV. lassen aber Veränderungen in der Tätigkeit und der Lage der Juden durchscheinen. In der Karolingerzeit ist ausdrücklich vom Sklavenhandel die Rede, den die Juden damals wohl führend, wenn auch nicht allein betrieben. 1090 ist der Sklavenhandel nicht mehr eigens erwähnt (die Christianisierung der Slawen läßt die Rekrutierungsquellen allmählich versiegen); statt dessen wird vom Handel allgemein und vom Geldwechsel in Konkurrenz zu den christlichen Münzern gesprochen, sodann wird das Recht gewährt, gestohlene Gegenstände oder Waren, die im guten Glauben erworben oder zu Pfand genommen wurden, nur gegen den bezahlten Preis an den rechtmäßigen Besitzer herausgeben zu müssen (dies ist das seit der Nazi-Literatur so genannte Hehlerrecht, ein auch sonst vorzufindendes Handelsrecht). Die Juden erscheinen in Heinrichs Privilegien in die Wirtschaftstätigkeit der kaufmännischen Oberschicht der Städte eingefügt, parallel zu den christlichen Kaufleuten (in deren Nachbarschaft sie zumeist auch ihre Häuser haben); indes nicht unangefochten. Dies wird an den ausführlicher gewordenen Bestimmungen über heidnische Sklaven und das christliche Personal der Juden deutlich, die Heinrich IV. überdies ausdrücklich mit dem Zusatz versieht: »Dem soll kein Bischof oder sonst ein Kleriker widersprechen.« Hier kreuzt sich nämlich in einem zentralen Punkt das weltliche Judenrecht mit der kirchlichen Judengesetzgebung. An diesem Punkt war schon Ludwig der Fromme mit Erzbischof Agobard von Lyon in Konflikt geraten. Nichtjuden im Dienste der Juden – das tangierte die kirchlichen, von der Mission und der Bindung der Gläubigen an die Kirche bestimmten Interessen.

Die Kirche bemühte sich von früh an, die jüdische Mission zu verhindern und darum Juden und Nichtjuden, seien sie Christen oder Heiden, zu trennen. Die Judenheit sollte entsprechend der von Augustin definierten heilsgeschichtlichen Zeugenfunktion »bleiben« – rechtlich heißt das »zugelassene Religion« *(religio licita)* –, aber sie sollte nicht wachsen. Der heidnische Sklave konnte durch die Beschneidung seine Stellung im Haus seines jüdischen Herrn wesentlich verbessern – dieser Anreiz sollte der jüdischen Mission genommen werden. Vielmehr sollten heidnische Sklaven durch die Taufe frei sein oder doch billig freigekauft werden können. Ferner konnten christliche Mägde und Diener durch den dauernden Umgang mit Juden an der Ausübung ihres Glaubens gehindert, in ihrem Glauben gefährdet oder gar zum Judentum bekehrt werden – u. a. darum sollten Juden christliche Untergebene gar nicht halten dürfen. Überhaupt sollte es rechtlich verhindert werden, daß Juden über Christen gebieten, da ja – so die theologische Lehre – die Kirche herrsche und die Synagoge ihr diene. Auch Mischehen sollten verboten sein. In diesem Sinn hat die Kirche schon auf die Gesetzgebung der christlichen Kaiser der Spätantike maßgeblich eingewirkt, auf Justinian mit größerem Erfolg als auf Theodosius. Sie hat die Bestimmungen über die Sklavenfrage und den Ausschluß von öffentlichen Ämtern, über Mischehen und andere Separationsmaßnahmen sodann in den frühmittelalterlichen westgotischen und gallischen Konzilien fixiert und samt einschlägigen Briefen Gregors des Großen bis in das klassische Kirchenrecht des ›Corpus iuris canonici‹ weitergetragen und zur Grundlage ihres Judenrechts gemacht. Die Kirche setzt die spätrömische Judengesetzgebung fort: die Restriktionen, aber auch die grundsätzliche Duldung und den Schutz wenigstens vor den mit Brachialgewalt erzwungenen Taufen. Es war die rechtliche Ausprägung ihrer theologischen Position, und dies bedeutete zu Zeiten mehr (wie zeitweilig im Westgotenreich), zu Zeiten weniger, als das weltliche Recht gewährte. Im Vergleich mit den Privilegien der karolingischen Urkundenfamilie war es ungünstiger. Denn darin wurde den Juden entgegen kirchlicher Auffassung zugestanden, christliches Gesinde zu beschäftigen, und entgegen kirchlichem Recht, daß die heidnischen Sklaven den jüdischen Herren nicht ohne deren Zustimmung durch die Taufe entzogen werden dürften. Daß Heinrich seiner Urkunde hier – anders als noch Ludwig der Fromme – eine besondere Strafandrohung und die Abweisung des kirchlichen Einspruchs hinzufügt, zeigt an, daß die den Juden ungünstigere Rechtsauffassung der Kirche an Boden gewann. Die Rückkehr zwangsgetaufter Juden zu ihrer angestammten Religion, die Heinrich IV. 1097 erlaubte, widersprach sogar christlichem Sakramentsverständnis und wurde darum auch von Heinrichs »eigenem« Papst, dem Gegenpapst Clemens III., scharf mißbilligt.

Heinrichs Urkunde für Worms wurde 1157 von Friedrich Barbarossa unverändert erneuert (die Judengemeinde bestand also wieder). 1236 hat Friedrich II. dieses Privileg auf die Juden in ganz Deutschland ausgedehnt; nun allerdings mit einer Einleitung, die von der kirchlichen Beurteilung des Judenstatus geprägt ist. Die Juden werden erstens als *infideles,* als Ungläubige, den *fideles Christi* gegenübergestellt und zweitens als Unfreie, als *servi camerae regis,* als königliche Kammerknechte, bezeichnet. Die Begründung gab Friedrich in einer Urkunde des darauffolgenden Jahres. Es ist die theologische Lehre von der Dienstbarkeit der Juden, längst Gemeingut der theologischen Literatur, unlängst (1205) von Innozenz III. im päpstlichen Kirchenrecht verankert, gerade auf dem 4. Laterankonzil (1215) erneuert und soeben 1234 in verschärfter Form in der Dekretalen-Sammlung Gregors IX. publiziert. Das weltliche Recht orientiert sich am kanonischen Recht. Um diesen von den Juden zu zahlenden Preis versucht die weltliche Macht, sich auf dem streitigen Feld der Judenpolitik zu behaupten, auf dem das Papsttum seit Innozenz III. mit zunehmender Direktheit tätig wurde. Die Juden sind seit 1236 nach weltlichem und nach kirchlichem Recht generell als Juden, d. h. als Minderheit von Ungläubigen, einem Sonderrecht unterworfen.

Anhand einer zusammenhängenden Urkundengruppe läßt sich so der Weg verfolgen vom freien königlichen Kaufmann, der weite Räume durchzieht und den Karolingerhof mit erlesenen Waren des Fernhandels versorgt, bis zum königlichen Kammerknecht, der – Objekt eines lehnbaren königlichen Rechts – inzwischen schon und künftig immer häufiger Gegenstand der Verleihung an Territorialfürsten ist. Obwohl Friedrich II. nach seiner Einleitung über die Kammerknechtschaft den Text Heinrichs IV. von 1090 unverändert wiederholt, bedeutet dieser Text nicht mehr dasselbe. Denn der faktische Status der Juden, die sozialen, wirtschaftlichen, politischen und kirchenrechtlichen Bedingungen hatten eine allmähliche, aber gründliche Veränderung erfahren, und Friedrich trug ihr mit dem Status der Kammerknechtschaft Rechnung. Die nun allseitig juristisch fixierte »Knechtschaft« der Juden gab den Rechtstitel her für die seit dem 13. Jahrhundert erheblich beschleunigte Absonderung, Diskriminierung und Unterdrückung der Minderheit, deren ökonomische Unentbehrlichkeit abnahm. Die exekutierte »Knechtschaft« ist das für die Existenz der Juden fatale und für die Essenz der patristisch-mittelalterlichen Judentheologie fragwürdige Ergebnis einer langfristigen ideengeschichtlichen, gesellschaftlichen und politischen Entwicklung.

4. Fazit

Was bedeuten die Pogrome des ersten Kreuzzugs für die Geschichte der Juden als Minderheit im Mittelalter? Wo es nicht mehr um die Ursachen, sondern um die Bedeutung geht, muß neben der weltlichen und kirchlichen auch die jüdische Entwicklung stärker beachtet werden.

Der im Mittelalter erreichte relativ beste Zustand eines freieren, jedenfalls nicht massiv und dauernd beeinträchtigten sozialen Kontakts zwischen christlicher Mehrheit und (aschkenasischer) jüdischer Minderheit dauerte vom 9. bis 11. Jahrhundert, so lange nämlich, wie die karolingischen Judenprivilegien ein adäquater Rahmen waren für die tatsächliche Stellung der Juden (bzw. der maßgeblichen Schicht der Judengemeinden). Es ist zugleich die Zeit, in der das Separations- und Restriktionsstreben der Amtskirche nicht voll zur Geltung gebracht werden konnte und auch im Judentum der faktischen Unvereinbarkeit vieler Gebote der Thora und Regeln des Talmud mit den Bedingungen des Minoritätenzustands deutlicher Rechnung getragen wurde; nicht durch das Aufstellen neuer theologischer Grundsätze, sondern durch eine anpassungsfähige Kasuistik der rabbinischen Rechtssprechung, die von manchen Segregationsgeboten absah, wenn die wirtschaftliche Tätigkeit betroffen war, die aber die religiösen und gesellschaftlichen Kontakte zu verhindern suchte. Die prinzipielle Labilität dieses mittelalterlichen »Optimum« des Miteinander und der prekäre Unterschied zwischen Separation und Diskriminierung würden indes verkannt, wenn außer acht bliebe, daß auch vom 9. bis 11. Jahrhundert zwei ungleich große, aufgrund ihrer theologischen Prinzipien aber gleichermaßen exklusive religiöse Gemeinschaften in demselben politischen und ökonomischen Gefüge existieren und zudem sich teilweise auf dieselbe Überlieferung berufen. Jede Gemeinschaft hält die jeweils andere für ungläubig und sieht sich zu religiöser, in der Folge auch zu gesellschaftlicher Abgrenzung gegen die von der anderen Religion ausgehende Verunsicherung veranlaßt. Ein nicht geringer Teil der kirchlichen Separationsbestimmungen besitzt darum in den jüdischen Regeln für den Umgang mit Christen und anderen Nichtjuden seine Entsprechung; etwa die Verbote der Mischehen, gemeinsamer Mahlzeiten, der Befolgung fremder Riten und des Handelns mit kultischen Gegenständen der anderen Religion. Da nicht nur die Wirtschaftstätigkeit, sondern – vor allem in kleineren Judengemeinden – auch die Versorgung der Haushalte und die Vorbereitung des Ritus ohne Dienstleistungen von Nichtjuden unmöglich war, war auch jüdischerseits die Tätigkeit von Nichtjuden im jüdischen Haus ein Problem, das am ehesten zu lösen war durch den Anschluß der Diener an die jüdische Gemeinde, d. h. durch die kirchlicherseits bekämpfte jüdische Mission.

Wie die in der Minderheitensituation fast zwangsläufige Übertretung ritueller Gebote die Juden beunruhigte, so verunsicherte die jüdische Ablehnung der christlichen Bibelinterpretation, die Ablehnung der Göttlichkeit Christi als eines Götzendienstes, die Kirche. An bedeutenden Schulen gebildete Rabbiner konnten die zentralen christlichen Dogmen von der Trinität und der Inkarnation wirkungsvoll durch die Berufung auf den vernunftgemäßen Wortsinn des Alten Testaments (anstatt auf christliche Typologie) in Frage stellen, so daß nicht nur von der Beliebtheit rabbinischer Predigten bei ungelehrten Christen berichtet wird und von einigen aufsehenerregenden Übertritten christlicher Kleriker zum Judentum, sondern auch von der Furcht der christlichen Gelehrten vor Religionsdisputen, zu denen sie von Juden aufgefordert wurden. Anselm von Canterbury hat auch darum, um die Christen für das Religionsgespräch zu wappnen, am Vorabend des ersten Kreuzzugs seine mit Vernunftgründen argumentierenden Beweise der zentralen Dogmen entwickelt.

Es war eine spannungsreiche, von Gewalttätigkeiten zwar

nicht freie, aber auch nicht beherrschte, über den ökonomischen Bereich hinaus auch geistig fruchtbare Epoche im Verhältnis der Christen und Juden, die durch die Pogrome von 1096 zu Ende gebracht wurde. Die weitgehend vernichteten Gemeinden erstanden zwar durch Zuzug bald wieder, doch erwies sich im Verlauf des 12. Jahrhunderts, daß das christlich-jüdische Verhältnis tiefgreifend gestört war. Die Juden im Reich antworteten auf die Pogrome mit religiösen Bewegungen, die ihre enttäuschten Endzeiterwartungen und den bei den Christen aufgebrochenen Fanatismus zu verarbeiten suchten und gewissermaßen in sich aufnahmen. Es ist die Religiosität der »Frommen Deutschlands«, wesentlich formuliert von dem 1207 gestorbenen Juda ben Samuel im ›Buch der Frommen‹. Die 1096 und danach wieder aufgezwungene Alternative »Tod oder Taufe« wird darin mit der Aktivierung der Theologie des *Kidusch ha-schem*, der »Heiligung Seines Namens«, beantwortet, die die Selbsttötung in der Verfolgung zur unbedingten Forderung erhebt, Selbstverteidigung (wie sie 1096 geübt wurde) ablehnt und die Selbsttötung als Askese, Weltabkehr, Fatalismus und rigorose Lebensverneinung verinnerlicht. Mißtrauen und Distanz zur christlichen Mehrheit, aber auch zu den Juden, die sich durch die Taufe gerettet hatten, wurden so vertieft.

Die Rechtsbasis jüdischer Ansiedlung und Gemeindebildung war stets, vor und nach 1096, die Privilegierung bzw. Gesetzgebung seitens der politischen Macht. Selber von öffentlichen Ämtern ausgeschlossen und daher ohne politische Ambitionen, war den Juden an der Stärke ihrer Schutzherren gelegen, während umgekehrt das Interesse der Schutzherren sich vorwiegend auf die wirtschaftliche Leistungsfähigkeit der Juden richtete. Der Weiträumigkeit und Komplexität jüdischer Handelstätigkeit entsprach der übergreifende Königsschutz der karolingischen Judenprivilegien. Sie banden die Juden über das Königtum, namentlich den Fiskus, in das politische und ökonomische System der christlichen Mehrheit ein und gewährten ihnen ein Maß an religiöser und sozialer Absonderung und Eigenständigkeit, das sie zur Wahrung ihrer religiösen und kulturellen Identität selber beanspruchten. Die Pogrome von 1096 lassen eine innere Aushöhlung des an das Königtum gebundenen Judenstatus erkennen und sind als Vorbild der Pogrome des zweiten Kreuzzugs zugleich eine Ursache für das Fortschreiten dieses Prozesses. Dieser läuft auf eine Umkehrung der Bereiche der

Integration und der Trennung hinaus. Die politische und ökonomische Integration der Juden wird wegen der Schwächung der politischen Macht des Königtums durch das Papsttum, wegen des päpstlichen Bündnisses mit der Armutsbewegung und seines Kampfes gegen den Zins in Frage gestellt, um allmählich in eine politische und ökonomische Desintegration, die spätmittelalterliche Pariastellung, einzumünden. An die Stelle der religiösen und sozialen Trennung zum Zweck der Identitätswahrung tritt die Zurückdrängung jüdischen Rechts durch kirchliches und weltliches Judenrecht, d. h. die einseitige Unterstellung wichtiger Bereiche nicht allein gemischter christlich-jüdischer Probleme (wie Prozeßrecht, Mischehen, Glaubenswechsel, Zinsnehmen etc.), sondern auch innerjüdischer Belange (Beurteilung des Talmud, jüdisches Ehe- bzw. Scheidungsrecht) unter die Normen der christlichen Mehrheit. Der Jurist und Papst Innozenz IV. hat dies um die Mitte des 13. Jahrhunderts als Prinzip formuliert: Der Papst sei Herr über Gläubige und Ungläubige und könne darum über Juden richten, wenn sie in moralischen Dingen gegen das Gesetz des Evangeliums handelten.

Im 13. Jahrhundert ging das Papsttum zu einer direkten Judengesetzgebung über. Es untergrub damit ein weiteres Mal die Stellung des weltlichen Judenherren und legte zudem die dem kirchlichen Judenrecht zugrundeliegende Theologie juristisch verengt aus. Theoretisch blieben zwar Augustins und Gregors theologische Positionen unangefochten: Die Juden, wegen der Tötung Christi zerstreut, sollen Juden bleiben und überall in der Welt bis zu ihrer Bekehrung in der Endzeit als unfreiwillige Zeugen für die Authentizität der alttestamentlichen Christusprophezeiungen dienen. In Kirchenrecht umgesetzt bedeutete diese Lehre: Schutz der Existenz und des Kultes der Juden bei gleichzeitiger Segregation und Restriktion. Diese Absichten drücken die seit Calixtus II. mehrfach erteilten gleichlautenden Judenschutzbullen der Päpste aus. Doch die im 11. Jahrhundert einsetzende Aktivierung, Ausgestaltung und faktische Durchsetzung des päpstlichen Kirchenrechts auf breiter Front tangierte die Juden mittelbar und unmittelbar und minderte ihr Existenz- und Kultrecht.

Die langfristige Verschlechterung der Lage der Juden als Minderheit ist bestimmt von dem Ausmaß und der Konsequenz, in welcher die christliche Mehrheit sich selber vollständig und ausschließlich organisiert, d. h. Nichtchristen ausschließt: von adeliger Herrschaft und den Institutionen christlicher Wissenschaft selbstverständlich, vom Lehnsrecht, von öffentlichen Ämtern, von politischen Stadtbürgerrechten, vom Waffenrecht, von niederen Herrenrechten, von den meisten Wirtschaftstätigkeiten, von Siedlungsrechten, vom freien Eigen usw., das nackte Existenz- und Kultrecht ausgenommen. Die Juden sind notwendigerweise Objekt dieses bald retardierenden, bald – wie im 11. Jahrhundert – beschleunigten Prozesses in dem Maß, wie die christliche Mehrheit von ihrer einen Religion als Prämisse eines jeden Gemeinwesens ausgeht und die völlige Durchsetzung ihrer Normen in allen Bereichen als ihre verbindliche heilsgeschichtliche Aufgabe betreibt. Sie soll der theologischen Lehre zufolge am Existenz- und Kultrecht der Juden haltmachen. Dieses ist darum ebenfalls heilsgeschichtlich definiert, allerdings nur negativ ausgrenzend, und eben nur dieses Recht ist ausgegrenzt. Und selbst dieses Recht ist vor Verschlechterung nicht geschützt. Seine Definition enthält kein dauernd tragfähiges positives Prinzip.

In den Pogromen von 1096 wird die Schwäche der heilsgeschichtlichen Definition des jüdischen Existenz- und Kultrechts sichtbar. Sie hält weder militanten religiösen Freund-Feind-Bildern stand noch effektuierter eschatologischer Naherwartung; sie ist vielmehr gerade geeignet, die Juden – aus variablen Anlässen – in Auseinandersetzungen hineinzuziehen, an denen sie eigentlich gar nicht beteiligt sind, und sie zu Opfern von Zwietracht und Ängsten der christlichen Mehrheit zu machen. Eine der Wirkungen dieser 1096 erwiesenen Schwäche bestand darin, daß in der Folge auch bedeutende Theologen das Existenz- und Kultrecht der Juden verschlechterten, aus der heilsgeschichtlichen Definition allenfalls einen heilsgeschichtlichen Vorbehalt machten. Vor dem Kreuzzug tat dies schon der Chronist Rodulf Glaber: es reiche heilsgeschichtlich aus, wenn einige wenige Juden übrigblieben. Beim zweiten Kreuzzug predigte der Abt von Cluny, Petrus Venerabilis, zugunsten scharfer Unterdrückung und wohl auch Ausweisung. Um 1300 befürwortete Duns Scotus eine massive Einschränkung des Existenz- und Kultrechts der Juden. Er empfahl Zwangstaufe und Verbannung der restlichen Juden, ihre Deportation auf eine Insel, wo sie bis zum Endgericht aufbewahrt werden könnten. Die Augustinische Judentheologie – die Juden *überall* in der Welt als Zeugen der Kirche – ist hier aufgegeben, die christliche Sinngebung jüdischer Diaspora wird nicht mehr verstanden. Der von

Augustin definierte Dienst schien entbehrlich geworden (weder Muslime noch Ketzer bestritten das Alter der Bibel). Politisch-gesellschaftliche und ideologische Entrechtung ergänzen sich. Eine Ideologie der Diskriminierung, Zwangstaufe, Unterdrükkung und Vertreibung entsteht, die die spätmittelalterliche Praxis rechtfertigen soll.

Judenpogrome im 14. Jahrhundert: Der Schwarze Tod

von František Graus

Die Auseinandersetzung mit der Vergangenheit ist für jede Gemeinschaft und für jedes Individuum in gewissen Abständen eine Notwendigkeit, ein Zwang, der meist als ausgesprochen lästig und störend empfunden wird, dem man aber offensichtlich dennoch nicht entgehen kann. Vergangene Ereignisse können wie ein Stachel im Fleisch wirken, Unruhe, dauerndes Mißbehagen, sogar ernsthafte Störungen hervorrufen – die Neurosen, die aus der sogen. Vergangenheitsbewältigung für Einzelne und für Völker entstehen, sind zu bekannt, als daß sie langatmig erörtert werden müßten. Weniger bekannt scheint die Tatsache zu sein, daß die Vergangenheit eine Einheit ist, daß nicht nur einige wenige verflossene Jahrzehnte die Vorstellungen und Vorurteile der Nationen und Völker beeinflussen, sondern jahrhunderte-, zuweilen sogar jahrtausendealte Erfahrungen. Die Wissenschaft kann und muß zur Bewältigung der Vergangenheit beitragen und das jeweils auf ihre spezifische Art und Weise: durch das Aufdecken jener Kräfte, die den Einzelnen individuell zu bestimmen drohen, und durch die Sichtbarmachung der gesellschaftlichen Kräfte, des sozialen Systems, das sein Denken und Handeln weitgehend bestimmt. Der Historie kommt dabei zwangsläufig die Rolle zu, besonders auf die *langwirkenden*, über große Zeitspannen andauernden Trends und Kräfte hinzuweisen, denn diese Aufgabe kann ihr keine andere Wissenschaft abnehmen: sie ist ihr ureigenstes Anliegen.

Über Virulenz und Verhängnis des Antisemitismus ist es, nach den Erfahrungen unseres Jahrhunderts, nicht nötig, viel Worte zu verlieren. Die Aufgabe, die Massenmorde des 20. Jahrhunderts zu untersuchen, haben sich andere Beiträge dieses Bandes gestellt. Dem Historiker des Mittelalters kommt die Aufgabe zu, ältere Formen des Antisemitismus zu untersuchen und die Frage aufzuwerfen, ob diese barbarische Form des Fremdenhasses erst in neuester Zeit, wie üblicherweise angenommen wird, so verhängnisvolle Folgen hatte, oder ob – bei Beachtung all der zwangsläufig sehr unterschiedlichen Zeitbedingungen – doch eine gewisse Kontinuität auch auf diesem Gebiet festzustellen ist, ob etwa die großen Pogromwellen der

Vergangenheit gewisse Parallelen zu modernen Phänomenen aufweisen.

Als Testfall für die Überprüfung dieser Thesen möchte ich die große Pogromwelle der Mitte des 14. Jahrhunderts untersuchen. Die Geschichte der Juden, man möge sie als Geschichte einer Religionsgemeinschaft oder einer Nation konzipieren, ist in vielen Zeitabschnitten stark durch die Judenfeindschaft der Umgebung, durch einen versteckten oder offenen Antisemitismus geprägt. Keine Gemeinschaft lebt von ihrer Umgebung isoliert, und die Geschichte von Gesellschaften und Völkern wird immer auch von ihrer Umgebung mitgeprägt, durch eine Symbiose *und* einen Antagonismus zu den Nachbarn bestimmt. Bei den Juden erlangt aber diese Art von Auseinandersetzung zuweilen eine solche Intensität, daß sie das Feld geradezu beherrscht. Die jüdische Geschichte droht sich dem Historiker in manchen Etappen zu einer Geschichte der Verfolgungen, der Leiden, des Martyriums zu wandeln. Die Juden werden nicht nur verspottet und diskriminiert, wie dies als Schicksal von Fremden nur zu oft der Fall ist, sie werden auch durch diffamierende Abzeichen von ihrer Umgebung unterschieden, in Ghettos zusammengepfercht. Juden werden öfter auch ermordet, nicht nur als Einzelpersonen, sondern in Massenaktionen, die wir heute – mit einem aus dem Russischen übernommenen Ausdruck – als Pogrome bezeichnen.

Pogrome sind die virulenteste Form der Judenfeindschaft, eine Form, die eine »zusätzliche« Begründung zu der üblichen Feindschaft erfordert – in der Vergangenheit genauso wie im 20. Jahrhundert. Die »übliche« Begründung der Judenfeindschaft legitimierte zwar ihren Sonderstatus, d. h. ihr minderes Recht, ihre Verspottung und ihre Herabsetzung. Eine »Sonderbehandlung« erforderte auch in der Vergangenheit eine »Sonderbegründung«; man mußte den Juden eine ganz besonders abscheuliche oder infame Tat anlasten, die außerordentlicher Ahndung bedurfte. Im Spätmittelalter waren es vor allem zwei Fabeln, die immer wieder als Vorwand zu Pogromen dienten: das Schauermärchen vom Ritualmord der Juden an Christen und die Fabel von der Hostienschändung durch Juden. Obschon beide Erzählungen ganz offensichtlich unsinnig waren – bekanntlich verunreinigt nach jüdischen Vorschriften Blut jede Speise, und um geweihte Hostien zu »martern«, hätten die Juden glauben müssen, daß sie sich tatsächlich in den »wahren Leib und das Blut Christi« verwandelt hätten, wie es die Kirche lehrte. Die Juden wären in dieser Hinsicht kirchengläubiger gewesen als manche Theologen, und die Unsinnigkeit bei den Beschuldigungen ist denn auch öfter von den Päpsten festgestellt worden (wie sich ja die offizielle Kirche allen Ritualmord-Märtyrern und Hostienwundern gegenüber unverhohlen skeptisch verhielt und öfter sogar in diesen Fällen offen von Betrug sprach). Dennoch dienten diese Fabeln immer wieder zur Anheizung der Judenfeindschaft und zur »Begründung« von Pogromen.

Vor allem die Erzählungen über angebliche Hostienschändungen der Juden wurden im Spätmittelalter geradezu zur »Mode«. Die Fabel diente zur Begründung der Pogromwelle von 1298 in Franken, die von den Zeitgenossen nach dem Namen ihres Anführers Rindfleisch (»König Rindfleisch«) bezeichnet wurde, genauso wie die Pogrome, die 1337 von dem bayrischen Deggendorf oder 1336/38 von dem österreichischen Pulkau ausgingen und jeweils Judenmassaker in einer breiteren Umgebung hervorriefen. Nur die große Pogromwelle, die nach ihrem ersten Anführer als »König Armleder« bezeichnet wird und 1336 in Franken, 1338 im Elsaß wütete, weist ein etwas anderes Bild auf. Hier war schon den Zeitgenossen nicht klar, was der eigentliche Anlaß der Pogromwelle gewesen ist, und so führen denn die Chronisten neben einem allgemeinen »Glaubenseifer« der Mörder auch das Geld der Juden als den eigentlichen Grund des Mordens an. Johannes von Winterthur erklärt, er wisse nicht, warum es zum Pogrom gekommen sei, während Heinrich von Dießenhofen klipp und klar erklärt, die Judenverfolgung habe einzig und allein den Zweck verfolgt, sich der Habe der ermordeten Juden zu bemächtigen[1].

Die größte Pogromwelle des Mittelalters, die die Juden im Reich in den Jahren 1348 bis 1350 heimsuchte, sich vom Süden nach Norden wälzte und in kurzer Zeit die meisten Judensiedlungen im Reich zerstörte (nur Böhmen, Österreich und von den großen Reichsstädten Regensburg blieben verschont), wurde von einer anderen Begründung getragen: von dem Märchen der Vergiftung der Brunnen und Quellen durch Juden und ihre christlichen Helfershelfer, dic dadurch die Pest bewirkt hätten. Seit der Mitte des Jahres 1349, infolge des Auftauchens einer

[1] Aus keinem anderen Grund, als daß die Mörder ihre Güter rauben wollten *(non ob aliud nisi quod eis bona temporalia auferre volebant occisores eorum).* Heinrich von Diessenhofen in Johann Friedrich Boehmer, Alfons Huber, *Fontes rerum Germanicarum,* Bd. IV. Stuttgart 1868, S. 28.

neuartigen Krankheit, des Schwarzen Todes (der Beulen- und Lungenpest), die durch italienische Seefahrer aus dem Osten nach Europa eingeschleppt worden war, beschuldigte man die Juden, sie seien die eigentlichen böswilligen Urheber der Pest, sie seien an dem Massensterben schuldig. Man nahm als Urheber der Pest eine »weltweite« (im damaligen Umfang der »Welt«) Verschwörung der Juden an. Nicht nur Individuen oder einzelnen Gemeinden wurde eine besondere Schandtat angelastet, die ganze »Judenheit« sei an der Verschwörung beteiligt, sie habe die Brunnenvergiftungen systematisch organisiert.

Ganz neuartig war allerdings diese Beschuldigung nicht. Sie war schon 1321 in Südfrankreich aufgetaucht, wo man (ohne eine Pest) die Aussätzigen beschuldigt hatte, sie hätten – aus Feindschaft gegen alle Gesunde – die Brunnen vergiftet, um sich an der Christenheit für ihre Krankheit und die Ausstoßung zu rächen. Als Anstifter des Anschlages galten in diesem Fall arabische Fürsten, den Juden wurde bloß eine Mittlerrolle zugeschrieben. Ihre volle Blüte erreichte die Fabel von der Brunnenvergiftung jedoch erst in den Jahren 1348 bis 1350 im Zusammenhang mit der Pestwelle. Sie wurde zur »ideologischen Grundlegung« der Judenmorde dieser Jahre.

Die neuartige Begründung des »Judenschlagens« war jedoch bei weitem nicht die einzige Besonderheit dieser mächtigsten Pogromwelle des Mittelalters. Hinzu kommt die Tatsache, daß bei diesen Morden eine religiöse Begründung völlig fehlt. Nirgends ist eine Verbindung mit den üblichen antijüdischen Erzählungen des Mittelalters festzustellen (Ritualmord, Hostienfrevel), in keinem einzigen Fall kann eine Initiative des lokalen Klerus nachgewiesen werden, und auch die Geißler spielten (zum Unterschied von früher oft verfochtenen Ansichten) bei den Judenmorden kaum eine nennenswerte Rolle. Beachtenswert auch der Umstand, daß zwar bei den Pogromen selbst noch öfter Juden und Jüdinnen, die sich taufen ließen, traditionsgemäß zunächst verschont wurden; in vielen Fällen wurden sie jedoch nach einigen Wochen oder Monaten gleichfalls als Giftmischer verbrannt – man holte gewissermaßen schnell noch das »Versäumnis« nach.

Während der Schwerpunkt der Judenverfolgungen der vorangehenden Jahrzehnte auf dem Dorfe lag, weitgehend eine Angelegenheit der ländlichen Bevölkerung war, sind die Pogrome in der Mitte des 14. Jahrhunderts vor allem eine städtische Angelegenheit, und zum Unterschied zu den üblichen Pogromwellen älterer Zeit waren es überdies keine spontanen Aktionen einer erregten Bevölkerung (wie etwa die Morde bei den Kreuzzügen, oder der Prager Pogrom im Jahre 1389). Bei vielen Einzelbeispielen ist eine sorgsame Regie quellenmäßig exakt nachzuweisen. Eine gewisse Berühmtheit hat in der neuen historischen Fachliteratur in diesem Zusammenhang die Reichsstadt Nürnberg erlangt. Als dort am 5. Dezember 1349 der Pogrom über die Bühne ging, hatten Karl IV. und der patrizische Rat, der kürzlich mit Hilfe des römischen Königs eine sogen. Zunftrevolte in der Stadt liquidiert hatte, bereits ausgiebig über den »Nachlaß« der künftighin zu Ermordenden verfügt. Die erste erhaltene Urkunde dieser Art wurde von Karl IV. am 6. April 1349 erlassen, d. h. acht Monate *vor* dem Pogrom. Als Nutznießer des künftigen Judenmordes wurden Adelige und Patrizier mit Häusern der im voraus bezeichneten Opfer bedacht, und als sich der König mit dem Markgrafen Ludwig von Brandenburg, dem Sohn Ludwigs des Bayern, aussöhnte, verschrieb er auch ihm mit einer Urkunde vom 27. Juni 1349 drei der besten Judenhäuser in Nürnberg – nach freier Wahl »wann die Juden daselbes nu nehst werden geslagen«[2] –, die er nach dieser sorgfältigen Vorbereitung fünf Monate später programmgemäß auch erhielt.

Das Beispiel von Nürnberg steht bei weitem nicht vereinzelt da, und der römische König gab einer ganzen Reihe von Städten im vorhinein Freibriefe für die Tötung seiner »lieben Kammerknechte« – wie er die Juden in vorangehenden Urkunden, in denen er von ihnen Geld verlangte, genannt hatte –, so daß Karl IV. sogar kürzlich von einem Historiker als der »Schreibtischtäter« der Judenmorde in der Mitte des 14. Jahrhunderts bezeichnet worden ist. Aber dies ist eine Übertreibung – denn nicht nur der Luxemburger führte bei den Ereignissen Regie. In Meißen geschahen die Pogrome auf direkten Befehl Friedrich II., der etwa im Mai des Jahres 1349 der Stadt Nordhausen befahl, die Juden töten zu lassen »Gott zu Lobe und zu Ehren und der Christenheit zur Seligkeit«[3]; in der Neumark geschah der Judenmord auf Befehl des Markgrafen Ludwig, und einfallsreich und initiativ waren in dieser Hinsicht auch die Bürger der einzelnen Städte.

[2] Die Urkunde ist herausgegeben in MGH Constitutiones IX, Nr. 402, S. 298.
[3] Die Urkunde ist herausgegeben von Heinrich Haeser, *Lehrbuch der Geschichte der Medicin und der epidemischen Krankheiten.* 3. Aufl., Bd. 3, Jena 1882, S. 181.

Ich kann natürlich nicht alle Einzelfälle untersuchen und beschränke mich daher auf die drei Städte unserer Regio: auf Basel, Freiburg und Straßburg. Diese Städte hatten sich gegenseitig über die sogen. Brunnenvergiftungen der Juden und ihrer christlichen Helfershelfer monatelang informiert; eine rege Korrespondenz beschäftigte die städtischen Kanzleien, die Reste dieses Schriftverkehrs haben sich bis heute erhalten. Über den Verlauf der Pogrome in den drei Städten sind wir unterschiedlich gut informiert. Am dürftigsten sind die Quellen über die Ereignisse in Basel. Allerdings ermöglichen auch hier die Angaben des Chronisten Mathias von Neuenburg die Feststellung, daß zwischen einem Auflauf vor dem Rathaus, an dem sich auch Ritter beteiligten, und der Verbrennung der Juden am 16. Januar 1349 auf der Rheininsel, in einem eigens dafür errichteten Holzhaus, mehrere Tage vergingen – eine spontane Aktion des »Volkes« war dies in Basel sowenig wie in Freiburg im Breisgau. Hier hatte man von einigen Juden in der Folter das Geständnis erpreßt, sich an Brunnenvergiftungen beteiligt zu haben. Alle Juden wurden daraufhin am 1. Januar eingekerkert, am 30. Januar verbrannt, allerdings ohne die, die sich taufen ließen, und ohne zwölf der reichsten Freiburger Juden, die der Rat vorsorglich in seinem Gewahrsam behielt, um in ihrem Namen Schulden eintreiben zu können. (Bei ihrer Ermordung wäre ihr formeller Erbe Karl IV. als König im Reich gewesen.) Zu einem wirklichen Volkstumult kam es in Freiburg dennoch –aber erst nach der Verbrennung der Juden, als der Rat beschloß, von den Summen, die den ermordeten Juden geschuldet wurden, bloß jeweils 5 Pfund abzuschreiben und den Rest für den eigenen Bedarf einzutreiben. Jetzt kam es tatsächlich zu tumultuarischen Szenen gegen den Rat, der jedoch energisch durchgriff und einige Aufwiegler geringen Standes hart bestrafte, die gemeint hatten, durch den Judenmord auch ihrer Schulden los und ledig zu sein.

Am eingehendsten sind wir über den Verlauf des Mordens in Straßburg informiert. Hier hatte der Rat zwar – aufgrund verschiedener Berichte über die Brunnenvergiftungen der Juden – gegen sie ermittelt und auch einige als Übeltäter hinrichten lassen; mit dem Hinweis auf die städtischen Schutzprivilegien der Juden lehnte er es jedoch ab, sie einfach summarisch abzuschlachten. Angefacht von einigen Rittern und Patriziern wurde jedoch mit Hilfe der Fleischerzunft in einer Aktion, die wohl eher den Namen Schmierenkomödie als Aufstand verdient, die Verbrennung der Juden erzwungen. Aber selbst dieser Mord war sorgfältig geplant und wohlvorbereitet. Man gaukelte den Opfern vor, sie würden aus der Stadt vertrieben. Auf dem Weg ins vermeintliche Exil wurden sie zunächst völlig ausgeraubt und am 14. Februar 1349 in einem eigens dafür vorbereiteten Haus verbrannt. Das Bargeld der Ermordeten verteilte der neue Rat unter die Zünfte nach dem Proporz, und Straßburg war seitdem, durch diesen Erfolg angespornt, in der Judenverfolgung so initiativ, daß es sogar den Landfriedensbund dazu benützen wollte, alle verbündeten Städte und Adeligen zum »Judenbrennen« zu zwingen.

In den angeführten Fällen zeigt schon der Ablauf der Ereignisse, daß wir es mit keinen spontanen, sondern mit organisierten, z. T. sogar mit sorgfältig geplanten Aktionen zu tun haben. Diese Tatsache erhärtet sich bei der Analyse der Angaben aus anderen Städten. Mit der Ausnahme von Mainz, wo der Pogrom am 23. August 1349 aus einem Auflauf wegen eines Beutelschneiders auf dem Markt entstand, stellen wir in den Quellen beinahe durchwegs organisierte und gesteuerte Massaker fest, eine Tatsache, die es verbietet, den bequemen, aber immer äußerst gefährlichen Weg der Interpretation durch einen »Geist der Zeit« einzuschlagen, im konkreten Fall uns die Deutung dadurch zu erleichtern, indem wir auf die leichte »religiöse Erregtheit« des mittelalterlichen Menschen zurückgreifen.

Wir müssen eine konkrete Analyse versuchen und stoßen dabei auf die in den zeitgenössischen Quellen gut bezeugte »Begründung« der Judenmorde durch die vermeintlichen Brunnenvergiftungen durch Juden; vielfach wurde dabei auch auf Geständnisse gemarterter Juden verwiesen, die diese Greueltaten eingestanden hätten. Das zwingt den Historiker, die Angabe näher zu untersuchen.

Bei dem Auftauchen der Pest waren die Juden lange nicht die einzigen Verdächtigen gewesen, denen man die Schuld an der Plage zuschrieb. Dem Zeugnis des renommierten Arztes dieser Zeit, Guy de Chauliac, zufolge, hatten zunächst Adelige und Arme einander gegenseitig beschuldigt, die Pest durch Brunnenvergiftungen bewirkt zu haben, jeweils um die Gegenseite auszurotten; auf die Juden als die eigentlichen »Schuldigen« hatte man sich erst allmählich geeinigt. Das Eigenartige dabei ist, daß man vermeinte, die Vergiftungsbeweise entdeckt zu haben, *bevor* man überhaupt mit der Pest in Berührung kam, und daß man glaubte, die Tätigkeit der Giftmischer »bewiesen« zu haben, viele Monate bevor es das erste Opfer der Seuche in der betroffenen Stadt gab. Bereits 1882 hat Robert Hoeniger in seiner Untersuchung nachdrücklich darauf hingewiesen, daß in allen Fällen, wo überhaupt eine Chronologie ermittelt werden kann, ausnahmslos die Judenmorde *vor* den Geißlerzügen und die Geißlerfahrten vor der ersten Pestwelle stattfanden. In den Berichten vor der zweiten Hälfte des Jahres 1349 werden auch noch nicht Brunnenvergiftung und Pest unmittelbar miteinander verbunden. Es war offenbar das bloße Gerücht von einem »Großen Sterben«, das die Welle der Beschuldigungen hervorrief.

Für uns erscheint die Fabel von der Brunnenvergiftung als Grund der Beulen- bzw. Lungenpest als das Musterbeispiel eines Unsinns – aber diese Erkenntnis gewannen nicht erst die Historiker des 19. und 20. Jahrhunderts nach der Entdeckung des Pesterregers und seiner Zwischenträger durch die Medizin. Schon recht viele Zeitgenossen der Pestwelle selbst wiesen auf die Unsinnigkeit der Beschuldigungen hin. Die gelehrten Mediziner taten in der weitaus überwiegenden Anzahl die Vergiftungsfama als ein Ammenmärchen ab; sie waren fest davon überzeugt, daß die Pest auf eine ungünstige Konstellation der Sterne, oder wie Konrad von Megenberg annahm, auf das Ausströmen verpesteter Luft nach dem großen Erdbeben von 1348 zurückzuführen sei. Sobald man Erfahrungen mit der Pest sammeln konnte, merkte man schnell, daß auch Juden von der Krankheit dahingerafft wurden, eine Tatsache, auf die bereits etwa Papst Clemens VI. nachdrücklich hinwies, der in einer Bulle gegen die Beschuldigungen der Juden Stellung nahm, oder Konrad von Megenberg in seinem ›Buch der Natur‹. Der südfranzösische Arzt Chalin de Vinario gibt sogar an, der Prozentsatz der Toten bei den Juden sei noch größer gewesen als bei der christlichen Bevölkerung. Für die gebildeten Zeitgenossen bestand kein Zweifel daran, daß die Annahme von vergifteten Brunnen als Ursache der Pest eine unsinnige Fabel war, und aus der erhaltenen Pest-Korrespondenz der deutschen Städte ist ersichtlich, daß auch einige städtischen Räte von der Unsinnigkeit der Beschuldigungen überzeugt waren. Aber wie so oft in der Vergangenheit und in der Gegenwart glauben breite Volksschichten an Erzählungen, die von »Fachleuten« als unsinnig bezeichnet werden, und die Erzählung von geheimnisvollen Vergiftungen als dem wahren Grund einer Epidemie war in Europa noch im 19. Jahrhundert bei den Choleraepidemien weit verbreitet. (Allerdings wurden hier Regierungen und Ärzte als die eigentlichen Täter verdächtigt.)

Breite Kreise der Bevölkerung waren zweifellos von der Richtigkeit der Beschuldigung überzeugt. Aber diese Verdächtigungen können nicht als eigentlicher Grund der Mordwelle angesehen werden – dagegen zeugt eindeutig das Aufkommen der Anschuldigungen und der Pogrome Monate vor der ersten Pesterkrankung sowie die Tatsache, daß in den ersten Berichten über die vermeintliche Verschwörung der Juden die Pest überhaupt nicht erwähnt wird. Gegen eine *unmittelbare* Verknüpfung der Furcht vor der Pest und der Pogrome zeugt auch der organisiert-geplante Verlauf der Metzeleien, auf die ich bereits hingewiesen habe. Die Beschuldigungen können die Atmosphäre, in der sich die Ereignisse abgespielt haben, zusätzlich angeheizt haben; sie erklären weder die Virulenz des Verlaufes der Pogromwelle noch die Inszenierung. Der Historiker muß schon weiter ausholen, wenn er die Judenmorde in der Mitte des 14. Jahrhunderts deuten will.

Die längste Zeit beherrschte die theologische Interpretation der Vergangenheit das Feld. Den Juden wurde von der Kirche eine gewisse Sonderstellung eingeräumt: Sie waren der Lehre nach das ursprünglich auserwählte Volk gewesen, jedoch – durch die Leugnung der Göttlichkeit Christi – zum verworfenen Volk geworden. Die Demütigungen und Widerwärtigkeiten des Alltags waren die göttliche Strafe für eine historische Schuld, die noch dazu durch die Hartnäckigkeit der Weigerung, sich zu bekehren, ständig vergrößert wurde. Für die Juden selbst waren die Heimsuchungen eine göttliche Strafe für Sünden und letztlich – wie jeder Ratschluß Gottes – unergründbar. Das Martyrium um Gottes willen, um der Befleckung durch die Taufe zu entgehen, war gottgefällig, und auch bei dieser Pogromwelle ist öfter die Tatsache überliefert, die Opfer seien freudig in den Tod gegangen oder sie hätten den Freitod der Taufe vorgezogen.

Die theologische Deutung der Ereignisse hat lange die Ansichten auf beiden Seiten beherrscht – heute sind sie kaum mehr vorzufinden; höchstens unbedeutende Reste haben sich in Kreisen orthodoxer Juden erhalten. (Von hier aus ist jüdischerseits tatsächlich ein *grundlegender* Unterschied zwischen den Verfolgungen der Gegenwart und denen des Mittelalters festzustellen: Während den mittelalterlichen Pogromen durch die theologische Deutung ein Sinn abgewonnen wurde, werden die modernen Mordaktionen von den Opfern als völlig sinnlos empfunden.)

Aber nicht nur die theologischen Deutungen haben ihre Anhänger verloren. Verschwunden ist gleichfalls die aufklärerische Deutung der Ereignisse, die sowohl auf seiten der Opfer als auch auf seiten der Mörder Einfaltspinsel sah, die aus religiösem Fanatismus entweder ihr Leben opferten oder mordeten.

Anhänger findet dagegen immer noch die These, der eigentliche Grund der Judenmorde sei rein wirtschaftlicher Art gewesen. Diese Ansichten sind bereits von einigen Zeitgenossen der Ereignisse klar artikuliert worden. Bekannt ist die Behauptung des Chronisten Fritsche Closeners, der zum Abschluß seiner Schilderung der Ereignisse in Straßburg bemerkte, daß das Geld das »Gift« gewesen sei, das die Juden getötet habe – eine Feststellung, die sein Fortsetzer Königshofen mit den Worten kommentiert: Das Geld war der Grund, weshalb die Juden getötet wurden, denn wären sie arm gewesen und der Adel nicht bei ihnen verschuldet, sie wären nicht verbrannt worden[4]. Die Straßburger Chronisten waren nicht allein in ihrer Annahme. Ein Erfurter Chronist erklärt gleichfalls, der Anfang des Verhängnisses der Juden sei das große Geld gewesen, das ihnen Adel, Ritter, Bürger und Bauern schuldeten, und derselben Ansicht war auch Heinrich von Herford. Unabhängig voneinander behaupteten mehrere Zeitgenossen, räumlich weit voneinander entfernt, die Fabel von der Brunnenvergiftung sei nur der Vorwand gewesen, um sich der Gläubiger zu entledigen.

So unrecht werden sie bei ihrer Erklärung nicht gehabt haben. Bekannt ist die Tatsache, daß die Juden durch eine rigorose Gesetzgebung zum Geldhandel gezwungen waren und daß sie (des kanonischen Zinsverbotes wegen) im Wirtschaftsleben durch die Geldleihe lange auch eine echte wirtschaftliche Funktion erfüllten. Gläubiger waren noch nie und nirgends beliebt, und die Tatsache, daß viele Leute bei den Juden verschuldet waren, hat ganz zweifellos den Haß angestachelt, die Feindschaft verstärkt. Der Nationalökonom Wilhelm Roscher konnte daher mit einem gewissen Recht 1875 die Pogrome des Spätmittelalters als »Geldkrisen barbarischer Art«[5] bezeichnen, und

[4] *Die Chroniken der deutschen Städte.* Bd. VIII (= Straßburg I), Leipzig 1870, S. 130 und Bd. IX (= Straßburg II), Leipzig 1870, S. 764.

[5] Wilhelm Roscher, *Die Juden im Mittelalter, betrachtet vom Standpunkt der allgemeinen Handelspolitik* (1875), später in: Wilhelm Roscher, *Ansichten der Volkswirthschaft aus dem geschichtlichen Standpunkte.* Bd. 2, 3. Aufl., Leipzig-Heidelberg 1878, S. 339.

auch Historiker des 20. Jahrhunderts weisen immer wieder auf die ökonomischen Aspekte der mittelalterlichen Judenverfolgungen hin.

Zu dem unmittelbaren Nutzen der Schuldentilgungen kam noch der Umstand hinzu, daß die reichen Kaufleute die Juden sehr gut als Sündenböcke sowohl wirtschaftlich als auch politisch zu nutzen verstanden und in manchen Städten die Juden geradezu gezielt geopfert haben, um sich selber zu salvieren. (Erinnert sei daran, daß mehrere Zeitgenossen bezeugen, daß zunächst die Reichen beschuldigt wurden, Brunnen vergiftet zu haben.) Ganz allgemein war auch das Plündern für viele Angehörige der städtischen Mittel- und Unterschichten zweifellos attraktiv, eine Möglichkeit, nicht nur Schulden loszuwerden, sondern auch sich selbst zu bereichern. (Am Rande der Ausführungen sei bemerkt, daß bei echten Aufständen im Mittelalter und in der Neuzeit, die mit einem gewissen Programm oder mit formulierten Forderungen auftreten, Plünderungen eine nur sehr untergeordnete Rolle spielen, oft sogar systematisch verhindert werden; bei den Judenpogromen sind sie dagegen *immer* eine der wichtigsten Triebkräfte.)

Zweifellos hat die Wirtschaftslage, die Verschuldung, die Raubsucht bei der Pogromwelle in der Mitte des 14. Jahrhunderts mitgewirkt, so wie sie das ihre zu anderen Pogromen und zu Morden an reichen Fremden schlechthin in diesem Jahrhundert, etwa der Italiener in Frankreich oder 1381 der Flamen in London, beitrug. Aber auch diese Deutung kann zwar den allgemeinen Rahmen der Verfolgungswelle klären – sie bildet den Hintergrund für die sogen. Tilgung von Judenschulden im Spätmittelalter durch Privilegien –, sie vermag jedoch nicht die besondere Virulenz und die allgemeine Verbreitung der Pogromwelle zu deuten, denn nirgends läßt sich ein Hinweis darauf finden, daß gerade in dieser Zeit die Verschuldung der Stadtbevölkerung bei den Juden angestiegen, der Zinssatz erhöht oder eine rapide Verschlechterung der Wirtschaftslage eingetreten sei. Die ökonomische Komponente muß bei jeder Deutung *voll* berücksichtigt werden – als ausschlaggebender Grund reicht sie jedoch nicht aus.

Gegen die rassistische Deutung der Ereignisse, die übrigens erst im 19. Jahrhundert aufgekommen ist, ist es heute wohl nicht mehr nötig, ausführlich zu polemisieren. Es sei nur in Erinnerung gerufen, daß der Antisemitismus nirgends eine »angeborene«, durch das mystische Blut tradierte Angelegenheit, sondern durchwegs eine angelernte oder systematisch anerzogene Pseudoüberzeugung ist, ein durch lange Tradition tief verwurzeltes Vorurteil. Das beweisen eindeutig nicht nur Gesellschaften, die keinerlei Formen des Antisemitismus kennen, sondern auch Völker, die aufgrund der Tradition jahrhundertelang einen Antisemitismus ganz ohne Juden aufweisen. (Das geradezu klassische Beispiel für das Mittelalter ist in dieser Hinsicht England.)

Mit rassistischen Deutungen ist es heute müßig, sich lange auseinanderzusetzen. Große Aufmerksamkeit verdient dagegen der Versuch einer sozialgeschichtlichen Deutung der Pogromwelle, wie sie zuerst prägnant von Emil Werunsky in seiner ›Geschichte Kaiser Karl IV.‹ 1882 verfochten wurde. Werunsky lenkte die Aufmerksamkeit auf den Zusammenhang der Judenmorde 1348 bis 1350 mit der sozialen Unrast in den Städten, mit den Auseinandersetzungen zwischen Zünften und Patriziern, und stellte Patrizier und Juden als quasi-natürliche Verbündete dar, die von dem Aufruhr der Zünfte bedroht wurden – die eigentlichen Opfer waren dann allerdings die Juden; die Patrizier verloren höchstens ihre politisch führende Stellung in den Städten. In der Sprache seiner Zeit formulierte dann Werunsky pointiert: »Es kann demnach kein Zweifel obwalten, daß der bewußte Gegensatz des Pauperismus und Kapitalismus den Hauptanstoß zur damaligen Judenverfolgung gegeben hat«[6] – eine Ansicht, die die Zustimmung namhafter Historiker erlangte, und die bis heute in modernisierter Form die Darstellungen der jüdischen Geschichte des 14. Jahrhunderts weitgehend beherrscht.

Bei näherer Betrachtung wird man jedoch feststellen müssen, daß auch diese These nur bedingt zutrifft. Neuere Forschungen haben unseren Glauben um die Existenz der sogen. Zunftrevolution des Spätmittelalters überhaupt erschüttert, und mit Recht ist wiederholt darauf aufmerksam gemacht worden, daß sich bei diesen Revolten nicht zwei scharf ausgeprägte soziale Schichten gegenüberstanden, sondern in beiden Lagern, die sich in den Zunftkämpfen gegenüberstanden, Angehörige verschiedener sozialer Gruppierungen zu finden sind. Im Zusammenhang mit den Judenpogromen sei nur nachdrücklich darauf hingewiesen, daß die These von den Patriziern als Beschützern der Juden,

[6] Emil Werunsky, *Geschichte Kaiser Karl IV. und seiner Zeit.* Bd. 2, Innsbruck 1882, S. 263.

den Handwerkern als ihren Feinden, in dieser Einfachheit sicher falsch ist. Ich möchte etwa darauf hinweisen, daß in Basel am Anfang der Ereignisse, die zum Judenmord führten, eindeutig Ritter standen, in Straßburg die Regie einiger Patrizier bei den ganzen Ereignissen aus den Quellen eindeutig nachzuweisen ist, ja sogar die Vermutung, die bereits während der Vorbereitungen zur Judenverfolgung der Straßburger Ammanmeister Peter Swarber äußerte, hinter dem ganzen Komplott steckten Adelige aus der Umgebung, viel Wahrscheinlichkeit für sich in Anspruch nehmen kann. Auch soziale Spannungen müssen gebührend berücksichtigt werden; aber auch sie sind kein Patentschlüssel zur Lösung des Problems.

In der zweiten Hälfte des 20. Jahrhunderts ist verschiedentlich eine tiefenpsychologische Deutung des Antisemitismus versucht worden, ausgehend von dem Buch Sigmund Freuds ›Der Mann Moses und die monotheistische Religion‹ (1937–39). Ohne mich auf eine Diskussion dieser These einlassen zu können, möchte ich feststellen, daß sie darauf abzielt, den *allgemeinen* Rahmen abzustecken und zu deuten, etwa der Rolle der Darstellung der Juden als sogen. Gottesmörder gerecht wird und die Ritualisierung der Feindschaft zu erhellen vermag. Für den Mediävisten wird wohl die Tatsache noch wichtiger sein, daß der Jude systematisch offen und bewußt dämonisiert wurde. Er wurde in einen unmittelbaren Zusammenhang mit Satan gebracht, des Feindes Gottes und der Menschheit schlechthin. Die Vorstellung von der Synagoge Satans, als die die Juden systematisch bezeichnet wurden, ermöglichte, sie zu den Feinden der Menschheit schlechthin zu stilisieren, sie für alle Übel verantwortlich zu machen. Die Juden wurden zu den idealen Sündenböcken, die man dann auf dem Dorf sogar für Heuschrecken und andere Plagen verantwortlich machen konnte, wie das etwa zwei Jahrzehnte vor der Pogromwelle Heinrich der Teichner in einem seiner Gedichte bezeugt: »Von chevern und von manigen slegen, wil maniger auf die Juden legen.«[7]

Die Erhellung der wirtschaftlichen Lage, der sozialen Antagonismen, der tiefenpsychologischen Hintergründe ermöglichen eine Erkenntnis der *allgemeinen* Judenfeindschaft, aus der die Pogromwelle der Mitte des 14. Jahrhunderts entstanden ist; sie ermöglicht noch nicht die Deutung und vor allem nicht die

[7] *Die Gedichte Heinrichs des Teichners.* Hg. v. Heinrich Niewoehner, Berlin 1953, S. 37 (Nr. 30).

Erhellung der Tatsache, daß diese Welle in der Geschichte eine echte Zäsur bedeutet hat. Während die vorangehenden und manche nachfolgende Pogrome ohne langfristige Folge blieben, leiten die Judenmorde der Jahre 1348 bis 1350 eine echte Wende ein. Obzwar in die meisten Städte recht bald nach dem »Judenschlagen« Juden zurückkehrten, begann mit dieser Verfolgungswelle sich *die* entscheidende Wende in der Stellung der Juden im Spätmittelalter und in der frühen Neuzeit anzubahnen, ihre Vertreibung aus beinahe allen Städten, ihr Ausschluß aus dem Geldhandel mittleren Umfangs (am großen Geldgeschäft waren sie schon vorher nicht beteiligt gewesen), ihre weitgehende Beschränkung auf den Kleinstkredit und auf den Handel mit Trödel.

Der Jude war der ideale Sündenbock, denn sein Anderssein stand fest, war weitgehend von ihm selbst bewußt herbeigeführt. Im Zusammenhang mit seiner Person konnte sich die Fremdenfeindschaft geradezu kristallisieren, eine religiös-sakrale Sanktion erlangen, als gottgewollt sanktioniert werden. Aber die Judenmorde sind auch im Mittelalter kein isoliertes Phänomen, sowenig wie der Antisemitismus nicht losgelöst von seinen konkreten Bedingungen untersucht werden kann. Mit der zweiten Hälfte des 14. Jahrhunderts beginnen langsam die Hexenprozesse zur Massenerscheinung zu werden, die Frauenfeindschaft steigert sich zuweilen zur Hysterie. In den Städten entdeckt man ein neuartiges Armenproblem als Massenerscheinung, die Gesellschaft begann sich immer strikter von allen Außenseitern abzugrenzen, sie faßte Außenseiter zu Randgruppen zusammen. Ihre Angehörigen werden gekennzeichnet, ihre Wohnungen räumlich zusammengepfercht, ein Vorgang, den man bis heute als Ghettoisierung bezeichnet. Schandtaten und Verbrechen, wirkliche oder nur vermeintliche, wurden nicht nur Einzelpersonen angekreidet – die ganze Gruppe wurde damit belastet. Das Musterbeispiel dafür war die bereits erwähnte Fabel von der Brunnenvergiftung durch Juden, die auf eine Verschwörung der Judenheit insgesamt zurückgeführt wurde. Auch auf diesem Feld sind die Pauschalbeschuldigungen kein isoliertes Phänomen. Seit altersher wurde Satan persönlich für das Ketzertum innerhalb der Kirche verantwortlich gemacht. Im 14. Jahrhundert wurden die Aussätzigen die Opfer ähnlicher Verleumdungen wie die Juden, und bald argwöhnte man überall Verschwörungen der Bettler, und die Ansicht, daß Hexen gemeinsam und organisiert die gesamte Menschheit durch ihre unsauberen Künste gefährden, war bald die gemeinsame Ansicht von Gelehrten und Ungebildeten. Nicht zufälligerweise sprach man auch von einem »Hexensabbat«, auf dem die Hexen Satan, ihrem Herrn, Treue schworen und ihn anbeteten.

Die Judenverfolgungen des 14. Jahrhunderts gehen sicher auch auf wirtschaftliche und soziale Gründe zurück, die mancherlei Aspekte erklären. Sie sind aber in ihrer Erscheinungsform und ihrer Virulenz der Bestandteil von Maßnahmen einer sozial (im Vergleich zur Vergangenheit) unstabilen und daher ständig sich bedroht fühlenden und dabei zutiefst verunsicherten Gesellschaft, einer Gesellschaft, die auf wirkliche und vermeintliche Bedrohungen panisch, geradezu hysterisch reagiert. Alte Vorstellungen und Werte geraten ins Wanken, die Wirtschaftslage wird öfter durch Verschuldung besonders prekär, die Lage unsicher, die gesellschaftlichen Zustände immer undurchschaubarer. Zunehmend beherrschten nun (im Vergleich zu den vorangehenden Epochen) anonyme Kräfte den Markt, das politische und soziale Leben. In dieser Situation der allgemeinen Verunsicherung, des beginnenden Verlustes traditioneller Werte, suchte man begreiflicherweise, wie schon zuweilen vorher und wie auch Jahrhunderte später, nach »Schuldigen«, denen man all diese Übel anlasten könnte – und wer wäre da geeigneter, um als Blitzableiter zu dienen, als der Jude in der Rolle des universalen Sündenbockes, noch dazu, wenn sich seine Verfolgung gleichzeitig sehr konkret durch Rauben nutzen läßt. Die übliche Dämonisierung der Juden erleichterte den allgemeinen Glauben an eine unheilvolle Verschwörung dieser Satansrotte; sobald die üblichen sozialen Ventile zu versagen drohten, war es naheliegend, den »Volkszorn« zu steuern – erinnert sei daran, daß die Pogromwelle von 1348 bis 1350 unverkennbar Züge von Regie verraten.

Die Juden waren die naheliegenden, die ersten Opfer – sie waren bei weitem nicht die einzigen. Die Scheiterhaufen, auf denen die Juden verbrannt wurden, loderten weiter für Ketzer und Hexen, und seit dem 15. Jahrhundert auch für Anhänger des neuen bzw. des alten Glaubens. Seit den Hussitenkriegen hat sich die Dämonisierung der Andersgläubigen voll auch *innerhalb* der christlichen Welt durchgesetzt und durch die Reformation über ganz Europa verbreitet. Wie in allen Zeiten und überall ist auch im Spätmittelalter die Judenfeindschaft nur *ein* Aspekt eines breiteren, umfassenderen Komplexes gewesen, auch da waren die Juden bloß eines der ersten, aber längst nicht die einzigen Opfer. Die einzelnen Wellen der Judenverfolgung lassen sich nie und nirgends aus ihrem zeitlichen Kontext herausreißen, und nirgends und niemals haben sich Verfolgung und Morde nur auf Juden beschränkt, auch wenn sie in dieser Hinsicht eine »bevorzugte Stellung« einnehmen.

Diese Feststellung führt mich zu Fragen zurück, die ich am Anfang gestellt habe, besonders zur Frage, wie die lange historische Tradition der Judenfeindschaft bzw. der Judenmorde zu erklären sei. In der neuesten deutschen Historiographie herrscht die Tendenz vor, die Judenfeindschaft des 19. und 20. Jahrhunderts weitgehend zu isolieren. Natürlich weiß man nur zu gut, daß es schon vorher einen Antisemitismus gab, aber man ist bestrebt, hier geradezu qualitative Unterschiede zu sehen, ja man möchte sogar terminologisch genau zwischen einer alten Judenfeindschaft und einem modernen Antisemitismus unterscheiden. Daß es Unterschiede gibt, ist eine unbestreitbare, eine banale Tatsache; sie gilt aber nicht nur im Vergleich zur Zeit vor der sogen. Emanzipation der Juden und in der Folgezeit. Unterschiede sind jeweils auch innerhalb dieser Epochen festzustellen, und am Beispiel der Verfolgungen zur Zeit des Schwarzen Todes, mit den unverkennbaren Ansätzen zur Organisation und Regieführung, haben wir eine Form kennengelernt, die im Mittelalter recht ungewohnt war, der wir aber etwa bei den Pogromen des Zarismus und – in perfektionierter und durch die Machtmittel des modernen Staates und die Möglichkeiten der Technik in grauenhaft-monströser Form – beim Nazismus begegnen.

Diese Erkenntnis zwingt uns, uns mit der Tatsache auseinanderzusetzen, warum die Juden die Rolle des universalen Sündenbocks in sehr verschiedenen Gesellschaften (aber bei weitem nicht in allen) spielen können. Aber nicht der Versuch einer allgemeinen Deutung des Antisemitismus kann hier versucht werden – diesem Versuch soll ja der ganze Zyklus gewidmet sein. Ich beschränke mich bloß auf die Erwähnung des verschiedentlich auftauchenden Motives einer vermeintlichen »Verschwörung« der Juden, die in moderner Form unter dem Namen der sogen. ›Protokolle der Weisen von Zion‹ bekannt ist, und die bezeichnenderweise immer in zutiefst verunsicherten, in sich elementar bedroht fühlenden Gemeinschaften auftaucht und geradezu zwangsläufig zu organisierten und inszenierten Morden führt.

Die Grundlage bildet die Dämonisierung der Juden, ihre Verbindung mit überirdischen oder übergesellschaftlichen feindlichen Kräften, in deren Dienst sie letztlich stehen und ihre vermeintliche Verschwörung anzetteln. Nirgends und in keiner Epoche waren es *nur* die Juden, die diese Rolle spielten: weder im Spätmittelalter, noch in Rußland unter den Zaren oder in Deutschland während der Herrschaft des Nazismus. Wenn die Juden im europäischen Umkreis immer wieder in dieser Rolle auftauchen, so insbesondere deshalb, weil in Europa die bewußte Erziehung zum Antisemitismus Jahrhunderte lang gewährt hatte, Gläubigen von den Bildern der Kirchenwände, durch Predigt und Literatur systematisch eingetrichtert wurde, die Vorstellungen mitgeformt hat und schließlich auch in folkloristische Erzählungen wie Sagen und Märchen eingedrungen ist. Diese Erziehung war so effektiv, daß es auch einen jahrhundertelangen Antisemitismus ganz ohne Juden geben kann, und es wäre eine bloße Illusion zu meinen, diese Erziehung, die jahrhundertelang systematisch ein Juden-Stereotyp aufgebaut hat, könne über Nacht verschwinden.

Die wohl einzige Möglichkeit, die Gefahren zu entschärfen, besteht in der Aufdeckung ihrer Vorbedingungen und ihres »Nährbodens«, der allerdings nicht erst in den letzten zwei Jahrhunderten entstand. Eine zeitlich enge Begrenzung der Problematik erweckt die gefährliche Illusion, daß man es mit einem rezenten, relativ leicht zu beseitigenden Syndrom zu tun habe. Die sachliche Beschränkung bloß auf die Juden erweckt den irrigen Eindruck, als ob die Judenfeindschaft, die Stigmatisierung und Verfolgung der wirklich oder vermeintlich Andersartigen, ein auf Juden begrenztes Phänomen sei. Diesen beiden Gefahren der Isolierung entgegenzuwirken, anhand eines einprägsamen historischen Beispiels die Frage aus ihrer zeitlichen und sachlichen Isolierung herauszuführen, war das Anliegen dieses Beitrages.

Die spanischen und portugiesischen Juden im 15. und 16. Jahrhundert
Eine Minderheit zwischen Integrationszwang und Verdrängung

von Ernst Schulin

»Im gegenwärtigen Jahre 1492, nachdem Eure Hoheiten den Krieg gegen die Mauren, die noch in Europa herrschten, in der gewaltigen Stadt Granada beendet hatten ... (und) nach Vertreibung aller Juden aus Ihren Königreichen und Herrschaften, befahlen mir Eure Hoheiten im nämlichen Monat Januar, ... nach den Gestaden Indiens in See zu stechen.«

So schreibt Kolumbus im Bericht über seine erste Entdekkungsfahrt an das Katholische Königspaar Ferdinand und Isabella[1]. Um sein eigenes, sehr umstrittenes Unternehmen aufzuwerten, stellt er es in den Zusammenhang der damals offiziell unumstrittenen beiden Ruhmestaten der vereinigten Königreiche Kastilien und Aragonien: der Eroberung Granadas und der Austreibung der Juden. Die spätere Geschichtsschreibung, besonders die betont christliche und spanisch-nationale, ist ihm darin gefolgt und hat den sinnhaften zeitlichen Zusammenhang unterstrichen: Im gleichen Jahr, in dem die Reconquista, die christliche Rückeroberung ganz Spaniens, abgeschlossen wurde, Spanien also seine religiös-nationale Einheit fand, begann es durch die Entdeckung Amerikas seine Macht und seinen Glauben auf eine ganz neue Welt zu übertragen. Spaniens über hundertjährige Blütezeit brach an.

Die Vertreibung der spanischen Juden wird in diesem Zusammenhang inzwischen weniger positiv gesehen oder gar verschwiegen. Innerhalb der Weltgeschichte der Juden gilt sie aber als einer der tiefsten Einschnitte. Die spanischen Juden waren die älteste, zahlenmäßig größte und am längsten geduldete jüdische Minderheit im mittelalterlichen christlichen Europa gewesen, kulturell zeitweise das Zentrum auch für diejenigen Glaubensgenossen, die im Orient unter dem Islam lebten. Ihre Zwangsausweisung aus dem ganzen Land innerhalb von drei Monaten war die größte, die in dieser Form auf einen Schlag

[1] Sehr verkürzt wiedergegeben. Vgl. die vollständige Übersetzung des Vorwortes in: Christoph Columbus, *Bordbuch, Briefe, Berichte, Dokumente*. Ausgewählt v. Ernst Gerhard Jacob, Bremen 1956, S. 76 u. 78.

geschah – jedenfalls die größte vor dem 20. Jahrhundert. 1496/97 wurde auf spanischen Druck auch in Portugal das Judenverbot verkündet. In diesen Jahren beginnt also die Diaspora der sogen. *Sephardim*, die Ausbreitung der iberischen Juden über die Mittelmeerländer und weit darüber hinaus. Über Jahrhunderte haben sie seither an ihren Erinnerungen und besonderen Traditionen festgehalten. Noch in unserem Jahrhundert, allerdings vor dem Zweiten Weltkrieg, hat ein spanischer Historiker in sephardischen Häusern in Saloniki und auf Rhodos riesige verrostete Schlüssel an der Wand gefunden, und die Besitzer haben ihm im Spanisch des 15. Jahrhunderts erklärt: »Dieser Schlüssel öffnet das Haus unserer Vorfahren in Toledo.«[2] Die typischen andalusischen Hausanlagen mit Patio wurden noch im späten 19. Jahrhundert in einem Viertel vor den Mauern Jerusalems gebaut, neben den ganz anderen von polnischen Juden. Ich brauche nicht zu betonen, daß wir sephardische Traditionen auch im Westen finden. Amsterdam mit seiner großen Synagoge der portugiesischen Juden aus dem 17. Jahrhundert mag dafür als Beispiel stehen. Das gleiche stolze Festhalten an der sephardischen Abkunft, oft sogar am Ladino als Sprache, das Elias Canetti in seinen Kindheitserinnerungen von seiner Familie aus Bulgarien berichtet, finden wir bei dem amerikanischen Pianisten Murray Perahia, dessen Familie aus New York stammt.

So schön es sein mag, diese Traditionsbewahrung zu entdekken und zu betonen – die Geschichte dieser Minderheit wird damit nicht erfaßt. Das ist schon aus dem schlichten Umstand zu erkennen, daß die Sephardim, von denen in den Beispielen die Rede war, keineswegs von den Vertriebenen von 1492 abstammen müssen. Ihre Vorfahren können noch hundert Jahre später oder noch viel später ausgewandert sein. Bei den Sephardim im Westen, also vor allem in Holland, ist das sogar fast durchweg der Fall. Im Jahre 1492 ist keineswegs die ganze spanische Judenheit ausgewandert. 1497 in Portugal sind überhaupt kaum Juden herausgelassen worden. Sehr viele in beiden Ländern ließen sich taufen, um das Land nicht verlassen zu müssen; in Portugal wurde der Rest zwangsweise getauft. Und schon in den hundert Jahren *vor* 1492 wurden viele spanische Juden zwangsweise oder freiwillig getauft. Die Minderheit war

[2] Eloy Benito Ruano, *Weh über die Synagogen.* Merian 18 (1965) 1 (Toledo und Neukastilien), S. 83.

also schon vor diesem Zeitpunkt in sich gespalten. Während der traurige Weg der offen und fest bei ihrem Glauben bleibenden Juden, die dann 1492 zu Schiff vor allem nach Nordafrika und ins Osmanische Reich fuhren, verhältnismäßig einfach verfolgt werden kann, ist das erheblich komplizierter bei denjenigen, die die Spanier *conversos* nannten, oder *nuevos cristianos*, oder nichtamtlich mit dem Schimpfwort *marranos* (Schweine) belegten. Viele, vor allem jüdische Historiker verundeutlichen die Sachlage, indem sie die getauften Juden als nicht mehr zu ihrem Thema gehörig abschreiben oder nur denjenigen Teil von ihnen noch berücksichtigen, den sie für Kryptojuden halten, für solche, die heimlich weiter beim alten Glauben blieben. So kann man aber die Entwicklung der gesamten Minderheit nicht verfolgen, zumal wenn selbst diejenigen getauften Juden, die sich voll assimilierten, also überzeugte Christen sein wollten, von der christlichen Mehrheit (den sogen. »Altchristen«) nicht akzeptiert, sondern weiter wegen ihrer Herkunft verdächtigt wurden. Das Minderheitenproblem blieb also in Spanien trotz der Judenaustreibung von 1492 bestehen. Oder genauer gesagt: Das eigentliche Problem war nun, noch stärker als schon vor diesem Zeitpunkt, nicht das der Juden, sondern das der Marranen, sowohl in Spanien als auch in Portugal. Teils waren diese wirklich Christen, teils Kryptojuden, und Angehörige beider Gruppen wurden durch die Behandlung seitens der altchristlichen Mehrheit gedrängt, auszuwandern und anderswo, etwa in Saloniki oder in Amsterdam, wieder den jüdischen Glauben anzunehmen.

Dieser eigenartige historische Prozeß scheint mir sehr wichtig und von großer Erklärungskraft zu sein für die Entwicklung Spaniens, für die Aufreibung der dortigen jüdischen Minderheit zwischen Integrationszwang und Verdrängung, und schließlich für die Art und Weise der sephardischen Diaspora, die durch die weiteren Emigrationen im 16. und 17. Jahrhundert vor allem eine Marranendiaspora war.

Im Folgenden soll deshalb versucht werden, diesen Prozeß etwas genauer zu schildern. Ich beginne mit einigen Bemerkungen über die Besonderheiten des mittelalterlichen spanischen Judentums, um dann auf den eigentlich entscheidenden Wendepunkt, die Pogrome von 1391 und die durch sie veranlaßten Veränderungen, zu kommen. Danach werden die spanischen Verhältnisse von 1492 bis zum Ende des 16. Jahrhunderts behandelt und aus bestimmten Gründen erst im Anschluß daran die ähnlich wichtigen portugiesischen Verhältnisse des gleichen Zeitraums.

Jeder, der heute durch Spanien fährt und die alten Baudenkmäler betrachtet, ist beeindruckt von dem Nebeneinander, ja Gemisch des gotischen und maurischen Stils. In derselben Stadt findet man Bauten arabischen, jüdischen und christlichen Ursprungs. Am deutlichsten sieht man es noch in Toledo. Der spanische Kulturhistoriker Américo Castro hat dieses arabisch-jüdisch-christliche »Gewebe« als zusammenhängende Lebensstruktur des spanischen Mittelalters beschrieben, das im 15. Jahrhundert zum Schaden des Landes zerrissen worden sei[3]. Zweifellos ist das Zusammenleben der Angehörigen dreier Religionen dasjenige, was Spanien am stärksten vom übrigen mittelalterlichen Europa unterscheidet. Aber eine friedliche oder gar harmonische Gemeinschaft war es nur selten. Man kann auch nicht sagen, daß die Juden unter islamischer Herrschaft durchweg eine größere Duldung genossen hätten als unter christlicher, daß also in Spanien ein stärkeres arabisch-jüdisches Zusammenleben bestanden hätte, das die Christen aufbrachen und schließlich zerstörten. Toleranz und Intoleranz gegenüber den Juden gab es unter beiden.

Man nimmt an, daß schon sehr früh, jedenfalls seit der Zerstörung Jerusalems 70 n. Chr. jüdische Händler, Handwerker und Siedler nach Spanien einwanderten. Ihre Nachkommen gerieten dann, nach dreihundert Jahren, unter christliche Herrschaft, aber solange die Westgoten im 5. und 6. Jahrhundert arianisch blieben, also nur den Glaubensgrundsatz der Gottähnlichkeit, nicht der Göttlichkeit Jesu vertraten, war religiös und sozial ein friedliches Zusammenleben möglich. Das änderte sich nach 586 mit der Einführung des katholischen Glaubens. Verschiedene Judengesetze wurden erlassen, 616 die Ausübung der jüdischen Religion verboten. Schon hier gab es die Alternative Taufe oder Austreibung; schon hier findet man auf einer Bischofskonferenz in Toledo 633 den Grundsatz, daß Zwangstaufen zu vermeiden seien, daß aber, wer, wie auch immer, getauft sei, getauft bleibe; sogar Berufsbeschränkungen für getaufte Juden und deren Nachkommen wurden bereits damals verkündet.

Es ist unklar, wieweit es nun im 7. Jahrhundert zur Auswan-

[3] Américo Castro, *Spanien. Vision und Wirklichkeit.* Köln/Berlin 1957.

derung oder zum Kryptojudentum kam. Jedenfalls änderte sich die Lage mit der arabischen Eroberung Spaniens 711. Nach dem Vorbild des Kalifats von Bagdad wurden Christen und Juden religiös geduldet. Bereits ansässige oder neu einwandernde Juden siedelten bei den arabischen Militärlagern und waren als Kaufleute, Ärzte, Berater und Gesandte im Kalifat von Córdoba und später in den einzelnen arabischen Teilreichen tätig. Das blieb im allgemeinen so über 350 Jahre. Dann kehrten sich die Verhältnisse geradezu um. Gegen die vordringende Reconquista riefen die schwachen arabischen Kleinstaaten nordafrikanische Berberstämme zu Hilfe, die Almoraviden 1086, später, 1146, die Almohaden, und lieferten sich damit dem fanatischen Bekehrungszwang dieser Stämme aus. Eine große Fluchtbewegung in die christlichen Königreiche im Norden setzte ein, denn Stadt für Stadt mußten Juden und Christen den islamischen Glauben annehmen, wenn sie dablieben und nicht getötet werden wollten. In dieser Zeit lebte Jehuda Halevi, der große spanisch-jüdische Dichter, und beklagte in seinen Liedern ebenso die Zerstörung jüdischer Gemeinden durch die Reconquista wie die Flucht vor den Almoraviden – und wie die gleichzeitige Eroberung Jerusalems durch die Kreuzfahrer. Auch noch in dieser Zeit lebte der große jüdische Philosoph Maimonides. 1135 in Córdoba geboren, floh er nach Marokko und formulierte 1160 seine Ansicht darüber, ob der Übertritt zum falschen Glauben unter Zwangsumständen wirklich ein strafwürdiges Verbrechen sei, eine Ansicht, die noch in späterer Zeit von großer Bedeutung sein sollte. Maimonides rühmte den Glaubensmärtyrer über alles, verteidigte dann aber den von vielen Juden (vielleicht vorübergehend auch von ihm selber) gefaßten Entschluß, die Zwangskonversion über sich ergehen zu lassen: denn das Gesetz sei gemacht, um mit ihm zu leben, nicht, um dadurch zu sterben. Der zur Ausübung einer fremden Religion gezwungene Jude sei schuldlos, also nicht zu bestrafen, vorausgesetzt, er befolge heimlich, soweit es gehe, die jüdischen Gebote, und weigere sich nicht, das Land des Zwanges zu verlassen, sobald das möglich sei[4].

Von den Zuständen im islamischen Spanien seit dem späten 11. Jahrhundert hoben sich nun die im christlichen Spanien vor-

[4] Englische Übersetzung: *Iggeret Ha-Shemad or Maamar Kiddush ha-Shem. Maimonides' letter on apostasy.* In: *Letters of Maimonides.* Hg. von Leon D. Stitskin, New York 1977, S. 40–69.

teilhaft ab. 1085 hatte Alfons VI. von Kastilien Toledo erobert und damit die erste islamische Stadt mit großer Bevölkerungszahl, vielseitigem Gewerbe und hoher Kultur, die Stadt mit der ältesten und blühendsten jüdischen Gemeinde Spaniens. Sie war ihm unversehrt in die Hand gefallen, und es lag in seinem strategischen und wirtschaftlichen Interesse, die Einwohner nicht zu vertreiben. Bei den Moslems gelang ihm das gegenüber dem Druck der Kirche nur begrenzt, aber die Juden behielten die gleichen Rechte wie vorher. Ähnlich geschah es bei den Neueroberungen in Aragonien, etwa bei Zaragoza oder Tudela. Im Handelsverkehr waren alle ohne Unterschied der Religion gleichgestellt. Hierdurch und durch den Zuzug der Juden aus dem Süden ist die auf den ersten Blick erstaunliche Tatsache zu erklären, daß aus der nördlichen Hälfte Spaniens, vor allem dem Nordosten, die Existenz von weit mehr Synagogen überliefert ist als aus der südlichen[5]. Mit der Reconquista zogen die Juden dann im 13. Jahrhundert wieder nach Andalusien und halfen bei der Wiederbevölkerung der meist verlassenen Städte. Ferdinand III. der Eroberer von Sevilla, nannte sich Kaiser und König der drei Religionen. In einer Zeit, da in anderen christlichen Ländern, besonders in England und Frankreich, die Juden vertrieben wurden, breiteten sie sich hier – nicht zuletzt auch durch den Zuzug solcher Vertriebener – erstmals über die ganze Halbinsel, auch über Portugal, aus, waren sie hier hochangesehen als Finanziers, Steuereinnehmer, Ärzte, Gelehrte, Kunsthandwerker, als diplomatische und kommerzielle Verbindungsleute zu den nun auch wieder duldsameren islamischen Ländern. Die Blütezeit der spanisch-jüdischen Gelehrsamkeit, Mystik und Poesie mit führender Wirkung auf das gesamte damalige Judentum fiel in die Zeit der christlichen Herrschaft, allerdings mit starker Anlehnung an die arabische Gelehrsamkeit und Kultur, wie auch Arabisch noch in dieser Zeit die jüdische Umgangssprache blieb.

Sosehr sich in all dem Spanien vom übrigen Europa unterscheidet, so finden wir aber natürlich geistlichen und weltlichen Widerstand der Christen gegen die Andersgläubigen auch hier. Der Kreuzzugseifer der Kirche entwickelte sich hier sogar zu einer planmäßigen Christianisierungspolitik mit Disputationen

[5] S. die Karte »Sinagogas mas conocidas de la España peninsular«. In: J. Caro Baroja, *Los Judíos en la España moderna y contemporanea.* Madrid 1961, Bd. 1, zw. S. 40 u. 41.

und Bekehrungsversuchen bei führenden jüdischen Gemeindemitgliedern, die schon im 14. Jahrhundert zu einigen Erfolgen führte. Der im sonstigen Europa zu findende Konkurrenzhaß des wirtschaftlich erstarkenden christlichen Bürgertums trat in Spanien abgeschwächt und zeitlich etwas verzögert auf. Im 13. Jahrhundert, während einzelne Juden an königlichen und adligen Höfen hohes Ansehen genossen, begannen die Beschränkungen für die Judengemeinden in den einzelnen Städten. Es gab immer wieder einzelne Plünderungen von *aljamas.* Im 14. Jahrhundert griffen die Pestpogrome auch auf Navarra über, wo ganze Gemeinden ausgerottet wurden. 1339 wurde in Kastilien schon einmal eine Gesamtvertreibung erwogen[6]. Trotzdem blieben Juden, verteilt auf verschiedene Berufe – es gab in größeren Städten jüdische Zünfte und Zunftgebäude –, weiterhin eine bedeutende Minderheit. Zahlen sind nur mit vielen Vorbehalten zu geben. Man schätzt Ende des 13. Jahrhunderts für Kastilien 200000 Juden, etwa 4 bis 5 Prozent der Gesamtbevölkerung (übrigens etwa ebensoviel Mauren), für Aragonien (Aragón, Barcelona, Valencia) 60000 – etwa 6 bis 7 Prozent der Gesamtbevölkerung[7].

Diese beträchtliche Minderheit wurde angegriffen, als der sozialen Feindschaft und dem kirchlichen Bekehrungseifer nicht mehr der Schutz eines starken Königs gegenüberstand. Der große Einfluß, den kastilische Juden noch einmal unter dem von ihnen finanziell abhängigen Peter dem Grausamen hatten, 1350–1369, wurde unter seinem Gegenkönig und dann in der Zeit eines minderjährigen Nachfolgers für sie verderblich. Weltlicherseits verlangte man Beendigung ihrer Geldgeschäfte: mindestens Aufschub oder Verminderung von Schuldenrückzahlungen; die Betätigung als Steuerpächter oder Ärzte sollte ihnen verboten werden; Christen sollten ihnen nicht dienstbar sein; sie sollten nur in bestimmten Vierteln wohnen dürfen und besondere Kleidung oder Embleme tragen. Kirchlicherseits warf man ihnen, wie üblich, die Schuld am Tode Christi vor, suchte den Synagogenbau einzuschränken und rief intensiver, als man es von anderen europäischen Ländern kennt, zur Be-

[6] Y. Baer, *A history of the Jews in Christian Spain.* Philadelphia 1961, Bd. 1, S. 356.

[7] Santiago Sobrequés Vidal in: J. J. Vicens Vives (Hg.), *Historia social y economica de España y America.* Barcelona 1957, Bd. 2, S. 54ff. Zum Problem der Schätzungen: Luis Suarez Fernandez, *Judíos españoles en la edad media.* Madrid 1980, S. 96ff.

kehrung auf. Ferrant Martinez, Administrator der Erzdiözese Sevilla, rief 1391 sogar zum Heiligen Krieg auf, zur Zerstörung aller Synagogen. Damit begann der große Aufruhr in Sevilla, der sich in Windeseile über ganz Kastilien und Aragon ausbreitete. Die jüdischen Häuser wurden geplündert oder zerstört, die Juden wurden getauft oder getötet oder mußten auf der Stelle zwischen beidem wählen, wenn sie sich nicht in Schlösser des Königs oder des Adels retten konnten. So war es am 6. Juni in Sevilla, am 18. Juni in Toledo, am 9. Juli in Valencia, Anfang August in Barcelona und Mallorca. Niemals hatte es einen solchen Pogrom in allen größeren Städten des Landes gegeben. Nicht einmal in Segovia, am Sitz der kastilischen Regierung, konnten die Juden beschützt werden, nur in Zaragoza durch den aragonesischen König. Bei genauerer Untersuchung wird man sicherlich unterscheiden können zwischen dem Ausrottungsdrang der Aufrührer, unter denen sich nicht nur Angehörige der niederen Volksschichten befanden, sondern oft auch wohlhabende Bürger, Magistratspersonen und Adlige[8], und dem milderen Bemühen der Kirche, Massentaufen zu organisieren. Religiöser Fanatismus ist aber auf beiden Seiten zu finden. Nach der Beruhigung des Aufruhrs ließ die Kirche eine Rückkehr der Zwangsgetauften zum alten Glauben nicht zu – das wurde nur den nach Portugal Geflüchteten ermöglicht –, sondern verstärkte vielmehr die Bekehrungspropaganda. Vincente Ferrer zog 1411/12 mit seinen Flagellanten durch Kastilien, machte aus vielen Synagogen christliche Kirchen und soll 20–35000 Juden getauft haben. 1413 bis 1415 fand in Tortosa eine gelehrte Disputation zwischen christlichen und jüdischen Theologen statt, von der manche Rabbiner konvertiert zurückkehrten. Dann ließ der Druck auf die bis dahin festgebliebenen Juden nach.

Wohl etwas mehr als die Hälfte der spanischen Juden war bis dahin konvertiert. Die schwierige Frage ist, wieweit das eine rein zwangsmäßige, äußerliche Annahme des Christentums war, verbunden mit heimlicher jüdischer Religionsausübung (nach dem Rat des Maimonides). In der heutigen Forschung ist man ziemlich allgemein der Meinung, daß man früher von die-

[8] Zu einem sozialen Aufstand gegen die Reichen entwickelten sich die Unruhen nur in katalanischen Küstenstädten. Philippe Wolff, *The 1391 Pogrom in Spain. Social crisis or not?* Past and present 50 (1971), S. 4–18.

sen Neugetauften zu sehr geglaubt hat, was die Juden hofften und was die Christen argwöhnten. Besonders der Historiker B. Netanyahu hat anhand der jüdischen zeitgenössischen Quellen festgestellt, wie enttäuscht die Rabbiner schon über die Haltung der Zwangsgetauften des Pogroms von 1391 waren[9]. Um so mehr waren sie es von den vielen, die sich in den folgenden Jahrzehnten ohne solchen Zwang taufen ließen. Auch heimlich schien kaum jemand die jüdischen Gesetze zu befolgen; kaum jemand emigrierte, auch wenn es möglich war; die Kinder der Getauften waren für den alten Glauben ganz verloren. Es waren offensichtlich Konversionen nicht nur aus Zwang, nicht nur um weltlicher Vorteile willen, sondern auch aus innerer Überzeugung. Die frommen Juden führten das vor allem auf den zersetzenden Einfluß der rationalistischen Philosophie des Maimonides und seiner Nachfolger zurück und debattierten darüber, was verwerflicher sei: aus bösem Willen, d. h. wegen materieller Vorteile abzufallen oder aus bösem Denken[10]. Sie erkannten auch das Phänomen des »falschen *anusim*«, desjenigen, der nur *behauptete,* er sei gezwungenermaßen getauft. Jedenfalls wurden die Konvertierten im Laufe des 15. Jahrhunderts von den Juden zunehmend als verloren angesehen. Feindliche Trennung von ihnen war weit häufiger als das Gegenteil.

Entsprechend erkennen auch die heutigen jüdischen Historiker diese große Massenkonversion als ein einzigartiges Phänomen in der jüdischen Geschichte an. Die »jüdische Moral«, so drückt es Cecil Roth aus, »wurde in einer schweren Probe zum ersten und einzigen Mal gebrochen«. Auch Y. Baer spricht von moralischem Verfall[11]. Das ist natürlich mehr Verurteilung als Begründung dieses Phänomens. Man wird, wenn man zunächst die nichtmateriellen Motive betrachtet, neben religiöser Indifferenz und neben der Verbreitung rationaler Philosophie (wie sie ja auch sonst in diesem Zeitraum in islamischen und christlichen Ländern zu finden ist) sehr oft eine echte Hinwendung zur christlichen Religion finden. Viele waren an der alten Religion irre geworden, weil das Exil nach der Zerstörung Jerusalems 70 n. Chr. nun schon viel länger dauerte als die Babylonische Gefangenschaft, und entschlossen sich zur Anerkennung von Jesus

[9] B. Netanyahu, *The Marranos of Spain from the late XIVth to the early XVIth century according to contemporary Hebrew sources.* New York 1966.

[10] Besonders Isaak Arama. Netanyahu, *The Marranos,* S. 138f.

[11] Cecil Roth, *A history of the Marranos.* New York 1974, S. 282. Baer, *History of the Jews,* Bd. 2, S. 117.

als dem wahren Messias. Man findet erstaunlich viele Konvertierte, die in Klöster eintreten oder im Weltklerus aufsteigen. Der bekannteste ist der Gelehrte und Diplomat Salomon Halevi aus Burgos, der sich nach der Taufe Paulus Burgensis de Sancta Maria nannte, in Paris Theologie studierte und schließlich Bischof von Burgos wurde. Sein (natürlich vorher geborener) Sohn Alonso de Cartagena wurde später sein Nachfolger auf diesem Bischofssitz und schrieb 1449 die bedeutendste Verteidigung der neugetauften Christen gegen die mißtrauischen Altchristen[12]. Er betonte die große Einheit des Glaubens, auf die Gott über die Zerstreuung der Völker hinziele – und es konnte natürlich nicht ausbleiben, daß in dieser Anschauung die Juden eine Christus näherstehende Position bekamen als die Heidenvölker, daß also nun die getauften Juden sofort bevorzugt erschienen gegenüber den braven Altchristen, die ja nur von getauften Heiden abstammten. Es leuchtet ein, wie beschränkt sich die Konvertierten mit solchen Verteidigungen Freunde machen konnten, so ehrlich sie es wollten.

Eine wie starke Rolle bei den Konversionen die materiellen Motive spielten – der »böse Wille«, wie die Rabbiner es nannten –, läßt sich ganz einfach aus den erstaunlich rasch eintretenden günstigen Folgen erkennen. Es kam zum großen sozialen und ökonomischen Aufstieg der Konvertierten. Frei von den besonderen steuerlichen Abgaben und rechtlichen Einschränkungen der Juden, standen ihnen nun alle Ränge und Ehren offen. Nun brauchten sie nicht nur als Geschäftsleute, Steuereinnehmer, Ärzte und Handwerker tätig zu sein, sondern konnten, wie schon gesehen, die kirchliche Laufbahn einschlagen, heirateten in den Adel ein und errangen Machtpositionen in den Stadtmagistraten. Mit dem Fleiß der Aufsteiger und mit dem Zusammenhalt der minderheitlichen Gruppe (wenn dies auch nicht mehr die Juden, sondern die Neukonvertierten waren) stießen sie in einer Zeit vor, in der man jedenfalls in den Städten die Betätigungsmöglichkeiten der Juden einschränken wollte und auch tatsächlich einschränkte. Gerade in den größeren Städten, in Burgos, Toledo oder Sevilla, sind wohl deshalb, und nicht nur wegen der schlimmeren Pogrome, die Juden in ihrer Mehrheit konvertiert. Sie stellten Stadtparteien und

[12] Alonso de Cartagena, *Defensorium unitatis Christianae* (1449). Vgl. A. A. Sicroff, *Les controverses des statuts de »pureté de sang« en Espagne du XVe au XVIIe siècle.* Paris 1960, S. 41ff.

kämpften gegen das alte Patriziat oder unterwanderten es. Die Situation ähnelt durchaus den gleichzeitigen Geschlechterkämpfen in italienischen Städten.

Ein folgenreicher Unterschied besteht nur darin, daß die Partei der Conversos spezifisch verletzbar war. Man konnte sie als Marranen, als heimliche Juden, anklagen und damit der religiösen Volkswut ausliefern. Man konnte sie auch als Epikureer beschimpfen, die an gar nichts glaubten und mit Hohn und Spott über den »gehenkten Juden Jesus« redeten, »einen von ihren Leuten«, den nun die Christen anbeteten. (Übrigens versuchten sich die Conversos in dieser Zeit von der ihnen angehängten Schuld am Tode Christi reinzuwaschen, indem sie Briefe der toledanischen Judengemeinde aus dem 1. Jahrhundert an die Jerusalemer Gemeinde erfanden, in denen diese vor der Hinrichtung von Christus gewarnt worden sei[13].)

1449 brach in Toledo der erste Stadtkampf zwischen Altchristen und Neuchristen aus. Es war eine typische Revolte gegen eine Sondersteuer, für deren Einführung (zur Kriegsführung des kastilischen Königs gegen Aragonien) man den Konvertiten Alonso Cota verantwortlich machte. So wie die Juden vor siebenhundert Jahren die Stadt an die Mauren verkauft hätten, hieß es sehr geschichtsbewußt, so jetzt an den König. Mit Berufung auf einen Erlaß aus westgotischer Zeit verjagte man alle Neuchristen aus den städtischen Ämtern. Der Aufruhr, der sich früher gegen die Juden gerichtet hatte, richtete sich nun gegen die Conversos. 1467 suchten sich die toledanischen Neuchristen zu rächen, besetzten Brücken und Tore, während sich die Altchristen in der Kathedrale verbarrikadierten, dann aber zum Gegenangriff vorgingen und unter Mord und Plünderung die Häuser der Conversos zerstörten. Das Statut gegen sie wurde erneuert. Ähnlich war es 1474 in Córdoba, dann in anderen andalusischen und aragonesischen Städten. Meist wurde nach Stadtkämpfen ein Edikt herausgebracht, das den Konvertierten öffentliche Ämter verbot.

Hier zeigte sich also eine Feindschaft, der man durch Taufe nicht mehr entgehen konnte. Es läßt sich beinahe vergleichen: So wie sich nach der Emanzipation, der rechtlichen Gleichstellung der Juden im Deutschland des 19. Jahrhunderts, der Antisemitismus entwickelte, so offenbarte sich hier nun nach der Beseitigung der religiösen und damit auch rechtlichen Schran-

[13] Baer, *History of the Jews*, Bd. 2, S. 282.

ken der soziale Haß, der Vertreibungswunsch gegen die nicht mehr so deutlich greifbare Minderheit in gleicher, ja verstärkter Weise. Manche Historiker sprechen hier von Rassenhaß, denn von Religionsfeindschaft kann man ja offenbar nicht mehr sprechen. So konnten es die Zeitgenossen natürlich nicht artikulieren, wenn auch Feindschaft gegen das jüdische Volk, die »Nation« der Hebräer, sicherlich dahintersteckte. Für die Zeitgenossen war es artikulierbar und politisch verwendbar nur als tiefes Mißtrauen gegen solche, die aus Angst oder um irgendwelcher Vorteile willen von ihrer Religion abgefallen waren und deshalb auch in ihrer neuen Position nicht als zuverlässig angesehen werden konnten. Auch auf ihre Nachkommen wurde diese Vertrauensunwürdigkeit übertragen. Sie waren Blut von ihrem Blute. So kam es zu der so stark an Rassenreinheit erinnernden Vorstellung von der »Blutsreinheit« *(limpieza de sangre)*, die der Altchrist ohne jüdische Vorfahren vorweisen konnte.

Versuche, die Neuchristen aus den ihnen neu zugänglichen Institutionen auszuschließen, gab es auch bei den Klöstern. Die Franziskaner waren hier führend. Alonso de Espina warnte 1459 vor den Neuchristen, die den schlechten Geist ihrer jüdischen Vorfahren geerbt hätten; Juden und Conversos – das war für ihn nur der Unterschied zwischen offenen und heimlichen Juden[14].

Es versteht sich, daß diese sozialen Unruhen für die königliche Macht ebensowenig zu dulden waren wie die pauschale Diffamierung aller Neuchristen von der Kirche akzeptiert werden konnte. Edikte über den Ausschluß von Neuchristen in geistlichen oder weltlichen Institutionen wurden von Staat und Kurie für ungültig erklärt. Damit schaffte man aber die städtischen Unruhen nicht ab.

Die kirchlich-staatliche Organisation zur Beruhigung der Gemüter und zur Wiederherstellung der Ordnung wurde die Inquisition. Statt der Verdächtigung und Verdrängung aller Konvertierten sollte hier Fall für Fall geprüft werden, wer Häretiker war und wer nicht. Wir befinden uns in der Zeit der langsamen Festigung und Verbindung der beiden Königreiche durch Isabella von Kastilien und Ferdinand von Aragonien, die 1469 durch ihre Heirat die Personalunion vorbereiteten. Nun war es nicht nur kirchliches, sondern auch staatliches Interesse, zur

[14] Alonso de Espina, *Fortalitium fidei* (1459). Sicroff, *Les controverses*, S. 74f.

unbestrittenen religiösen Einheit Spaniens zu gelangen. Mehrere einflußreiche Neuchristen am Hofe unterstützten diese Politik, und auch bei den ersten Inquisitoren gab es dann Abkömmlinge von Conversos. Von judenfeindlichen Historikern ist das immer gern in den Vordergrund gestellt worden, um genüßlich zu demonstrieren, daß der größte Feind der Juden der Jude sei, der hier für die inquisitorische Aburteilung und schließlich wohl auch für die Vertreibung von seinesgleichen selber gesorgt habe. Man muß sich dabei vor Augen halten, daß es seit diesem 15. Jahrhundert ein beliebtes spanisches Gesellschaftsspiel war, möglichst jeder interessanten Person jüdisches Blut anzuhängen, gerade auch solchen, bei denen das paradox wirkte, also den Judengegnern. Oft steht der Wunsch dahinter, die altchristliche Mehrheit reinzuwaschen – als habe sich die Minderheit selber zerstört. So einfach liegen die Dinge natürlich nicht, aber es soll nicht geleugnet werden, daß viele Neuchristen an der Inquisition interessiert waren. Statt der allgemeinen Verdächtigungen versprach sie ja, Klarheit zwischen Häretikern und wirklichen Christen zu schaffen und damit diese selber sozial zu stabilisieren. Es gab aber zweifellos auch entgegengesetzte Reaktionen. Andere Conversos oder Nachkommen von solchen wurden durch die schroffe Ablehnung, die sie von seiten der Altchristen erfuhren, und durch die inquisitorische Prozedur provoziert, ihr Judentum wieder ernstzunehmen. Um 1480 scheint das heimliche Judaisieren zugenommen zu haben. Die alten jüdischen Gemeinden verstärkten ihren Einfluß. Es läßt sich also insgesamt sagen, daß die Anfang des Jahrhunderts einsetzende Assimilation der Minderheit an die Mehrheit durch eben diese Mehrheit schwer gestört wurde.

Auf die Entwicklung der Inquisition kann hier nicht im einzelnen eingegangen werden. Es ist nur darauf hinzuweisen, daß Ferdinand nach der Unfähigkeit bischöflicher Inquisitoren, Ordnung zu schaffen, vom Papst erreichte, daß die Tribunale unter die unmittelbare Kontrolle der Krone kamen, also einem eigenen königlichen Rat unterstellt wurden: das war der 1483 gegründete *Consejo de la Suprema y General Inquisición.* Natürlich war das noch nicht die große, durchorganisierte, unheimliche Maschinerie, wie man sie aus dem 16., 17. und 18. Jahrhundert kennt. Anfangs war es ein schnelles Sondergericht zur Unterdrückung innerer Unruhen. So arbeiteten schon zwei Inquisitoren 1480 in Sevilla, offenbar in Furcht vor der Revolte flüchtiger Conversos. In Andalusien war die Zahl der

Kryptojuden oder auch der einfach nicht genügend christlich unterwiesenen Konvertierten besonders groß, der Zusammenhang mit den gläubigen Juden wahrscheinlich besonders stark. Da man obendrein beim 1481 beginnenden Krieg gegen das Königreich Granada sichere Verhältnisse schaffen wollte, drang die Inquisition 1483 darauf, alle Juden binnen eines Monats aus Andalusien zu vertreiben. Waren also bisher die Juden seit etwa 1416 im Gegensatz zu den Conversos in Ruhe gelassen worden, so mußten sie hier nun dafür büßen, daß man ihnen schlechten Einfluß auf die Getauften nachsagte.

Nun zogen die Inquisitoren nordwärts. Im Mai 1485 kamen sie nach Toledo. Hier wurden zunächst Anhänger einer aufgedeckten Verschwörung von Conversos gehängt, dann wurden Häretiker verbrannt. Die Kluft zwischen Juden und Conversos war in Toledo so tief, daß einige Rabbiner mit Erfolg befragt werden konnten, wer von den Conversos judaisierte.

Auch in Aragonien war die Inquisition tätig, um so heftiger, nachdem ein Inquisitor in Zaragoza von Neuchristen ermordet worden war (1485). Im ganzen entdeckte man in den ersten zwölf Jahren etwa 13000 Kryptojuden unter den Getauften. Etwa 2000 wurden verbrannt.

Wenn auch die Inquisition formell nichts mit altgläubigen Juden zu tun hatte, so ist doch kein Zweifel, daß unter ihrer Einwirkung das Katholische Königspaar 1492 das Edikt über die Vertreibung der Juden aus allen Teilen Kastiliens und Aragoniens erließ, ebenso wie vorher allein aus Andalusien. Die jüngste Forschung ist nach genauer Prüfung der bisher angebotenen Erklärungsversuche zu dem Schluß gekommen, daß weder das Klasseninteresse des Adels oder des Bürgertums noch auch Volkshaß für dieses Edikt eine wichtige Rolle gespielt haben; vielmehr ist das in der Präambel genannte Motiv als das ausschlaggebende anzusehen: die Juden verleiteten die Konvertierten dazu, rückfällig zu werden; weder die Trennung von Juden und Christen in den einzelnen Städten, noch die Inquisition, noch die Vertreibung allein aus Andalusien hätten ausgereicht; solange sie im Lande seien, höre die Verführung zum Judaisieren nicht auf[15]. Man hatte also kirchlicher- und staat-

[15] Maurice Kriegel, *La prise d'une décision. L'expulsion des Juifs d'Espagne en 1492*. Revue historique 260 (1978), S. 49–90, betont das Interesse der Inquisition. Fernandez, *Judíos españoles*, S. 257ff., betont mehr das staatliche Interesse. Das Edikt vom 31. März 1492 abgedruckt bei: F. Baer (Hg.), *Die Juden im christlichen Spanien*, Berlin 1936, Bd. 2, S. 404–407.

licherseits die zunehmende Widerstandskraft der restlichen Juden unterschätzt. Mit dem Edikt gestand man ein, daß die Christianisierungspolitik letztlich mißlungen war.

Für den Zeitpunkt des Ediktes war die Hochstimmung nach der Eroberung von Granada, also der Beendigung der Reconquista, der religiös-nationalen Einheitsfindung Spaniens, bestens geeignet. Zehn Jahre später, 1502, war man so weit, auch alle Mauren, alle Anhänger des islamischen Glaubens, des Landes zu verweisen.

Verglichen mit den blutigen Pogromen hundert Jahre vorher mag diese Ausweisung sachbezogen und staatlich geordnet wirken, zumal sie mit großer Propagandakampagne verbunden war, statt das Land zu verlassen lieber zum Christentum überzutreten. In Teruel sollen die Stadtbeamten von Haus zu Haus gegangen sein und darum gebeten haben, sich taufen zu lassen, da andernfalls durch den Wegzug die ganze Stadt ruiniert sei. Es war aber doch eine ungeheure Brutalität, binnen dreier Monate Zehntausende in ein ungewisses, beinahe aussichtsloses Schicksal zu jagen. Man rechnet, daß es 1492 an die 200000 Juden in ganz Spanien gab, von denen sich etwa 50000 taufen ließen. 100000 oder mehr überschritten die Grenze nach Portugal – das war der relativ ungefährlichste Weg. Etwa 50000 segelten von Almeria nach Nordafrika, wobei viele Schiffbruch erlitten, andere an der Küste ausgeraubt und erschlagen wurden, oder von Valencia und Barcelona nach Italien und ins Osmanische Reich, das sie gerne aufnahm[16]. Wenn damals Palästina schon türkisch gewesen wäre und nicht erst 24 Jahre später, so träumen manche heutigen Israelis, dann hätten alle spanischen Juden dorthin fahren und vielleicht schon einen Staat Israel gründen können.

Nach fast anderthalbtausendjähriger Geschichte waren also nun die Juden aus Spanien verbannt. Aber das Problem dieser Minderheit war damit nicht bewältigt. Das lag weniger daran, daß die »Marranen«, wie wir nun die getauften Juden in Übereinstimmung mit Zeit und Geschichtsschreibung durchweg nennen werden, weiterhin im Lande wohnten, als vielmehr daran, daß die Mehrheit das Bewußtsein von dieser weiter vorhande-

[16] Zahlen nach Sobrequés (wie Anm. 7), S. 410. S. W. Baron, *A social and religious history of the Jews*. New York 1967, Bd. 11, S. 240. Henry Kamen, *Die spanische Inquisition*. München 1967, S. 242, schätzt sogar 120000 nach Portugal ziehende Emigranten. Geringere Schätzungen bei Fernandez, *Judíos españoles*, S. 272.

nen Minderheit mit diffamierenden Mitteln lebendig erhielt. Die Inquisition blieb. Sie bildete ihre Organisation aus und machte sich geradezu volkstümlich durch die großen kirchlich-staatlichen Autodafé-Veranstaltungen mit feierlicher Bekanntgabe ihrer jeweiligen Urteile. Gegenüber päpstlicher Kritik wurde erklärt, daß jede Veränderung des inquisitorischen Systems zur Zerstörung des Königreiches führen würde. Natürlich ging diese Untersuchungsbehörde vergleichsweise »ordentlich« und »gerecht« vor, indem sie die Minderheit nicht pauschal ablehnte, wie es in den Verordnungen städtischer und geistlicher Institutionen geschah. Aber dafür versetzte sie nicht nur diejenigen Marranen, die bestimmte berufliche Stellungen erreichen wollten, sondern alle Marranen in Unsicherheit. Jedem konnte passieren, daß er von übelwollenden Nachbarn wegen jüdischen Bluts und folglich jüdischer Sitten verdächtigt und der Inquisition gemeldet wurde. Es genügte, wenn man Tisch- und Bettücher am Freitagnachmittag, also zu Ehren des Sabbaths, wechselte, wenn man kein unausgeblutetes Fleisch aß oder kein Schweinefleisch. Ignatius von Loyola mußte während seines Studiums die Erfahrung machen, daß er wegen zu eifrigen Messebesuchs verdächtigt wurde[17]. War man in den Fängen der Inquisition, deren Prozedur mit ihren genau abgestuften Untersuchungsmethoden bis zur peinlichen Befragung unter Folter völlig geheimgehalten wurde, dann konnte sich die quälende Angelegenheit jahrelang hinziehen; man war selbst ohne Verurteilung wirtschaftlich ruiniert. Juan de Mariana, wie fast alle Jesuiten ein Kritiker der Inquisition, hielt es Ende des 16. Jahrhunderts für das Schlimmste, daß durch diese Geheimuntersuchungen die Leute daran gehindert würden, frei miteinander zu sprechen, denn es seien in den Städten und Dörfern gewisse Personen, die Meldungen erstatteten; man bediene sich in den Diskussionen nicht mehr der wahren, sondern der gefahrlosen Argumente[18]. Dieses durch die Inquisition erzeugte und jahrhundertelang in Spanien aufrechterhaltene geistige Klima ist das Wesentliche. Demgegenüber hat es nicht viel zu sagen, wenn man feststellt, daß die Aburteilung von Judaisierenden im Laufe des 16. Jahrhunderts abnahm und sich die Inquisition mehr mit Leuten beschäftigte, die als Lutheraner, Wucherer, Zauberer und Hexen angezeigt wurden.

[17] Kamen, *Inquisition*, S. 148. Ähnliche Beobachtung noch 1787 in einem englischen Reisebericht, ebd., S. 259.

[18] Zitiert bei Kamen, *Inquisition*, S. 69f. u. 104.

Hinzu kam ja außerdem, daß die Inquisition das, was man Berufsverbote für alle Marranen nennen könnte, keineswegs verhinderte. Gegen den zunächst sehr starken kirchlichen und staatlichen Widerstand setzten sich im Laufe des 16. Jahrhunderts viele entsprechende Barrieren durch. Man nannte sie *Estatutos de limpieza de sangre.* Ab 1495 wurden sie für einzelne Orden von der Kurie bestätigt, zuerst für die Hieronymiten: niemand bis zur vierten Generation der Neugetauften durfte aufgenommen werden. 1515 finden wir ein solches Statut im Kathedralkapitel von Sevilla: bis zur zweiten Generation. 1555 wurde es nach langen Kämpfen im wichtigsten Kapitel, dem von Toledo, durchgesetzt; Philipp II. bestätigte es ein Jahr später auch von staatlicher Seite – das fiel ihm weniger schwer als seinem Vater, Karl V., da er der schlichten, in Spanien volkstümlichen Meinung war, alle in Deutschland und Frankreich vorgekommenen Ketzereien seien durch Abkömmlinge von Juden bewirkt worden, so wie man es in Spanien täglich gesehen habe und noch sehe[19]. Selbstverständlich mußte auch die Inquisition für ihre Beamten das Statut einführen. Wir finden es in Universitätskollegien und in sonstigen weltlichen Institutionen. 1563 bestimmten die Cortes von Kastilien, Bürgermeister und Richter von Grenz- und Küstenstädten sowie Galeerenkapitäne dürften nur Altchristen sein. Dies sind nur Beispiele, und zusätzlich muß man immer annehmen, daß in vielen weiteren Institutionen die Statuten heimlich angewandt wurden.

Blutsreine Stammbäume waren nun also eine wichtige Voraussetzung für die Berufskarriere. Die Aristokratie, deren Genealogie sorgfältiger aufgezeichnet zu sein pflegt als die der anderen Schichten, kam hier geradezu in Nachteil gegenüber dem altchristlichen Bürgertum. Schon 1507 wurde ein *Libro verde* des aragonesischen Adels mit seinen vielen jüdischen Einheiraten bekannt, das man später, 1623, mühsam wieder aus dem Verkehr ziehen mußte. Man kann sich vorstellen, wie das Geschäft der Genealogen und Stammbaumfälscher blühte. »Die Genealogie wurde zu einer sozialen Waffe«, wie Kamen sagt[20]. Von den Inquisitionsbehörden konnte man Zertifikate über *limpieza* erhalten. Neben den Stolz des Hidalgo auf seinen Adel

[19] Philipp II. in seiner Erklärung zur Ratifikation des Statuts, zitiert bei Sicroff, *Les controverses,* S. 138, Anm. 184.

[20] Kamen, *Inquisition,* S. 146. Noch vollständiger als der *Libro verde* war das auch den kastilischen Adel einbeziehende Verzeichnis von 1581: »El Tizón de la nobleza de España«, abgedruckt in: Baroja, *Los Judíos,* Bd. 3, S. 288–299.

trat der Stolz des kleinen Mannes auf seine Blutsreinheit. Ein Dominikaner (Augustin Salúcio) wies 1599 in einer kritischen Denkschrift darauf hin, daß es jetzt in Spanien eigentlich zwei Arten Adel gäbe, den der *hidalguía* und den der *limpieza*. Der Jesuit Diego Lainez, freilich selber Neuchrist, nannte den Limpieza-Kult *»el humor o error nacional«*, den spanischen Nationalspleen[21]. Die ganze Verlogenheit und Angst dieser Gesellschaft karikierte Cervantes in seinem Zwischenspiel ›Das Wundertheater‹, in dem ein Schausteller lebensgroße Puppen ankündigt, die angeblich nur von Leuten gesehen werden können, die keinen Tropfen neuchristlichen Blutes in den Adern haben und ehelich geboren sind. Natürlich spart er sich die Puppen, denn unter diesen Bedingungen können alle sie sehen. Und als einer später kommt, der die Spielregeln nicht kennt und infolgedessen nichts sieht, schreien die anderen los: *»¡Dellos es, dellos es!«* – Er ist einer von denen![22]

1609 wurden die Morisken aus Spanien ausgewiesen, also die Nachkommen getaufter Mohammedaner, über 300000, meist sehr nützliche Landarbeiter und Handwerker, die schon immer Mißtrauen und Haß der Altchristen aus den gleichen Berufen erregt hatten. Hinsichtlich der Marranen wurde ein ähnliches Verfahren zwar diskutiert, war jedoch undurchführbar. Sie waren längst viel zu sehr mit den altchristlichen mittleren und höheren Schichten vermischt. Aber Inquisition und Limpieza-Statute blieben gegen sie erhalten. Die spanische Inquisition war noch bis ins 19. Jahrhundert tätig; sie wurde nach einigen vergeblichen früheren Versuchen erst 1834 endgültig abgeschafft. Erst 1865 fiel der Nachweis der *limpieza de sangre* für die Anstellung bei Staatsbehörden fort. Man kann also sagen, die Marranen wurden in Spanien zu einem Zeitpunkt emanzipiert, als anderswo die Juden emanzipiert wurden. Und was diese betrifft: Erst 1967 wurde das Edikt von 1492 aufgehoben.

Ein großer Teil der neuzeitlichen Entwicklung Spaniens mit ihren regressiven Zügen läßt sich aus diesem trüben Verhältnis zur jüdischen und dann marranischen Minderheit erklären. Aber damit ist die Geschichte dieser Minderheit nicht abgeschlossen. Was nun noch, wenn auch kurz, vor Augen ge-

[21] Baron, *Social and religious history,* Bd. 15, S. 180. Kamen, *Inquisition,* S. 149 u. 151.

[22] Miguel de Cervantes, *El retablo de las maravillas.* In: *Entremeses.* Hg. v. E. Asensio, Madrid 1970, S. 182.

führt werden muß, ist die marranische Diaspora, die Ausbreitung der Marranen in andere Länder im Laufe des 16. und 17. Jahrhunderts. Sie wird zusätzlich die spanische Entwicklung, vor allem die wirtschaftliche, erklären. Aber sie läßt sich nicht von Spanien aus schildern, sondern nur von Portugal aus. Ich muß dafür noch einmal zurücklenken zum Zeitpunkt des Jahres 1492.

100000 spanische Juden oder noch mehr überschritten damals die portugiesische Grenze; sehr viel für einen Staat von wenig über eine Million Einwohnern. Auf 20 Prozent soll hierdurch der jüdische Anteil an der portugiesischen Bevölkerung gestiegen sein. Sie bekamen nur begrenzte Aufenthaltserlaubnis, die sich gegen Bezahlung verlängern ließ. Konnten sie nicht zahlen, wurden sie als Sklaven verkauft und ihre Kinder wurden zur Besiedlung von Inseln benutzt. Der portugiesische König war aber an den kapitalkräftigen Einwanderern angesichts der damaligen enormen Handelsexpansion des kleinen Staates interessiert. Das zeigte sich, als er 1496 in einem sonst für ihn günstigen Heiratsvertrag mit Kastilien zugestehen mußte, alle portugiesischen und spanischen Juden binnen zehn Monaten aus dem Lande zu weisen. Für Spanien war das nur die konsequente Fortsetzung seiner Austreibungspolitik, für Portugal ein bedrohlicher wirtschaftlicher Verlust, den der König mit rigorosen Mitteln abzuwenden verstand. Zunächst veranstaltete er eine große Bekehrungspropaganda, auf die hin sich viele taufen ließen, viele wohl auch versteckten. Im März 1497 ließ er daraufhin in einer überfallartigen Aktion von raffinierter Brutalität alle jüdischen Kinder zwischen vier und vierzehn Jahren in die Kirchen schleppen, zwangsweise taufen und in christliche Familien bringen. Diese Aktion führte zu entsetzlichen Szenen; es gibt Berichte, nach denen die Eltern in der Verzweiflung die Kinder und dann sich selber töteten. Im Mai gab es wieder Lockspeise: der König sicherte zu, daß alle, die sich taufen ließen, zwanzig Jahre lang vor der Inquisition bewahrt werden würden. Wer nun noch standhaft blieb, mußte nach Lissabon, um im Sinne des Vertrags termingemäß auszureisen. Etwa 20000 sollen das noch gewesen sein, portugiesische und ehemals spanische Juden. Man ließ sie aber nicht ausreisen, sondern sperrte sie in einen großen Gebäudekomplex ohne Nahrung und Wasser, bis sie bereit waren, sich taufen zu lassen, oder unfähig, dieser Prozedur zu widerstehen. Die wenigen, die auch hier widerstanden, hatten damit die gesetzte Frist zur Ausreise versäumt und wurden als Sklaven verkauft.

Cecil Roth leitet aus dieser entsetzlichen Ausführungsverhinderung eines entsetzlichen Ediktes einen wesentlichen, schon immer – etwa von Spinoza – bemerkten Unterschied zwischen spanischen und portugiesischen Marranen ab[23]. Die spanischen Marranen sind 1391–1415 und 1492 im allgemeinen unter weniger starken Zwangsmaßnahmen getauft worden, also bereitwilliger zum neuen Glauben übergetreten oder jedenfalls furchtsamer und weniger widerstandsfähig, so daß sie auch weniger zu dem gefährlichen Judaisieren neigten; die widerstandsfähigen Juden wanderten 1492 aus, den Neugetauften drohte die Inquisition. Die portugiesischen Marranen von 1497, einschließlich der aus Spanien fünf Jahre vorher eingewanderten Juden, hatten unter ungleich schwererem, unter staatlichem Druck die Taufe über sich ergehen lassen müssen, vor allem die letzten 20000 in Lissabon. Sie waren weit mehr disponiert, sich nur als äußerliche Christen zu betrachten und heimlich so weit wie möglich dem alten Glauben zu folgen. Hier in Portugal bildete sich weit mehr als in Spanien das aus, was man die »marranische Religion« genannt hat, eine Religionsausübung nach Art der Geheimsekten, eine stark vereinfachte Tradierung jüdischer Glaubensregeln, die mehr und mehr vergessen und mit katholischen Formen vermischt wurden. Die Kinder wurden jeweils erst mit dreizehn Jahren, also bei der Bar Mizvah, beim Volljährigwerden, in das Geheimnis eingeweiht. Noch in unserem Jahrhundert hat man solche Religionsgemeinschaften gefunden.

Dieses Kryptojudentum wurde in Portugal dadurch erleichtert, daß erst 1536, also 40 Jahre später, eine Inquisition eingerichtet wurde. Nach der Zwangstaufe versuchte der portugiesische Staat seine Neuchristen soweit wie möglich zu schützen, allerdings unter Erlaß eines Ausreiseverbotes. Dieses wurde nur gelockert, als es 1506 in Lissabon zu einem heftigen Aufstand der Altchristen gegen die Conversos kam, blutiger wohl als die früheren vergleichbaren in Spanien. Zweitausend Neuchristen oder sogar doppelt soviel sollen in wenigen Tagen ermordet worden sein, zu Beginn einer Pestzeit; der Anlaß war, daß eini-

[23] Roth, *History of the Marranos,* S. 60ff. Spinoza im *Theologisch-politischen Traktat* von 1670, mit anderer Begründung. Spinoza, *Opera/Werke.* Darmstadt 1979, Bd. 1, S. 128.

ge Marranen bei einer Pessach-Feier entdeckt worden und dafür kaum zur Rechenschaft gezogen worden waren. Der König bestrafte die Aufrührer streng, benutzte die Gelegenheit, der Stadt eine Sondersteuer aufzuerlegen und das Wahlrecht ihrer Stadträte zu nehmen. Den Neuchristen gestand er das Recht zur Ausreise zu. Das wurde bis in die 30er Jahre mit einigem Hin und Her aufrechterhalten, und auch die späteren Ausreiseverbote waren noch zu umgehen.

Was sich nun unter diesen Verhältnissen entwickelte, war keineswegs eine massenhafte Auswanderung der portugiesischen Marranen. Auch keine auffallende berufliche Vereinseitigung, zumal das Limpieza-Ideal sich in Portugal auch nur mit starker Verzögerung verbreitete und der marranische Prozentsatz viel höher war als in Spanien, sicherlich über 10 Prozent[24]. Marranen waren in allen Schichten zu finden, vom Bettler bis zum Staatsmann.

Auffallend ist allerdings eine starke marranische Konzentrierung im portugiesischen Handel und Bankwesen. Das ist hier viel ausgeprägter als in der vergleichbaren Entwicklung in Spanien nach 1492. Das Bankhaus der Mendes-Familie in Lissabon hatte sich wenige Jahre nach der »Großen Konversion« zu einem der größten Bankhäuser Europas ausgebildet, aus einem relativ kleinen Edelsteingeschäft heraus. Besonders der portugiesische Außenhandel kam im 16. Jahrhundert weitgehend in die Hand von Marranen.

Es gibt daneben auch marranische Auswanderung aus Portugal im 16. Jahrhundert, die aber selbst in den Jahren relativ freier Ausreisemöglichkeit, 1507–1536, zahlenmäßig nicht sehr hoch gewesen zu sein scheint. Hauptmotiv für diese Auswanderung dürfte die Angst vor religiöser Verfolgung gewesen sein, vor allem nach der Einführung der Inquisition 1536. Verbunden war das bei den Geschäftsleuten mit der Aussicht auf bessere berufliche Möglichkeiten in anderen Städten und Ländern, von denen sie in der Handelsmetropole Lissabon gehört hatten. Meist wurden Orte mit bestehenden jüdischen Gemeinden angesteuert. So in den Ländern des Osmanischen Reiches. Das große Handelszentrum Saloniki war am beliebtesten; man erreichte von den dortigen Rabbinern 1514, daß die Marranen als Juden anerkannt wurden. Ende des 16. Jahrhunderts hatte diese Stadt eine große portugiesischsprechende Kolonie, die ihre

[24] Baron, *Social and religious history*, Bd. 15, S. 234.

Handelsausbreitung, ihre Textil- und Waffenproduktion prägte. Zwei Marranen brachten es bis zu hohem politischem Einfluß in der Türkei: Joseph Nasi (früher: Miguez), verwandtschaftlich zu den Mendes gehörig, zog mit diesen nach Antwerpen, dann über Lyon und Venedig nach Konstantinopel. Dort kehrte er zum Judentum zurück und wurde ein führender Diplomat der Pforte. Der Sultan machte ihn zum Herzog von Naxos. Der andere ist Alvaro Mendes (früher: Salomon ibn Jaisch oder Abenaes), 1520 in Portugal geboren, in Indien tätig, dann Ritter des Santiago-Ordens, dann nach vielen europäischen Reisen ebenfalls Diplomat in Konstantinopel und Herzog von Mytilene. Beide finanzierten den Wiederaufbau von Tiberias am See Genezareth, um den Juden dort eine Möglichkeit zur Ansiedlung zu geben.

Andere Marranen zogen nach Italien, zunächst zur jüdischen Gemeinde nach Ancona, das kommerziell mit der Türkei verbunden war. Als sie 1556 vom Papst als Häretiker verurteilt wurden, war Ferrara der neue Zufluchtsort, dann seit 1581 vor allem und auf Dauer Venedig.

Von Anfang an, spätestens seit 1512, waren die Marranen geschäftlich mit der Handelsmetropole des Nordens, mit Antwerpen verbunden. Diogo Mendes leitete den dortigen Zweig der Lissaboner Familienbank, die für den neuen portugiesischen Gewürzhandel wichtig war. Anders als in der Türkei und meist in Italien konnte hier in den Niederlanden nicht offen zum Judentum zurückgekehrt werden. 1532 begannen sogar die Verfolgungen wegen heimlichen Judaisierens, es kam auch zu Vertreibungen neuangekommener Marranen. Besser hatten es die Marranen, die nach Frankreich, besonders nach Bordeaux kamen. Hier gab der französische König 1550 den portugiesischen Kaufleuten alle Residenz- und Handelsrechte, die er auch anderen Auswärtigen gewährte. Sie hießen immer nur »portugiesische Kaufleute« und wurden 1614 bei der allgemeinen französischen Judenaustreibung nicht einbezogen, obwohl ihr Judentum kein Geheimnis war.

Soviel über die offene oder heimliche Auswanderung portugiesischer Marranen bis 1580. In diesem Jahr änderte sich die Lage entscheidend durch die Personalunion zwischen Spanien und Portugal. Philipp II. verschärfte Ausreiseverbot und Inquisition. Die Folge war, daß sich die portugiesischen Marranen über Madrid und Südspanien ausbreiteten, wo sie sich geschäftlich betätigen konnten und den inquisitorischen Behörden weniger bekannt zu sein hofften. Zweitausend sollen allein nach Sevilla gekommen sein. Die Kombination des portugiesischen und spanischen Welthandels verlockte sie. Sehr bald spielten sie eine beträchtliche Rolle neben den einheimischen Spaniern. Aber die spanische Inquisition holte sie ziemlich schnell ein. Sofort nach 1580 begannen die Prozesse gegen Angehörige dieser neuen Minderheit. Bis weit in die zweite Hälfte des 17. Jahrhunderts wurden portugiesische Judaisierende verbrannt, besonders in Andalusien. Reichere Geschäftsleute waren darunter nicht zu finden, aber diese büßten oft ihr Vermögen in solchen Prozessen ein, durch Konfiskationsstrafen oder einfach durch die unternehmenstötende Dauer und Kostspieligkeit der Verfahren. Mit Hilfe von Geldgeschenken an den spanisch-portugiesischen König (Philipp III. und IV.) suchte man mehrmals, kurzzeitig sogar mit Erfolg, die Untersuchungen niederzuschlagen.

1619 versuchte sich Martin González de Cellorigo, der durch jahrzehntelange Advokatentätigkeit bei der Inquisition mit den Problemen vertraut war, in einer Denkschrift für eine gründliche Verbesserung der Lage der Neuchristen einzusetzen: sie seien schließlich diejenigen, die weltweite Handelsverbindungen aufrechterhielten und dadurch das Königreich unterstützten, während die Altchristen für diese Tätigkeit zu vornehm oder zu arm und unerfahren seien[25]. Als sich 1640 Portugal wieder von Spanien getrennt hatte, stellte ein anderer spanischer Autor, José Pellicer de Ossau, rückblickend fest, man habe sich geirrt, wenn man die portugiesischen Geschäftsleute zur Rettung der Staatsfinanzen für geeigneter gehalten habe als ausländische wie die Genuesen; die meisten seien nämlich Juden gewesen, die aus Angst vor der Inquisition nur wenige Filialen in Spanien gehalten, ihre Haupthäuser aber in Flandern und anderen Städten des Nordens eingerichtet hätten; wodurch die Holländer »und andere Häretiker« weit mehr bereichert worden seien als Spanien[26].

Das wirft ein Licht auf die langsame, aber unaufhörliche Abwanderung von Marranen aus Portugal und Spanien. Von

[25] Cellorigos Alegación von 1619 ist gedruckt bei: I. S. Revah, *Le plaidoyer en faveur des »nouveau-chrétiens« portugais du licencié Martin Gonzalez de Cellorigo.* Revue des Études Juives, 4. Serie, Bd. 2 (1963), S. 325–398; vgl. bes. S. 359 u. 390ff.

[26] José Pellicer de Ossau, *El comercio impedido* (1640); zitiert in: Baroja, *Los Judios,* Bd. 2, S. 56f.

Portugal aus haben sie Welthandelsverbindungen geschaffen, und nun führen sie sie, durch die unverändert starr und gefährlich bleibenden religiösen Zwangsverhältnisse dazu gedrängt, fern von der iberischen Halbinsel weiter. Wir können hier nicht ausmessen, wie stark hierdurch der wirtschaftliche Rückgang Spaniens im späten 16. und 17. Jahrhundert mitbestimmt worden ist; beschleunigt worden ist er dadurch jedenfalls. Spanien entzog Portugal und sich selber die vielleicht aktivsten Unternehmerkräfte, die es besaß. So wenig man sagen kann – wie es manchmal noch geschieht –, daß Spanien schon 1492 durch die Judenaustreibung den Keim für seinen wirtschaftlichen Niedergang gelegt hätte, so deutlich erscheint mir die verderbliche wirtschaftliche Auswirkung des langsamen, aber ununterbrochenen Prozesses der marranischen Abwanderung im 16. und 17. Jahrhundert. Bis 1580 war das noch nicht einschneidend, wohl aber danach.

Nach 1580 strömten die portugiesischen Marranen eben nicht nur nach Spanien, sondern wanderten immer mehr aus, meist heimlich, zeitweise mit Erlaubnis. Sie zogen in die überseeischen Kolonien, vor allem nach Brasilien, wo sie später unter die Herrschaft der Holländer fielen und dann, als die Portugiesen 1654 ihr Kolonialreich zurückeroberten, mit den Holländern flohen – viele nach Neu-Amsterdam, dem heutigen New York.

Nach 1580 begann auch die Abwanderung in protestantische Länder, etwa nach Hamburg, nach Dänemark, aber vor allem nach Amsterdam, wo das »Holländische Jerusalem« entstand. 1593 sollen die ersten gekommen sein. Sie waren religiös Verfolgte, aber nach Amsterdam waren sie als Geschäftsleute, wegen der dortigen Welthandelsmöglichkeiten gekommen. Wieviel sie nach über drei Generationen Scheinchristentum von ihrer alten Religion noch wußten, ist schwer zu sagen. Jedenfalls konnten sie als Katholiken in Amsterdam nicht existieren. Man verdächtigte sie bereits als papistische Spitzel. Daraufhin klärten sie die Behörden auf, daß sie Juden seien und wurden (mit Einschränkungen) toleriert. Als ihren ersten Rabbiner riefen sie Joseph Pardo nach Amsterdam, einen aus Saloniki stammenden, in Venedig wohnenden Gelehrten.

Die marranischen, oder vielmehr nun wieder: jüdischen Gemeinden in Holland wuchsen rasch. Sie beteiligten sich sofort am holländischen Handel, etwa an der Ostindischen Kompanie. Die Zeit ihrer Einwanderung deckt sich auffallend mit der Zeit der größten wirtschaftlichen Blüte des Landes. Der Erfolg dieser portugiesischen Juden veranlaßte die Zuwanderung von Juden aus Deutschland und, nach 1648, nach den dortigen Verfolgungen, auch aus Polen. Diese *Ashkenasim* waren bald in Holland in der Überzahl gegenüber den *Sephardim*, was aber den Gruppenstolz der frühergekommenen, feineren und meist reicheren portugiesischen Juden nur steigerte. Sie hatten durch die große marranische Diaspora Verbindungen zu den meisten Teilen der Welt. An sie dachte der englische Schriftsteller Joseph Addison, wenn er Anfang des 18. Jahrhunderts schrieb: »Sie sind so sehr über alle Handelsplätze der Welt verstreut, daß durch sie die entferntesten Nationen miteinander verbunden sind.«[27] Cecil Roth nennt die Marranen die Pioniere jüdischer Ansiedlung in der halben zivilisierten Welt: »Auch innerhalb der jüdischen Gemeinschaft war ihr Einfluß beträchtlich. Sie waren die Pioniere der landessprachlichen jüdischen Literatur. Sie gaben das Beispiel für die Abschaffung der traditionellen jüdischen Kleidung ... Man kann die Mitglieder der marranischen Diaspora ohne Übertreibung die ersten modernen Juden nennen.«[28]

[27] Joseph Addison, Richard Steele u. a., *The Spectator*. Hg. v. G. Gregory Smith, London 1950, Bd. 4, S. 65 (Addisons Artikel Nr. 495 vom 27. Sept. 1712).
[28] Roth, *History of the Marranos*, S. 235.

Judenhaß und Judenfreundschaft im frühen Protestantismus

von Klaus Deppermann

Am 29. April 1946 wurde Julius Streicher, Herausgeber des nationalsozialistischen Hetzblattes ›Der Stürmer‹ und Gauleiter von Franken, wegen propagandistischer Vorbereitung des Massenmordes an den Juden vom Internationalen Militärtribunal in Nürnberg verhört. In seiner Verteidigungsrede berief sich Streicher auf Martin Luther und folgerte: »Dr. Martin Luther säße heute sicher an meiner Stelle auf der Anklagebank, wenn dieses Buch [gemeint war Luthers Schrift ›Von den Juden und ihren Lügen‹, 1543] von der Anklagevertretung in Betracht gezogen werden würde.«[1] Streichers Berufung auf Martin Luther war keineswegs absurd; denn das Bild vom jüdischen Charakter, das der Reformator in seinen Spätschriften entworfen hatte, stimmte überein mit dem, was ›Der Stürmer‹ zwanzig Jahre lang unentwegt vom Judentum behauptet hatte, nämlich daß es unheilbar korrupt sei. Seit 1887, dem Erscheinungsdatum des ›Antisemiten-Katechismus‹ von Theodor Fritsch, haben die antijüdischen Traktate des alten Luther den deutschen Antisemiten als Steinbruch für ihre Argumente und Forderungen gedient, und die Berufung auf einen so berühmten Kronzeugen hat sicherlich einen Teil des evangelischen Kirchenvolkes dazu veranlaßt, die von den Nationalsozialisten an den Juden begangenen Verbrechen zu billigen oder wenigstens stillschweigend zu dulden.

Die Frage nach dem Schicksal der Juden hat Luther sein ganzes Leben über beschäftigt. Die frühesten Äußerungen finden wir in einem Brief an Spalatin aus dem Jahre 1514, und seine letzte Predigt in Eisleben, am 15. Februar 1546, wenige Stunden vor seinem Tod, schloß mit einer Warnung der Christen vor den Juden. Freilich ist Luthers Stellungnahme zum jüdischen Problem nicht zu allen Zeiten gleich geblieben. Nach anfänglichen negativen Äußerungen in seinen ersten großen Vorlesungen (1. Psalmenvorlesung 1513/14; Römerbriefvorlesung 1515/1516), ruft er 1523 in dem Traktat ›Daß Jesus Christus ein geborner Jude sei‹ dazu auf, im Interesse der Judenmission die Juden als Brüder zu behandeln und nicht weiter zu verfolgen,

[1] *Der Prozeß gegen die Hauptkriegsverbrecher vor dem Internationalen Militärgerichtshof.* Nürnberg 1947, Bd. 12, S. 346.

um dann – nach 1532 – wieder auf den alten, antijüdischen Standpunkt zurückzukehren. In seinen letzten Lebensjahren erblickt er in den Juden den dritten großen Feind, gegen den er sich mit allen Kräften zur Wehr setzen muß, neben Rom und den Schwärmern. Seine Polemik gegen die Juden, die Täufer und gegen das »antichristliche« Papsttum wird immer maßloser, bis sie sich steigert zu dem Aufruf an die evangelischen Obrigkeiten, die Täufer hinzurichten, die Juden – sofern sie sich nicht bekehren – aus dem Land zu jagen und dem Papst samt seinem Anhang »die zunge hinden zum hals herauszureißen« und »an den galgen anzunageln«[2].

Im Folgenden soll erörtert werden, wie es zu diesem Wandel in Luthers Stellungnahme zu den Juden gekommen ist, aber auch, welche Positionen bei ihm zu allen Zeiten gleich geblieben sind. Dabei gilt es, die spezifisch reformatorischen Elemente seiner Polemik gegen die Juden zu verdeutlichen, also das Moment, das den Judenhaß des Wittenberger Reformators von der Judenfeindschaft des Mittelalters ebenso unterscheidet wie vom Antisemitismus des 19. und 20. Jahrhunderts. Die Konzentration auf Luther bei unserem Thema läßt sich rechtfertigen, weil sich kein Reformator des 16. Jahrhunderts so intensiv mit der Judenfrage beschäftigt hat wie er, und weil keiner einen so nachhaltigen Einfluß auf den Gesamtprotestantismus in dieser Frage gehabt hat. Am Schluß soll dann der Hinweis stehen auf einige evangelische Stimmen, die sich von Luther distanzierten und für ein christlich-brüderliches Verhältnis zu den Juden warben.

Zunächst eine kurze Skizze der gesellschaftlichen Situation der Juden zu Beginn des 16. Jahrhunderts in Deutschland. Seit 1492, dem Jahr der endgültigen Austreibung der Juden aus Spanien, häufen sich die Judenausweisungen aus einzelnen deutschen Territorien und Städten. Zwischen 1492 und 1519 werden die Juden aus folgenden deutschen Ländern vertrieben: aus Mecklenburg, Brandenburg, Württemberg, Kärnten, der Steiermark und Salzburg; ferner aus den Städten Magdeburg, Halle, Nürnberg, Kolmar, Oberehnheim, Regensburg, Rothenburg ob der Tauber. Aus fast allen größeren Städten sind die Juden zu Beginn des 16. Jahrhunderts verschwunden. Nur in Frank-

[2] Martin Luther, *Werke*. Weimarer Ausgabe, Bd. 54, S. 243, im Folgenden abgekürzt mit: WA.

furt am Main, in Worms und in Prag hält sich noch ein größeres jüdisches Ghetto. Straßburg und Augsburg gestatten den Juden, sich tagsüber in der Stadt aufzuhalten. Abends, gegen 6 Uhr, wird vom Turm des Straßburger Münsters das Judenhorn geblasen, das die Juden zum Verlassen der Stadt auffordert. Die deutschen Juden sind im wesentlichen auf das Land abgedrängt worden, was den Judenhaß dort weiter anwachsen läßt. Angesichts der Verfolgungen wandern viele nach Polen und Siebenbürgen aus, wo die Herrscher ihnen Asyl gewähren, um ihr Reich schneller zu bevölkern. In Deutschland dagegen gibt es weite Gebiete, in denen überhaupt kein Jude rechtens wohnen darf.

Der Verfall der kaiserlichen Macht im 14. und 15. Jahrhundert hatte zum Verfall des Judenschutzes geführt. Seit dem Privileg Friedrichs II. von Hohenstaufen (1236) hatten die Juden als »Reichskammerknechte« gegolten, die direkt dem Kaiser unterstanden und ihm Steuern als Gegenleistung für den gewährten Schutz schuldig waren. Infolge des Aufstiegs der Territorialgewalten aber war eine einheitliche Judengesetzgebung im Reich nicht mehr durchsetzbar. Selbst die kaisertreuen Freien Reichsstädte gingen – mit Ausnahme von Frankfurt und Worms – in der Judenfrage ihre eigenen Wege. Die kaiserliche Judenschutzpolitik war noch am ehesten wirksam in den habsburgischen Stammlanden, vor allem im Elsaß, wo sich der Sitz der vorderösterreichischen Regierung in Ensisheim befand. Vergebens haben Maximilian I. und Karl V. versucht, ihre Schutzherrschaft über die Juden im ganzen Reich aufzurichten. Das Kaiserliche Speyrer Privileg von 1544 versprach den Juden sicheres Geleit auf den Straßen, Schutz ihres Handels, Verbot der Austreibung und der Schließung von Synagogen. Es wies die Anklagen wegen Ritualmordes als ungerechtfertigt zurück. Schließlich erlaubte es ihnen sogar, höhere Zinsen für geliehenes Kapital zu nehmen als es unter Christen üblich war, und zwar mit der Begründung, daß sie einer kaiserlichen Sondersteuer unterlägen und ihnen die meisten Handwerke und Ämter verboten seien. Aber 1544 war bereits die Selbstbestimmung der deutschen Territorialstaaten nicht mehr zu brechen, und so kam es auch danach nicht zu einem einheitlichen Reichsbürgerrecht der Juden.

Die territoriale Zersplitterung des Reiches brachte für die Juden freilich auch etwas Gutes: es gab immer Ausweichmöglichkeiten für sie, um sich einem unerträglichen Druck zu entziehen. Im Zuge der allmählichen Durchsetzung des Landfriedens in den Territorien hörten die Massenmorde und Pogrome an den Juden im Laufe des 16. Jahrhunderts auf. Viele Territorialfürsten sahen die Juden ganz gern in ihrem Lande. Je mehr Schutzgelder diese Minderheit zahlte, desto weniger brauchten sie ihre Stände um die Genehmigung von Steuern zu bitten, die in der Regel nur gegen Ausverkauf landesherrlicher Rechte zu erlangen war. Die Fürsten gewährten den Juden häufig nur zeitlich begrenzte Aufenthaltsgenehmigungen. Jede Verlängerung mußte teuer bezahlt werden. Auch die »ewigen Verbote« der Landesfürsten wurden immer wieder durch Sondergenehmigungen für einzelne kapitalkräftige Juden durchbrochen. Aber eine wirkliche Rechtssicherheit kam für die Juden durch diese »Judenordnungen« nicht zustande. Man konnte nie wissen, ob man nicht doch plötzlich aus dem Lande gejagt wurde. Um mit Martin Luther zu reden: »(Sie) sitzen imer auff der schuckel und wurffschauffel. Heute nisten sie hie, morgen werden sie vertrieben und ihre nester zurstöret, und ist kein Prophet hie, der da spreche, flihet dort hin odder hie her, sondern mussen auch des orts ihres Elendes ungewis sein und schweben im winde, wo er sie hin weht.«[3]

In dieser Zeit, in der sich Ansätze des Frühkapitalismus in Deutschland entwickelten, gehörte die breite Mehrheit der Juden einem Kleinbürgertum am Rande des Existenzminimums an. Der Eintritt in die Zünfte war ihnen ebenso verwehrt wie der Erwerb von Grundbesitz, der Ackerbau ermöglicht hätte. Sie lebten vom Handel mit Waren, die zünftisch nicht gebunden waren, vom Vieh- und Getreidehandel und den Produkten des Dorfhandwerkes, vom Trödel mit Gebrauchtwaren, vom Geldwechsel und von der Pfandleihe, genauer: vom Darlehnsgeschäft gegen ein Faustpfand. Die kleinen Bauern und Handwerker waren die häufigsten Geschäftspartner der Juden. Als Geldgeber traten sie durchweg dann in Erscheinung, wenn es sich um kleine oder mittlere Schulden handelte. Ihre Kredite dienten in der Regel Konsumzwecken. Große Investitionen sind von ihnen nicht finanziert worden, und am Durchbruch des Frühkapitalismus haben die deutschen Juden keinen entscheidenden Anteil gehabt. Kein deutscher Jude des 16. Jahrhunderts läßt sich vergleichen mit den Fuggern oder Welsern. Auch waren die Juden keineswegs die einzigen, die Zinsen für geliehenes Kapi-

[3] WA 50, S. 320f.

tal verlangten. Das taten die deutschen Großbürger ebenso, und es gab hochangesehene Theologen in beiden konfessionellen Lagern, die einen maßvollen Zins von ca. 5 Prozent theoretisch rechtfertigten, so Johannes Eck, der Hauskaplan der katholischen Fugger, so Melanchthon, Bucer und Calvin bei den Protestanten. Dennoch ist der Judenhaß zu Beginn des 16. Jahrhunderts nicht nur religiös, sondern auch wirtschaftlich begründet gewesen, wie sich an den antijüdischen Forderungen der Bundschuhbewegung und des Deutschen Bauernkrieges nachweisen läßt. Auf Grund der enormen Konjunkturschwankungen und des harten Steuerdrucks der Landesherren sowie der Abgaben an den Grundherrn waren viele Bauern, vor allem im Elsaß, hoch verschuldet. Sie borgten Geld beim Juden gegen relativ hohe Zinsen. Die durch Eid bekräftigten Darlehensverträge wurden in Straßburg vor dem bischöflichen Offizialat abgeschlossen. Wurde der Schuldner eidbrüchig, indem er die Zinsen nicht zahlte, schloß ihn die Kirche vom weiteren Empfang der Sakramente aus. Deshalb verbanden sich in der Bundschuhbewegung Juden- und Pfaffenhaß mit dem Antikapitalismus zu einem Komplex. Dementsprechend lauteten die ersten Forderungen der Bundschuhbewegung: Verbot des Zinsnehmens – Vertreibung der Juden und Aufhebung des bischöflichen Offizialates[4].

Der Verkauf verfallener Pfänder konnte von den Juden für den Vertrieb vieler Waren ausgenutzt werden, deren Preise an sich von den Zünften gebunden waren, vor allem bei Textilien und Metallwaren. Häufig unterboten sie mit ihren Preisen die christliche Konkurrenz, und so erbitterten sie die Handwerker in den Städten. In Zeiten der Wirtschaftsflaute wurden nicht nur die Monopolgesellschaften und die Fugger und Welser, sondern auch die Juden für das Elend der kleinen Bauern und der Handwerker verantwortlich gemacht. Da man an die »großen Hansen« nicht herankam, reagierte man seine Wut an den Juden als Sündenböcken ab. Ein Beispiel für den Zusammenhang zwischen wirtschaftlichem Niedergang einer Stadt und steigendem Judenhaß bietet Regensburg, dessen Zünfte 1519 – unter Anführung von Balthasar Hubmaier – die Vertreibung

[4] Albert Rosenkranz, *Der Bundschuh*. Heidelberg 1927, Bd. 2, S. 23. Vgl. die antijüdischen Forderungen der Rheingauer Bauern vom Mai 1525. In: Günther Franz (Hg.), *Quellen zur Geschichte des Bauernkrieges*. Darmstadt 1963, S. 450, 455, 457.

der Juden durch den Rat durchsetzten. Die wahren Ursachen für den wirtschaftlichen Verfall der Stadt blieben unerkannt und unbehoben[5].

Von dem Sprecher der deutschen Judenschaft im 16. Jahrhundert, Josel von Rosheim, ist der Zusammenhang zwischen Judenhaß und Geldgeschäft der Juden deutlich erkannt worden. Er spricht in seinen Eingaben vom »schweren Joch« des Zinsgeschäftes, das auf den Juden läge, und bittet darum, daß man es von ihnen nehmen möge, indem man seinen Volksgenossen gestatte, Boden zu erwerben, Bauern zu werden bzw. als Handwerker in die Zünfte eintreten zu dürfen[6]. Aber abgesehen von einigen Ausnahmen blieben die Juden zum Wucher verdammt. Bis zum Ende des 18. Jahrhunderts verwehrte man ihnen den Bodenerwerb und den Eintritt in die Zünfte. Der Teufelskreis von Erpressung durch die Fürsten, Zinswucher und Judenhaß blieb geschlossen. Soviel zum Resonanzboden für die Stimmen des Judenhasses im 16. Jahrhundert.

Luthers erste Stellungnahme zu den Juden aus dem Jahre 1514 steht im Zusammenhang mit dem Streit zwischen dem Dominikaner Johannes Pfefferkorn und dem Humanisten Johannes Reuchlin. Der konvertierte Jude Pfefferkorn hatte von Kaiser Maximilian das Recht erhalten, die jüdischen Kommentare zum Alten Testament einzuziehen und zu vernichten. Dabei wurde er von seinen Ordensbrüdern, den Dominikanern, unterstützt. Reuchlin, der erste große deutsche Hebraist, wandte sich dagegen, und die meisten deutschen Humanisten ergriffen seine Partei, u. a. auch Ulrich von Hutten. Luther stellte sich in dieser Auseinandersetzung zwischen den Humanisten und Dominikanern auf die Seite Reuchlins, sprach also gegen die Verbrennung der jüdischen Bücher. Luthers Begründung seiner Haltung war freilich sehr unhumanistisch, denn sie lautete: Die Bekämpfung der Juden ist sinnlos. Sie sind ein hoffnungsloser Fall, der nicht bekehrt werden kann. Wenn man versucht, sie von ihren Lästerungen der christlichen Wahrheit abzubringen, indem man ihre religiösen Schriften einzieht, so werden sie andere Mittel finden, um Gott und Christus zu verhöhnen. Das haben bereits

[5] Vgl. Wilhelm Grau, *Antisemitismus im späten Mittelalter. Das Ende der Regensburger Judengemeinde 1450–1519.* Berlin, 2. Aufl. 1939.

[6] Ismar Elbogen, Eleonore Sterling, *Die Geschichte der Juden in Deutschland.* Frankfurt a. M. 1966, S. 98; Selma Stern, *Josel von Rosheim. Befehlshaber der Judenschaft im Heiligen Römischen Reich deutscher Nation.* Stuttgart 1959.

die Propheten vorhergesagt, und man sollte nicht versuchen, Gottes Wort zum Lügner zu machen. Die Juden sind und bleiben unbelehrbar. Die Kölner Inquisitoren täten besser daran, gegen sündhafte Christen vorzugehen; denn da besteht noch eine gewisse Hoffnung auf Erfolg[7]. Mit diesen Argumenten steht Luther noch ganz in der mittelalterlichen Tradition. Die Synagoge erscheint ihm so, wie sie in der Statue des Straßburger Münsters dargestellt wird: Ihre Augen sind durch eine Binde verhüllt, und ihr Körper stützt sich auf einen zerbrochenen Speer.

Ausführlich hat sich Luther in der ersten großen Psalmenvorlesung von 1513/1516 (›Dictata super Psalterium‹) und der Römerbriefvorlesung von 1515/16 mit dem Judenproblem beschäftigt. Seine Hauptthesen lauten: Die Juden sind von Gott verworfen und leiden unter seinem Zorn, weil sie seinen Sohn gekreuzigt haben. Zeichen dieses Gotteszornes sind die Zerstörung des Tempels, die Zerstreuung der Juden in alle Lande und ihre vergebliche Hoffnung auf einen kommenden Messias. Leider hat das Strafgericht die Juden nicht gebessert, sondern nur noch weiter verstockt. Es genügt ihnen nicht, daß sie Jesus in der Vergangenheit umgebracht haben. Auch in der Gegenwart erweisen sie sich als aktive Feinde Christi und der Christenheit. Die talmudische Auslegung des Alten Testaments steckt voll Lüge und Verdrehung, sie verkennt böswillig das Christuszeugnis der Propheten des Alten Testaments. Die Juden verhöhnen und lästern den Glauben der christlichen Kirche. Das alles sind bekannte Argumente der Kirchenväter und der mittelalterlichen Tradition. Dann aber klingt ein ganz neuer Ton an, wenn Luther sagt, daß die Juden kein einmaliger Fall in der Weltgeschichte seien. Sie stünden vielmehr auf einer Stufe mit den Häretikern und den sündhaften Scheinchristen. Diese drei Gruppen, Juden, Häretiker und Scheinchristen, hätten ein gemeinsames Kennzeichen: sie wollen ihr Heil aus eigener Kraft herbeizwingen und ihre eigene Gerechtigkeit durch das Befolgen des Gesetzes aufrichten. Sie erkennen sich nicht als Sünder, sondern sie verschmähen die ihnen von Gott in Christus angebotene Gerechtigkeit. Die Juden verkörpern nur den Unglauben und die Selbstgerechtigkeit des Menschen in einer extremen Form[8].

[7] WA Briefe 1, Nr. 7, S. 23.

[8] *Dictata super Psalterium:* WA 3, S. 1–652; WA 4, S. 1–462; *Vorlesungen über den Römerbrief:* WA 56, S. 3–528.

Man wird nicht behaupten können, daß Luther mit diesen Worten über die Juden Öl in das Feuer des Judenhasses hat gießen wollen. Im Gegenteil, es geht ihm in der Psalmenvorlesung offensichtlich darum, daß die christlichen, hochmütigen, selbstgerechten Sünder sich in den Juden selbst erkennen. Er will den Graben zwischen Juden und Christen insgesamt nicht vertiefen, sondern zeigen, daß die Scheinchristen nicht besser als die Juden sind.

In der Römerbriefvorlesung von 1515/16 wendet sich Luther noch schärfer gegen eine christliche Selbstgefälligkeit, die zwar den Splitter im Auge des andern sieht, aber nicht den Balken im eigenen. Alle, die selbstherrlich das Kreuz Christi verachten, sind Ketzer und Feinde Gottes, nicht nur Juden und Türken. Während Luther in der ersten Psalmenvorlesung die Erwartung ausgesprochen hatte, daß nur wenige Juden sich zu Christus bekennen werden, läßt er es in der Römerbriefvorlesung in einer mehrdeutigen Wendung offen, ob die Juden insgesamt bei der Wiederkunft Christi das Heil ergreifen werden[9]. Bis dahin ist jedenfalls nicht mit einer allgemeinen Judenbekehrung zu rechnen, wohl aber damit, daß dieses Volk wegen seiner Verstocktheit und seines Hochmutes weiterhin unter dem Zorn Gottes leiden wird.

Die erste Psalmen- und die Römerbriefvorlesung sind keine Dokumente eines ausgeprägten Judenhasses bei Luther. Vielmehr fordert er hier unter Berufung auf das Beispiel der alten Kirche für die Juden sogar das Recht der freien Religionsausübung, bis sie die Nutzlosigkeit ihrer Zeremonien aus eigener Einsicht begreifen[10]. Auch weist er mit Bezug auf Römer 11,17 ausdrücklich darauf hin, daß die Juden sowohl die Wurzel des Heiligen Ölbaums (der Kirche) sind als auch ein ausgebrochener Zweig, an dessen Stelle das wilde Reis des Heidentums eingepfropft wurde. Freilich wird in den beiden Vorlesungen auch deutlich, daß Luther das Judentum nicht nur wegen seiner Befangenheit in mittelalterlicher Tradition bekämpft, sondern auch auf Grund des sich allmählich bei ihm entwickelnden Zentrums seines Denkens, nämlich seiner Rechtfertigungslehre.

Auf dem Höhepunkt seines reformatorischen Wirkens, in der Zeit zwischen 1517 und 1524, wird auch Luthers Vorstellung vom Schicksal des Judentums freundlicher und heller. Er hofft,

[9] WA 56, S. 436.
[10] WA 56, S. 495.

daß sich seine Reformation in der ganzen Welt durch das Wort allein durchsetzen wird, so daß er in der Schrift ›Von weltlicher Obrigkeit, wieweit man ihr Gehorsam schuldig ist‹ jeden staatlichen Glaubenszwang verwirft. Im selben Jahr 1523, in dem Luther dieses Plädoyer für christliche Gewissensfreiheit verfaßte, entstand auch sein Traktat ›Daß Jesus Christus ein geborner Jude sei‹[11]. Den Anlaß zu dieser Schrift bot zunächst eine Verleumdung des Erzherzogs Ferdinand, der beim Reichsregiment in Nürnberg behauptete, Luther leugne die Jungfrauengeburt Christi und lehre, daß Christus Abrahams Same, mithin ein natürlicher Sohn Josefs und Marias sei. Luther wollte sich nun nicht mit der Widerlegung dieser Lüge begnügen, sondern einen nützlichen Zweck damit verbinden, nämlich eine solche Argumentation vorlegen, die »villeicht auch der Juden etliche mochte zum Christen glauben reytzen«[12]. Der zweite Zweck der Schrift war also ein Aufruf zur Judenmission, verbunden mit einer Mahnung an die Christenheit, ihr Verhalten gegenüber den Juden so zu verändern, daß die Predigt ihrer Missionare glaubwürdig blieb.

Zunächst distanziert sich Luther entschieden von der bisherigen Behandlung der Juden. »Denn unsere narren die Bepste, Bischoff, Sophisten und Munche, die groben esels kopffe, haben bis her also mit den Juden gefaren, das, wer eyn gutter Christ were geweßen, hette wol mocht eyn Jude werden. Und wenn ich eyn Jude gewesen were und hette solche tolpell und knebel gesehen den Christen glauben regirn und leren, so were ich ehe eyn saw worden denn eyn christen.«[13] Wenn man die Juden menschlich-brüderlich behandelte und sie freundlich und geduldig im christlichen Glauben unterrichtete, dann »sollten yhr *viel* rechte Christen werden und widder tzu yhrer vetter, der Propheten und Patriarchen glauben tretten«[14]. Wir, die Christen, haben überhaupt keinen Grund, uns über die Juden zu erheben. Wir sind ursprünglich Heiden, die Juden aber vom Geblüt Christi. Wir sind Schwäger und Fremdlinge, die Juden Blutsverwandte, Vettern und Brüder des Herrn. Keinem Volk hat Gott jemals größere Ehre erwiesen als den Juden. Kein Patriarch, kein Prophet, kein Apostel stammt aus der Schar der

[11] WA 11, S. 314–336.
[12] WA 11, S. 314.
[13] WA 11, S. 314f.
[14] WA 11, S. 315.

Heiden. Sie alle kamen aus dem jüdischen Volk. Um mit den Juden wieder ins Gespräch zu kommen, empfiehlt Luther ein pädagogisches Vorgehen. Zu Beginn der Mission darf man von ihnen nicht die Anerkennung der Gottmenschheit Christi verlangen, sondern lediglich, daß sie den Menschen Jesus als ihren wahren Messias annehmen. Jede Gewaltanwendung muß bei ihrer Bekehrung unterbleiben. Die Christen sollen aufhören, die Juden wie Hunde zu halten und unsinnige Verleumdungen über sie zu verbreiten, wie z. B. den Unfug, daß die Juden Christenblut trinken müßten, um nicht zu stinken. Schließlich sollte man ihre soziale Diskriminierung aufheben und sie – gleich den Christen – zu allen Berufen zulassen, damit sie nicht gezwungen sind, den schmutzigen Zinswucher weiter zu betreiben. »Ob ettliche hallstarrig sind, was ligt dran? Sind wyr doch auch nicht alle gute Christen.«[15] Von allgemeiner Verstockung und Verwerfung des gesamten jüdischen Volkes ist hier keine Rede mehr.

Luthers Judentraktat ist weit verbreitet worden. Noch im Jahre 1523 kam es zu neun Auflagen. 1524 fertigten Justus Jonas in Wittenberg, 1525 Johann Lonicer in Straßburg lateinische Übersetzungen an.

Die deutschen Juden haben die Wittenberger Reformation zunächst freudig begrüßt. Sie sahen in Luthers judenfreundlicher Schrift ein hoffnungsvolles Zeichen christlicher Selbsterkenntnis. Die Marranen (zwangsbekehrte spanische Juden) in Antwerpen schickten Luthers Judentraktat von 1523 an ihre verfolgten Glaubensbrüder in Spanien, »damit sie Trost und Hoffnung daraus schöpfen möchten«[16].

Aber Luthers Hoffnung auf Erfolge der christlichen Mission bei den Juden wurden bitter enttäuscht. Den Juden war der durch die Reformation ausgelöste Zerfallsprozeß des »christlichen Abendlandes« natürlich recht, denn dadurch spalteten sich die Reihen ihrer Gegner. Aber auf Grund der schweren Verfolgungen in Spanien und in Portugal stiegen die jüdischen Hoffnungen auf das Erscheinen ihres Messias, der ihr irdisches Reich wiederherstellen sollte. Isaac Abravanel berechnete die Ankunft des Erlöser-Königs auf 1532. Der Fall Konstantinopels 1453, die Spaltung der Christenheit durch die Wittenberger Reforma-

[15] WA 11, S. 336.

[16] Carl Cohen, *Die Juden und Luther.* Archiv für Reformationsgeschichte 54–55 (1963–64), S. 38–51.

tion und der Sacco di Roma, die Plünderung Roms von 1527, galten den Juden als sichere Zeichen der Endzeit, die den Tag der großen Befreiung bringen würde. Diese lebendige Messiaserwartung ließ sie vollends taub werden für die Stimmen der christlichen Mission.

Statt dessen erlebte Luther nach 1523 einen Triumphzug des jüdischen Geistes oder des »Judaismus«, den er zu Beginn seines Reformationswerkes nicht für möglich gehalten hätte. Zwischen 1523 und 1526 fegten zahlreiche Bilderstürme durch Norddeutschland, Livland und die Schweiz. Zur Rechtfertigung diente die Berufung auf das mosaische Gesetz, das die Bilder verbot. Luthers Erzfeind Andreas Karlstadt war der Hauptvertreter dieses verhaßten »Judentzens«, das die alttestamentliche Gesetzlichkeit aufwertete. Fast der gesamte »linke Flügel« der Reformation, die Täufer und die Spiritualisten, lehnten Luthers Rechtfertigungslehre ab. Sie hielten an der Überzeugung fest, daß der Mensch einen freien Willen besitzt und daß gute Werke unabtrennbar Teil eines heilbringenden echten Glaubens sind. 1531 eröffnete Michael Servet in Hagenau seinen großen Angriff auf die christliche Trinitätslehre mit seinem Traktat ›De erroribus trinitatis‹ (Über die Irrtümer der Trinitätslehre), in dem er den jüdischen Monotheismus rechtfertigte. Man hegte den Verdacht, daß auch Wolfgang Capito, der ranghöchste Straßburger Reformator, die Ansichten Servets insgeheim teile und »judaisiere«. 1534 wurde von den Täufern in Münster ein weltliches Messiasreich errichtet, welches das alte Israel kopierte mit seinen theokratischen Einrichtungen, dem sakralen Königs- und Prophetenamt. Der Ideologe des Münsterschen Täuferreiches, Bernd Rothmann, verkündete sein Programm der Rache an den Gottlosen unter ausdrücklicher Berufung auf die Gotteskriegsvorstellungen des Alten Testaments. In allen diesen Erscheinungen, in Karlstadts Theologie, im evangelischen Rationalismus Servets und in den sozialrevolutionären Täuferbewegungen sah die Mehrheit der deutschen Reformatoren – nicht nur Luther – das Wiederauftauchen einer überwundenen altjüdischen Gesetzlichkeit, die unvereinbar war mit der Botschaft Jesu und ihrer Erneuerung in der Reformation.

Darüber hinaus gab es noch konkrete persönliche Verbindungen zwischen den Juden und den christlichen »Schwärmern«. Seit 1532 wußte Luther durch den Grafen Wolf Schlick zu Falkenau, daß sich mährische Täufergruppen beschneiden ließen und den jüdischen Sabbath heiligten statt des christlichen Sonntags. Im Elsaß interessierten sich einige Juden für die apokalyptischen Erwartungen des Täuferführers Melchior Hoffman. In Württemberg gehörten Juden zum Gefolge des »Täuferkönigs« Augustin Bader. Unter Hinweis auf die jüdischen Missionserfolge unter den mährischen Täufern hat es Luther dann 1537 abgelehnt, sich beim sächsischen Kurfürsten dafür einzusetzen, daß das 1536 erlassene Durchzugsverbot für die Juden wieder aufgehoben wurde. Josel von Rosheim und Wolfgang Capito hatten ihn darum gebeten[17].

Der erste antijüdische Traktat Luthers von 1538 ›Wider die Sabbather an einen guten Freund‹[18] ist gegen die Proselytenmacherei der Juden in Mähren gerichtet, ferner gegen die christlichen Täufer, die das jüdische Gesetz übernahmen, sich beschneiden ließen und den Sabbath feierten. In dieser Schrift bemüht sich Luther darum, die Hoffnung der Juden auf ein baldiges Erscheinen ihres Messias und ihre Behauptung der ewigen Gültigkeit des mosaischen Gesetzes ad absurdum zu führen. Auch die drei letzten antijüdischen Pamphlete Luthers ›Von den Juden und ihren Lügen‹, ›Vom Schem Hamphoras und vom Geschlecht Christi‹ und ›Von den letzten Worten Davids‹ (sämtlich 1543)[19] wurden ausgelöst durch die Missionserfolge der Juden bei den mährischen Täufern. Der Graf Wolf Schlick zu Falkenau hatte Luther eine jüdische Gegenschrift auf den Traktat ›Wider die Sabbather‹ zugesandt, (die leider verlorengegangen ist). Diese jüdische Erwiderung entzündete dann die maßlose Polemik der drei letzten Judenschriften Luthers, von denen wir hier nur die erste und wichtigste vorstellen werden. Im ersten Teil des Traktates ›Von den Juden und ihren Lügen‹ werden die Ruhmestitel der Juden widerlegt (Abkunft von Abraham, Beschneidung, mosaische Gesetzgebung und der Besitz des Landes Kanaan), danach ihre Messiaserwartung und schließlich die Lügen und Lästerungen, mit denen die Juden den christlichen Glauben, insbesondere Jesus und Maria, überschütten. Im zweiten Teil trägt Luther dann seine Vorschläge zur Behandlung der Juden vor.

[17] WA Briefe 8, Nr. 3152 und Nr. 3157; WA Tischreden 3, Nr. 3512 und Nr. 3579.

[18] WA 50, S. 312–337.

[19] *Von den Juden und ihren Lügen:* WA 53, S. 417–552; *Vom Schem Hamphoras und vom Geschlecht Christi:* WA 53, S. 579–648; *Von den letzten Worten Davids:* WA 54, S. 28–100.

In den Schriften von 1538 und 1543 geht es Luther allein noch um die Bewahrung der Christen vor den Juden. Mit den Juden selbst zu reden, hat gar keinen Sinn, denn sie sind unheilbar verstockt. »Darum will ich mit keinem Juden mehr zu thun haben. Sie sind, wie S. Paulus sagt, dem zorn ubergeben, je mehr man inen helfen wil, je herter und erger sie werden. Las sie faren.«[20] »Und wenn du mit inen soltest davon reden, so were es eben, als wenn du fur einer Saw das Evangelium predigtest.«[21]

Den Beweis dafür, daß die Juden von Gott verdammt sind, liefert die Geschichte. Das kann jeder erkennen, der bei Sinnen ist. Seit eintausendfünfhundert Jahren, seit der Zerstörung Jerusalems, leben die Juden im Elend. Sie haben keinen eigenen Staat, kein Priestertum, keinen Tempel, und ihr gepriesenes mosaisches Gesetz können sie eigentlich ohne ein eignes Land nicht halten. Es ist alles zunichte gemacht und in Asche gelegt worden. Kein heidnisches Volk ist in der Geschichte von Gott so lange geplagt und so furchtbar verfolgt worden. Seit der Zerstörung Jerusalems besitzen die Juden auch keine Propheten mehr. Gott redet nicht mehr mit ihnen. »In diesem Elende zischt nicht eine Fliege mit einem Flügel inen zum trost. Heist das nicht verlassen von Gott, so mag der Teuffel auch rhumen, er sey noch nicht verlassen von Gott.«[22] Aber obwohl die Juden sichtbar unter dem Strafgericht Gottes stehen, fahren sie unbeirrt fort, den christlichen Glauben zu lästern, indem sie Maria eine Hure und Jesus ein Hurenkind und einen gehängten Verbrecher *(Thola)* nennen[23].

Bei der Auseinandersetzung mit der jüdischen Messiasvorstellung treten die spezifisch reformatorischen Argumente gegen den jüdischen Glauben deutlich zutage. Der wahre Messias, der der Welt in Christus erschienen ist, ist nicht der Rächer und Aufrichter des Gesetzes wie der jüdische Pseudo-Messias Bar Kochba, sondern der leidende Gottesknecht, der sein Leben für die Sünden der Menschheit hingibt. »Wenn mir Gott keinen andern Messia geben wolt, denn wie die Juden begeren und hoffen, so wolt ich viel, viel lieber eine Saw, denn ein Mensch sein. Des wil ich Dir gute Ursach sagen. Die Juden begeren nicht mehr von ihrem Messia, denn das er solle ein Kochab und

[20] WA 53, S. 462.
[21] WA 53, S. 444.
[22] WA 50, S. 336.
[23] WA 53, S. 514 u. 462.

weltlicher König sein, der uns Christen todschlahe, die Welt unter die Juden austeile und sie zu Herren mache.«[24]

Erst jetzt, 1543, taucht bei Luther auch das Motiv der wirtschaftlich begründeten Ablehnung der Juden auf. In seinen früheren Schriften gegen den Wucher (›Großer und Kleiner Sermon von Wucher‹, 1519/20, und ›Von Kaufhandlung und Wucher‹, 1524) hatte Luther die jüdischen Zinspraktiken nicht besonders aufs Korn genommen, sondern sich in erster Linie gegen die christlichen Wucherer gewandt, gegen die Monopolgesellschaften, gegen die Fugger und Welser. Jetzt aber greift er dieses populäre Motiv des Judenhasses auf und behauptet: »Der Odem stinckt inen nach der Heiden Gold und Silber, denn kein Volk unter der Sonnen geitziger, denn sie (die Juden) sind, gewest ist, noch sind und immer fort bleiben, wie man sihet an irem verfluchten Wucher.«[25] Die Obrigkeit versagt und läßt es zu, daß die Christen von den Juden, den heimlichen Herren im Lande, ausgeplündert und in Knechtschaft gehalten werden. »Ja wol, sie halten uns Christen in unsern eignen Land gefangen, sie lassen uns erbeiten im nasen schweis, gelt und gut gewinnen, sitzen sie die weil hinter dem Ofen, faulentzen, pompen und braten birn, fressen, sauffen, leben sanft und wol von unserem ererbeitem gut, haben uns und unser güter gefangen durch iren verfluchten Wucher ... Sind also unsere Herren, wir ihre Knechte.«[26] Daß diese Behauptungen vom Reichtum und der Macht der Juden im Widerspruch stehen zu ihrem Elend, das er zuvor als Beweis der Strafe Gottes geschildert hatte, muß Luther entgangen sein. Die Furcht vor den Juden wird von Luther noch weiter gesteigert, indem er die alten Verleumdungen, gegen die er sich selbst 1523 gewandt hatte, auftischt, obwohl er weiß, daß sie unbewiesen sind. »Daher gibt man inen offt in den Historien schult, das sie die Brunnen vergifft, Kinder gestolen und zepfrimet haben wie zu Trent, Weissensee etc. Sie sagen wol Nein dazu. Aber, es sey oder nicht, so weis ich wol, das am vollen, gantzen, bereitem willen bey inen nicht feilet. Wo sie mit der that dazu komen köndten, heimlich oder offenbar.«[27] Das heißt: Auch wenn man diese Verbrechen den Juden nicht beweisen kann, so darf man doch getrost den bösen Willen dazu bei ihnen unterstellen. Wenn sie könnten, würden sie uns alle

[24] WA 53, S. 542.
[25] WA 53, S. 477.
[26] WA 53, S. 521. Vgl. auch WA 53, S. 482f.
[27] WA 53, S. 482. Vgl. auch S. 522 und S. 530. Trent = Trient.

umbringen. Selbst die anscheinend unausrottbare Legende von den jüdischen Ärzten, die ihre Patienten heimlich, langsam vergiften, taucht bei Luther auf[28]. Der Christ hat außer dem Teufel keinen giftigeren und bittereren Feind als den Juden. »Und wo du einen Jüden sihest oder hörest leren, da dencke nicht anderst, denn das du einen giftigen Basilisken hörest, der auch mit dem gesicht die Leute vergifftet und tödtet.«[29] »Darumb, wo du einen rechten Jüden sihest, magstu mit gutem gewissen ein Creutz fur dich schlahen, und frey sicher sprechen: Da geht ein leibhaftiger Teufel.«[30]

Die sieben Vorschläge an die Obrigkeiten, die sich aus dieser Schilderung des jüdischen Charakters ergeben, sind nicht weniger schauerlich. Sie decken sich weitgehend mit den Anweisungen zur Reichskristallnacht, die Josef Goebbels im November 1938 ausgab:

»Erstlich, das man jre Synagoga oder Schule mit feur anstecke und, was nicht verbrennen will, mit erden überheufe und beschütte, das kein Mensch ein stein oder schlacke davon sehe ewiglich. Und solches sol man thun, unserem Herrn und der Christenheit zu ehren damit Gott sehe, das wir Christen seien.

Zum anderen, das man auch jre Heuser des gleichen zerbreche und zerstöre, Denn sie treiben eben dasselbige drinnen, das sie in jren Schulen treiben. Dafur mag man sie etwa unter ein Dach oder Stall thun, wie die Zigeuner, auff das sie wissen, sie seien nicht Herren in unserem Lande ...

Zum dritten, das man jnen nehme all jre Betbüchlein und Thalmudisten, darin solche Abgötterey, lügen, fluch und lesterung geleret wird.

Zum vierten, das man jren Rabinen bey leib und leben verbiete, hinfurt zu leren ...

Zum fünften, das man den Jüden das Geleid und Straße gantz und gar auffhebe ...

Zum sechsten, das man jnen den Wucher verbiete und neme jnen alle barschafft und kleinot an Silber und Gold, und lege es beiseit zu verwaren ...

Zum siebenden, das man den jungen, starcken Jüden und Jüdin in die Hand gebe flegel, axt, karst, spaten, rocken, spindel und lasse sie jr brot verdienen im schweis der nasen ...«[31]

[28] In seiner letzten Eislebener Predigt: WA 51, S. 195.
[29] WA 53, S. 446.
[30] WA 53, S. 479.
[31] WA 53, S. 523–526.

Sollten die Juden mit diesem Helotendasein nicht zufrieden sein, wie zu erwarten ist, so muß man sie nach dem Beispiel Spaniens und Frankreichs aus dem Lande jagen[32].

Der Unterschied zwischen Luthers Judenhaß und dem modernen Antisemitismus ist nicht so groß, wie Luthers Apologeten behaupten. Gewiß gibt es diesen Unterschied noch: Luther ruft nicht zur Ermordung der Juden auf, sondern zu ihrer rigorosen Unterdrückung bzw. zu ihrer Vertreibung. Aber in ihren möglichen praktischen Konsequenzen dürfte sich die theologische Parole, daß die Juden als Volk verworfen und unrettbar verloren seien, kaum von einem biologisch begründeten Antisemitismus unterscheiden. In beiden Fällen scheint der Jude zur Korruption verdammt zu sein. Das bekannte, verbreitete Bild vom arbeitsscheuen, parasitären »Finanzjuden«, der seine Umwelt dank seines erschacherten Geldes insgeheim beherrscht und vergiftet, das der Antisemitismus des 19. und 20. Jahrhunderts entwarf, fand jedenfalls in Luthers Schriften ein frühes »Vorbild«.

Außerdem blitzt bei Luther gelegentlich auch ein nicht mehr theologisch begründeter Judenhaß auf, so in dem Tischgespräch von 1532, das Conrad Cordatus überliefert hat. Danach sagte der Reformator: »Wan ich einen fromen Juden mehr überkomme tzu tauffen, so wil ich ihn also balt nach der tauffe auff die Elbbruck furen und eynen stein am hals hencken und ins wasser sturtzen.«[33] In der letzten Eislebener Predigt schließlich, äußert Luther die merkwürdige Sorge, »das jüdische Blut sei wäßrig und wild geworden«[34].

Dennoch entsteht ein falsches Bild von Luther, wenn man den Wandel in seiner Haltung gegenüber den Juden isoliert von seiner Gesamtentwicklung betrachtet. Wir finden einen ähnlichen Wandel in seiner Einstellung zu den christlichen Täufern. 1527, also in zeitlicher Nachbarschaft zu seinem judenfreundlichen Traktat, mißbilligt er in seinem Brief ›Von der Wiedertaufe an zwei Pfarrherren‹ die Vollziehung der Todesstrafe an den Täufern. »Doch ists nicht recht, und ist mir wahrlich leid, daß man solche elende Leute so jämmerlich ermordet und greulich umbringt. Man soll einen jeglichen glauben lassen, was er will. Glaubt er unrecht, so hat er genug Strafen am ewigen Feuer in

[32] WA 53, S. 526.
[33] WA Tischreden 2, Nr. 2634a.
[34] WA 51, S. 195.

der Hölle. Warum will man sie auch noch zeitlich martern, sofern sie allein im Glauben irren?«[35]

Vier Jahre später aber, 1531, unterschreibt er Melanchthons Gutachten zur Täuferfrage, in dem die Todesstrafe für das Verbrechen der Wiedertaufe gefordert wird. »Placet mihi Martino Luthero. Wiewohl es grausam anzusehen, daß man sie mit dem Schwert straft, so ist es doch grausamer, daß sie das Predigtamt damnieren und keine gewisse Lehre treiben und rechte Lehre unterdrücken und dazu die Reiche dieser Welt zerstören wollen.«[36] Die Strafe, die hier 1531 und später 1536 in dem Gutachten ›Daß weltliche Obrigkeit den Wiedertäufern mit leiblicher Strafe zu wehren schuldig sei‹ von ihm gefordert wird[37], nämlich die Hinrichtung der »halsstarrigen« Anabaptisten, war *härter* als die Maßnahmen gegen die Juden. Das mit Abstand maßloseste Pamphlet gegen die römische Kirche, die in Morddrohungen gipfelnde Schrift ›Wider das Papsttum zu Rom, vom Teufel gestiftet‹ stammt ebenfalls aus Luthers Spätzeit (1545)[38]. Dabei sieht Luther zahlreiche Parallelen zwischen diesen drei Gruppen, den Juden, Täufern und Papisten: Sie alle lehnen zentrale Inhalte seines Glaubens ab, nämlich seine Rechtfertigungs- und Zwei-Reiche-Lehre. Nach seiner Meinung halten seine drei großen Widersacher übereinstimmend an der Möglichkeit der Selbstrechtfertigung des Menschen durch einen freien Willen und durch eigene gute Werke fest, und alle drei würden, wenn sie nur könnten, eine irdische Theokratie aufrichten.

Sicherlich hängt diese Verschärfung seiner Haltung gegenüber seinen drei Hauptgegnern damit zusammen, daß Luthers Hoffnung auf einen Sieg seiner Sache mit friedlichen Mitteln, allein durch das Wort, enttäuscht worden ist. Er stößt bei Altgläubigen, bei Täufern und bei Juden auf einen harten Kern, der sich allen Bekehrungsversuchen widersetzt. Auch ist Luther nach den Erfahrungen des Bauernkrieges nicht mehr davon überzeugt, daß ein konfessionell gemischtes Territorium regierbar ist. Deshalb zieht er aus seiner grundsätzlichen Einsicht in die verschiedenen Aufgaben von Kirche und Staat, die er 1523 in dem Traktat ›Von weltlicher Obrigkeit‹ verkündet hatte, nicht mehr die Konsequenz, daß in einem Gemeinwesen meh-

[35] WA 26, S. 145f.
[36] WA 50, S. 7.
[37] WA 50, S. 9–15.
[38] WA 54, S. 206–299.

rere Konfessionen friedlich nebeneinander existieren können, sondern er kehrt in seinen praktischen Forderungen auf den mittelalterlichen Standpunkt zurück, daß die Obrigkeit für die Einheit von Kirche und Gesellschaft sorgen muß, wenn nötig, auch mit Zwang. Schließlich erklärt sich die Maßlosigkeit des Tones, das Schwelgen in vulgären Beschimpfungen seines Gegners, nicht nur aus dem weitverbreiteten Grobianismus des 16. Jahrhunderts, sondern auch aus der Verdüsterung seiner persönlichen Lebensstimmung, die durch schwere körperliche Leiden hervorgerufen wurde.

Die meisten deutschen und schweizerischen Reformatoren votierten in der Judenfrage ähnlich wie Luther. Melanchthon folgte ihm bis hin zu den Spätschriften. Urbanus Rhegius, der Reformator Augsburgs, sah wie Luther die geistige Verwandtschaft zwischen Juden und Täufern. Martin Bucer, der Reformator Straßburgs, empfahl dem hessischen Landgrafen Philipp 1538, den Juden das Geldgeschäft zu nehmen und sie zu schwerster, niedriger, körperlicher Zwangsarbeit zu verurteilen: Steine und Holz hauen, Kohlen brennen, Schornsteine und Kloaken ausfegen, Tierkadaver beseitigen – Ratschläge, die Luther vielleicht 1543 vor Augen gehabt hat und dann noch weiter verschärfte[39]. Auch die Reformatoren von Konstanz, Ambrosius und Thomas Blaurer, billigten ausdrücklich Luthers antijüdische Spätschriften. Zwingli, Bullinger und Calvin unterschieden sich von Luther wohl im Ton, nicht aber in der grundsätzlichen Einstellung gegenüber den Juden. Auch sie lehren: Die Judenmission ist ohne Verheißung, nur einzelne Juden können gerettet werden; Gottes Zorn liegt über diesem Volk; die Mehrheit der Juden sind »profane, bellende Hunde, ein verfluchtes Lumpenpack, voller Habgier und Hochmut« (Calvin)[40]. Nur der Ton der letzten Traktate Luthers mißfiel den feineren Ohren der Schweizer. Das ›Wahrhafte Bekenntnis der Diener der Kirchen zu Zürich‹ bezeichnet Luthers Schrift ›Vom Schem Hamphoras‹ als schweinisch und kotig; wenn sie verfaßt worden wäre von einem Schweinehirten und nicht von einem berühmten Seelenhirten, so würde das etwas, aber nicht viel entschuldigen[41].

[39] Vgl. dazu Ernst-Wilhelm Kohls, *Die Judenfrage in Hessen während der Reformationszeit.* Jahrbuch der Hessischen Kirchengeschichtlichen Vereinigung 21 (1973), S. 87–100.

[40] *Corpus Reformatorum* 25, S. 665; 35, S. 616; 40, S. 605.

[41] WA 53, S. 574.

Unmittelbar praktische Bedeutung haben Luthers antijüdische Schriften nicht gehabt. Der sächsische Kurfürst lehnte die Befolgung seiner Ratschläge ab. Philipp von Hessen verwarf ausdrücklich die nur wenige Grade milderen Ratschläge Martin Bucers als im Widerspruch zur christlichen Liebespflicht. Er fand es vermessen, sich Gott als Werkzeug seines Zorns anzubieten.

Stimmen der Judenfreundschaft sind spärlich im frühen Protestantismus, aber immerhin gibt es sie. Andreas Osiander, der Reformator Nürnbergs, distanzierte sich von den antijüdischen Traktaten Luthers. Er wandte sich gegen die Judenhetze und gegen die unsinnigen Verleumdungen, vor allem gegen die Behauptung vom Kindermord der Juden. Die Anklage gegen die Juden wegen Zinswucher beantwortete er mit dem Hinweis auf die Geldgier der christlichen Gläubiger. Osiander verschaffte auch den jüdischen Konvertiten Aufenthaltsgenehmigungen in Nürnberg, einer Stadt, wo an sich kein Jude leben durfte. Der wohl judenfreundlichste deutsche Reformator war Wolfgang Capito in Straßburg. Er trieb jahrelang hebraistische Sprachstudien bei einem Rabbiner und setzte sich – freilich ohne Erfolg – zusammen mit Josel von Rosheim 1537 bei Luther für die Verbesserung des Loses der Juden in Kursachsen ein. In seinem Kommentar zum Propheten Hosea (1528) verkündete Capito seine Erwartung, daß die Juden in der anbrechenden Endzeit als Volk zur wahren Gotteserkenntnis zurückfinden und Christus als Messias anerkennen würden. Sie würden dann nach Kanaan zurückkehren und dort »in höchstem Glanz und tiefstem Frieden« leben[42].

Judenfreundliche Töne hört man auch beim »linken Flügel« der Reformation. In seinem Kommentar zum Römerbrief (1533) sagt der Täuferführer Melchior Hoffman in Anlehnung an paulinische Weissagungen voraus, daß sich die Juden insgesamt zu Christus bekehren und im künftigen »himmlischen Jerusalem« eine Führerstellung einnehmen werden. Ihre Hoffnung auf eine Wiederherstellung des alten Tempels und des alten Gottesstaates wird sich zwar nicht erfüllen, aber sie werden an bevorzugten Plätzen der erneuerten Welt wohnen, – was Hoffman ihnen gönnt, »denn der liebe Jakob (d. h. die Juden) hat lange genug im Marterkasten gelegen«. Die von einigen

[42] Wolfgang Capito, *In Hoseam Prophetam ... Commentarius.* Straßburg 1528, Bl. 79a, 272a, 269b, 271a, 30b–31a, 74a.

elsässischen Juden angestrebte Gemeinschaft mit den Straßburger Melchioriten scheiterte freilich schließlich an Hoffmans monophysitischer Christologie[43].

Auch im Lager des evangelischen Rationalismus gibt es im 16. Jahrhundert vereinzelt judenfreundliche Stimmen. So lehnt Sebastian Castellio, der große Gegner Calvins, als dieser den spanischen Arzt Michael Servet verbrennen ließ, die Verfolgung der Juden ab. Für ihn waren Christen, Juden und Mohammedaner durch den gemeinsamen Monotheismus miteinander verwandt. Das friedliche Zusammenleben der drei großen Konfessionen in Konstantinopel, wo die Mohammedaner den Juden und Christen Religionsfreiheit gewährten, stellte er als vorbildlich hin. Die Christen sollten die Juden nicht gewaltsam unterdrücken, sondern durch einen frommen Lebenswandel vom höheren Recht ihres Glaubens überzeugen.

So ist die Bilanz des frühen Protestantismus in der Judenfrage nicht völlig negativ, aber eine sachgemäße Einschätzung dieser philosemitischen Strömungen wird zu dem Ergebnis gelangen, daß es sich hier nur um eine Nebenströmung, nicht um den Hauptstrom des frühen Protestantismus gehandelt hat.

Es ist schwer zu beurteilen, welche Bedeutung diese Anschauungen noch im *späteren* Protestantismus hatten, besonders in Anbetracht der philosemitischen Ideen des Pietismus und dann im Zeichen der kulturellen Angleichung der Juden seit Ende des 18. Jahrhunderts. Im Zentrum der evangelischen Kirchenlehre standen Luthers antijüdische Gedanken sicherlich niemals. Sie wurden aber im späten 19. Jahrhundert zu neuem Leben erweckt durch Theodor Fritsch, der in seinem ›Antisemiten-Katechismus‹ (1. Auflage 1887, 30.(!) Auflage 1931 unter dem Titel ›Handbuch der Judenfrage‹) Luther als Gewährsmann für seine antisemitischen Forderungen aufführte. Im verstärkten Maße ist Luthers Polemik gegen die Juden nach dem Ersten Weltkrieg von der »völkischen Bewegung« aufgegriffen worden, von Mathilde Ludendorff und dem »Tannenberg-Bund«, ferner von Artur Dinter (bis 1928 nationalsozialistischer Gauleiter in Thüringen) und von der Deutschen Glaubensbewegung. Freilich benutzte der biologisch begründete Antisemitismus Luthers Traktate nur zur Bestätigung von Ansichten, die er unabhängig

[43] Vgl. dazu Klaus Deppermann, *Melchior Hoffman. Soziale Unruhen und apokalyptische Visionen im Zeitalter der Reformation.* Göttingen 1979, S. 223f.

vom Reformator aus ganz anderen Quellen gewonnen hatte. Luthers religiöse Argumente gegen das Judentum interessierten im Grunde nicht. Auch die nationalsozialistischen Kampforgane ›Der Stürmer‹ und ›Völkischer Beobachter‹ wiesen mehrfach auf die Judenfeindschaft Luthers hin, wobei sie gleichzeitig bedauerten, daß dieses besonders aktuelle Erbe bei der evangelischen Kirche offenbar in Vergessenheit geraten sei. Wirklich gefährlich wurde Luthers Antijudaismus für die evangelische Kirche erst, als sich die Deutschen Christen auf Luther beriefen, um evangelische Pfarrer jüdischer Abstammung vom Amt zu suspendieren und die Judenchristen von den arischen Christen zu trennen. An der Frage der Übernahme des Arierparagraphen (aus dem »Gesetz zur Wiederherstellung des Berufsbeamtentums«) in die Kirchenordnungen spaltete sich die evangelische Kirche Deutschlands im September 1933. Die Weigerung eines ansehnlichen Teiles der deutschen evangelischen Pfarrerschaft, die staatliche Diskriminierung der Juden auf die Kirche zu übertragen, führte zur Entstehung des Pfarrernotbundes, dem in seinen besten Zeiten – im Frühjahr 1934 – immerhin mehr als ein Drittel der evangelischen Pastoren angehörten, nämlich 7000 von 18000. (Aus ihm erwuchs die Bekennende Kirche.) Die antijüdischen Äußerungen Luthers wurden 1938 noch einmal von den Deutschen Christen benutzt, um die Verbrechen der »Reichskristallnacht« zu rechtfertigen. Der deutschchristliche Landesbischof von Thüringen, Martin Sasse, verfaßte nach dem 9. November 1938 eine entsprechende Schmähschrift mit dem Titel ›Martin Luther über die Juden: Weg mit ihnen!‹, die bis zum Ende des Jahres eine Auflage von 100000 Exemplaren erreichte. Auch im 20. Jahrhundert bietet also der deutsche Protestantismus in der »Judenfrage« kein einheitliches Bild. Man kann aber sagen, daß – im Vergleich zum 16. Jahrhundert – der Prozentsatz der evangelischen Theologen größer geworden ist, die sich in dieser Frage von Luther distanzierten.

Die Judenemanzipation in Preußen

von Heinz Holeczek

Emanzipation der Juden meint in erster Linie die rechtlich-politische Freisetzung von ihren alten Beschränkungen als Minderheit, durch die sie seit Jahrhunderten von der allgemeinen Gesellschaft ausgeschlossen waren. Diese wurde erst spät mit dem Sammelbegriff der Emanzipation bezeichnet. Gebräuchlich wurde das Begriffspaar Emanzipation – Assimilation, wobei der erste Begriff eher die rechtliche Dimension der bürgerlichen Gleichstellung, der andere die soziale Einpassung der Juden in die bürgerliche Gesellschaft bezeichnete.

Der im römischen Recht gebräuchliche Begriff der *emancipatio,* der Freisetzung des Sohnes aus der Gewalt des Hausvaters, wurde erst über einige Umwege 1820 bis 1830 in der Bedeutung der Judenemanzipation gebräuchlich. In den Auseinandersetzungen des Vormärz entwickelte er sich dann allerdings zu einem Schlagwort, das je nach politischer Absicht positiv oder negativ gebraucht wurde. Die Konservativen sprachen mit Vorliebe von einer Überemanzipation als einer ungerechtfertigten Privilegierung der Juden. In der liberalen Terminologie neigte man eher zum verallgemeinernden Gebrauch, indem man die Judenemanzipation zu dem umfassenden Prozeß der Entstehung der bürgerlichen Gesellschaft in Beziehung setzte. Damit wurde Emanzipation zur Kennzeichnung des neueren Geschichtsprozesses der Herausbildung der bürgerlichen Gesellschaft überhaupt – und die Judenfrage zum Folgeproblem bürgerlicher Entfaltung.

Die frühe Entwicklung der Judenreform stand allerdings unter einem anderen Begriff. Der von Christian Dohm in seinem bedeutenden Werk von 1781 verwendete Titel ›Von der bürgerlichen Verbesserung der Juden‹ hatte maßgebliche Bedeutung bis zum Hardenbergschen Judenedikt von 1812. Klar am Dohmschen Reformprogramm ist, daß bei der Verbürgerlichung der Juden rechtspolitische Maßnahmen am Anfang standen, d. h. die Judenreform eine Aufgabe des Gesetzgebers war. Auch in der weiteren Entwicklung des Emanzipationsbegriffes dominierte – nach Ausweis des Lexikons ›Geschichtliche Grundbegriffe‹[1] – die rechtlich-politische Bedeutung.

[1] Karl Martin Grass, Reinhart Koselleck, Artikel *Emanzipation.* In: *Geschichtliche Grundbegriffe. Historisches Lexikon zur politisch-sozialen Sprache in Deutschland.* Bd. 2, Stuttgart 1975, S. 153–197.

Bemerkenswert ist also, daß der Ausdruck Emanzipation in den jüdischen Texten und denen der preußischen Behörden nur selten vorkommt. Dafür steht jeweils im Mittelpunkt die Vorstellung von den »gleichen Rechten und gleichen Pflichten«, also ein rechtlich ausgewogenes Verhältnis von Belastungen und Chancen. Bezeichnenderweise formuliert Dohm bereits diese Leitformel, wenn er im ersten seiner neun Vorschläge zur »bürgerlichen Verbesserung der Juden« schreibt: »Die Juden müssen vollkommen gleiche Rechte erhalten. Sie sind fähig, die Pflichten christlicher Bürger zu erfüllen.«[2]

Ich betone den rechtlichen Charakter des Begriffes der Judenemanzipation, um nicht Mißverständnisse zu nähren, da wir heute den Begriff – etwa bezüglich der Gleichberechtigung der Frau – weniger als einen rechtlichen denn einen soziokulturellen ansehen. Da der Ausschluß der Juden ursprünglich rechtlich umfassend definiert war, mußten durch gesetzliche Reformen die Voraussetzungen der sozialen Einordnung erst geschaffen werden. Die Reformierung und endliche Aufhebung des Sonderrechts für die jüdische Minderheit ist in einem langwierigen Prozeß während der uns hier beschäftigenden Zeit vor sich gegangen und mit der Reichsgründung abgeschlossen worden. Von der rechtlich bestimmten Außenseiterlage der Juden werde ich ausgehen und an der Art und Weise des allmählichen Emanzipationsprozesses die Möglichkeiten, Hindernisse und Grenzen der jüdischen Einbürgerung verfolgen.

Dazu möchte ich mit einem Blick auf die Ausgangslage der Judenfrage im alten Preußen beginnen, um dann die ersten Reformversuche im nachfriderizianischen Preußen zu skizzieren, worin die Initiative der Juden eine erhebliche Rolle spielte. Die preußischen Reformen und speziell das Judenedikt von 1812 sowie die Judenpolitik der preußischen Regierung werden im Mittelpunkt stehen. Abschließend soll die jüdische Verbürgerlichung im Prozeß der Emanzipation diskutiert werden.

Die Juden im älteren Preußen

Der Beginn der neueren Geschichte der Juden in Brandenburg-Preußen ist klar bestimmt durch das Edikt vom 21. Mai 1671, mit dem der Große Kurfürst fünfzig reiche Judenfamilien in

[2] Christian Wilhelm Dohm, *Ueber die bürgerliche Verbesserung der Juden.* Berlin, Stettin 1781, S. 110.

die Mark Brandenburg aufnahm. Fast 100 Jahre vorher (1573) waren sie »für immer« des Landes verwiesen worden. Diese aufgrund des Judenedikts einwandernden Familien – denen später etliche andere folgten – kamen fast alle aus dem Judenviertel Wiens, woraus sie im Jahr davor vertrieben worden waren.

Das Ausweisungsdekret von 1670 hatte die Wiener Ghettojuden überrascht, da ihnen Kaiser Leopold I. erst 1659 ihre Privilegien bestätigt hatte. Die Gründe für diese letzte Judenaustreibung sind in einer Mischung von Bigotterie und zünftischem Konkurrenzneid zu sehen. Wegen einer Häufung von Unglücksfällen – einem Schloßbrand, der Fehlgeburt der Kaiserin und dem Tod des kleinen Erzherzogs – ließ sich Leopold durch den Beichtvater der Kaiserin bewegen, die Juden kurzfristig auszuweisen. Hinter dem Akt des bigotten Hofes standen nicht nur der Klerus, sondern auch ein Komplott der österreichischen Stände, des Magistrats und der Zünfte der Stadt Wien. Wieviel den Wienern die Vertreibung der Juden wert war, läßt sich daran ermessen, daß sie als Ersatzzahlung einmalig 50000 und jährlich 14000 Gulden zu zahlen anboten. Auf diese Weise leisteten sie kurzfristig einen Ausgleich für den Ausfall der jährlichen Judenabgaben von 31000 Gulden – doch hatte die Vertreibung schwerwiegendere Folgen, welche umgehend die Wiener Hofkammer aufrechnete: Es folgte eine Krise des Staatskredits; die Geldverknappung schadete dem allgemeinen Geld- und Wechselverkehr; in der Belieferung des Hofes entstanden empfindliche Lücken. Das leitete zwar bald ein Umdenken ein, doch hatte sich der Brandenburger inzwischen die reichen Wiener Juden gesichert. Die wirtschaftlichen Leistungen in Staatskredit, Geldverkehr und Handelskapazität, welche dem Kaiserhof fehlten, sollten dem aufstrebenden Brandenburg zugutekommen.

In den Verhandlungen mit den Vertretern der Wiener Juden suchten die Brandenburger die Juden zuerst wie die Holländer auf die Bodengewinnung in den Sümpfen anzusetzen, kamen aber bald davon ab, als diese sich nur für Geld und Handel zuständig erklärten. Das Ergebnis der Verhandlungen, das Judenedikt vom Mai 1671[3], stellte zwar ein herkömmliches Privileg für die als Schutzjuden aufgenommenen Familien dar, war

[3] Ismar Freund, *Emanzipation der Juden in Preußen.* Berlin 1912, Bd. 2, S. 3–6.

jedoch im Sinne der Freihandelspolitik des Großen Kurfürsten ein großzügiges Handelsprivileg. Es beschränkte allerdings mit Rücksicht auf den Widerstand von Ständen und Städten den jüdischen Kult auf die private Sphäre des Hauses. Synagogen durften die Juden vorerst nicht errichten. In allen nicht den Christen zünftig reservierten Bereichen durften die Juden frei handeln; sie durften Grund- und Hausbesitz erwerben. Vom diskriminierenden Geleitzoll an Grenzen und Stadttoren wurden sie befreit. Rechtlich blieb das Edikt jedoch im traditionellen Rahmen: Der Landesherr nahm sie als Schutzjuden auf; Juden mußten ein jährliches Schutzgeld von 8 Talern und ein Heiratsgeld von 1 Taler entrichten. Insgesamt gab es ihnen ausreichenden Spielraum für ihre Handelstätigkeit. Der Kurfürst stärkte damit die Finanzkraft und Handelstätigkeit seines Landes – schuf damit aber dem preußischen Staat auf Dauer ein neuartiges Judenproblem.

Für die Entwicklung Brandenburg-Preußens stellt die Wiederzulassung der Juden in der Mark Brandenburg nur einen Ausschnitt dar. Der Große Kurfürst herrschte über etliche andere Provinzen mit alten jüdischen Gemeinden. Solche bestanden vor allem in den Herzogtümern Mark, Kleve, Ravensberg und den Bistümern Minden und Halberstadt, sowie (ab 1680) in Magdeburg. In Ostpreußen und Hinterpommern gab es relativ wenige Juden, doch bestand ein deutlicher Einwanderungsdruck aus Polen. In den Provinzen war das fürstliche Judenregal weitgehend in die Hände der ständischen Selbstverwaltungen übergegangen, so daß der Kurfürst die Verfügung über »seine« Juden erst nach und nach den Ständen abringen mußte.

Die Judenpolitik des Großen Kurfürsten entsprach den allgemeinen Grundsätzen seiner Politik, die Kraft des Landes durch eine aktive Peuplierungspolitik und durch Förderung der wirtschaftlichen Tätigkeiten der wachsenden Bevölkerung zu stärken. Hauptziel aller Maßnahmen war, Brandenburg-Preußen zu einer selbständigen europäischen Macht zu machen, die unabhängig von der Vorherrschaft anderer Mächte, namentlich von Frankreichs Subsidien, ihre eigenen Interessen verfolgen konnte. Dazu gehörte vor allem der Unterhalt eines aus eigener Steuerkraft finanzierten, großen stehenden Heeres und eine funktionsfähige zentrale Staatsbürokratie. Entsprechend seinen Erfahrungen aus seiner holländischen Lehrzeit förderte er die Wirtschafts- und Steuerkraft mit den Mitteln einer expansiven

Freihandels- und großzügigen Ansiedlungspolitik, was den einwandernden Juden zugutekam.

Die aufgenommenen Juden bildeten gegenüber der alten Judenbevölkerung eine stark bevorzugte Minderheit, welche besonders in den aufstrebenden Städten Berlin und Königsberg, dann auch in Breslau, seßhaft wurde. Für die spätere rechtliche Emanzipation und soziale Assimilation spielte diese jüdische Oberschicht eine hervorragende Rolle.

Die Situation der Juden verschlechterte sich jedoch deutlich unter den Nachfolgern des Großen Kurfürsten – so unter dem Soldatenkönig Friedrich Wilhelm I. und unter Friedrich dem Großen. Preußens politische Zielsetzung blieb zwar kontinuierlich die außenpolitische Selbständigkeit mittels einer großen, aus eigener Kraft finanzierten Armee und einer wirtschaftlich aktiven Population, doch strebte es diese Ziele mit anderen Mitteln an. Es kam nicht mehr darauf an, durch großzügige Handelsprivilegien die Steuerkraft der Juden zu stärken, sondern bei zunehmend restriktiver Behandlung möglichst viel direkte Abgaben aus ihnen herauszupressen. Doch wenn die preußische Judenpolitik eher judenfeindliche Züge annahm, so lag dies primär in der Konsequenz der Anwendung kameralistischer Grundsätze der staatlichen Wirtschaftspolitik und weniger in den persönlichen Aversionen der Herrscher, die tatsächlich nicht gering waren.

Die Judenpolitik Preußens im 18. Jahrhundert ist vor allem dadurch gekennzeichnet, daß sie mehr und mehr durch die zentralen Staatsbehörden, vornehmlich durch das Generaldirektorium, übernommen wurde. Sie wurde einheitlichen Zielen unterworfen, ohne daß die zahlreichen regionalen Judenrechte vereinheitlicht wurden. Die Haupttendenz der bürokratischen Behandlung der Juden wurde deutlich restriktiver; drei Hauptziele herrschten vor:

1. Die jüdische Bevölkerungsvermehrung zu verhindern, die Armen außer Landes zu drängen und die Reichen steuerlich möglichst auszunutzen.

2. Die den Juden verbleibenden Handelszweige zugunsten der zünftischen Christenbürger einzuschränken; in aller Regel mußten die Juden einen Handelszweig räumen, sobald christliche Gewerbetreibende diesen beanspruchten.

3. Die Solidarhaftung der Synagogengemeinde durchzusetzen mit dem Ziel, möglichst hohe Abgaben herauszuziehen. Die ständige Zuspitzung des Haftungsprinzips führte zur Zwangs-

gemeinde, wodurch besonders die armen Juden aufs engste an die Gemeinde gekettet, das heißt, von den reichen Juden abhängig wurden. Hatte dies anfangs den Zweck, die Schutzgelder und andere Abgaben einzutreiben, wurde die Haftung dann auf verschiedene andere Bereiche ausgedehnt: auf Straftaten, Hehlerei, Bankrotte, auf Dienstboten, Familienmitglieder etc.

Die verschärfte Judenpolitik, wie sie im Generalreglement von 1750[4] zum Ausdruck kam, traf aber insgesamt weniger die reichen, weitgehend privilegierten Juden als die arme Masse der Kleinhändler, besonders in den neugewonnenen Provinzen Schlesien und Posen. Immerhin hatte sich die Zahl der preußischen Juden in der Regierungszeit Friedrichs des Großen (1740–1786) fast verdoppelt (auf ca. 60000 Erwerbstätige). Wenn es in Preußen im späten 18. Jahrhundert ein verschärftes Judenproblem der marginalen Randexistenzen (von etwa 90 Prozent) gab, dann war dies weitgehend ein Folgeproblem der preußischen Expansionspolitik.

Staatliche Einschränkung und bürokratische Kontrolle nahmen im aufgeklärt-absolutistischen Preußen extreme Formen an. Dies sei an drei Beispielen gezeigt:

1. Um die Vermehrung der Juden zu verhindern, war festgelegt worden, daß jeder ordentliche Schutzjude nur zwei seiner Kinder als Nachfolger »ansetzen« durfte. Alle anderen Nachkommen mußten entweder außer Landes gehen oder unverheiratet in den Dienst eines anerkannten Schutzjuden treten. Friedrich reduzierte im Reglement von 1750 die Zahl der ansetzbaren Kinder auf nur eines. Was das menschlich für die Familien bedeutete, kann man sich leicht ausmalen – ökonomisch war es deswegen schädlich, weil die Juden für die ins Ausland ziehenden Kinder erhebliches Kapital außer Landes brachten. Nach dem Siebenjährigen Krieg wurde im Interesse der Wiederaufbaupolitik diese Beschränkung teilweise wieder aufgehoben.

2. Die wirtschaftlichen Verdienstchancen wurden den Juden ständig eingeengt; demgegenüber stand eine fortschreitende Vermehrung der Sonderabgaben und geforderten Leistungen. Ursprünglich hatte jeder Jude 8 Taler Schutzgeld jährlich zu zahlen. Um 1700 mußte die brandenburgische Judenschaft gemeinsam 3000 Taler Schutzgeld erlegen, die Summe betrug um 1768 25000 Taler. Dazu kamen jedoch die Sonderzahlungen

[4] Freund, *Emanzipation*, Bd. 2, S. 22–60.

(Heiratsgeld etc.), ab 1728 zusätzlich 4800 Taler Rekrutengeld (für die »langen Kerls«) und 1766 die Silberlieferungen, die immerhin noch einmal 24000 Taler erforderten. Daneben wurden regelmäßig kleinere Abgaben wie ein »Kalender-« und »Kirchengeld« verlangt. Neben diesen regelmäßigen standen noch zahlreiche Abgaben bei besonderen Anlässen. Die wohl lästigste war der Zwang zur Übernahme von Produkten der Königlichen Porzellanmanufaktur bei verschiedenen Anlässen, wie für die Ansetzung des ersten und zweiten Kindes, für den Erwerb eines Hauses oder bei der Heirat. Dabei war Porzellan meist im Wert von 300 Talern zu übernehmen und auf eigene Rechnung im Ausland zu verkaufen, wobei man einen Verlust von 50 Prozent rechnete. Manche Stücke waren unverkäuflich und blieben, wie etwa die lebensgroßen Porzellanaffen, in allen Berliner Judenhäusern stehen.

3. Unter dem Großen Kurfürsten hatte es keinerlei Einflußnahme auf das Gemeindeleben gegeben. Die Kontrollen und Eingriffe in die jüdische Kultgemeinde nahmen jedoch im Laufe des 18. Jahrhunderts rigorose Formen an. Erst ging es um die Gemeindefinanzen, dann um die Kultdiener und schließlich um den Kult selbst. Königsberg sei als Beispiel genannt: Schon im frühen 18. Jahrhundert war es vorgekommen, daß ein von der Obrigkeit beauftragter Inspektor dem jüdischen Gottesdienst beiwohnte. Dann gab es Eingriffe in die Kulttexte. Angeblich enthielt das Gebet *Alenu Leschabbeach* christenfeindliche Passagen. Der Gebetstext wurde behördlich geprüft und die Juden gezwungen, den geänderten Text nun laut – schließlich sogar deutsch – zu beten. Dies wurde als allgemeine Vorschrift in das Reglement von 1750 aufgenommen. In Königsberg ging man dann so weit, durch protestantische Professoren der theologischen Fakultät den Gottesdienst in der Synagoge überwachen zu lassen. Diese Inspektoren mußten regelmäßig am Kult teilnehmen, damit jede Schmähung der christlichen Religion unterbleibe. Natürlich dauerte es nicht lange, bis sie sich in das jüdische Gemeindeleben einmischten.

Ebenso uneinheitlich wie die Judenpolitik Friedrichs des Großen war die Stellung der Juden zum König. In ihren Schriften wird er öfter als Friedrich der »Einzige« bezeichnet, und dies scheint durchaus ehrlich gemeint zu sein, doch andererseits kannte man die Abneigung des Königs gegen die Juden, die er alle gern des Landes verwiesen hätte, wie er es tatsächlich mit vielen der Armen tat, und der die wirtschaftlichen Funktionen der Juden am liebsten durch Christen hätte wahrnehmen lassen, wenn sich diese nur dafür bereit und geschickt gezeigt hätten. Trotzdem bot sich den Juden im aufgeklärten preußischen Staat die Chance, in die deutsche Bildungsbewegung einzutreten. Da ihnen die traditionellen Bildungsinstitutionen noch weitgehend verschlossen blieben, waren sie auf autodidaktisches Selbststudium der Aufklärungsliteratur und auf Vermittlung durch Privatlehrer bzw. Hofmeister angewiesen. Auf diesen Nebenwegen erreichten viele von ihnen erstaunlich rasch den Eintritt in die aufklärerische Konversationskultur der Salons und Lesegesellschaften. Vielbewundertes Beispiel dieser jüdischen Bildungsbewegung war Moses Mendelssohn mit seiner Freundschaft zu Lessing und seiner publizistischen Wirkung durch Vermittlung Friedrich Nicolais. Ausgehend von Berlin entstand in den preußischen Großstädten – vor allem in Königsberg, Breslau und Köln – eine Schicht von gebildeten Juden. Die berühmten Salons der Henriette Herz und der Rahel Varnhagen waren im Übergang von der adligen zur bürgerlichen Kultur Treffpunkte der intellektuellen und politischen Gesellschaft Berlins.

Wesentliches Ergebnis dieser säkularisierten jüdischen Bildungsbewegung war die Entstehung der sogen. *Haskala*, der auf der Aufklärung beruhenden Zuwendung einer wachsenden Anzahl von Juden zur weltlichen Bildung und zur nationalsprachlichen Kultur. Die Säkularisierung und Verbürgerlichung des jüdischen Bildungsinteresses bildete eine wesentliche Voraussetzung der jüdischen Emanzipation im 19. Jahrhundert. Vorerst verharrte aber die Mehrheit der Juden noch in ihrem orthodoxen Traditionalismus und lehnte die Aufgabe ihrer Isolation entschieden ab. Privilegierte Stellung, Reichtum und Bildung sind unmittelbare Voraussetzungen für die Emanzipation der jüdischen Oberschicht geworden.

Erste Reformversuche 1787–1803

Die gesetzlichen Bemühungen zur »bürgerlichen Verbesserung der Juden« reichen in das Jahr nach dem Tode König Friedrichs des Großen zurück. Auch wenn die aufklärerische Diskussion über die Emanzipation der Juden in Preußen (Dohm 1781) ein allgemeines Gefühl geschaffen hatte, daß die Stellung der Juden reformiert werden müsse, war man sich darüber einig, daß vor dem Ableben des alten Fritz in dieser Frage ernsthaft nichts unternommen werden konnte. Das Toleranzpatent Kaiser Josephs II. von 1782 und die sich anbahnende Entwicklung in Frankreich – wie die Aufhebung des Leibzolls 1784 – blieben in Preußen ohne direktes Echo.

Mit dem Regierungswechsel (August 1786) schienen die Dinge in Bewegung zu kommen. Die Initiative ging von den Juden selbst aus. Deren Wortführer bildete die selbstbewußte und als vorbildlich gerühmte Berliner Judenschaft. Sie wandte sich direkt an König Friedrich Wilhelm II., von dem sie eine positive Aufnahme ihrer Anliegen erhoffte. Durch Kabinettsordre vom 11. Februar 1787 ließ der König die Ober-Landesältesten der preußischen Judenschaft auffordern, ihre Vorstellungen ausführlich zu formulieren.

Was aus dieser Anregung von jüdischer Seite wurde, möchte ich darstellen, um zu prüfen, inwieweit die jüdische Minderheit in der Lage war, zugunsten ihrer rechtlichen Emanzipation auf die preußische Regierung einzuwirken.

In einer großen Denkschrift gaben im Mai 1787 die Vorsteher der preußischen Landesjudenschaft einen zusammenfassenden Bericht ihrer Beschwernisse und äußerten ihren Wunsch nach einer grundlegenden Verbesserung ihrer Lage. Ihre zahlreichen Forderungen liefen auf drei Punkte hinaus[5]:

1. Die Aufhebung der Zwangsgemeinden, in denen alle für die Abgaben, Vergehen, Strafen etc. der anderen solidarisch haften müssen.

2. Die Freigabe aller Handelszweige und Gewerbe für die Juden; derzeit seien die Juden aus fast allen Zweigen der Wirtschaft ausgeschlossen, so daß die Möglichkeiten, den Lebensunterhalt zu verdienen, für sie immer geringer geworden seien.

3. Die Beseitigung aller in der Regierungszeit Friedrichs II. hinzugekommenen Lasten: die vielen Sonderzahlungen, die Verpflichtung, unverkäufliche Ware auf eigene Rechnung mit Verlust zu exportieren und die zwangsweise Übernahme unrentabler Manufakturen.

Bei der Beratung eines neuen Judenstatutes möge man vor allem das Generaljudenreglement von 1750 »als nicht gegeben ansehen«.

Im Generaldirektorium, dem der König beide Eingaben zur Prüfung zugehen ließ, zeigte man sich einsichtsvoll: die stark

[5] David Friedländer, *Actenstücke, die Reform der jüdischen Kolonien in den preußischen Staaten betreffend.* Berlin 1793.

eingeschränkten Erwerbsmittel seien Hauptgrund der Armut der Juden und ihrer »daraus entstehenden Nationalgebrechen«[6]. Die auf der Autorität der Rabbiner beruhende Zwangsgewalt müsse abgebaut werden, um die Juden zur Vaterlandsverteidigung heranziehen zu können. Dafür sei eine Reform der Judengesetze erforderlich. Demnach wurde bereits im Sommer 1787 in der preußischen Regierung die Militärdienstpflicht für Juden im Zusammenhang einer Reformgesetzgebung erörtert. Wenige Jahre davor hatte sie Dohm in seiner Schrift zur Verbürgerlichung der Juden vorgeschlagen.

Der König, dem Zwischenbericht erstattet wurde, zeigte sich weiterhin interessiert, und die Sache ging den komplizierten Gang der Regierungsbürokratie. Das Generaldirektorium bildete eine Kommission, die tagte, bis der König die Geduld verlor. Im Juni 1788 forderte er umgehend Ergebnisse; Mitte Juli kam ein halbherziger Kommissionsentwurf. Darin wurde vorgeschlagen: die Aufhebung des solidarischen Zwanges, die Verbesserung des Unterrichts, die Ausweitung der Erwerbszweige und die Heerespflicht. Diese Grundsätze wurden aber mit so vielen Einzelbestimmungen eingeschränkt, daß sie nicht mehr viel wert waren. So hieß es zum Handel: nur wer drei Generationen bereits im Geschäft sei, dürfe alles frei handeln; waren entsprechende christliche Kaufleute vorhanden, solle das Niederlassungsverbot bestehen bleiben; bei Wirtschaftsvergehen seien Juden doppelt so hoch zu bestrafen. Mit derartigen Bestimmungen wurde die restriktive diskriminierende Verwaltungspolitik fortgesetzt, die unter Friedrich dem Großen entwickelt worden war. Zwar drückte die Kommission die Erwartung aus, daß auf diesem Wege die Juden den Christen »durchaus gleich werden würden«[7], doch war ihr Entwurf kaum Ausfluß eines aufgeklärten »Erziehungskonzepts«.

Während die Juden noch hoffnungsvoll auf die Regierung blickten, kam das Generaldirektorium als federführendes Gremium nicht voran. Nach langem Zuwarten baten die Juden den König im Dezember 1789 um Einsicht in die Pläne. Noch vor Jahresende sandte man ihnen lediglich einen Auszug der »Vorrechte und Erleichterungen«[8]. Dieser Auszug genügte jedoch; die Juden reagierten enttäuscht und formulierten das eindeutig:

[6] Freund, *Emanzipation*, Bd. 1, S. 45.
[7] Freund, *Emanzipation*, Bd. 1, S. 49.
[8] Zitiert bei Freund, *Emanzipation*, nach Akten des Generaldirektoriums. Geh. Preußisches Staatsarchiv LVII, 13.

diese Vorschläge seien schlimmer als der bisherige Zustand; sie machten sie noch immer zu »geduldeten Fremdlingen, immer gekennzeichnet und immer verachtet«. Und dann formulierten sie generell ihre Emanzipationsforderung: sie wollten zu »Eingeborenen mit allen Rechten und Pflichten der übrigen Untertanen«[9] werden! Die etwas erweiterten Handelsrechte seien doch zu eingeschränkt, um die neuen Lasten auszugleichen. Unter diesen Umständen lehnten sie die Heerespflicht entschieden ab; sie hätten für ihre Nachkommen nicht das Recht, so etwas zu akzeptieren. Selbstbewußt faßten sie ihre Ziele zusammen: Sie wollten nicht nur neue Nahrungsquellen für ihren Unterhalt gewinnen, sondern ihre bürgerliche Ehre hergestellt sehen und eine eigene Selbstvertretung haben. Falls dieser Reformentwurf nicht grundlegend geändert werden könne, so baten sie den König, sie »in der alten Verfassung zu belassen«.

Danach – es war inzwischen April 1790 – ging das Generaldirektorium auf seine Weise zu Werk: Es befand für notwendig, beim Grafen Hoym für Schlesien ein Sondergutachten einzuholen, welches schließlich im Januar 1791 eintraf; wegen der Bedeutung der Sache meinte man dann den Breslauer Minister noch mündlich vernehmen zu müssen. Der vielbeschäftigte Graf konnte dazu erst ein Jahr später persönlich in Berlin erscheinen.

Die Motive dieses Schneckenganges lassen sich unschwer ausmachen. Die Juden hatten den angebotenen Tausch größerer Handelsrechte gegen Militärdienstpflicht ihrer Söhne nach dem Grundsatz »gleiche Rechte – gleiche Pflichten« abgelehnt; die Militärbehörden hatten obendrein im Sinne ihrer alten Vorurteile beschieden, »daß die Juden wohl nicht für den Militärdienst brauchbar gemacht werden können«[10]. Überhaupt ist der Vorgang nicht ohne exemplarischen Wert für den Zustand der preußischen Regierungsbürokratie nach dem Ableben Friedrichs des Großen. Nur das Drängen des Königs hielt die Arbeit in Gang. Auf seine Forderung wurde ihm Ende Januar 1792 ein Gesetzentwurf vorgelegt, den er umgehend billigte, worauf man diesen den jüdischen Vertretern mündlich zur Anhörung brachte. Die Einsicht in den Entwurf wurde ihnen verwehrt. Sie lehnten erneut mit den bekannten Gründen ab: sie beständen auf Gleichstellung mit den Christen und hätten keine Voll-

[9] Friedländer, *Actenstücke*, S. 169.
[10] Freund, *Emanzipation*, Bd. 2, S. 65 ff. und 72.

macht, in der Frage der Militärdienstpflicht sich verbindlich für ihre Söhne festzulegen[11].

Erst als der Gesetzestext schließlich fertiggestellt und dem König zur Unterzeichnung vorgelegt werden sollte, bekannten die Minister offen ihre Abneigung. Wlömer wandte ein, angesichts der drohenden Kriegsgefahr halte er eine Besserstellung der Juden und ihre damit verbundene Zulassung zum Militärdienst für gefährlich, da sie »unter den christlichen Untertanen ... Gärung und Unzufriedenheit«[12], das heißt mehr Desertionen erregen würden. Dem traten der Justizminister, der Staatsrat und das Generaldirektorium bei, so daß der König dem Aufschub beistimmen mußte. Doch drückte er sein Befremden aus und forderte die Weiterbehandlung der Sache, da er sich nicht von seinem Ziel abbringen lassen wollte, die Juden in seinem Staate aufzunehmen, wie dies in anderen Ländern längst geschehen sei.

Im Mai 1793 zog die Regierung ihren Entwurf endgültig zurück und begrub diesen Reformplan. Damit war nach sechs Jahren der erste große, von den Juden selbst ausgehende Plan zu ihrer Emanzipation an der Staatsbürokratie gescheitert. Der König hatte zwar einen guten, aber keinen zwingenden Willen gezeigt. Die Juden haben sich prinzipiell assimilationswillig gezeigt – obwohl gesagt werden muß, daß die sich aktiv artikulierende Gruppe im wesentlichen die führenden Kreise der Großstadtgemeinden Berlins, Breslaus und Königsbergs umfaßte. Die große Masse der Juden stand dem Gedanken der Assimilation jedoch fern. Allerdings berührten die Forderungen nach Freigabe etlicher Handelszweige die Existenzinteressen der großen Zahl der durch Nothandel und Bettel vegetierenden Juden unmittelbar, weil die Vergrößerung der Ernährungschancen die Voraussetzung jeder sozialen Sicherung darstellte.

Die Juden haben in den folgenden Jahren bis zum Zusammenbruch Preußens noch zwei eigene Vorstöße unternommen. Ein so grundlegendes Emanzipationsbegehren wie 1787 haben sie aber nicht mehr artikuliert.

Die Initiative von 1795 wird hier vor allem wegen der Ablehnungsgründe aufgeführt: In einer Eingabe suchten die Juden um Abstellung wenigstens der schwersten Mängel der Solidarhaftung. Besonders vier Punkte erschienen ihnen »den Geset-

[11] Friedländer, *Actenstücke.*

[12] Freund, *Emanzipation,* Bd. 1, S. 50–52.

zen der Natur, der Grundlage aller bürgerlichen Gesetze«[13] zuwider:

1. die Haftung der Judengemeinde bei Diebstahl und Hehlerei eines ihrer Mitglieder,
2. die Solidarhaftung bei verdächtigen Bankrotten,
3. die Haftung der Eltern für Schulden ihrer verstorbenen Kinder,
4. die Verpflichtung der Gemeindeältesten zur dauernden Überwachung der Gemeindemitglieder.

Generaldepartement und Justizministerium stimmten trotz sonst unterschiedlicher Einschätzung der Beschwerden darin überein, daß »jede auch nur partielle Reform des Judenwesens unbedingt mit einer Erweiterung der Erwerbsmöglichkeit der Juden verbunden sein müsse. Jede derartige Veränderung aber schaffe der christlichen Bevölkerung neue Konkurrenz und müsse deshalb unter ihr eine Unzufriedenheit erzeugen, die höchst bedenklich sei und vermieden werden müsse«[14].

Da man den Juden diesen Grund nicht mitteilen wollte, antwortete man ihnen: Wenn die beklagten Gesetze eine Härte enthielten, »dann sei sie gerechtfertigt, weil die Juden bei ihrem engen Zusammenhalt sich weit besser als die Christen gegenseitig überwachen könnten ... Obendrein sei zu bedenken, daß die Juden bloß geduldet seien, dem Staat bisher mit der Waffe nicht gedient hätten ...«[15] Den Supplikanten wurde weiter mitgeteilt: »Zweck dieser Bestimmungen sei es gewesen, die übrigen christlichen Untertanen zu sichern, welches die Aufnahme der jüdischen Nation mit sich gebracht hat. So lange diese fortfährt, sich von den übrigen Staats-Einwohnern abzusondern und einen gewissen National-Haß gegen letztere zu nähren, so lange sie einen Staat im Staat bildet ...; so lange keine gründliche und allgemeine Verbesserung erfolgt, als wozu nur allein die jüdische Nation selbst tätig wirken kann, so lange also die Gründe bestehen, welche die Gesetze als Sicherungs-Mittel für die übrigen Staatsbürger motiviert hat, so lange kann eine Aufhebung dieser Gesetze nicht stattfinden.«

Mit einem dritten Versuch der Juden um 1800 kam diese Phase zum Ende. Die rechtliche Situation der Juden verschlechterte sich um die Jahrhundertwende eher, als daß sie sich ent-

[13] Freund, *Emanzipation,* Bd. 2, S. 99–106.
[14] Freund, *Emanzipation,* Bd. 1, S. 69ff.
[15] Freund, *Emanzipation,* Bd. 1, S. 73f.; Bd. 2, S. 119–123; auch für die beiden folgenden Zitate.

spannte. So ist es bezeichnend, daß sie sich nun gegen eine weitere Ausdehnung der Solidarhaftung auch auf ihr Gesinde wehren mußten. Doch die Eroberungen Napoleons und der Zusammenbruch Preußens änderten die Lage grundlegend.

Zwar konnte die kleine privilegierte Judenelite den Gesetzgeber nicht zur rechtlichen Emanzipation der gesamten Judenschaft bewegen – andererseits vermochte die fehlende Gesetzgebung kaum diese Oberschicht am Eintritt ins Großbürgertum zu hindern. Die Zeit nach dem Tode Friedrichs des Großen und die Zeit der Französischen Revolution war wesentlich gekennzeichnet durch eine rapide Auflösung der herkömmlichen Wirtschaftsstruktur. Napoleons Siegeszug zerstörte endgültig die alte politische Ordnung Mitteleuropas und damit wesentliche Teile der traditionellen alteuropäischen Gesellschaftsordnung. Die Chancen dieser damit verbundenen sozialen Umformung nahm die jüdische Führungsschicht wahr, indem sie als Bankiers, Großhändler und Industrielle in das neue Wirtschaftsbürgertum aufstieg. Dieser Vorgang läßt sich seit etwa 1800 nachweisen, als die Juden als gleichberechtigte Mitglieder in die entstehenden Börsen eintraten, als Bankiers in neue Wirtschaftsunternehmen investierten und als Handelspartner im Im- und Export akzeptiert wurden. Noch war ihnen allerdings jede öffentliche Betätigung in den Kommunen und im Staat verwehrt. Immerhin gelang es den 2 Prozent reichen privilegierten Juden in der napoleonischen Zeit, sozial ins Großbürgertum aufzusteigen, und fast 10 Prozent befanden sich in wirtschaftlich gesicherten Verhältnissen. Für die Masse der Juden blieb die rechtliche Beschränkung ihrer wirtschaftlichen Freizügigkeit noch ein unüberwindliches Hindernis. Dies änderte sich erst mit den preußischen Reformen, die den liberalen Grundsatz der freien Wirtschaftsentfaltung etablierten.

Das Judenedikt vom 12. März 1812

Das in den preußischen Reformen entstandene Judenedikt ist zweifellos der positive Höhepunkt der Judengesetzgebung, auch wenn dadurch nicht unmittelbar rechtliche Emanzipation und wirtschaftliche Freisetzung erreicht wurden. Es enthielt einzelne Einschränkungen und Vorbehalte und bot in der Zeit der Restauration genügend Anhaltspunkte, um es teilweise wieder außer Kraft zu setzen. Dennoch war es der entscheidende Durchbruch im Wandel vom geduldeten Schutzjuden zum preußischen Bürger jüdischen Glaubens. Es war ein zukunftsweisendes Gesetz, welches sich als gutes Instrument erwies, sobald sich die tatsächliche Assimilation der jüdischen Minderheit in den Städten weit genug entwickelt hatte.

Die Rahmenbedingungen dieses Gesetzeswerkes sind kurz zu skizzieren. Die preußische Regierung hatte die Behandlung der Judenfrage seit 1792 wiederholt wegen der »auswärtigen Schwärmereien« und der drohenden Kriegsgefahr zurückgestellt. Eine erste publizistische Welle gegen die Juden im Zusammenhang mit den Entwicklungen in Westeuropa kam in Preußen gegen 1803 mit den antijüdischen Schriften von Christian Ludwig Paalzow und Karl Wilhelm Friedrich Grattenauer auf. Die krisenhaften Erscheinungen nach den Erfolgen der französischen Volksheere unter Napoleon führten dann zu einer scharfen antisemitischen publizistischen Kampagne. Ihre Wirkungen waren erheblich. Die Regierung stellte die Reformarbeit am Judengesetz ein, und die Behandlung der Juden durch die Administration wurde schlagartig restriktiver. Der gravierendste Punkt dieser Wendung betraf das Recht der Juden, zwei Kinder als Nachfolger anzusetzen. Es sollte im Sinne des Judenreglements von 1750 wieder auf ein Kind reduziert werden.

Der militärische Zusammenbruch des nachfriderizianischen Staates war auch eine schwere moralische Niederlage der traditionellen preußischen Prinzipien. Die Ergebnisse waren demoralisierend. Über die Hälfte des Staatsgebietes ging verloren. Das Land war (außer Ostpreußen) so lange von französischen Besatzungstruppen besetzt, bis die geforderte hohe »Kontribution« bezahlt war. Die Selbständigkeit des Staates war in Frage gestellt.

Es ist charakteristisch, daß die preußische Bürokratie aus dieser schweren Staatskrise selbst die entsprechende Analyse der Mängel und die notwendige Reformstrategie hervorbrachte. Man muß aber hinzufügen, daß sie die einzige Kraft in diesem Staate war, die dazu überhaupt in der Lage war. Die Hauptziele der Erneuerung des preußischen Staatswesens kann man im Sinne des Freiherrn vom Stein so zusammenfassen: Der friderizianische »Kastenstaat« mit seiner künstlichen und schädlichen Trennung von Stadt und Land, von Bürger, Bauer und Adligem muß in einen Einheitsstaat überführt werden, in dem alle Kräfte zusammenfließen und in dem das Wirtschaftsleben von den alten Hindernissen befreit ist. Vordringliche Nahziele der Reformen waren, die von Napoleon auferlegte hohe Kontribution aufzubringen, um das Land von der Besatzung freizubekommen; dann war eine neue Militärverfassung auf der Basis der allgemeinen Wehrpflicht zu errichten, um den Befreiungskrieg gegen Napoleon vorzubereiten. Die allgemeine Wehrpflicht verlangte weitgehende soziale Reformen, deren augenfälligste die Bauernbefreiung und die neue Städteordnung waren. Der unmittelbaren Stärkung der nationalen Wirtschaftskraft sollte die Einführung der Gewerbefreiheit und liberaler Wirtschaftsprinzipien dienen. Hierbei konnte auch die jüdische Minderheit nicht ausgespart bleiben und in ihrer Außenseiterrolle gelassen werden. Ihre Handels- und Finanzkraft war erheblich; die Juden erwiesen sich in Preußens Städten als eine wirtschaftlich außerordentlich aktive Gruppe. Und man erhoffte sich von ihnen Rekruten.

Daß sich bei dieser tiefgehenden Umgestaltung Preußens die Judenfrage zwingend stellen würde, war also klar, doch daß die grundlegende Freisetzung der gesellschaftlichen Kräfte, die Emanzipation der bürgerlichen Gesellschaft vor der Judenemanzipation Priorität besaß, war ebenso unbestritten. Deswegen begann die Judenreform relativ spät und ihre Durchführung mußte immer wieder zurückstehen. Erst vier Jahre nach Steins Rücktritt fand sie 1812 durch Hardenberg eine Lösung. Wie die gesamte Stein-Hardenbergsche Reform ein – wenn auch beachtlicher und zukunftsweisender – Torso geblieben ist, so war das Judendekret von 1812 ein auf Vervollständigung angelegtes Stückwerk.

In Steins Gesetzen spielten die Juden nur an einer wesentlichen Stelle eine Rolle. In seiner Städteordnung wurde das städtische Bürgerrecht allen Einwohnern unabhängig von Stand, Geburt und Religion zugesprochen. Aus dieser grundsätzlichen Zuerkennung des städtischen Bürgerrechts an die Juden ergab sich aber nicht das Recht auf Grundbesitz und Gewerbefreiheit; sie blieben »den Einschränkungen noch unterworfen, welche durch Landesgesetze und Ortsverfassungen bestimmt sind«. Mehr noch, den Juden kam – wie Soldaten und Minderjährigen – das Bürgerrecht in den Städten nur »unter den vorschriftsmäßigen Bedingungen« zu, das heißt, aus dem Gesetz selbst folgte kein Anspruch auf das Bürgerrecht[16].

[16] Steins Städte-Ordnung vom 19. November 1808, dort § 19. Siehe *Die Preußische Städte-Ordnung von 1808.* Hg. v. August Krebsbach, Stuttgart-Köln 1957.

Eine Lösung der Judenfrage hing nicht vom persönlichen Sentiment einzelner Politiker ab, sondern ergab sich notwendig aus der Entwicklung. Das beste Beispiel dafür ist, daß der erste Anstoß für ein Emanzipationsgesetz von dem profiliertesten Judengegner in der Zentralverwaltung, dem Staatsminister Schrötter ausging, der am 20. November 1808 dem König von sich aus eine eindrückliche Vorlage zugunsten einer völligen Reform des Judenwesens nach dem Prinzip »der gleichen bürgerlichen Rechte aber auch der gleichen bürgerlichen Pflichten« vorlegte. Man hat von einem späten Akt der Wiedergutmachung gesprochen. Doch solche Annahmen scheinen mir nicht zuzutreffen; es reicht völlig aus anzunehmen, daß Schrötter die Unausweichlichkeit der Judenemanzipation eingesehen hat. Wie er selbst betont, ging es ihm zuerst einmal um die Zersetzung der jüdischen Gemeinde und um die »Denationalisation« der Judenschaft. Er schreibt: »Der Zweck müsse sein: Ihre Nationalität zu untergraben und sie dazu zu bringen, keinen Staat im Staate zu bilden; es geht darum, das Geld aus ihren Händen wieder unter die Christen zu bringen.«[17] Dem Kriminalrat Brand gab er den Auftrag, einen Entwurf zu machen, mittels dessen man die Juden »zwar unblutig, jedoch auf einmal todtzuschlagen« vermöge. Dem König legte er dar, er rechne für das Militär aus den verbliebenen Provinzen mit »wenigstens 50000 jüdischen Seelen«, auf die der Staat zur Verteidigung des Vaterlandes nicht verzichten könne.

Der Entwurf, den Schrötter dem König vorlegte, stand in der älteren Tradition der preußischen Bürokratie. Er ist mit 122 Artikeln ungewöhnlich umfangreich und genau in seinen zahlreichen einschränkenden Einzelbestimmungen. Das von Schrötter initiierte Werk ist bemerkenswert, weil es klar und eindeutig die Grundsätze der gleichen Rechte und Pflichten (in den Artikeln 1, 8, 18) feststellt[18]; dann enthält es aber weitgehende Ausnahmeregelungen bezüglich der bürgerlichen Existenz, ferner den Ausschluß von allen öffentlichen Ämtern, überstrenge Regelungen der Militärdienstpflicht mit Solidarhaftung der Gemeinde bei Fahnenflucht und schwerwiegende Einschränkungen der Gewerbefreiheit und des Rechts auf Grundbesitz, so daß man kaum von einer Gleichstellung – eher von einer »ungleichen Gleichheit« – sprechen kann.

[17] Freund, *Emanzipation*, Bd. 2, S. 208–211.
[18] Freund, *Emanzipation*, Bd. 2, S. 227–244.

Der Schröttersche Entwurf selbst ist zwar nicht zum Gesetz geworden, hat jedoch erhebliche Wirkung gehabt. Nach dem Abschied Steins und in der ersten Zeit unter Hardenberg blieb er wenig beachtet. Als Hardenberg im Juni 1810 die politische Leitung übernahm, hatte er vor allem die von Stein begonnenen Reformen fortzusetzen, so namentlich die Regelung der gutsherrlichen Verhältnisse, die Auflösung des Zunftzwanges und die Herstellung der Gewerbefreiheit. Demgegenüber war die Judenfrage ein – wenn auch wichtiges – Folgeproblem. Zuerst wies ihn wiederum die Berliner Judenschaft auf die Schwierigkeiten hin, die ihnen aus dem Zusammenbruch Preußens und den Kriegsfolgen entstanden waren. In ihrer Eingabe stellten sie erneut die Forderung nach der Emanzipation grundsätzlich. Sie wollten alle Pflichten eines Staatsbürgers übernehmen, forderten dafür aber alle Rechte desselben[19]. Das war ein deutliches Angebot, was die Militärpflicht betraf.

Hardenberg konnte erst zum Jahresende 1810 darauf zurückkommen, suchte die generelle Zustimmung des Königs und gab dem Staatsrat Raumer den Auftrag, »über die Reform der Juden« einen Entwurf zu machen. Dieser brachte rasch eine Vorlage mit dreizehn Paragraphen zustande, in denen Hardenbergs Vorstellungen vollständig ausgedrückt waren. Dazu hatte Hardenberg zwei Gutachten – eines des Justizministeriums und eines der Berliner Juden – angefordert. Raumers ›Edikt über die künftigen Verhältnisse der Juden‹[20] hebt die Grundsätze der Emanzipation hervor. Es beschreibt die neuen Rechte der Juden positiv und enthält nur wenige Sonderregelungen – so betreffs der Familiennamen, des Gebrauchs der deutschen Schriftsprache – und einige Vorkehrungen, um die Juden aus dem Handel in andere bürgerliche Berufe zu drängen.

Gegen diesen Entwurf Raumers legte das Justizministerium Widerspruch ein, was einem Veto gleichkam. Minister Kircheisen wollte eher persönlich beim König intervenieren als diesen Entwurf passieren lassen. Obwohl Hardenberg inzwischen unter starkem Zeitdruck stand, konnte er deswegen die Angelegenheit vorerst nicht weiter betreiben. Die ständigen Eingaben der Judengemeinden schienen auf die Regierung keinen Eindruck gemacht zu haben. Schon eher wirkten die Anfragen der regionalen Behörden, daß sie nicht wüßten, nach welchen

[19] Freund, *Emanzipation*, Bd. 2, S. 413ff.
[20] Freund, *Emanzipation*, Bd. 2, S. 327–332.

Grundsätzen sie entscheiden sollten. Doch der Gegensatz zwischen Reformern und Traditionalisten in der Regierung blokkierte ein Gesetz, weil die Stellung des Königs nicht auszumachen war. Obwohl Hardenberg die Schwäche seiner liberalen Position in der Judenfrage richtig einschätzte, kritisierte ihn Raumer deswegen: »Die Einwände des Justizministeriums, welche vom Prinzip einer ungleichen Gleichstellung ausgehen, scheinen den Kanzler ganz vom Ziele abzuführen.«[21]

Da Raumers Entwurf der Ministerialbürokratie nicht akzeptabel gemacht werden konnte, ließ Hardenberg ihn ein halbes Jahr liegen, bis sich das Fehlen der angekündigten Judenordnung in vielen Rückfragen regionaler Behörden stärker bemerkbar machte. Ende 1811 kam es zu einer Verständigung mit dem Justizminister Kircheisen. Der Verhandlungsführer des Justizministeriums, Pfeifer, übernahm es, selbst einen neuen Gesetzentwurf auszuarbeiten. Der neue Entwurf fußte deutlich auf dem Schrötterschen Plan und umfaßte immerhin 54 Paragraphen. Aus der Schrötterschen Vorlage waren alle Artikel gestrichen worden, welche in den bisherigen Verhandlungen Einsprüche ausgelöst hatten. In den folgenden Auseinandersetzungen über den Gesetzestext stellte sich als eigentlicher Interessenpunkt die »Fernhaltung der Juden vom Staat« heraus. Hardenberg war hierin zwar grundsätzlich anderer Ansicht und verfocht das Prinzip der sofortigen Öffnung des Staatsdienstes für die Juden, gab aber in den Modalitäten so weit nach, daß den Juden der Eintritt in die Staatsämter praktisch verwehrt blieb. Nach diesem Zugeständnis konnte er ein Dutzend der ärgsten Beschränkungen streichen – und damit seine liberalen Grundsätze wahren.

Der inzwischen auf 39 Artikel geschrumpfte Entwurf wurde dann fertiggestellt und erlangte durch die Unterschrift des Königs am 11. März 1812 Gesetzeskraft. Damit waren die Juden zu preußischen Staatsbürgern geworden, und rückwirkend hatte ihr Stadtbürgerrecht neue Bedeutung gewonnen, weil sie kommunale Ämter übernehmen konnten. Mit emphatischen Bekenntnissen der »echten Treue und des unbedingten Gehorsams« zum preußischen König drückten die jüdischen Sprecher ihre Loyalität aus[22].

Inwieweit war ihre Begeisterung gerechtfertigt und was

[21] Auszugsweise zitiert bei Freund, *Emanzipation*, Bd. 1, S. 188.
[22] Freund, *Emanzipation*, Bd. 1, S. 226.

brachte die Einbürgerung auf Dauer? Die Juden wurden durch ein umständliche Prozedur »Einländer und Preußische Staatsbürger«. Die entscheidende Wendung lautet: »Die Einländer-Juden genießen gleiche bürgerliche Rechte und Freiheit mit den Christen.«[23] Was daraus an Rechten fließt, wird dann beschrieben: Zugang zu akademischen Lehr-, Schul- und Gemeindeämtern, nicht aber zu Staatsämtern (§§ 8, 9), freies Ansiedlungsrecht in Stadt und Land (§ 10), Recht auf Grundbesitz (§ 11), Gewerbefreiheit (§ 12), Abschaffung aller Sonderabgaben (§ 14), Militärpflicht (§ 16), freie Ehe, auch Mischehe (§ 17), privatrechtliche Gleichstellung (§ 20). Mit diesen Bestimmungen war indirekt die jüdische Gemeinde mit ihren rechtlichen, Solidar- und Zwangsfunktionen ebenfalls abgeschafft, wenn auch das Gesetz keinerlei Bestimmungen über die jüdische Gemeinde und den jüdischen Kult enthielt.

Diese hauptsächlich positiven Bestimmungen bedeuteten wohl zuerst einmal, daß die bisherige restriktive und einengende Sondergesetzgebung die Juden in ihrer Entwicklung nicht mehr hemmte und sie ihre wirtschaftliche und soziale Außenseiterrolle nach und nach vermindern konnten. Im Sinne der alten Reformforderungen, wie sie namentlich von Dohm entwickelt wurden, war ihnen damit erstmals die Möglichkeit einer »ehrenhaften« Assimilation gegeben. Ansonsten enthielt ja das Gesetz genügend Klauseln und Vorbehalte, um die Juden vorerst nicht allzu gleich werden zu lassen.

Von den preußischen Reformen zur Reichsgründung

Die weitere Entwicklung ist gekennzeichnet durch das restaurative Bemühen, die emanzipatorischen Wirkungen der Reform möglichst einzuengen.

Auf dem Wiener Kongreß gab es noch einen konstruktiven Vorstoß Preußens, eine einheitliche Regelung der Judenfrage für ganz Deutschland zu erreichen. Besonders Wilhelm von Humboldt leitete dabei die an sich richtige Vorstellung, daß eine gesetzliche Regelung unter den derzeitigen Umständen nur im gesamtdeutschen Rahmen möglich sei. Dem trat zeitweise auch Metternich bei. Die Initiative scheiterte am Widerstand einiger Bundesmitglieder – namentlich der Reichsstädte mit den

[23] Ernst Rudolf Huber, *Dokumente zur Deutschen Verfassungsgeschichte.* Stuttgart 1961, Bd. 1, S. 45–48. Freund, *Emanzipation*, Bd. 2, S. 455–459.

größten Judengemeinden Hamburg und Frankfurt. Der Versuch, die alten Verhältnisse nach den Grundsätzen der Legitimität und des Gottesgnadentums wiederherzustellen, hatte für die sich emanzipierende bürgerliche Gesellschaft nahezu gegenrevolutionären Charakter. Für die preußischen Juden brachte die Restauration vor allem zwei negative Folgen: die Aufhebung der revolutionären bürgerlichen Gleichstellung der Juden im französischen Herrschaftsbereich – dem Rheinland, dem Königreich Westfalen und einigen Rheinbundländern – sowie räumliche und inhaltliche Beschränkung der aus dem Judenedikt von 1812 hervorgehenden Rechte.

Für die Juden war besonders der Artikel 16 der Wiener Schlußakte relevant. Um den erreichten Status quo zu erhalten, hatte die Kommission formuliert: »den Bekennern dieses (jüdischen) Glaubens (sollen die) bis dahin *in* den einzelnen Bundesstaaten bereits eingeräumten Rechte erhalten werden.« Durch einen Formulierungstrick wurde der Sinn erheblich geändert; so hieß es im Gesetzestext: »*von* den einzelnen Bundesstaaten«[24]. Das bedeutete die Wiederherstellung all der zahlreichen zersplitterten Sonderrechte. In Preußen waren es – neben dem Geltungsbereich des Edikts von 1812 – über zwanzig regionale Judenrechte, die erst 1847 einander angeglichen wurden. Man hob das Judenedikt von 1812 nicht einfach auf, sondern schränkte seine Geltung erheblich ein: Das Innenministerium stellte 1817 fest, das Judenedikt gelte nur in Altpreußen – also in Brandenburg, Ostpreußen und Schlesien –, nicht aber in den neuen Provinzen, die über die Hälfte des preußischen Staatsgebietes nach 1815 ausmachten. Doch auch in den sogenannten alten Provinzen suchte man mittels restriktiver Verwaltungspraxis und Rechtsprechung den Juden ihre Gleichheitsansprüche zu beschränken. Es war nie beabsichtigt gewesen, das Reformedikt direkt im judenreichen Posen einzuführen. Deshalb war eigentlich nur dort eine »Erziehungspolitik« für die zahlreichen polnischen Ostjuden zu betreiben. So erließ man (erst!) 1833 ein Sondergesetz, worin man zwei Klassen von Juden unterschied, die naturalisierten und die, »welche sich zur Erlangung der der gedachten naturalisierten Klasse verliehenen Rechte noch nicht eignen«[25]. Die untere, noch zu entwickelnde Sorte

[24] Deutsche Bundesakte bei Huber, *Dokumente zur Verfassungsgeschichte*, Bd. 1, S. 75; § 16 zitiert bei Jacob Toury, *Soziale und politische Geschichte der Juden in Deutschland 1847–71*. Düsseldorf 1977, S. 278 u. Anm. 8.

[25] Aus dem Edikt von 1833 in Freund, *Emanzipation*, Bd. 1, S. 247; Bd. 2,

hatte wenige Rechte, doch den Vorzug, keinen Militärdienst leisten zu »dürfen«, wofür sie ersatzweise das Rekrutengeld als Sondersteuer zahlen mußte. Für die bessere, die naturalisierte Klasse galt im wesentlichen das Judenedikt von 1812 – ausgenommen das freie Ansiedlungsrecht. Mit dieser Einschränkung wollte man die unkontrollierte Westwanderung der Ostjuden eindämmen. Die Assimilation der polnischen Juden ging nur langsam voran; bis zur Jahrhundertmitte hatten sich kaum 20 Prozent von ihnen mit Erfolg um die Naturalisation bemüht.

Neben der Rückkehr zum alten zersplitterten Judenrecht brachte die erneute Definition des Staates als eines christlichen die Gefahr der erneuten Ausschließung der Juden mit sich. Nachdem der aufgeklärte Absolutismus Friedrichs des Großen auf eine theologische Begründung verzichtet hatte, suchte sich der durch die Umwälzungen infolge der großen Revolution schwer erschütterte Staat nach 1815 mit einer solchen Re-Definition als christlicher neu zu legitimieren und zu stabilisieren.

Auch wenn die Einzelheiten der zersplitterten Rechtslage, die Verschleppung einheitlicher Judengesetze und das restaurative »Gottesgnadentum« ein verwirrendes Bild zu bieten scheinen, läßt sich das politische Ziel dieser Vorkehrungen deutlich ausmachen: Hardenbergs Reformgesetz öffnete zwar den Juden die Wirtschaft und gab ihnen damit etliche gesellschaftliche Chancen, scheiterte aber an der Frage des Zugangs zum öffentlichen Dienst als der zeitüblichen bürgerlichen Teilhabe am Staat. Der Widerstand der Administration, die zwar gewisse gesellschaftliche Bereiche freizugeben bereit war, aber den eigentlichen hoheitlichen Staatsbereich judenrein halten wollte, erwies sich als unüberwindlich. Diese Hauptlinie des preußischen Judenedikts von 1812 wurde kontinuierlich eingehalten. Dabei muß man sich vergegenwärtigen, daß das Judenedikt, welches direkt ja nur in den Kerngebieten Brandenburg, Preußen und Schlesien galt, auf lange Sicht als Maßstab auch für die anderen »neuen« Provinzen gedacht war. Dies zeigen die von den Zentralbehörden eingeholten Stellungnahmen der Provinziallandtage zur Judenfrage. Während in den 20er Jahren die Landtage die Juden nicht reif für die Rechte des Judenediktes einschätzten, hielten sie in den Voten ihrer nun liberalen Mehrheiten um 1845/46 die generelle Durchführung derselben für

S. 501. Vollständig in: *Gesetzessammlung für die Königlich Preußischen Staaten 1833*. S. 66ff.

fällig[26]. Die Antwort des Gesetzgebers war die Vorlage eines einheitlichen Judengesetzes an den Vereinigten Preußischen Landtag 1847, das allerdings hinter allen Erwartungen zurückblieb. Gegenüber dem preußischen Reformgesetz bedeutete es einen eindeutigen Rückschritt. Danach waren den Juden alle kommunalen und staatlichen Ämter verschlossen, soweit sie richterliche, polizeiliche und exekutive Funktionen einschlossen. Auch alle christlichen Kultus- und Unterrichtsangelegenheiten blieben ihnen verwehrt. Wegen des einzigen Vorzuges der Vorlage, der Vereinheitlichung der Gesetzgebung, ließ die liberale Mehrheit des Vereinigten Landtages den unbefriedigenden Gesetzentwurf passieren – weil ihr andere Punkte, wie die Periodizität des Landtages, dringlicher erschienen. Dementsprechend war die Kritik von seiten der tiefenttäuschten Juden überaus heftig. Das Gesetz hätte den Fortgang der Assimilation wirklich behindert, wären die revolutionären Ereignisse der Jahre 1848/49 nicht umgehend darüber hinweggegangen. Um seine Selbständigkeit zu demonstrieren, folgte Preußen nicht – wie viele der kleineren Staaten – der Frankfurter Paulskirchenverfassung, sondern oktroyierte am 5. Dezember 1848 eine eigene Konstitution von des Königs Gnaden.

Darin wurde unter dem Druck der Revolution die noch fehlende Gleichstellung der Juden klar festgestellt[27]. »Alle Preußen sind vor dem Gesetz gleich, Standesvorrechte finden nicht statt, die öffentlichen Ämter sind allen dazu Befähigten gleich zugänglich.« (Art. 4) »Der Genuß der bürgerlichen und staatsbürgerlichen Rechte ist unabhängig vom religiösen Bekenntnis«. (Art. 11) Damit erschien die rechtliche Emanzipation vollendet. Ungeachtet dessen verfolgte die Regierung ihr Ziel weiter, die Juden vom Staat fernzuhalten. Die Taktik der Staatsbürokratie ähnelte der nach 1815. Zwar blieben auch in der revidierten Verfassung vom 31. Januar 1850 die entsprechenden Artikel unverändert, sie wurden jedoch durch einen neuen Artikel (14) interpretiert, der den preußischen Staat als einen christlichen bestimmte, wodurch die Juden wiederum von allen Staatsämtern ausgeschlossen wurden. Konsequenterweise blieben ihnen auch die aus dem ritterlichen Grundbesitz fließenden Patro-

[26] Siehe Freund, *Emanzipation*, Bd. 1, S. 248 ff.; abgedruckt in: *Beilagen zu den Vollständigen Verhandlungen des ersten Vereinigten Preußischen Landtags über die Emanzipationsfrage der Juden 1847*. Bd. 1, S. 47–62.

[27] Diesbezüglich die Artikel 4 und 11; abgedruckt in: Freund, *Emanzipation*, Bd. 2, S. 521.

natsrechte verschlossen. Neu war der Ausschluß der Juden vom passiven Wahlrecht für die Landtage, was für eine wachsende Bedeutung der Repräsentationen sprach. Auch in den 50er und 60er Jahren blieb es insgesamt bei der von Ludwig Philippson gemachten Feststellung über die preußische Judenpolitik: »man gestattet uns Juden in gewerblicher Beziehung das volle Recht, aber versagt uns Juden jede öffentliche Wirksamkeit in einem öffentlichen Amte«[28]. Die Beschränkung des Zugangs zum öffentlichen Dienst bezog sich auch auf das Lehramt in Schule und Universität, was für die wachsende Zahl akademisch gebildeter Juden schmerzlich war, da sie nur über die Taufe in Positionen kommen konnten, für die sie sich qualifiziert hatten.

Überblickt man die rechtliche Entwicklung der Judenfrage in Preußen bis zur Mitte des 19. Jahrhunderts, so muß man einen grundlegenden Wechsel gegenüber 1812/15 feststellen. Hatte bis zu den preußischen Reformen die Gesetzgebung einen durchaus initiativen Charakter, der auf einer zentralisierenden Vereinheitlichung der Judengesetze und auf die schließliche »Einbürgerung« der jüdischen Minderheit abzielte, so wird die Judengesetzgebung ab 1815 hinhaltend defensiv. Das heißt nicht, daß vor den preußischen Reformen das Begehren der Juden mit den Vorstellungen der Bürokratie übereinstimmte, doch brachte das Reformedikt von 1812 für die Juden die grundsätzliche Gewerbefreiheit und damit erheblichen sozialen Entwicklungsspielraum. Dieser wurde vom Gesetzgeber aber nicht weiterentwickelt und den Verhältnissen angepaßt. Vielmehr verzögerte man die weitere Verbürgerlichung, und die Vereinheitlichung der Judengesetze fand erst unter dem Druck der vorrevolutionären Lage von 1847 statt. Die Entwicklung wurde vom Gesetzgeber verspätet im nachhinein und immer unvollständiger beschrieben.

Wenn es ursprünglich eine rechtlich unfassende Definition der völligen Ausschließung der Juden aus der christlichen Gesellschaft gab, so wurde ab 1815 der Ausschluß aus dem staatlichen Bereich mit Hilfe der Konstruktion des christlichen Staates verteidigt. Im Endeffekt entwertete solcher Anachronismus die Geltung der Sondergesetze für die Juden und führte zu einer unfreiwilligen Liberalisierung, indem die Judenemanzipation von einer rechtlichen zu einer Frage der sozialen Assimilationsmöglichkeiten des bürgerlichen Systems umgewandelt wurde.

[28] Allgemeine Zeitung des Judentums 1853, Blatt 190.

Die Judenemanzipation richtete sich damit immer eindeutiger nach den Chancen der Gesellschaftsentwicklung, nicht nach irgendwelchen politischen Erziehungskonzepten. Der Rückzug des Gesetzgebers aus diesem Bereich war eigentlich nur konsequent, denn die Assimilation der Juden mußte am Ende zu einer Liquidation des Sonderrechts für dieselben führen, was dann ja auch auf dem Umweg über den Norddeutschen Bund 1869 geschah. Dabei kam man zu einer präzisen Formulierung der Sachlage: »Alle noch bestehenden aus den Verschiedenheiten des religiösen Bekenntnisses hergeleiteten Beschränkungen der bürgerlichen und staatsbürgerlichen Rechte werden hiermit aufgehoben. Insbesondere soll die Befähigung zur Teilnahme an der Gemeinde- und Landesvertretung und zur Bekleidung öffentlicher Ämter vom religiösen Bekenntnis unabhängig sein.«[29] Bemerkenswert an der Formulierung ist, daß sie der Paulskirchenverfassung folgte. Sie wurde unverändert in die Reichsverfassung von 1871 übernommen. Bedenklich an dem Vorgang war jedoch, daß dies nicht in Preußen selbst durchsetzbar war, sondern wegen der »widerstrebenden Ansichten des Herrenhauses und Abgeordnetenhauses« und weil für Bismarck die Judenfrage im Reich nur eine der politischen Opportunität war, in Preußen für ihn jedoch tiefer ging und der Umweg über die übergeordnete Reichsgesetzgebung gewählt werden mußte. Das ließ die Möglichkeit offen, daß die Bürokratie ihr altes Ziel, wenigstens den preußischen Staat vor den Juden zu schützen, weiterhin verfolgen konnte. Jedenfalls entsteht die Frage, ob der Ausschluß der Juden aus dem öffentlichen Dienst und damit aus den alten und sich neu bildenden staatlichen Eliten die Außenseiterrolle der Juden nicht eher verfestigt hat. Allein schon der krasse Gegensatz zwischen wirtschaftlichem Erfolg und Ausschlußpolitik vom Staat muß den Minderheitenstatus der Juden markiert haben.

Mißverhältnis zwischen Emanzipation und Assimilation

Abschließend möchte ich noch kurz den Zusammenhang von rechtlicher Emanzipation der Juden und ihrer bürgerlichen Assimilation erörtern. War mit dem Ausdruck Assimilation im zeitgenössischen Wortgebrauch etwas durchaus Positives gemeint, so bedeutete sie der Sache nach für die jüdische Minder-

[29] Freund, *Emanzipation*, Bd. 2, S. 522.

heit eher etwas Widersprüchliches. Der bürgerlichen Einordnung in die Gesellschaft hatte die Selbstaufgabe des Judentums vorauszugehen. Das Selbstopfer jüdischer Identität und Lebensweise ist gerade von den entschiedenen Vertretern der Emanzipation in der Französischen Revolution und den preußischen Reformen gefordert worden: Auslöschung der jüdischen Nationalität, dann Förderung des einzelnen Juden bei seiner Einordnung in die bürgerliche Gesellschaft. Dementsprechend erhielt die jüdische Minderheit nicht die Chance, sich insgesamt in die Gesellschaft zu integrieren, sondern nur der einzelne Jude vermochte den Weg aus dem Ghetto zu finden. Diese Kostenseite muß man sich gegenwärtig halten, wenn von der Integration der Juden in die bürgerliche Gesellschaft gesprochen werden soll.

Der Anpassungsprozeß der Juden wurde von den Zeitgenossen weniger mit dem Begriff der Assimilation als dem der »Verbürgerlichung« bezeichnet. So hatte bereits Christian Dohm seine Reformvorschläge als ein Programm zur »bürgerlichen Verbesserung« der Juden entworfen. Was kann Verbürgerlichung in einer Gesellschaftsordnung bedeuten, in der das neue Bürgertum erst im Entstehen begriffen war? Dabei ist ein sich wandelnder Begriff des Bürgerlichen zu beachten. Das bezieht sich auf den Wandel der Wertschätzung bestimmter Berufszweige (wie dem des Handels) aber auch auf die sich entwikkelnden Ansprüche auf politische Partizipation an den kommunalen und staatlichen Angelegenheiten. Das Assimilationsbemühen der Juden konzentrierte sich besonders auf drei Bereiche: auf die beruflich-soziale Einordnung ins Bürgertum, den Eintritt in die nationalsprachliche deutsche Bildung und den Kampf um die staatsbürgerlichen Rechte. Das Emanzipationsziel bedeutete für die Juden zuerst einmal eine wirtschaftlich gesicherte Existenz, den Zugang zu den öffentlichen Bildungsinstituten Gymnasium und Universität sowie eine Teilhabe an der Politik in Gemeinde und Staat.

Mit den drei Bereichen – Vermögen, Bildung und politische Geltung – läßt sich der bürgerliche Status angemessen beschreiben, doch bedarf dies in Preußen einiger ergänzender Hinweise: Das wichtigste bleibende Ergebnis der preußischen Reformen für die Juden war die Gewerbefreiheit und die Beseitigung der traditionellen wirtschaftlichen Hindernisse für die freie Konkurrenzwirtschaft. Der Staat betrieb von sich aus eine liberale Wirtschaftspolitik, behinderte jedenfalls nicht ihre Entfaltung.

Davon profitierten auch die Juden bei ihrem Einstieg ins bürgerliche Wirtschaftsleben.

Wie wir gezeigt haben, war der Zweck der Judengesetzgebung in Preußen, die Juden aus dem öffentlichen Dienst ganz herauszuhalten. In Preußen bedeutete bürgerliche Teilhabe am Staat zuerst einmal Staatsdienst als Beamter. Die gewählten Repräsentationen hatten in Preußen lange nur geringe Bedeutung, weil sie auf den kommunalen und provinziellen Bereich beschränkt blieben. Erst 1847 wurde ein gemeinsamer Landtag zugelassen, dessen Verhandlungen auch öffentlich verbreitet werden durften. Deswegen gab es in Preußen zwar unter den Beamten bedeutende Liberale, die sich in der Judenfrage engagierten, aber kaum einen Kammerliberalismus vergleichbar dem in Baden. Erst im Zusammenhang mit der 48er Revolution und in der Neuen Ära Ende der 50er Jahre artikulierte sich in der Öffentlichkeit eine liberale Meinung zur Judenfrage. Wie sich die Rechtspolitik gegen die Juden auswirkte, wurde bereits gezeigt: Im Verhältnis zum Staat vermochten sie keine Gleichstellung mit den christlichen Bürgern zu erreichen. Diese Ausschlußpolitik wurde unverändert bis in die Reichsgründungszeit aufrecht erhalten. Aus dem preußischen Judenedikt von 1812 blieb ihnen nur der Zugang zu den Kommunalvertretungen und -ämtern und zeitweise das passive Wahlrecht für die Provinziallandtage.

Die Auffassung, daß Juden keine staatlichen Funktionen als Beamte wahrnehmen können, wirkte sich äußerst hemmend aus im dritten der genannten Bereiche, dem der bürgerlichen Bildung. Und gerade um diesen hatten sich die Juden besonders bemüht. War ihnen seit dem Vormärz der Zugang als Schüler zu den Gymnasien und zum Universitätsstudium leichter möglich, so blieben ihnen zahlreiche daraus folgende Berufe und Positionen verschlossen: Gymnasial- und Universitätslehrer zu werden, war wegen des Beamtenstatus derselben nicht – oder nur über den Ausweg der Taufe – möglich. Während es ein gewisses Gewohnheitsrecht der Mediziner auf den »akademischen« Zugang zur Praxis gab, blieben einer wachsenden Zahl von examinierten Juristen die Tore zur weiteren Ausbildung und Berufsausübung verschlossen. Der Zugang zu den sogenannten freien Berufen war den Juden lange Zeit weitgehend verwehrt, weil sie akademische Examina und meist staatliche Approbation voraussetzten. Die überproportionale Repräsentanz von Juden in akademischen und freien Berufen ist deshalb erst eine Erscheinung des Kaiserreiches. Für die Verbürgerlichung in dem Zeitraum bis zur Reichsgründung spielte dies eine nur untergeordnete Rolle. Dessenungeachtet haben viele Juden an der bürgerlichen Bildung ein ungewöhnlich großes Interesse gehabt. Es drängte bereits seit dem Vormärz eine wachsende Zahl junger Juden aufs Gymnasium und in die Universitäten – doch wohl meist in der Hoffnung, daß die rigorosen Beschränkungen bald aufgehoben würden. Etliche akademisch gebildete und politisch engagierte Juden gingen ersatzweise in die ihnen verbleibenden Berufe, vor allem in die Publizistik. Damit wurde jedenfalls die Grundlage für das massive Eindringen von Juden in die akademischen und freien Berufe nach 1870 gelegt. Ich will diesen Komplex des Zugangs zum Bürgertum mittels akademischer Bildung in seiner Entwicklung hier nicht weiter erörtern, weil die restriktive Abschließung der Juden (selbst aus dem Anwaltsberuf) erst gegen Ende unseres Zeitraums sich zu lockern begann. Es ist festzuhalten, daß die formale Ausschließung aus der bürgerlichen Bildung mittels der anachronistischen Definition des christlichen Staates vergleichsweise rigoros gehandhabt wurde.

Nur in dem großen Bereich der wirtschaftlichen Berufe blieb den Juden insgesamt die Verbürgerlichung grundsätzlich unbeschränkt offen, und hier hat ein wirklich bemerkenswerter Selbstemanzipationsprozeß stattgefunden. Vergleichen wir auf den drei Zeitstufen 1800–1848–1871 die zahlreichen überlieferten Steuer-, Berufs- und Wirtschaftsstatistiken, wer als reich/wohlhabend, als kleinbürgerlich (geringe regelmäßige Einkünfte nahe dem Existenzminimum) und als marginal-unterbürgerlich zu gelten hatte, so ergibt sich das erstaunliche Bild, daß sich die wirtschaftlichen Verhältnisse der Juden in den fraglichen 70 Jahren praktisch total umgekehrt haben. In der Ausgangslage gegen Ende des 18. Jahrhunderts befanden sich höchstens 10 Prozent der Juden in wohlhabenden und gesicherten wirtschaftlichen Einkommensverhältnissen, während immerhin drei Viertel eindeutig als marginale Randexistenzen (Nothändler, Bettler etc.) vegetierten. Nur 15 Prozent der Juden dürften im Kleinhandel eine kleinbürgerliche Subsistenzsicherung an der Grenze des Existenzminimums gefunden haben. Bereits in der Mitte des Jahrhunderts hatte sich die Situation entscheidend verändert: In Preußen waren nun weit über die Hälfte aller gewerblich tätigen Juden in gesicherten bürgerlichen Einkommensverhältnissen. Der Prozeß der wirtschaftlichen Verbürgerlichung scheint zur Zeit der Reichsgründung 1871 im Prinzip erfolgreich abgeschlossen gewesen zu sein. Die Berufs- und Steuerstatistiken weisen aus, daß zwei Drittel der jüdischen Bevölkerung ins große und mittlere Bürgertum aufgestiegen waren. Während das Kleinbürgertum (der unteren Steuerklasse) nur eine Durchgangsstufe für die neuzuwandernden Juden geworden zu sein scheint (15 Prozent), läßt sich am unteren Rande nur noch ein kleiner Bodensatz (von knapp 5 Prozent) marginaler Existenzen ausmachen. Der Statistik zufolge dürfte feststehen, daß trotz absolutem Bevölkerungswachstum, unverminderter Einwanderung aus dem Osten und hoher Land-Stadt-Mobilität, die preußischen Juden sich bis zur Reichsgründung praktisch vollständig ins Wirtschaftsbürgertum integrieren konnten. Wenn wir in Anbetracht des Ausschlusses der Juden aus dem Beamtenbürgertum – und demzufolge weitgehend aus dem Bildungsbürgertum – von ihrem einseitigen Eindringen in die Wirtschaft sprechen, so ist dies obendrein noch in ganz spezieller Weise auf das neue kapitalistische (im Unterschied zum herkömmlichen zünftischen) Wirtschaftsbürgertum zu beziehen. Diese Annahme leitet sich von den Berufen her, in denen die Juden führend oder überrepräsentiert sind. An der Spitze stehen das Geld- und Bankgeschäft, der Groß- und Ladenhandel sowie die kaufmännischen Angestelltenberufe. Stark vertreten sind die Juden im Kleinhandel und in der Industrie. Eindeutig abnehmend ist ihr Anteil in Handwerk und Landwirtschaft, im Gast- und Braugewerbe sowie unter den Tagelöhnern und Hausangestellten. In den letztgenannten abnehmenden Berufen waren die Juden entweder wegen lokaler Besonderheiten stärker vertreten gewesen (Schank- und Braugewerbe in Posen und Oberschlesien), oder sie waren durch besondere »Erziehungsmaßnahmen« der Behörden in solche gedrängt worden. Dabei wurde besonders die Handwerkslehre für viele Ostjuden ein von den Behörden propagierter und von den Juden genutzter Nebeneinstieg in Handel und Industrie.

Bemerkenswert ist, daß diese Integration der Juden in die neuentstehende bürgerlich-kapitalistische Wirtschaftsgesellschaft völlig ungestört und unbeeinflußt von den verschiedenen politischen Erschütterungen, der Revolution und Reaktion, voranschritt. Daraus läßt sich wohl auf das kontinuierliche Voranschreiten der neuen Konkurrenzwirtschaft schließen, in dessen Entwicklung diese Minderheit ihre Chance erhielt und wahrnahm.

Zusammenfassung

Zu Beginn der Reformbewegung war der Zustand der jüdischen Minderheit vor allem deswegen als völlig unbefriedigend kritisiert worden, weil sie religiös und kulturell abgesondert, sprachlich und im Habitus fremdartig und in ihren Berufen einseitig auf den Handel konzentriert waren. Ihre Absonderung im Ghetto, die exzentrische Erwerbsstruktur im »Schacher und Wucher« sowie die angebliche Verachtung gegenüber den Christen sollten sie erst überwinden, ehe man sie gleichstellen könne. Die tatsächliche Lage der Juden machte andere Vorkehrungen nötig, bis sie sich verbürgerlichen konnten: die rechtliche Gleichstellung, die Chance, bürgerliche Berufe zu ergreifen, der Eintritt in die deutschsprachige Bildung und die freie Beteiligung am öffentlichen Leben.

Nimmt man die Ergebnisse der Entwicklung bis 1870, so erscheint die Lage insgesamt noch offen. Vieles war erreicht worden, wenn auch der entscheidende Schritt in die soziale Übereinstimmung mit der bürgerlichen Gesamtheit offenbar noch nicht gelungen war. Die Juden hatten sich zwar beruflich weitgehend ins neue Wirtschaftsbürgertum eingeordnet, dennoch war ihre Integration in die preußische Gesellschaft nur unvollständig. Dabei spielten die rechtlich fixierten Beschränkungen eine durchaus erhebliche Rolle. Die preußische Regierungsbürokratie hatte sich darauf konzentriert, die Juden auf gesetzlichem Wege vom Staatsdienst fernzuhalten. Damit wurde ihnen der für die preußische Gesellschaft wichtige Schritt ins Beamtentum verwehrt, es sei denn, sie ließen sich taufen. Etliche Juden suchten auf dem Umweg über die Publizistik in der Politik Fuß zu fassen. Vorerst konzentrierten sich viele von ihnen auf den Bereich der Bildung, doch die rigorose Handhabung der Zulassung zu Lehrämtern im Bildungssystem wirkte sich als ernstes Hindernis aus. Auch die freien Berufe, die meist einer staatlichen Approbation bedurften, blieben ihnen dadurch weitgehend verschlossen. Im Ergebnis war so die Außenseiterrolle der jüdischen Minderheit, so erfolgreich sie bereits beruflich war, durch den Ausschluß vom öffentlichen Bildungswesen und dem Staatsdienst weiter deutlich sichtbar. Aber es bestand doch die Hoffnung, daß die Entwicklung schließlich zu einer Integration ins Bürgertum führen würde, besonders da mit der Reichsgründung die rechtliche Gleichstellung neue Möglichkeiten eröffnete.

Getaufte Juden in Polen-Litauen vom 16. bis zum 18. Jahrhundert
Versuch einer sozialen Integration

von Jacob Goldberg

Die Annahme des Christentums durch die Juden und die Schwierigkeiten und Hindernisse, die der Integration jüdischer Konvertiten in christliche Gemeinschaften im Wege waren, stehen einerseits im Zusammenhang mit der Geschichte des jeweiligen Volkes und Staates, in dem die Konversionen stattfanden, andererseits hängen sie mit der Situation und den Verhältnissen der jeweiligen jüdischen Gemeinden zusammen. Der polnisch-litauische Staat, in dessen Grenzen sich damals die in der Welt größte Gemeinschaftssiedlung von Juden befand, bestand aus dem Kronland – so nannte man die ethnisch polnischen Gebiete, einschließlich des Mitte des 15. Jahrhunderts eingegliederten Königlichen Preußen (des späteren Westpreußen) und der 1569 eingegliederten Ukraine – und dem Großfürstentum Litauen, das zu jener Zeit nicht nur Litauen, sondern auch Weißrußland umfaßte. Es war, nach Rußland, der flächenmäßig größte europäische Staat, der in der ersten Hälfte des 17. Jahrhunderts etwa 900000 Quadratkilometer mit 10 Millionen Einwohnern zählte. Doch im 17. Jahrhundert bewirkten die europäische Wirtschaftskrise – die sich in Polen und Litauen besonders bemerkbar machte –, die Zerstörungen der Kriege Mitte des 17. Jahrhunderts und zu Anfang des 18. Jahrhunderts sowie die in ihrem Gefolge auftretenden Epidemien, daß die Bevölkerungszahl um etwa 40 Prozent zurückging.

Dieses riesige zweigliedrige Reich verlor in der zweiten Hälfte des 17. Jahrhunderts Teile der Ukraine (das Gebiet am linken Ufer des Dnjepr) an Rußland und hatte noch weitere kleine territoriale Einbußen hinzunehmen. Doch gelang es ihm, die Herrschaft über etwa 750000 Quadratkilometer zu behalten; in dieser Gestalt bestand es fast bis zum Ende des 18. Jahrhunderts fort, bis es dreimal hintereinander zwischen Preußen, Rußland und Österreich aufgeteilt wurde: erstmals 1772, dann 1793 (ohne Mitwirkung Österreichs) und schließlich 1795. Die letzte Teilung bedeutete das Ende dieses großen, jedoch bereits stark geschwächten staatlichen Organismus.

Die polnisch-litauische Bevölkerung setzte sich aus drei Ständen zusammen: dem Adel, dem Bürgertum und den Bauern, wobei jeder Stand in sich stark differenziert war. Von besonderer Bedeutung war die Aufsplitterung innerhalb des Adels. Nach der offiziellen Adelsdoktrin bestand zwar völlige Rechtsgleichheit für alle Angehörigen dieses Standes, doch war das im 17. und 18. Jahrhundert nur noch eine Fiktion, ein bloßes demagogisches Schlagwort. Denn zu diesem einen Stand zählten sowohl der Kleinadel, der sich in seinem Besitzstand kaum von den Bauern unterschied, als auch die mächtigen Magnaten. Die mächtigsten unter ihnen besaßen riesige Ländereien mit Hunderten von Dörfern und Dutzenden von Städten. Die Mehrzahl dieser umfangreichen Besitzungen befand sich im östlichen Teil des Staates, u. a. in der Ukraine, wo Magnaten seit dem 16. Jahrhundert eine intensive Kolonisierung durchgeführt hatten. Dadurch hatten sie ihre wirtschaftliche und politische Macht noch stärker ausgebaut und beherrschten einen großen Teil des Adels. Gestützt auf die Angehörigen des Kleinadels und des mittleren Adels verfügten sie über eine entscheidende Stimme in den regionalen Landtagen *(sejmiki)* und im zentralen Parlament *(sejm);* außerdem besetzten sie fast alle Sitze im Senat.

So konnten sie auch die Ergebnisse der seit der zweiten Hälfte des 16. Jahrhunderts stattfindenden Königswahlen beeinflussen, an denen der Adel aus dem gesamten Land beteiligt war. Die so gewählten Könige waren vom Adel und von den Magnaten abhängig, da sie die Krone von deren Gnaden erhielten und selbst nur begrenzte Machtbefugnisse hatten. Der Staat selbst nannte sich Republik (poln. *Rzeczpospolita*), obwohl an seiner Spitze ein polnischer König stand, der zugleich den Titel eines Großfürsten von Litauen und Herrschers von Ruthenien führte.

Die Krise im 17. Jahrhundert und die Kriegszerstörungen führten auch zum Niedergang der Städte und des Bürgertums; Ausnahmen bildeten das blühende Danzig und die im 18. Jahrhundert stark anwachsende Hauptstadt Warschau. Die Wirtschaftsstruktur der Kleinstädte, in denen die Bürger sich nicht von Handel und Handwerk ernähren konnten und sich deshalb der Landwirtschaft zuwandten, veränderte sich zusehends.

Doch schlimmer noch war die Lage der Bauern, die drei Viertel der Bevölkerung ausmachten und Untertanen des Adels waren. Seit den Anfängen des 16. Jahrhunderts lastete auf ihnen die Pflicht, wöchentlich mehrere Tage Frondienst zu leisten. (Im Laufe der Zeit vergrößerte sich die Zahl der Frontage noch.) Sie arbeiteten auf den Höfen des Adels, den sogenannten Vorwerken, wo Getreide geerntet wurde, das vorwiegend für den Export nach Westeuropa bestimmt war. Eine Reihe dieser Einrichtungen und gesellschaftlichen Lebensformen stellte bereits damals einen Anachronismus dar; im 18. Jahrhundert versuchten Vertreter des von der Ideologie der Aufklärung durchdrungenen wohlhabenden Bürgertums und Adels, sie zu reformieren, doch waren diese Versuche wegen der Auflösung des Staates nur wenig erfolgreich.

Die im 16. Jahrhundert im polnisch-litauischen Staat herrschende religiöse Toleranz begünstigte die Ausbreitung des Calvinismus und des Luthertums sowie die Einwanderung von Menschen, die in anderen Ländern Europas wegen ihres abweichenden Glaubens verfolgt wurden. Erst um die Mitte des 17. Jahrhunderts änderte sich die Lage, als die Gegenreformation in allen Bereichen des gesellschaftlichen und kulturellen Lebens zu dominieren begann.

In der Zeit religiöser Toleranz hatte sich auch die nationale Verschiedenartigkeit unter der Bevölkerung verstärkt, wobei es zwei Kategorien von nationalen und ethnischen Gruppen gab. Zum einen waren es die innerhalb des Königlichen Preußen lebenden Deutschen und auch die in ihren ethnischen Gebieten lebenden Polen, Litauer, Ukrainer und Weißruthenen. Andererseits waren es die ständig von außen einströmenden, sich in verschiedenen Teilen des Staates niederlassenden Deutschen gemeinsam mit den Juden, Schotten, Franzosen, Italienern, Armeniern und Tataren, die man zur Kategorie der nationalen Minderheiten zählen kann. Die Juden nahmen in dieser Kategorie einen besonderen Platz ein, denn die Vertreter der anderen Nationalitäten wurden meist schon in der zweiten oder dritten Generation polonisiert, während die Juden ihre Andersartigkeit und Eigenständigkeit beibehielten. Daher wuchs auch die Zahl der jüdischen Bevölkerung immer mehr, während die Zahl der anderen nationalen Minderheiten sich ständig verringerte.

Bis zur zweiten Hälfte des 17. Jahrhunderts wuchs die jüdische Bevölkerung vor allem als Folge der Einwanderung aus anderen Ländern. Später jedoch war die unter Juden in stärkerem Maße als unter Christen übliche natürliche Zuwachsrate die Hauptursache für das Anwachsen der jüdischen Bevölkerung. Die natürliche Zuwachsrate wurde jedoch in gewissem Maße durch die Bevölkerungsverluste ausgeglichen, die die Juden im 17. und 18. Jahrhundert als Folge von Pogromen und

Die jüdische Bevölkerung im polnisch-litauischen Staat

Zeitraum	Fläche in qkm	Bevölkerung	Zahl der Juden	Anteil der Juden
um 1400	1 000 000	?	30 000	unter 1%
Ende des 16. Jahrhdts.	815 000	7 500 000	300 000	unter 4%
Mitte des 17. Jahrhdts.	990 000	10 000 000	500 000	unter 5%
1791	535 000	10 000 000	1 000 000	unter 10%

Verfolgungen hinnehmen mußten. Die meisten Opfer forderten die Kriege Mitte des 17. Jahrhunderts; 1648 wurden während des Kosakenaufstandes in der Ukraine unter Bogdan Chmielnicki in den östlichen Landesteilen ganze jüdische Gemeinden ausgerottet; viele Juden starben in der zweiten Hälfte des 17. und der ersten Hälfte des 18. Jahrhunderts als Folge zahlreicher Anschuldigungen, sie hätten Ritualmorde an Christen und deren Kindern begangen.

Im Mittelalter waren Juden aus dem Kiewer Reich und aus verschiedenen Ländern Europas nach Polen gekommen. Doch zu Beginn des 13. Jahrhunderts wurde das Kiewer Reich von den Tataren erobert, wobei die jüdische Gemeinde in Kiew, von wo die jüdischen Einwanderer nach Polen kamen, zu existieren aufhörte. Seither bildeten Deutschland und Böhmen das wichtigste Reservoir der nach Polen und in andere Teile des polnisch-litauischen Staates auswandernden Juden. In diesen Gebieten hat es vier jüdische Einwanderungsphasen gegeben:

1. vor dem ersten Kreuzzug, als auch Juden aus dem Kiewer Reich beteiligt waren;

2. zwischen dem ersten und dem letzten Kreuzzug, als der Zustrom der Juden mehr einer Massenevakuierung als einer Einwanderung glich;

3. die Massenkolonisierung der Juden seit der zweiten Hälfte des 13. bis zum Ende des 15. Jahrhunderts, die mit der Ansiedlung deutscher Bauern und Handwerker in Polen parallel lief;

4. sporadische Fälle von Einwanderungen im 16. und 17. Jahrhundert; 1612 kamen u. a. aus Frankfurt am Main, 1670 aus Wien vertriebene Juden.

Jede Judenverfolgung in Deutschland hatte einen Zustrom von Flüchtlingen zur Folge, die nicht nur ihr Kapital und materielle Güter mitbrachten, sondern auch die jiddische Sprache, der sich die Juden später in Osteuropa bedienten, sowie eine Kultur, die einen starken Einfluß auf das gesellschaftliche Leben und die Institutionen der Juden im Kronland und im Großfürstentum Litauen ausübte.

Der Rechtsstatus der Juden und ihre wirtschaftliche Betätigung wurden durch ihnen verliehene Privilegien bestimmt, die auf deutsche Vorbilder zurückgingen. Das erste Privileg wurde den Juden in Großpolen vom Fürsten von Kalisz, Bolesław dem Frommen, 1264 verliehen. Es ging auf ein analoges Dokument zurück, das für tschechische Juden von Ottokar II., dem König von Böhmen, 1254 unterzeichnet worden war; diese Urkunde wiederum stützte sich auf ein Privileg von Kaiser Friedrich II. aus dem Jahre 1238, ausgestellt für die Juden in Wien. 1334 dehnte der polnische König Kazimierz der Große die Gültigkeit des Privilegs von Bolesław auf Kleinpolen aus, und 1388 verlieh der litauische Großfürst Witold dieses Privileg den Juden in Lemberg, Lutzk, Brest Litowsk und Troki.

Diese Privilegien sicherten den Juden freie Religionsausübung zu, sahen Strafen für die Verfolgung von Juden vor, gaben ihnen das Recht, sich mit Geldverleih und – gleichberechtigt mit den Christen – mit Handel zu beschäftigen, gestatteten jüdischen Gerichten, Streitfälle zwischen Juden zu schlichten, und schufen außerdem die Rechtsgrundlage für eine interne Organisation der jüdischen Gemeinden. In der Zeit vom 16. bis zum 18. Jahrhundert erhielten viele jüdische Gemeinden Privilegien, die auf diese Grundsätze zurückgingen; die Könige verliehen sie an Gemeinden in den königlichen Städten, die Magnaten und der wohlhabende Adel vergaben sie an Gemeinden in den ihnen gehörenden privaten Städten.

Im 17. und im 18. Jahrhundert erhielten auch jüdische Gemeinden, die in Kleinstädten, wohin viele Juden aus den größeren königseigenen Städten gezogen waren, ihre Privilegien. Dies geschah aus zweierlei Gründen: zum einen hatte eine Reihe von königlichen Städten dank der Bemühungen von Bürgern Privilegien *de non tolerandis Iudaeis* erhalten, die den Juden einen ständigen Aufenthalt in diesen Städten untersagten, zum andern hing dies mit der wirtschaftlichen Krise und den Folgen von Kriegszerstörungen zusammen, die den größten Teil der dort lebenden Juden ihrer Einkommensquellen beraubt hatten. Sie suchten nun in den Kleinstädten nach einer neuen Existenz.

Als Folge dieser Bevölkerungsbewegung wurden die Kleinstädte zum Mittelpunkt von Ansiedlungen jüdischer Bevölkerung, was wiederum einen starken Einfluß auf die berufliche Struktur der Juden und die Herausbildung ihrer charakteristischen kleinstädtischen Kultur hatte, die sich unter den osteuropäischen Juden zum vorherrschenden Kulturtypus entwickelte. Im 17. und 18. Jahrhundert lebten in den Kleinstädten die bedeutendsten Rabbiner und geistigen Führer des Judentums, und hier schufen sie ihre Werke.

Innerhalb der Stadtbevölkerung bildeten die Juden jene Gruppe, die sich nicht der Landwirtschaft widmete – dies unterschied sie von den anderen Bewohnern der Kleinstädte. Die Juden trieben Handel und waren neben den Schotten und Armeniern meist die einzigen Kaufleute in den polnischen und litauischen Städtchen. Innerhalb des Handwerks beherrschten sie fast ganz die Bekleidungsbranche, d.h. das Schneider-, Kürschner- und Mützenmacherhandwerk. Einen wichtigen Wirtschaftszweig im polnisch-litauischen Staat bildeten die Herstellung und der Handel mit alkoholischen Getränken; damit beschäftigten sich fast ausnahmslos Juden, die dem Adel gehörende Brennereien, Brauereien und Dorfwirtschaften gepachtet hatten, häufig auch die Gastwirtschaften in den Städten.

Bei der Ausübung dieser Berufe und dieser Gewerbe knüpften Juden Kontakte zu den Christen, die jedoch rein wirtschaftlichen Charakter hatten. Nähere Beziehungen zwischen Menschen, die zwei unterschiedlichen Gesellschaftsschichten angehörten, waren hingegen selten; eine gegenseitige Annäherung von Gruppen der jüdischen und der christlichen Bevölkerung erfolgte nicht. Sogar in den Kleinstädten, die häufig nur etwa 1000 Einwohner zählten, bildeten sich keinerlei nachbarliche Beziehungen zwischen Juden und den in unmittelbarer Nähe lebenden Bürgern.

Im polnisch-litauischen Staat gab es jüdische Selbstverwaltungs-Institutionen in drei Stufen. Im lokalen Bereich bildeten die Gemeinden innerhalb der Städte eine solche Institution, der sowohl die in der Stadt lebenden Juden als auch die jüdischen Bewohner der Umgebung angehören mußten. Im 16. Jahrhundert entstanden dann Institutionen mit regionalem Wirkungsbereich, die sogenannten Kreise (Landversammlungen). In Großpolen, Kleinpolen und in der Ukraine gab es je zwei solcher Landversammlungen, in Litauen dagegen den sogenannten Litauischen Rat (hebr. *Waad Medinat Lita*). 1581 wurde der Litauische Rat dem neu entstandenen Sejm der Vierländer (hebr. *Waad Arbaa Arazoth*) unterstellt, der von den Delegierten der jüdischen Gemeinden aus Großpolen, Kleinpolen, Rot-Ruthenien und Wolhynien gegründet worden war.

Der Sejm der Vierländer erfüllte vielerlei Aufgaben, u. a. die des Steuereinnehmers. Dies erfolgte dadurch, daß der Fiskus den Sejm mit einer bestimmten Pauschalsumme belastete und dieser die Zahlungsverpflichtungen dann auf die einzelnen Landversammlungen und Gemeinden verteilte. Der Waad Arbaa Arazoth vermittelte in allen Angelegenheiten, die die gegenseitigen Beziehungen zwischen den Gemeinden und dem Staat betrafen; am Waad arbeitete auch ein Tribunal, die höchste juristische Instanz bei Streitfällen unter Juden. Waad gab auch Verordnungen heraus, die das gesellschaftliche und soziale Leben betrafen. Nach Auflösung des Waad Arbaa Arazoth im Jahre 1764 durch den Sejm übernahmen die Gemeinden auch die Steuerangelegenheiten. Die Auflösung dieser Institution war ein deutliches Zeichen der Diskriminierung von Juden und wurde von ihnen im Kronland und im Großfürstentum Litauen auch als solche empfunden. Nachdrücklich bestätigte dies Ende des 18. Jahrhunderts in seinem hebräisch geschriebenen Tagebuch der Dow Birkenthal aus Bolechow (Westukraine), der zwar zum Kreis der jüdischen Anhänger der Aufklärung gehörte, jedoch ohne zu zögern feststellte, die Teilungen Polens seien eine Strafe des Himmels für die Auflösung des Waad Arbaa Arazoth gewesen.

Um die Mitte des 18. Jahrhunderts wurde die jüdische Bevölkerung in Polen, Weißrußland und in der Ukraine von der Bewegung der *Chassidim* (d. h. Frommen) erfaßt, die sich in ihrer Anfangsphase um den angeblichen Wundertäter Baal Schem Tow (abgek. Bescht) scharte. Die Chassidim behaupteten, der Mensch könne sich Gott vor allem im Zustand religiöser Ekstase nähern, und nicht unbedingt durch eine genaue Kenntnis der Bibel und des Talmud. Diese Bewegung fand in der jüdischen Bevölkerung eine breite Resonanz, weil sie diese im Bereich des religiösen Lebens mit der Schicht der gebildeten und schriftgelehrten Juden gleichsetzte. Gegen die Chassidim entstand eine Opposition in Gestalt der *Mitnagdim* (d. h. Gegner), die vor allem die Juden in Litauen erfaßte, wo die Chassidim nur wenige Anhänger hatten.

Von genau entgegengesetzter Art waren die Ende des 18. Jahrhunderts aus Deutschland zu den polnisch-litauischen Juden vordringenden Ideen der jüdischen Aufklärung *(Haska-*

la) und die Schriften ihres Schöpfers Moses Mendelssohn. Diese Richtung vertrat die Ansicht von der Notwendigkeit einer Modernisierung aller unter den Juden existierenden Institutionen, fand jedoch ein nur geringes Echo. Sie war auch lediglich eine Rezeption von aus Deutschland infiltrierten Ideen, während der Chassidismus eine originäre, in Osteuropa entstandene Bewegung darstellte, die auch zur Isolierung der Juden innerhalb der christlichen Gesellschaft führte.

Die Zahl der Juden, die im ehemaligen polnisch-litauischen Staat zum christlichen Glauben übertraten, ist unbekannt. Wahrscheinlich war sie verhältnismäßig klein; nach sehr gewagten hypothetischen Schätzungen können wir für die ganze Periode etwa 20000 bis 30000 Personen annehmen. Doch die Fragen, die ihren gesellschaftlichen Status betrafen, sowie die Notwendigkeit, nach der Taufe einen neuen Lebensanfang zu finden, bildeten vom 16. bis 18. Jahrhundert ein wichtiges und stets aktuelles soziales und religiöses Problem. Fast drei Jahrhunderte lang führte es zu lebhaften Reaktionen bei der Geistlichkeit, beim Adel und beim Bürgertum, denn eine unausweichliche Konsequenz der Annahme des katholischen oder lutherischen Glaubens durch die Juden – wobei der Übertritt zum Luthertum wesentlich seltener stattfand – war ja das Eindringen der jüdischen Konvertiten in fast alle Gesellschaftsschichten. Es handelte sich hierbei um ein Element des Entwicklungsprozesses der sie aufnehmenden polnisch-litauischen Gesellschaft.

Die Veränderungen, die der gesellschaftliche und kulturelle Integrationsprozeß der Konvertiten hervorrief, betrafen alle Lebensbereiche; sie waren tiefgreifender als Veränderungen in persönlichen Situationen und in der gesellschaftlichen Zugehörigkeit von Gruppen und Individuen, die innerhalb der christlichen Bevölkerung stattfanden. Man muß sie als die vielseitigsten und radikalsten Erscheinungsformen gesellschaftlicher Mobilität betrachten, denn die Tatsache, daß ein Jude zu einem der christlichen Bekenntnisse übertrat, bedeutete nicht nur den Wechsel der Religion, des gesellschaftlichen Status und des Milieus, sondern auch den Wechsel seiner Volkszugehörigkeit.

Die Veränderungen in der Situation der Getauften begannen mit der Herauslösung aus allen den Juden in der polnischen Republik auferlegten Einschränkungen, Rechten und Privilegien und mit der Eingliederung in eine Stände-Hierarchie, der sie während ihrer Zugehörigkeit zu den jüdischen Gemeinden nicht unterstellt waren. Die Konvertiten mußten auch ihren Lebensstil den Anforderungen der christlichen Religion und den Regeln jener Kreise anpassen, von denen sie nun aufgenommen wurden. Verbunden war damit die Notwendigkeit, sich einen bestimmten Bereich polnischer Kultur anzueignen. Auch in den familiären Beziehungen der Getauften kam es zu drastischen Veränderungen; in der Regel mußten sie sich von ihren im mosaischen Glauben verbleibenden Eltern trennen, sie verließen sogar ihre ungetauften Ehegatten und Kinder. So kam es, daß die meisten getauften jungen Männer und Mädchen, aber auch die verheirateten Männer und Frauen kurz nach der Taufe die Ehe mit geborenen Katholiken und Katholikinnen eingingen und auf diese Weise ihre neuen, nunmehr rein christlichen Familien gründeten. Zu Veränderungen kam es auch in der wirtschaftlichen Situation. Durch den Abbruch aller Verbindungen zu ihrer jüdischen Umwelt und durch die von ihren ehemaligen Glaubensbrüdern angewandten Sanktionen wurden sie häufig ihrer materiellen Existenz beraubt und mußten sie neu aufbauen.

Wissenschaftliche Arbeiten, die der Frage der getauften Juden in Polen-Litauen gewidmet sind, betreffen fast nur die Frankisten, eine erst um die Mitte des 18. Jahrhunderts entstandene judaistische Sekte, die später geschlossen zum katholischen Glauben übertrat, sich aber in vielerlei Hinsicht sowohl von den früheren, als auch den zu ihrer Zeit lebenden getauften Juden unterschied. Auch der Prozeß der gesellschaftlichen Integration der Frankisten verlief anders als die Integration anderer jüdischer Konvertiten. Dies um so mehr, als sich der überwiegende Teil der Frankisten, »in kleinen Gruppen, in verschiedenen Städten lebend«,[1] nicht mit der ihnen fremden Umgebung vermischen mußte und dadurch den Schwierigkeiten entging, denen sich die einzeln in das Leben der christlichen Gesellschaft eintretenden Konvertiten ausgesetzt sahen.

Der Prozeß der gesellschaftlichen und kulturellen Integration der Neugetauften war von einer Reihe von Faktoren bedingt, von denen manche mit den in jüdischen Gemeinschaften herrschenden Verhältnissen zusammenhingen. Dazu muß man zählen:

[1] J. Kitowicz, *Opis obyczajów za panowania Augusta III.* Hg. v. R. Pollak. Breslau 1951, S. 14.

1. die kulturelle Isolation der jüdischen Gemeinden in der polnischen Adelsrepublik, die dazu führte, daß die ihnen entstammenden Konvertiten in keiner Weise auf die Integration in die christliche Gesellschaft vorbereitet waren,

2. die rücksichtslose Bekämpfung der Konvertiten und der sich auf die Taufe vorbereitenden »Katechumenen« durch die Juden selbst.

Zum anderen ging es um Faktoren, die die gesellschaftliche Struktur der polnischen Bevölkerung und die Verhältnisse innerhalb der sie aufnehmenden Kreise betrafen. Dazu gehörten:

1. das gesellschaftliche und politische System in der polnischen Adelsrepublik,

2. die allgemein wenig freundliche Einstellung der Bevölkerungsmehrheit gegenüber Juden, die häufig auf die von ihnen abstammenden Konvertiten übertragen wurde,

3. die Tätigkeit der Orden, kirchlichen Institutionen und Behörden, die sich bemühten, die Haltung der Neugetauften und der sie aufnehmenden Bevölkerungskreise zu beeinflussen.

Außerdem muß noch ein Faktor berücksichtigt werden, der sowohl mit den Zuständen innerhalb der jüdischen Gemeinschaft zusammenhing, als auch mit der hier ausgeübten christlichen Missionstätigkeit. Es geht um die Motive, die einzelne Juden zur Annahme des christlichen Glaubens veranlaßten und damit zur Lösung aller Bindungen, die sie mit ihren Familien und der jüdischen Gemeinschaft verknüpften.

Die Wirksamkeit dieser Motive endete keineswegs mit dem Entschluß zum Glaubenswechsel. Nach vollzogener Taufe beeinflußten sie weiterhin die Haltung der Konvertiten und den von ihnen gewählten neuen Lebensweg. Die gleichen Motive, die sie der Kirche zugeführt hatten, bestimmten auch ihre Fähigkeit, sich psychisch dem Integrationsprozeß innerhalb der christlichen Gesellschaft anzupassen, und ihre Bereitschaft, die auf diesem Wege auftretenden Schwierigkeiten und Hindernisse zu überwinden. Man kann davon ausgehen, daß es denjenigen Konvertiten, die tatsächlich von der Überlegenheit der christlichen Religion gegenüber dem Judaismus überzeugt waren, wesentlich leichter fiel, mit diesen Schwierigkeiten fertigzuwerden. Ganz anders mußte auf die gleichen Probleme ein Konvertit reagieren, für den die Annahme des christlichen Glaubens ein Mittel zur Schaffung besserer Lebensbedingungen für sich selber oder auch zur Befreiung von Mühseligkeiten war, die mit dem Bekenntnis zur mosaischen Religion und der Zugehörigkeit zur jüdischen Gesellschaft zusammenhingen. In solchen Fällen machten es die Ablehnung durch die neue Umgebung und die Hindernisse beim Erreichen eines gesellschaftlichen Aufstiegs schwierig oder gar unmöglich, jenes Ziel zu erreichen, für das der Konvertit seine Religion gewechselt und seine Familie und seine Kreise aufgegeben hatte.

Die Motive, die zum Übertritt von der mosaischen zur christlichen Religion führten, liegen keineswegs nur in subjektiven Charaktermerkmalen der einzelnen Konvertiten. Sie sind vor allem durch die kulturelle Isolierung der Juden bedingt, die es den Taufwilligen unmöglich machte, sich eine gründliche Vorstellung über das Wesen und den Charakter des Christentums und seiner konfessionellen Vielfalt zu machen. Die christliche Missionstätigkeit hat diese Unwissenheit nicht beheben können. Bei der Erforschung dieser Probleme stoßen wir allerdings auf Lücken in den Quellen für das 16. bis 18. Jahrhundert. So bildet die Auswertung der Quellen für die erste Hälfte des 19. Jahrhunderts die einzige Methode, um unser Wissen in diesem Bereich zu vertiefen; im damaligen Königreich Polen lebte ein großer Teil der jüdischen Bevölkerung immer noch in fast ebenso starker gesellschaftlich-kultureller Isolation wie in den vorhergehenden Jahrhunderten. So erhalten wir aus den erwähnten Quellen Informationen, die auch für die früheren Verhältnisse gelten dürften. Diese Möglichkeit verdanken wir einem im damaligen Polnischen Königreich eingeführten Verfahren, aufgrund dessen die Konvertiten vor Annahme der Taufe offizielle Erklärungen abgeben mußten.

Zum Beispiel ein gewisser Leib Jekiel aus dem Städtchen Modliborzyce in der damaligen Wojewodschaft Lublin war sicherlich keine Ausnahme, wenn er 1845 vor Annahme der Taufe erklärte, daß »ich mit den Grundsätzen der christlichen Religion nicht gut Bescheid weiß, da ich mich bisher stets unter Juden aufgehalten habe und nur das Kreuzzeichen machen kann«[2]. Es kam sogar vor, daß die Konvertiten nicht wußten, welches christliche Bekenntnis sie anzunehmen beabsichtigten, und es nur durch Hinweis auf den diesen Glauben vertretenden Geistlichen identifizieren konnten. So erklärte ein gewisser Bojm Abramowicz aus der Stadt Siedlce im Jahre 1854, daß »er wünsche, jenen christlichen Glauben anzunehmen, in dem die

[2] Staatsarchiv der Wojewodschaft und der Stadt Lublin. Rząd Gubernialny Warszawski, Adm. 117.

Kapuziner sind«[3]; er war jedoch nicht einmal in der Lage zu erklären, um welches Bekenntnis es ihm dabei ging. Und Aaron Boruchowicz aus dem Städtchen Zelechów äußerte 1847 den Wunsch, »die römisch-katholische Religion anzunehmen, das heißt die gleiche, wie sie der Pfarrer im Dorf Laskarzewo bekennt«[4]. Die Priester und Mönche bildeten für diese künftigen Konvertiten das einzige konkrete Synonym für die ihnen unbekannte christliche Religion.

Vier Kategorien von Motiven für die Annahme des christlichen Glaubens lassen sich bei den Juden in Polen-Litauen deutlich unterscheiden. Zur ersten Kategorie gehört die Überzeugung von der Richtigkeit der christlichen Religion und ihrer Überlegenheit gegenüber der mosaischen. Es ist unmöglich, diejenige Gruppe von Täuflingen einzugrenzen, die vor allem aus solchen religiösen Motiven zum Christentum übertrat, da die von ihnen abgegebenen Erklärungen keinen ausreichenden Beweis dafür bilden können. Wir haben schon über die kulturelle und gesellschaftliche Isolation der jüdischen Gemeinden gesprochen. Ein Jude, dem ein grundlegendes Wissen über das Christentum fehlte, konnte sich nicht in einen tiefgläubigen Katholiken oder tiefgläubigen Protestanten verwandeln, auch wenn er sich für kurze Zeit unter dem Einfluß des ihn zur Taufe vorbereitenden Geistlichen befunden hatte. Man muß also feststellen, daß der Anteil der von dieser Motivkategorie geleiteten Taufwilligen sehr gering gewesen sein muß.

Zur zweiten Kategorie sind Motive zu rechnen, die mit dem Streben nach einer höheren Stufe in der gesellschaftlichen Hierarchie und nach besseren materiellen Lebensbedingungen zusammenhängen. Zu denen, die sich von solchen Motiven leiten ließen, gehörten einerseits mittellose Juden, die durch Annahme des Christentums ihre wirtschaftliche Situation verbessern wollten, andererseits wohlhabende Juden, die mit Hilfe des gleichen Mittels einen gesellschaftlich und wirtschaftlich so hohen Standard erreichen wollten, wie er für Bekenner des mosaischen Glaubens sonst unerreichbar war.

Die dritte Kategorie erfaßt Motive, von denen sich solche Juden leiten ließen, die durch die Taufe einen Ausweg aus einer schwierigen Situation, oder die Lösung eines besonders komplizierten Lebensproblems erwarteten. Dieses Motiv taucht

[3] Ebd.
[4] Ebd.

manchmal bei zum Tode verurteilten Juden auf, da sie dadurch eine Umwandlung des ihnen drohenden qualvollen Todes in einen leichteren Tod erreichen konnten. Den Rabbiner-Responsen – also den Antworten auf Fragen, die religiöse, private und sittliche Angelegenheiten betreffen – entnehmen wir das Problem sexueller Kontakte mit Christinnen: Für ein solches Vergehen drohte einem Juden die Todesstrafe, vor der ihn der Übertritt zum Katholizismus bewahren konnte. Außerdem kam es vor, daß in den seltenen Fällen, in denen jüdische Frauen von ihren jüdischen Männern verlassen wurden, die jeweils Verlassene sich taufen ließ. Nach der persönlichen Tragödie wollten sie ein neues Leben beginnen, und der Übertritt zum Christentum gab ihnen diese Gelegenheit, da er sie völlig von ihren angestammten Kreisen löste. Auch verschiedene vom Bann des Rabbinats getroffene Juden nahmen das Christentum an; hier war das Motiv ihrer Taufe einfach die Rettung vor den schrecklichen Folgen eines solchen Bannspruchs. Der jüdische Bannfluch ist im Gegensatz zur katholischen Exkommunikation keine Besserungsstrafe, sondern eine rächende Strafe, und der Ausgestoßene findet keinen Platz in der jüdischen Gemeinde; der Bannfluch stellt ihn außerhalb der Gemeinschaft und macht ihm in dieser Gemeinschaft eine materielle Existenz unmöglich. Ein Bannfluch konnte einen Menschen so tief treffen, daß er sogar den unmittelbaren Anlaß für den Tod des Ausgestoßenen bilden konnte. Die Rettung ausgestoßener Juden durch die Annahme des Christentums bestätigte auch der Bischof von Wilna, Ignaz Massalski, der 1783 bemerkte, daß sie sich oft taufen ließen, um »der Bestrafung durch die Ungläubigen (die Juden) zu entgehen«[5].

Die vierte Kategorie der Motive betrifft entführte oder anderswie von ihren Eltern getrennte Jugendliche und Kinder. Hier handelt es sich natürlich nicht um Motive, die dem eigenen Entschluß entstammten; die Taufe war hier Folge der Anwendung von Zwang oder bestenfalls Folge der Nachgiebigkeit der aus ihrer Umgebung losgelösten minderjährigen Juden.

Die christliche Missionstätigkeit unter den Juden beschränkte sich nicht auf die Verbreitung des christlichen Glaubens, sondern umfaßte auch die Betreuung der Konvertiten, die in ihrer neuen Umgebung ihre ersten Schritte taten. Ziel dieser Betreuung war es, ihre stärkere Einbindung in die christlichen Kreise

[5] J. Kurczewski, *Biskupstwo wileńskie*. Wilna 1912, S. 506.

zu erreichen und ihre mögliche Rückkehr zum Judentum zu verhindern. Hierfür verbot die Geistlichkeit die Aufrechterhaltung jedweder Kontakte zwischen Getauften und Juden, wie es auch in den Beschlüssen der Synode von Basel im Jahre 1434 verboten worden war. Schon um die Wende vom 13. zum 14. Jahrhundert hatte Papst Innozenz III. dazu aufgerufen, den Neugetauften Hilfe zu leisten; auch die nächsten Päpste schenkten dieser Frage ihre Aufmerksamkeit. In der polnischen Adelsrepublik rief Bischof Wołłowicz 1759 die Gläubigen seiner Diözese von Lutzk (Wolhynien) dazu auf, Opfergaben für die Neugetauften zu bringen, damit »wenn sie keine Lebensmöglichkeiten für sich erblicken, sie nicht vom Weg der Erlösung abweichen«[6]; zur gleichen Zeit beklagte der Priester Gaudenty Pikulski in seinem Buch mit dem bezeichnenden Titel ›Die jüdische Bösartigkeit‹, daß Juden, »die gerade getauft wurden, von den Christen oft keinerlei Hilfe zum Leben erhalten«[7]. Dieses Problem blieb u. a. deshalb aktuell, weil sich der größte Teil der Konvertiten aus jungen Menschen zusammensetzte, die vor ihrer Taufe größtenteils von ihrer Familie versorgt wurden.

Die katholische Geistlichkeit bemühte sich, in allen Gesellschaftsschichten Interesse für diese Fragen zu wecken, vor allem in denjenigen Gemeinden, in denen Judentaufen stattfanden. Das brachte den Konvertierten nicht nur materielle Vorteile, es weckte bei ihnen auch ein Gefühl der Zusammengehörigkeit mit den Gemeindemitgliedern, in deren Mitte sie nunmehr in die Kirche aufgenommen waren. Wohlhabende und angesehene Bürger wurden zu Pateneltern berufen. Ähnlich wie in Westeuropa wurde ihnen die Sorge um die Existenzbedingungen der Konvertiten übertragen, darunter auch das Auftreiben einer Mitgift für die heiratsfähigen Mädchen. Doch die beste Hilfe war unter den bestehenden polnischen Verhältnissen die Protektion eines wohlhabenden Magnatengeschlechts. So finden wir unter den Paten der jüdischen Konvertiten Könige und führende polnisch-litauische Magnaten.

Ungelöst blieb aber die Frage der getauften und von ihren Familien getrennten Kinder. Die kirchlichen Behörden – vielleicht aufgrund von Meinungsverschiedenheiten in Bezug auf die Taufe minderjähriger Juden – erteilten keinerlei Direktiven

[6] Zitiert nach Ks. Wirszyłło, *Stosunek duchowieństwa katolickiego na* Wołyniu do Żydów w XVIII wieku. Miesiecznik Diecezjalny, Łucki 9 (1934), S. 17.

[7] G. Pikulski, Złość żydowska. Lemberg 1758, S. 174.

in dieser Sache. So waren die getauften jüdischen Kinder oft der Not und Schutzlosigkeit ausgesetzt. Sie bekamen oft keine Pflege, und ihre Umgebung spottete häufig über ihre jüdische Herkunft. In Litauen übernahm in der ersten Hälfte des 18. Jahrhunderts der Priester Szczepan Turczynowicz und der von ihm gegründete Orden Mariae Vitae (Mariavitinnen) die Sorge für die minderjährigen Getauften. Die Mariavitinnen verbanden die Verbreitung des katholischen Glaubens unter den Juden mit dem Bemühen, die getauften Frauen und Kinder in die christlichen Kreise zu integrieren. Die Auflösung des Ordens im Jahre 1773 bedeutete das Ende einer Institution, die systematisch eine solche Integration erleichtert hatte. Von besonderer Bedeutung war ihr Interesse für Probleme, die mit der Eheschließung von getauften Mädchen zusammenhingen. Sie sammelten für die Mitgift derjenigen, die heiraten oder in Klöster eintreten wollten. Das spielte im Hinblick auf die besondere Altersstruktur der Konvertiten eine wichtige Rolle beim Prozeß ihrer gesellschaftlichen Integration. Bereits in der zweiten Hälfte des 16. Jahrhunderts erkannte Karl Borromäus, Bischof von Mailand, Kardinal und bekannter kirchlicher Reformator, die Möglichkeit, diese Sachlage für eine stärkere Bindung der Neugetauften an die von ihnen angenommene Religion und ihr neues Milieu zu nutzen. Er empfahl den Geistlichen, keine Ehen unter Konvertiten zuzulassen; sie sollten sich ausschließlich mit Katholiken und Katholikinnen vermählen; diese Ehebindungen sollten das Element darstellen, das sie an Christen und die katholische Kirche bände. Dieses Ehemodell wurde in der polnischen Adelsrepublik in der ersten Hälfte des 18. Jahrhunderts propagiert, als das Problem durch die wachsende Zahl von Konvertiten an Aktualität gewann.

Die Ansicht der Kirche, eine Ehe sei ein Faktor, der die Integration der Neugetauften in die christliche Gesellschaft erleichtere und beschleunige, brachte deren Betreuer dazu, Konvertitinnen schon vor Erreichung der Volljährigkeit zu verheiraten. Es gab Fälle, daß Mädchen, die mit zehn Jahren getauft worden waren, bereits mit knapp dreizehn Jahren mit geborenen Katholiken verheiratet wurden. Zugleich befreite eine rasche Eheschließung die geistlichen Betreuer von ihrer Fürsorgepflicht. Und wenn der Ehekandidat einer unteren sozialen Schicht entstammte, bestand nicht einmal die Notwendigkeit, dem Mädchen eine größere Mitgift zu geben. Doch die auf solche Bedingungen eingehenden jungen Männer erfüllten nicht immer die in sie gehegten Erwartungen, da viele von ihnen schon nach wenigen Monaten auf Wanderschaft gingen und ihre jungen Frauen im Stich ließen. Manche neugetauften Männer oder Frauen verließen auch ihre katholischen Ehepartner, was fast immer mit einer Rückkehr zum Judentum verbunden war. Es ist verständlich, daß Konvertiten kurz nach Verlassen ihrer Familien und ihres Milieus nicht hinreichend auf ein Eheleben mit Partnern vorbereitet waren, die einem ganz anderen gesellschaftlichen und kulturellen Milieu entstammten. Das Scheitern solcher Ehen lag vor allem an Schwierigkeiten, sich den neuen Lebensbedingungen anzupassen. So wie die Juden beim Übertritt zum christlichen Glauben bereit waren, ihre Kinder und Ehepartner zu verlassen, so verließen die Getauften, wenn sie zum Judentum zurückkehrten, ihre katholischen Familien.

Die Integration der getauften Juden in einen der drei im polnisch-litauischen Staat bestehenden Stände stellte die größte Veränderung ihrer eigenen gesellschaftlichen Situation dar. Ihre Aufnahme in einen der Stände war eine soziale Notwendigkeit, da man ohne Zugehörigkeit zu einem der Stände keinen festen Halt in dieser Gesellschaft erlangen konnte. Das unterscheidet wesentlich diese Integration im 16. bis 18. Jahrhundert von dem analogen Prozeß, der nach der Auflösung der Stände im 19. Jahrhundert stattfand, als sich eine neue, auf anderen Kriterien basierende gesellschaftliche Stratifikation herausbildete. Die getauften Juden wurden in den Adelsstand aufgenommen, sie wurden in das Bürgertum integriert, es geschah auch, daß sie Bauern und Mitglieder der Dorfgemeinden wurden.

Auch in Ländern Westeuropas wurden Juden manchmal als Anreiz oder Belohnung für den Übertritt zum Christentum in den *Adelsstand* erhoben. In der polnischen Adelsrepublik hatte diese Aufnahme einen besonderen Charakter. Das lag einerseits daran, daß sich der polnische Adel sowohl im polnischen Kronland als auch im Großfürstentum Litauen ausschließlich selbst als polnische Nation betrachtete, obwohl er eigentlich einen übernationalen gesellschaftlichen Stand bildete, der im gemeinsamen polnisch-litauischen Staat Privilegien und Vorrechte besaß, wie sie kaum in anderen Ländern Europas bekannt waren. Zum anderen war diese Besonderheit mit einer Rechtslage verbunden, die es ermöglichte, in den Jahren 1588–1764 Konvertiten den Adelstitel zu verleihen; sie war im sogenannten III. Litauischen Statut enthalten, dessen Gesetz bestimmte: »Wenn ein Jude oder eine Jüdin zum christlichen Glauben übertreten, so soll jede dieser Personen und ihre Nachkommen als Adlige gelten.«[8] Der polnische Jurist Wincenty Skrzetuski schrieb in der zweiten Hälfte des 18. Jahrhunderts: »Der Grund für dieses Gesetz kann kein anderer sein, als daß mit der Hoffnung auf Erlangung von Adelsprivilegien Juden zur Annahme des christlichen Glaubens bewogen werden sollten.«[9] Dieses Litauische Statut gilt als die bedeutendste Rechtsentscheidung der Zeit der Adelsrepublik, in der die humanitären juristischen Konzeptionen der Renaissance ihren Niederschlag gefunden hatten. Die Statuten spielten eine bedeutende Rolle in der Rechtspraxis sowohl im Großfürstentum Litauen als auch im polnischen Kronland, da sie jene Lücken füllten, die durch das Fehlen einer vollständigen Kodifikation des polnischen Rechtes entstanden waren. Die Bedeutung des durch das III. Litauische Statut festgelegten Artikels für getaufte Juden wuchs noch nach Verkündung der Konstitution von 1601, die bestimmte, daß die Erhebung eines Bürgers, Bauern oder Ausländers in den polnischen Adelsstand aufgrund eines für jede einzelne Person erlassenen Gesetzes erfolgen konnte. So behauptete noch in der zweiten Hälfte des 18. Jahrhunderts der in Polen weilende französische Priester Hubert Vautrin, daß in dieser Hinsicht »nur die getauften Juden privilegiert sind. Die Taufurkunde stellt für sie das Adelsdiplom dar«[10]. Denn die einzige Abweichung von dem 1601 eingeführten Grundsatz bildete die auf dem III. Litauischen Statut beruhende Art und Weise, wie getaufte Juden in den Adelsstand erhoben wurden.

Im 16. und 17. Jahrhundert war der sogenannte Konvertiten-Adel nicht zahlreich, denn der Großteil der getauften Juden bestand aus Jugendlichen, und auch die übrigen Konvertiten kannten kaum die polnische Kultur; beides erschwerte es den Getauften, die politischen und gesellschaftlichen Funktionen des Adels auszuüben und einen adeligen Amtstitel zu erhalten. In der ersten Hälfte des 18. Jahrhunderts wuchs die Zahl der Konvertiten, die trotz ihrer kulturellen Fremdheit begannen, sich mutig in die Reihen des Adels zu drängen. In der Sejm-Verfassung von 1764, die die Gültigkeit des uns bereits bekannten Gesetzes im III. Litauischen Statut aufhob, lesen wir: »In

[8] *Statut Wielkiego Księstwa Litewskiego.* Wilna 1819, S. 317.

[9] W. Skrzetuski, *Prawo polityczne narodu polskiego.* Warschau 1784, Bd. 2, S. 80.

[10] H. Vautrin, *La Pologne du XVIIIe siècle.* Hg. v. M. Cholevo-Flandrin, Paris 1966, S. 155.

ganz Polen ist die Zahl der Getauften angewachsen ... In der Vorsorge, daß diese den Namen des polnischen Adels nicht verdunkeln, wollen und beschließen wir, daß diese Getauften oder ihre Nachkommen ... kein Recht haben sollen, sich als Adlige zu bezeichnen.«[11] Der polnische Historiker Władysław Smoleński schrieb am Ende des vorigen Jahrhunderts im Zusammenhang mit der Veränderung, die nunmehr unter den jüdischen Konvertiten in Polen-Litauen eintrat: »Was wäre aus dem polnischen Adel geworden, wenn alle Juden seinem Lockruf gefolgt wären? Der israelische Adel hätte zweifellos den nationalen erstickt und hätte im Norden die Herrschaft seines Stammes begründet.«[12] Doch in Wirklichkeit gab es keine Gefahr, daß die polnisch-litauischen Juden in Massen das Christentum angenommen und sich scharenweise in polnische Adlige verwandelt hätten.

Die Mehrzahl der geadelten Konvertiten war nicht in der Lage, eigenen Grundbesitz zu erwerben; sie müssen daher der Schicht des grundbesitzlosen Adels zugerechnet werden. Da sie aber die Protektion der Magnaten und der Geistlichkeit besaßen, konnten sie den Bischöfen, Klöstern oder Adligen gehörende Höfe pachten. Manche wurden auf den Magnatengütern als Wirtschaftsbeamte angestellt, was ihnen gewisse Möglichkeiten gab, einen Amtstitel zu erwerben und den gesellschaftlichen Aufstieg zu vollziehen. Seit dem 17. Jahrhundert finden wir getaufte Juden, die geadelt waren, beim Militär, und in der zweiten Hälfte des 18. Jahrhunderts erreichten einzelne der getauften Juden hohe militärische Ränge, jedoch keiner von ihnen war in der Lage, zum Magnaten aufzusteigen oder ein hohes Staatsamt zu erwerben. In Rußland dagegen – obwohl dort eine sehr kleine Zahl von Juden lebte – übten einige Männer jüdischer Herkunft hohe Staatsämter aus. Vor allen anderen ist Piotr Schafirow erwähnenswert, der die Stellung eines Vizekanzlers bekleidete und sie Zar Peter I. persönlich verdankte, der überall begabte Persönlichkeiten suchte; auch wenn sie jüdischer Herkunft waren, schickte er sie in den Staatsdienst und öffnete ihnen den Weg zur Karriere. Doch das, was ein absolutistischer Herrscher Rußlands auf eigene Verantwortung tun konnte, blieb im 17. und 18. Jahrhundert den von den Magna-

[11] *Volumina Legum.* Persburg 1860, Bd. 7, S. 74.

[12] W. Smoleński, *Stan i sprawa Zydów polskich w XVIII wieku.* Warschau 1876, S. 1.

ten und dem Adel abhängigen polnischen Wahlkönigen versagt. Hohe Staatsämter wurden in der polnischen Adelsrepublik von den Magnaten besetzt; der König war in der Verteilung von Ämtern außerordentlich eingeengt; es wäre undenkbar gewesen, wenn er unter Umgehung des Geburtsadels irgendein Amt einem getauften Juden oder dessen Sohn übertragen hätte.

Nicht nur die Rechte der geadelten Konvertiten, sondern auch die Rechte der in den *Städten* ansässigen getauften Juden bildeten keine Fortsetzung jener Rechte, die sie vor der Annahme des Christentums besaßen; diese erworbenen Rechte stellten ein völlig neues Element dar, das ihre allgemeine Lage veränderte. Getaufte Juden, die den Status der städtischen Bürger erwarben, besaßen das Recht, am gesellschaftlichen Leben der Stadt teilzunehmen. Sie konnten an den Wahlen der Stadtbehörden mitwirken und den Handwerkszünften und Kaufmannsgilden angehören. Sie besaßen also weit größere Rechte als die Juden, denen es nur in wenigen Städten gestattet war, Mitglieder der Stadtverwaltung zu wählen. Nach dem in den polnischen Städten geltenden Magdeburger Recht durften diese Funktionen nur von Christen ausgeübt werden; Abweichungen von diesem Grundsatz waren selten. Die Konvertiten dagegen wurden als Katholiken angesehen und erfüllten damit die grundsätzliche Bedingung, die von jenen Kandidaten verlangt wurde, die sich um eine Stadtbürgerschaft bemühten.

Verschiedenen Konvertiten gelang es, nach Überwindung zahlreicher Schwierigkeiten in den Kreis der Elite vorzudringen, die in den größeren Städten die Macht ausübte. Sie mußten jedoch den Widerstand ihrer neuen Umgebung brechen, die den Konvertiten die Übernahme städtischer Ämter verwehrte. Das Privileg des Königs Sigmund August vom Jahre 1567 für die Stadt Kazimierz – die heute einen Teil von Krakau bildet – zählte die Konvertierten zur gleichen Kategorie wie Juden und Häretiker; damit war ihnen das Recht zur Ausübung öffentlicher Ämter bestritten. Obwohl das Magdeburger Recht lediglich bestimmte, daß Juden »kein Amt ausüben dürfen, in dem sie den Christen vorgesetzt wären«, unterstanden in Kazimierz auch die Konvertiten den gleichen Einschränkungen. Doch Ansprüche dieser Art konnten nur unter jenen Konvertiten bestehen, die zum Bürgertum gehörten, da ihre gesellschaftliche Integration innerhalb dieses Standes rascher vor sich ging und vollständiger war als unter den Adligen und den Bauern.

Die in den *Bauernstand* einsickernden Konvertiten stammten

in dem geschilderten Zeitraum meistens aus der recht umfangreichen Gruppe von Juden, die aus den verschiedensten Gründen ihre Wohnorte verlassen hatten und als Vagabunden lebten. Nicht nur die Zwangsmaßnahmen, auch der Wunsch, die eigene Existenz zu stabilisieren und eine Familie zu gründen, brachte diese Vagabunden (im Polnischen wurde diese Gruppe *ludzie luźni* genannt) dazu, sich in Dörfern niederzulassen, was meist dazu führte, daß sie zu Leibeigenen wurden. Denn sie erhielten die Einwilligung des Gutsherrn, im Dorf zu bleiben und in die Dorfgemeinde aufgenommen zu werden, nur dann, wenn sie erklärten, daß sie seine Untertanen würden. Viele dieser Vagabunden in Großpolen und Masovien beendeten auf diese Weise ihr ungebundenes Leben. So sickerten auch getaufte Juden in dörfliche Gemeinden ein. Häufig bemühten sich die Gutsherren selbst, den jüdischen Vagabunden den Übertritt zum katholischen Glauben oder die Heirat mit christlichen Leibeigenen zu erleichtern; dies um so mehr, als die Geistlichkeit derartige Eheschließungen unterstützte. In solchen Fällen bildete die Taufe eine Etappe auf dem Weg zu ihrer Umwandlung in leibeigene Bauern.

Aber die Tochter eines wohlhabenden Bauern heiratete wohl kaum einen gerade getauften Juden, während sie gegen christlich geborene Heiratskandidaten aus dem Kreis der die Leibeigenschaft annehmenden Vagabunden weniger einzuwenden hatte. Die Ursache dafür muß nicht nur religiöser Natur sein. Die adeligen Eigentümer der Dörfer wollten nämlich nicht zulassen, daß größere Bauernhöfe durch Heirat in die Hände von Konvertiten kamen, die, wie man unterstellte, keine Ahnung von der Landwirtschaft hatten.

Nicht immer war die Verwandlung getaufter Juden in leibeigene Bauern mit der Heirat einer Leibeigenen des Adels verbunden. Manche gingen in die Leibeigenschaft gemeinsam mit ihren schon früher geehelichten Frauen; es gab unter ihnen auch Junggesellen, die noch keine geeignete Anwärterin für eine Ehe gefunden hatten. Diese Konvertiten suchten Schutz und Hilfe vor allem bei den Gutsherren, und mancher bezahlte dafür mit dem Verlust seines Status als freier Mann. Ein Beispiel dafür ist der Konvertit Michał Nowicki, der mittellos war und nicht einmal die polnische Sprache verstand. Für den Eintritt in die Leibeigenschaft im Jahre 1734 sollte er von dem Gutsbesitzer die notwendige Kleidung, Lebensmittel und die Möglichkeit, Polnisch zu lernen, erhalten. Es gab auch Konvertiten, die in die

Leibeigenschaft gingen, damit die Gutsbesitzer sie vor Schikanen und Repressionen schützten, denen sie aufgrund ihrer jüdischen Abstammung ausgesetzt waren. Nicht nur die neugetauften Juden, auch deren bereits katholisch geborene Kinder hatten Integrationsschwierigkeiten und litten materielle Not. Sie gingen daher in die Leibeigenschaft des Adels, um in den Dörfern, die jenen gehörten, eine Lebensmöglichkeit zu finden.

Die Verwandlung der Konvertiten in leibeigene Bauern bedeutete einen weitgehenden sozialen Abstieg im Vergleich zu dem Status, den sie vor der Taufe besaßen. Es war nämlich im polnisch-litauischen Staat nicht üblich, den Juden eine Leibeigenschaft aufzuzwingen; die wirtschaftliche, soziale und juristische Abhängigkeit der jüdischen Bevölkerung von den Gutsherren in den Adelsstädtchen war nicht so streng wie die Leibeigenschaft der Bauern. Die getauften Juden gerieten in die Leibeigenschaft wegen ihrer schwierigen materiellen Lage und wegen der von einem Teil der Bevölkerung entgegengebrachten Feindschaft. Die Fürsorge und der Schutz, den die Geistlichkeit den Neophyten angedeihen ließ, wurde nicht immer ihrer Aufgabe gerecht, und so blieb für viele als einziger Ausweg aus der schwierigen Lage der Weg in die Leibeigenschaft beim Adel.

Die Integration der Konvertiten in die christliche Gemeinschaft des polnischen Kronlands und des Großherzogtums Litauen ist als sozialer Prozeß zu bezeichnen, der durch die Geistlichkeit angeregt wurde. Aber weder der Ordensklerus noch die weltliche Geistlichkeit waren imstande, sich des einzelnen persönlichen Schicksals der in Polen-Litauen zum Christentum übergetretenen Juden anzunehmen und für ihre soziale Existenz zu sorgen. Außerdem war das Verhältnis der katholischen Geistlichen zu den zum Christentum übergetretenen Juden in keiner Weise konsequent oder einheitlich. In kirchlichen Kreisen zeigten sich ähnlich wie innerhalb des Bürgertums Tendenzen, die Konvertiten als Katholiken zweiten Ranges zu betrachten. Ausdruck dessen war das 1594 eingeführte und 1608 erneut bestätigte Verbot, konvertierte Juden und ihre Nachkommen bis zur fünften Generation einschließlich in den Jesuitenorden aufzunehmen. Abweichungen von dieser Regel waren lediglich zulässig durch besonderen Dispens, den der Ordensgeneral erteilen konnte. Auch die Karmeliter verboten den jüdischen Konvertiten, ihrem Orden beizutreten. In noch schärferer Form wurde die Abneigung gegen die Neugetauften von den weltlichen Kreisen der Bevölkerung demonstriert, was ihnen bei der Integrierung in die neue Umwelt Schwierigkeiten bereitete. Diese negative Haltung kommt in verschiedenen Redewendungen zum Ausdruck, die im 18. Jahrhundert in Polen verbreitet waren: »Ein getaufter Jude ist ein gezähmter Wolf.« Oder: »Ob Jude oder Neophyt, es ist derselbe Teufel.« Ein anderer Faktor, der den jüdischen Konvertiten die Integration in die christliche Gemeinschaft Polens erschwerte, war die in fast allen ihren Schichten vorherrschende Adelskultur. Die kulturellen Vorbilder des Adels wurden nämlich vom polnischen Bürgertum, das im 17. und 18. Jahrhundert keine eigene Standeskultur mehr besaß, übernommen. Aber die Kultur des Adels war für die Konvertiten fremd und schwierig zu übernehmen, denn die jüdische Gemeinschaft, der sie entstammten, zählte innerhalb der städtischen Bevölkerung zu den wenigen Ausnahmen, die fast ganz außerhalb des Einflußbereiches der Adelskultur blieben.

Die Schwierigkeiten bei der gesellschaftlichen Integration und der Übernahme der polnischen Kultur verhinderten weitgehend – anders als in Spanien oder später in Deutschland – das Hervortreten von Intellektuellen aus dem Kreise der Konvertierten. Bis zum Ende des 18. Jahrhunderts kann man lediglich vier feststellen.

Eigentlich verdient nur einer von ihnen genannt zu werden, nämlich der hochbegabte Priester Jozef Bogucicki (vorher hieß er Israel Berkowicz) aus dem 18. Jahrhundert, ein Professor für Kirchengeschichte an der Krakauer Akademie. Bogucicki wurde mit zwölf Jahren getauft und von Hugo Kołłątaj, einer führenden Persönlichkeit der Aufklärung in Polen, protegiert. In einer Rede, die er in Anwesenheit des Königs hielt, verurteilte er das gegen Jan Hus verhängte Todesurteil. Daraufhin wurde er der Häresie angeklagt, und den Grund für seine Haltung fand man in seiner jüdischen Abstammung. Bogucicki verlor fast seinen Lehrstuhl an der Akademie, und nur der Fürsprache des Erzbischofs von Gnesen hatte er es zu verdanken, daß ihm die Priesterwürde nicht abgesprochen wurde.

Das Beispiel von Bogucicki zeigt, daß die Konvertiten Schwierigkeiten und Vorwürfen ausgesetzt waren, die auf ihre jüdische Abstammung zurückgeführt wurden, und zwar nicht nur während ihres eigentlichen gesellschaftlichen und kulturellen Integrationsprozesses, sondern auch noch in ihrem späteren Leben, vor allem, wenn sie es wagten, Anschauungen zu vertreten, die von den anerkannten Normen abwichen.

Der Prozeß der gesellschaftlichen Integration der Konvertiten im ehemaligen polnisch-litauischen Staat verlief anders als dann später in der zweiten Hälfte des 19. und 20. Jahrhunderts. Ein Unterschied wurde bereits erwähnt: Damals war es notwendig, die Konvertiten in den Adel, das Bürger- oder Bauerntum einzureihen, was nach der Beseitigung der Stände infolge der Reformen des 19. Jahrhunderts nicht mehr der Fall war.

Die unscheinbare Zahl von Intellektuellen in ihren Reihen ist ein zweites Merkmal, das die Konvertiten im alten Polen-Litauen von denen seit der zweiten Hälfte des 19. Jahrhunderts unterscheidet. Unter den letzteren finden wir bereits viele polnische Literaten, Professoren und andere Vertreter der Berufsintelligenz. Das hängt mit dem dritten Merkmal zusammen, das für die Konvertiten im ehemaligen polnisch-litauischen Staat bezeichnend ist: der Prozeß ihrer gesellschaftlichen, kulturellen und nationalen Integration, der voll von Schwierigkeiten und Hindernissen war, begann erst mit dem Augenblick, da sie den Entschluß faßten, zum christlichen Glauben überzutreten, oder gar erst nach der Taufe. In der zweiten Hälfte des 19. Jahrhunderts und im 20. Jahrhundert war für die überwiegende Mehrheit der Konvertiten die Taufe lediglich die Krönung und eigentlich nur die formale Ergänzung ihrer vorher erfolgten Assimilierung an die polnische Gesellschaft. Die Konversion der Juden zum Christentum war also im Zeitraum vom 16. bis 18. Jahrhundert im ehemaligen polnisch-litauischen Staat von ganz anderen sozialen und kulturellen Faktoren bedingt, als in der späteren Epoche.

Antisemitismus in der ausgehenden Zarenzeit

von Heinz-Dietrich Löwe

Als im Februar 1917 das zaristische Regime fiel, bedurfte es für alle, die sich innerlich auf den Boden des neuen Systems stellten, keiner Diskussion, daß auch die diskriminierende Judengesetzgebung fallen mußte. Eine der ersten Maßnahmen der neuen Provisorischen Regierung war es, am 22. März (nach unserer Zeitrechnung am 4. April) 1917 den Juden die volle bürgerliche, politische und nationale Gleichberechtigung zu gewähren. Bis dahin hatte das Russische Reich ein im 20. Jahrhundert in Europa wohl einmaliges Bild geboten: es war die einzige Großmacht, die ihre jüdischen Mitbürger bzw. Untertanen nicht emanzipiert hatte. Für viele Vertreter des alten Regimes galt die antijüdische Gesetzgebung als ein Eckpfeiler, ja geradezu als ein Garant des Fortbestandes der politischen und sozialen Strukturen des Zarismus.

Dieser gouvernementale Antisemitismus mit seinen Begleiterscheinungen in jenen sozialen Gruppen, die den Zarismus stützten, war beileibe kein Randphänomen der neueren Geschichte. Bis zum Anbruch des Dritten Reiches mußte Rußland als das »klassische Land des Antisemitismus« gelten. Der Einfluß dieser Art von Antisemitismus zeigt sich deutlich in der Wirkung, die das Machwerk der zaristischen Geheimpolizei, die sogen. ›Protokolle der Weisen von Zion‹ auf die Führer des Dritten Reiches, vor allem auch auf Hitler gehabt hat. Über die Emigration hat das Russische Reich die Folgen seiner Unwilligkeit und Unfähigkeit, die Juden in seinem Herrschaftsbereich zu akzeptieren, exportiert. Die große Mehrheit der Juden der Vereinigten Staaten dürfte ihren Ursprung im Russischen Reich haben. Man hat geschätzt, daß von 1899 bis 1924 mindestens drei Viertel der jüdischen Einwanderer aus Rußland und Polen stammten. Vor allem im Deutschland der Zwischenkriegszeit entzündete sich der Antisemitismus immer wieder an den Ostjuden, die infolge der Revolution in Rußland, aber vor allem wegen der ausgebliebenen Emanzipation in den neu entstandenen ostmitteleuropäischen Staaten, ihren angestammten Lebensbereich verlassen mußten, da sich für sie keine Möglichkeit zu einem erträglichen Leben bot. Selbst in England und Amerika führte die ansteigende jüdische Immigration seit dem Ende des 19. Jahrhunderts zu einer von antisemitischen Mißklängen begleiteten Kritik an der liberalen Einwanderungsgesetzgebung.

Bevor ich die Ausbildung der antisemitischen Stereotype und die Ursachen des Antisemitismus in Rußland behandle, möchte ich einiges über die rechtliche und wirtschaftliche Lage der Juden – besonders seit der Zeit Alexanders II. – und über ihre politischen Aktivitäten sagen.

Vor den polnischen Teilungen hatte es in Rußland keine Juden gegeben. Nach Polen kamen die Juden auf Einladung des polnischen Königs, nicht zufällig zu einer Zeit, als in West- und Mitteleuropa die Leibeigenschaft und der Feudalismus zu zerbröckeln begannen, als aber in Osteuropa gerade dieses System sich verfestigte. Die Juden wurden hier quasi zu einem königlichen Regal, einer Quelle des königlichen Steueraufkommens. Sie erfüllten »Mittlerfunktionen« im Handel und bei der Steuereintreibung. Als die königliche Macht zusammenbrach, spielten sie eine ähnliche Rolle für die polnischen Adligen. Darüberhinaus verwalteten sie deren Güter und nahmen das dem Adel gewährte Schank- und Brennereirecht als Pächter wahr. Gleichzeitig besaßen sie das in Europa wohl einmalige Recht, in personaler Autonomie ihre Selbstverwaltung zu organisieren und eine gesamt-polnische Vertretung zu bilden, die neben jüdischen Fragen – eigene Gerichte und Rechtsprechung – auch die Beschaffung der Steuern für den Staat regelte. Diese alte Tradition ist sicherlich auch dafür mitverantwortlich, daß spätestens seit etwa 1900 die Forderung nach einer national-kulturellen Autonomie mit weitgehenden Befugnissen der autonomen Institutionen über die verstreute Judenschaft breiteste Unterstützung unter den Juden fand.

Das zaristische Rußland beherbergte zu Ende des 19. Jahrhunderts die größte jüdische Gemeinde der Welt. Nach dem allgemeinen Zensus von 1897 gab es dort 5,2 Millionen Juden. Das war fast die Hälfte aller Juden in der Welt. Innerhalb des Russischen Reiches stellten sie etwas mehr als 4 Prozent der Bevölkerung. Aber die Juden lebten nicht etwa unter die gesamte Bevölkerung verstreut. Rund 94 Prozent von ihnen wohnten in Polen und im sogenannten Ansiedlungsrayon, in fünfzehn ihnen zur Besiedlung freigegebenen Gouvernements West- und Südwestrußlands. Die restlichen 6 Prozent hatten sich als Angehörige besonders »bevorzugter« Gruppen im Inneren Rußlands niederlassen dürfen. Innerhalb Polens und der westlichen Gouvernements machten die Juden 11,5 Prozent der Bevölkerung aus. Aber auch hier konnten die Juden ihren Wohnsitz nicht frei wählen. Zaristische Gesetzgebung und eine lange Tradition von periodisch wiederkehrenden Willkürmaßnahmen hatten die Juden in den Städten zusammengepfercht. 82 Prozent der Juden Gesamtrußlands lebten in Städten und Flecken, nur 18 Prozent auf dem flachen Land. In Nordwestrußland stellten sie 52,5 Prozent der städtischen Bevölkerung, im Gouvernement Minsk sogar 60 Prozent. Das Verhältnis von städtischer zu ländlicher Bevölkerung bei den Juden stellte die sonst in Rußland herrschende Stadt-Land-Proportion auf den Kopf. Auch die Beschäftigungsstruktur der Juden war eine Umkehrung der Berufspyramide der übrigen Einwohner Rußlands. Rund drei Viertel der Gesamtbevölkerung des Zarenreiches waren in der Landwirtschaft, etwa 14 Prozent in Handel, Handwerk und Industrie beschäftigt. Von den Juden dagegen waren etwa drei Viertel in Handel, Handwerk und Industrie beschäftigt, nur 3,5 Prozent der Juden betrieben Ackerbau. Im gesamten Russischen Reich stellten die Juden fast 40 Prozent aller handeltreibenden Personen. Diese 40 Prozent sind natürlich eine rein statistische Durchschnittszahl und fast schon ein Fiktivum. Denn innerhalb des Ansiedlungsrayons stellten sie 73 Prozent, also wiederum fast drei Viertel aller Handeltreibenden. Ähnliches gilt für das Handwerk. Insgesamt muß man sagen, daß etwas mehr als ein Drittel der jüdischen Bevölkerung im Handel und wiederum ein Drittel im Handwerk beschäftigt waren. Daß unter diesen Umständen einer totalen Überbesetzung der möglichen Verdienstsparten in Handel und Handwerk die Massen in den Ghettos des Ansiedlungsrayons in bitterer Armut lebten, ist nicht überraschend. Im Jahre 1898, auf dem Höhepunkt eines hektischen Wirtschaftsbooms, war fast ein Fünftel der Juden dieses Gebietes auf das jüdische Armenwesen angewiesen. In den großen Städten lag der Anteil noch wesentlich höher. Den traurigen Rekord hielt Wilna mit 37 Prozent der jüdischen Bevölkerung.

Was die Lage innerhalb des Ansiedlungsrayons in einem besonders bedrohlichen Licht erscheinen ließ, war die Tatsache, daß die Juden weder als Arbeiter noch als Unternehmer an dem industriellen Aufschwung der 90er Jahre Anteil hatten. Vielmehr wurden durch die billige Konkurrenz der Industrie immer mehr Handwerker an den Rand des Existenzminimums oder gar in den Ruin getrieben. Die Zahlen über eine zunehmende

Verarmung gerade der Handwerker während der Boomjahre im letzten Jahrzehnt des 19. Jahrhunderts geben davon ein beredtes Zeugnis. Eine Minderheit wie die Juden mit ihrer Sozialstruktur war natürlich in einer überwiegend agrarischen Gesellschaft nicht so leicht integrierbar wie anderswo. Aber bis zur Mitte des 19. Jahrhunderts war dies auch nie ernsthaft versucht worden. Alles, was hundert Jahre zaristischer Judenpolitik bis zum Ende des 19. Jahrhunderts erreichte, war eine nicht unbeträchtliche Steigerung des Handwerkerelements innerhalb der jüdischen Bevölkerung und, infolge der vielfachen Vertreibungswellen, die die Juden auf dem flachen Lande trafen, eine zunehmende Verarmung der jüdischen Massen, u. a. aufgrund der sich steigernden, immer unerträglicher werdenden Konzentration in den Städten. Die Juden galten als Fremdstämmige *(inorodcy)*, denen es gestattet war, in einigen Gegenden Rußlands zu siedeln, im wesentlichen in solchen, die durch die polnischen Teilungen dem Russischen Reich zugeschlagen worden waren. Diesen Rechtsstatus teilten sie mit einer Reihe kleinerer Völkerschaften vornehmlich nomadischen Charakters. Während letztere die gegen sie verhängten diskriminierenden Bestimmungen umgehen konnten, indem sie seßhaft wurden, gab es für die Juden nur einen Ausweg: sie mußten sich taufen lassen. Diesen Weg ging trotz bitterer Armut, trotz aller Bedrückung nur eine verschwindende Minderheit.

Der erste Zar, und im wesentlichen auch der einzige, der wenigstens einige, wenn auch sehr begrenzte Maßnahmen beschloß, um die jüdische Zusammendrängung im Ansiedlungsrayon aufzulockern, war Alexander II. Zuerst wurde den faktisch bereits assimilierten Juden, den Kaufleuten der ersten Gilde, den Universitätsabsolventen und Apothekern, Feldschern und Hebammen das Recht gewährt, sich überall in Rußland niederzulassen. Der einzige Schritt allerdings, der über diese Politik der Gewährung der Gleichberechtigung gleichsam als Belohnung für die Assimilierung hinausging, war der Beschluß von 1865, auch jüdischen Handwerkern, die in einer Zunft im Westen Rußlands registriert waren, den Zuzug nach Innerrußland zu gestatten. Allerdings war dieses Wohnrecht, wie auch bei Apothekern, Feldschern und Hebammen, nur ein bedingtes. Denn sobald diese Personen ihren angestammten Beruf aufgaben, verloren sie das Recht, in Innerrußland zu wohnen. Immerhin strömten unter Alexander II., als allzu offensichtliche Bekehrungsversuche aufgegeben wurden, jugendliche Juden in

Gymnasien und Universitäten, begierig, die russische Kultur in sich aufzunehmen. Gleichzeitig bildete sich unter den Bedingungen einer zum ersten Mal fühlbar wachsenden Volkswirtschaft vor allem in den 70er Jahren des 19. Jahrhunderts eine kleine Gruppe einflußreicher und wohlhabender jüdischer Industrieller heraus. Dies bedeutete aber auch eine Umorientierung der Kapitalströme. Ursprünglich war das jüdische Ghetto auch ökonomisch zusammengebunden. Die kleinen jüdischen Händler und Handwerker waren vom größeren jüdischen Kapital abhängig, und bis zu einem gewissen Grade galt dies auch umgekehrt. Das jüdische Großkapital löste sich jetzt aus dieser Verbindung und ging mit dem ausländischen Kapital neue Beziehungen ein, ebenso wie parallel dazu sich die jüdischen Handwerker stärker auf die Bedürfnisse des russischen Konsumenten einstellten als früher. Das hatte zwei Folgen: Der Einfluß der jüdischen Oberschicht auf ihre Glaubensgenossen lokkerte sich, an ihre Stelle trat die obere Mittelklasse. Gleichzeitig waren die jüdischen Großkapitalisten die erste Gruppe, die sich aus dem Ghetto löste und die neuen, rechtlich immer noch sehr eng begrenzten Möglichkeiten einer Assimilation an die russische Mehrheit als einen Weg aus der jüdischen Misere ins Auge faßte. Ihnen folgte ein Teil der Intelligenz, der im Gefolge der jüdischen Aufklärungsbewegung, der *Haskala,* eine Modernisierung und Aufklärung unter den Juden proklamierte. Die Reformen unter Alexander II. förderten zum ersten Mal auch auf eine liberale Weise die jüdische Assimilationsbewegung. Eine Reihe von Juden, vor allem Bankiers, ließ sich auch taufen. Aber die Assimilationsbewegung blieb im wesentlichen auf intellektuelle und bürgerliche Kreise in den Metropolen Innerrußlands beschränkt. Innerhalb des Ansiedlungsrayons brach sich nämlich dieser Assimilierungswille entweder an den traditionsverhafteten Massen, die unter dem Einfluß des weltabgewandten, zum Mystizismus neigenden Chassidismus standen, oder an den im strikten Gesetzesglauben beharrenden Rabbinern, die, reform- und aufklärungsfeindlich, den Einfluß nicht nur des westeuropäischen Reformjudentums erbittert bekämpften, sondern auch die Versuche russisch-jüdischer Intellektueller, eine Brücke zur russischen Kultur zu schlagen. Mit dem Umschwung der russischen Judenpolitik unter Alexander III. und unter dem Einfluß der Pogromwelle von 1881 verloren die Assimilanten an Einfluß. Es begann eine Rückbesinnung auf die eigenständige Kultur in der Diaspora, die auch zu einer Wiederbelebung des Jiddischen als Literatursprache führte. Zu Anfang des 20. Jahrhunderts gewann die Idee einer Personalautonomie unter den Juden größte Verbreitung: In Ermanglung eines eigenen Territoriums wurde die personale Zusammenfassung aller russischen Juden in einem Zentralverband gefordert, der über weitgehende Selbstverwaltungsrechte, auf jeden Fall aber über die Schulhoheit mit dem Recht auf eigene Sprache verfügen sollte. Damit waren die russischen Juden mit ihren Forderungen weit über das hinausgegangen, was die liberalsten Politiker des Zarismus jemals zugestanden hätten.

Die hier skizzierten Grundströmungen zwischen Assimilation und nationaler jüdischer Selbstbehauptung waren Ausdruck einer allmählichen Modernisierung innerhalb der jüdischen Gemeinde, die durch die sich wandelnde russische Umwelt stark beeinflußt wurde. In dem Maße, wie sich die russische Gesellschaft aus den alten feudalen Strukturen löste, mußte auch die jüdische Gesellschaft viele ihrer traditionellen Merkmale verlieren. Über die sich dadurch ergebenden stärkeren Kontakte und Sozialbezüge zu Gruppen außerhalb des Ghettos ist dabei schon gesprochen worden. Aber auch innerhalb des Ghettos gingen Änderungen vor sich. Das traditionelle Gefüge wurde in ein Netz potentiell antagonistischer Klassen oder Gruppen umgewandelt. Innerhalb der jüdischen Gemeinden regte sich starker Widerstand gegen die extrem exklusive und plutokratisch orientierte jüdische Selbstverwaltung. Zumindest seit Beginn der 90er Jahre zeigte sich auch deutlich eine immer schärfer werdende Auseinandersetzung zwischen Arbeitgebern, den meist armen jüdischen Kleinunternehmern, und ihren Arbeitern, die immer wieder in Streiks offen zu Tage trat. Überlagert wurden diese Konflikte noch durch spezifisch jüdische Probleme: Durch die Auseinandersetzung zwischen dem Chassidismus und dem (traditionellen) Rabbinismus, zwischen diesen beiden und der *Haskala* oder den Assimilanten, durch den Kampf der Traditionalisten gegen die Zionisten. Man warf den Zionisten vor, daß sie die Religion, den Eckpfeiler des Judentums, zugunsten der Nation aufgäben, d.h. daß sie das Judentum – auch wenn sie persönlich an der Religion festhielten – säkularisierten. Dazu kamen die bitteren Auseinandersetzungen zwischen Zionisten und den Marxisten, vor allem dem sozialdemokratisch-jüdischen »Bund«. Die in den Augen ihrer antisemitischen Gegner so einheitliche und solidarische Judenschaft erweist sich bei genauerem Hinsehen zumindest seit dem Ende des 19. Jahrhunderts als tief gespalten, auch wenn das Bewußtsein eines gemeinsam zu tragenden jüdischen Schicksals eine gewisse Mäßigung mit sich brachte. Auswege aus der fatalen Situation von Rechtlosigkeit und Not gab es wenige. Emigration war eine Möglichkeit: etwa 1,5 Millionen Juden gingen zwischen 1870 und 1914 in die Vereinigten Staaten. Zu Anfang des 20. Jahrhunderts waren es im Durchschnitt jährlich 70000. Nach England kamen insgesamt 120000. Die Auswanderung nach Palästina blieb demgegenüber verschwindend gering. Hier zeigte sich deutlich, daß – wie schon erwähnt – viele orthodoxe Juden im Zionismus die Gefahr der Profanierung der Religion sahen.

Die fortgesetzte rechtliche Unterdrückung brachte die Juden – zumindest seit dem reaktionären Umschwung unter Alexander III. (1881–1894) – zu der Überzeugung, daß eine Besserung ihrer Lage in der Diaspora nur durch eine Änderung des politischen Systems zu erreichen sei. Zwar hatte es bereits in den 70er Jahren eine Reihe von jüdischen Revolutionären, auch Terroristen, gegeben. Dies waren aber fast ausschließlich Assimilierte, die sich als Teil der russischen Bewegung sahen und die auch nur aufgrund ihrer festen Einbettung in ein russisches Milieu – meist eine Folge des Besuches russischer Schulen und Universitäten – zu Revolutionären und Terroristen wurden. Für die Juden als eigenständige nationale oder auch nur religiöse Gruppe hatten sie nicht viel übrig.

Der schon erwähnte Klassenkampf entwickelte sich sehr bald zu einem Kampf sozialistischer Gruppen um den politischen Umsturz im Zarenreich, zu einem Kampf für die Revolution. Die jüdische Intelligenzija fand hier ein fruchtbares Betätigungsfeld. Die zaristische Politik in der Arbeiter- und speziell in der Judenfrage machte den jüdischen Massen nur allzu deutlich, daß der Kampf um wirtschaftliche Verbesserungen ohne politische Umwälzungen überhaupt nicht erfolgreich sein konnte. Der erste und lange Zeit erfolgreichste illegale politische Zusammenschluß Rußlands war der »Bund«, der sich als eine Unterorganisation der russischen marxistischen Sozialdemokratie begriff, sich aber ein Jahr früher (1897) als diese konstituiert hatte. Besonders bemerkenswert blieb, daß der »Bund«, was Massenanhang, Einfluß auf die Massen und sogar die absoluten Mitgliederzahlen anging, die russische Mutterpartei bis Ende 1904, also bis unmittelbar vor der ersten russischen Revolution, bei weitem übertraf. Der »Bund« bildete in vieler

Hinsicht das organisatorische Rückgrat der russischen Sozialdemokratie, zumindest bis zu seiner zeitweisen Trennung von der Mutterpartei im Jahre 1903.

Früher auch als das russische Proletariat versuchten die jüdischen Massen, sich in einem ausgedehnten Streikkampf wirtschaftliche Verbesserungen und Rechte zu erkämpfen. Ihnen kam dabei zugute, daß nationale Minderheiten sich immer leichter organisieren lassen. Auch bildete die Sprachbarriere für die zaristische Polizei wohl ein Hindernis und für die jüdischen Massen einen guten Schutzschild. Vor allem aber zeigte sich, daß die Juden hier wieder einmal in gewissem Maße eine Mittlerfunktion zwischen Ost und West übernahmen. Beeinflußt von dem Vorbild ihrer bewußteren polnischen Kollegen, die in einer Umwelt lebten, in der die Industrialisierung schon weiter fortgeschritten war, gingen auch die jüdischen Arbeiter unter der Führung einer meist schon weitgehend assimilierten Intelligenz – die sich dann wieder zunehmend renationalisierte – seit 1892 zur politischen Massenagitation über. Wohl gab es Widerstände in den jüdischen Arbeiterzirkeln, wo viele Arbeiter von der Intelligenz weiter Hilfe in der Fortbildung erwarteten, nicht so sehr jedoch politische Agitation. Aber insgesamt erwies sich dieses Vorgehen doch als so erfolgreich, daß auch die innerrussischen sozialdemokratischen Zirkel beschleunigt zur Massenagitation übergingen. Der »Bund« hatte auch bereits 1902 begonnen, sich um die Bildung von bewaffneten Selbstschutzgruppen zu bemühen. Nach dem berüchtigten Pogrom von Kischinew im April 1903 intensivierte man dieses Bemühen und machte zugleich deutlich, daß man die Aufgaben der bewaffneten Selbstverteidigungsgruppen eigentlich nicht so sehr in der Defensive, in der Abwehr von Pogromen, sah, sondern im Angriff auf das bestehende System. Tatsächlich waren zumindest in der Anfangsphase der ersten russischen Revolution die bewaffneten Gruppen des »Bundes« wohl die stärkste revolutionäre Macht im Westen Rußlands. Auch andere jüdische Gruppen gingen einen ähnlichen Weg, der zum bewaffneten – aber, das sei betont, nicht terroristischen – Widerstand, zur Revolution führte, wie z. B. die zionistische Gruppe *Poalej Zion* und die »Zionisten-Sozialisten«. Die berufsständische, häufig weitgehend assimilierte Intelligenz, auch das jüdische Bürgertum schlossen sich der radikal-liberalen russischen Intelligenz an, die in der Vor- und Frühphase der ersten Revolution eine bedeutende Rolle spielte. Nach der ersten Revolution (1905) geriet der »Bund« wie auch die russischen revolutionären Gruppen, an den Rand des organisatorischen Zusammenbruchs. Die meisten Juden, obwohl immer noch oppositionell oder revolutionär eingestellt, suchten nun die in der Revolution errungenen Möglichkeiten friedlicher Arbeit im kulturellen und wirtschaftlichen Bereich (Kooperative, Handwerker- und Handelsschulen) zu nutzen. Insgesamt kann man sagen, daß die Juden immer nur die Form von politischem Protest entfalten konnten, für die sich im Gesamtreich die Proteststrukturen bereits entwickelt hatten. Sie konnten dies allerdings etwas früher und intensiver als die russische Bevölkerung selbst.

Die Hoffnungen, die trotz mancher Schwankungen in der Regierungszeit Alexanders II. bei den Juden geweckt worden waren, erfüllten sich nicht. Vielmehr verschlechterte sich nach der Ermordung des Zar-Befreiers am 1. (13.) März 1881 die Lage der Juden fühlbar. Auch begannen sich in den ersten Jahren unter Alexander III. die antisemitischen Stereotypen auszubilden, die dann im Boom, in der Phase des industriellen *take off*, ihre erste feste Ausbildung erhielten. Um diese Entwicklungen zu verstehen, müssen wir immer auch das allgemeine politische Umfeld im Auge behalten. Alexander III. und seine Berater wollten die oppositionelle und revolutionäre Bewegung nicht durch weitere Liberalisierungen befrieden. Vielmehr sah man deren Ursache gerade in den Reformen Alexanders II. Dessen letztes großes Reformprojekt wurde vom Tisch gewischt. Die Rettung wollte man durch polizeiliche Repressionen, durch Verstärkung der administrativen Kontrolle und in einer zumindest teilweisen Restauration der adligen Machtpositionen suchen. Oberstes Ziel dieser Politik war die Bewahrung der absoluten Monarchie. Und die gesellschaftliche Entsprechung zu dieser als politischer Institution war die Vorherrschaft des Adels. Wo es keinen oder kaum Adel gab, nämlich in den Städten, suchte man die alte ständische Kaufmannschaft zu stärken. Von welchen Schichten dem Adel Gefahr drohte, glaubte Konstantin Pobedonoscev, Oberprokuror des Heiligen Synods der orthodoxen Kirche und Totengräber jedes größeren liberalen Gesetzesvorhabens, genau bezeichnen zu können: »Wohin führte der große und heilige Gedanke der Bauernbefreiung? Dazu, daß man ihnen [den Bauern] die Freiheit gab, ohne über ihnen eine Obrigkeit zu errichten, ohne die die unaufgeklärte Masse nicht auskommen kann. Das auf sich alleingestellte arme Volk begann zu trinken, bei der Arbeit zu faulenzen und wurde daher das unglückliche Opfer von Steuereintreibern, Kulaken, Juden [er gebraucht hier den beleidigenden Ausdruck *Žid*] und aller möglichen Wucherer.«[1] Läßt man die Polemik weg, die in diesen verächtlichen Ausdrücken steckt, so ist ganz offensichtlich das langsam auf das Land vordringende kapitalistische Element gemeint. Folglich war die erste drastische antijüdische Maßnahme gegen die Juden auf dem flachen Lande gerichtet. Durch die provisorischen Mairegeln vom 3. (15.) Mai 1882 wurde den Juden die Wiederansiedlung auf dem flachen Lande innerhalb des Ansiedlungsrayons verboten. In der administrativen Praxis und wohl auch gemäß den Intentionen ihrer Urheber wurden die Mairegeln zu einem Mittel, die jüdische Landbevölkerung innerhalb der fünfzehn Gouvernements des Ansiedlungsrayons weiter zu reduzieren.

Pläne des Innenministers Nikolaj Ignat'ev, auf den die Mairegeln zurückgingen, nämlich den Juden grundsätzlich das Wohnrecht außerhalb der Städte zu nehmen, scheiterten am Widerstand des Finanzministers. Dieser wies auf mögliche Rückwirkungen auf die russischen Staatspapiere im Ausland und auf neue Schwierigkeiten bei der Aufnahme von Anleihen hin, da zumindest einige jüdische Bankhäuser wie die Rothschilds sich weigerten, weitere Gelder für den russischen Staat aufzubringen. Weiter betonte der Finanzminister die nützliche Rolle der Juden in Handel und Handwerk, ganz im Gegensatz zum Innenminister, der nur Ausbeuter am Werk sah. Diese unterschiedliche Wertung sollte bis zur Revolution – vielleicht mit einigen Schwankungen – für das Finanz- und das Innenamt typisch bleiben. In derselben Richtung bemerkenswert bei der Ausprägung von pro- und antijüdischen Stereotypen war die Tatsache, daß in einer Kommission zur Judenfrage unter dem ehemaligen Justizminister Pahlen diejenigen einen schrittweisen Abbau der Diskriminierungen verlangten, die Handel als eine positive, im allgemeinen nutzbringende Tätigkeit betrachteten, während diejenigen, die Handel als eine unproduktive, daher ausbeuterische Tätigkeit ansahen, gegen einen Abbau diskriminierender Gesetzgebungen auftraten oder gar eine weitere Verschärfung der gegen die wirtschaftliche Tätigkeit der Juden gerichteten Gesetzgebung betrieben. Die Empfehlungen der Mehrheit der Pahlen-Kommission, die auf einen schrittweisen

[1] Zitiert bei Heinz-Dietrich Löwe, *Antisemitismus und reaktionäre Utopie. Russischer Konservatismus im Kampf gegen den Wandel von Staat und Gesellschaft 1890–1917*. Hamburg 1978, S. 24.

Abbau der diskriminierenden Gesetzgebung hinausliefen, widersprachen allzu sehr der um den Zaren herrschenden antijüdischen Kamarilla und hatten deshalb keine Chancen. Vielmehr wurden die Juden völlig aus der ländlichen, weitgehend auch aus der städtischen Selbstverwaltung ausgeschaltet. Man reduzierte auch den Einfluß derjenigen Gruppen, die sich in der ständestaatlichen Verfassung nicht unterbringen ließen, wie z. B. die Intelligenz.

Die nächste einschneidende Maßnahme gegen die Juden unter Alexander III. war die Einführung von Prozentnormen im Jahr 1887 für jüdische Gymnasiasten und Studenten. Innerhalb des Ansiedlungsrayons wurde der Anteil jüdischer Studenten und Schüler auf 10 Prozent, außerhalb auf 5 Prozent, in den beiden Hauptstädten auf 3 Prozent beschränkt. Eine der wesentlichen Errungenschaften für die Juden unter Alexander II. wurde damit drastisch zurückgestutzt. Die Einführung dieses Numerus clausus an den Universitäten bedeutete auch einen Numerus clausus für einen wesentlichen Schritt in Richtung Gleichberechtigung. Denn praktisch nur über den Weg durch die Universität konnten die Juden wenigstens die drückenden Wohnrechtsbeschränkungen umgehen. Begründet wurden die Prozentnormen unter anderem damit, daß die Juden revolutionären Ungeist in die Schule trügen und eine Haltung der Gleichgültigkeit gegenüber der Religion verbreiteten. Dies war eine eklatante Umkehrung von Ursache und Wirkung. Denn die Juden, die sich als Mitglieder der revolutionären Bewegung der 70er und bis Mitte der 80er Jahre engagierten, taten dies als Assimilierte, als Russen, und als solche standen sie unter dem Einfluß der an den Schulen und Universitäten herrschenden revolutionären oder oppositionellen und antireligiösen Stimmung. Die jüdischen Massen hatten an all dem noch keinen Anteil. Dem Numerus clausus für Juden waren Schritte vorangegangen, den Zugang zu Gymnasien und Universitäten auch für die Kinder aus den unteren Gesellschaftsschichten einzuschränken. Die Erfahrung habe nämlich gezeigt, so hieß es in einem Erlaß des Erziehungsministers, daß die Schüler aus niederen Klassen dazu gebracht würden, »ihre eigenen Eltern zu verachten und unzufrieden mit ihrem Dasein zu werden und dazu die bestehende und in der Natur der Dinge unausweichliche Ungleichheit der Besitzverhältnisse zu hassen«[2]. Die Juden

[2] Ebd., S. 38.

wurden also in den 80er Jahren die Opfer einer politischen Strategie, die eine innenpolitische Stabilisierung zu erreichen suchte durch eine Stärkung des Adels, eine Bekämpfung der kapitalistischen Zwischenschichten – vor allem auf dem Lande –, durch eine Verringerung der Aufstiegschancen der Unterschichten über die Bildung und durch die politische Ausschaltung von Gruppen, die sich in eine ständische Ordnung nicht einpassen ließen. Bezeichnenderweise waren die Juden aber von der unter Alexander III. teilweise massiv betriebenen Russifizierungspolitik nicht betroffen. Im Gegenteil: das alte Verbot, die russische Sprache an den jüdischen Chederschulen zu unterrichten, blieb in Kraft. Diese Schule war für die große Mehrheit der Juden die einzige, die sie in ihrem Leben besuchen sollten. Auch die massenhafte Ausweisung in den Ansiedlungsrayon von Tausenden von jüdischen Handwerkerfamilien aus Moskau und Petersburg (1892), wo sie sich übrigens aufgrund des bereits erwähnten Erlasses Alexanders II. ganz legal niedergelassen hatten, bedeutete, daß vielversprechende Ansätze zur Assimilation unterbunden wurden.

Der Zeitgeist unter Alexander III. – oder sagen wir besser, das Klima innerhalb der politischen Elite des Systems – war bestimmt von der Betonung der russischen Eigenständigkeit und einer Abkehr von westeuropäischen Vorbildern. Rußland sollte seinen eigenen Weg beschreiten. Als intellektuelle Vordenker hatten konservative Slawophile schon längst Abneigungen und Vorlieben, Mittel und Ziele der Epoche der sogenannten »Konterreformen« unter Alexander III. formuliert. Als Kronzeuge sei Konstantin Leont'ev, Literat und Progagator des russischen, orthodoxen Eigenweges, zitiert: »Eine demokratische Verfassung, die höchste Stufe des Kapitalismus, bedeutet sicherlich eine Schwächung der Zentralmacht. Eine demokratische Verfassung ist aufs engste verbunden mit einem bis zum Extrem geführten Individualismus. Gebt uns eine Konstitution, und die Kapitalisten werden sofort die Landkommune zerstören [d. h. also die bäuerliche Umverteilungskommune, den Augapfel der Konservativen], zerstört die Kommune, die schnelle Zerstörung führt uns zur endgültigen liberalen Stupidität einer repräsentativen Kammer, d. h. zur Herrschaft der Bankiers, Advokaten und der Grundbesitzer nicht als Adlige, sondern als Vertreter solchen unbeweglichen Eigentums, das sehr leicht in bewegliches umzuwandeln ist, wenn es beliebt. Die Rettung liegt nicht in einer Stärkung dieser Tendenz, sondern darin, sie irgendwie aufzuhalten. Wenn es möglich wäre, ein Mittel zu finden, den adligen Gutsbesitz zu stärken, so wäre dies gut.«[3]

Es bedurfte in solchen Gedankengängen nur noch der endgültigen Identifikation von Juden und Kapitalismus, die sich ja schon anzudeuten schien, um in der diskriminierenden Gesetzgebung gegen die Juden ein wichtiges Mittel zur Erhaltung der bestehenden, vom gutsbesitzenden Adel dominierten Gesellschaftsordnung und der absoluten Monarchie zu sehen.

Diese Identifikation von Juden mit Kapital verfestigte sich endgültig, als Ende der 80er und vor allem seit Beginn der 90er Jahre das Finanzministerium mit der Politik der forcierten Industrialisierung begann und damit die Phase des sogen. *take off* einläutete. Geleitet wurde diese Politik von dem Motiv, Rußlands Stellung im Konzert der europäischen Mächte zu wahren. Daß die Politik der beschleunigten Industrialisierung im Widerspruch stand zur Bewahrung der alten ständestaatlichen Formen und auf lange Sicht auch der absoluten Monarchie, haben die Verfechter dieser Politik erst langsam begriffen. Vielmehr glaubte man, die Auswirkungen der Industrialisierung auf enge Bereiche begrenzen zu können und so eine Modernisierung und Verwestlichung des Systems zu verhindern. In der westlichen neueren Forschung über Entwicklungsländer hat man diese Politik als partielle oder defensive Modernisierung beschrieben. Allerdings hat und hatte diese Politik die Tendenz, immer wieder die ihr gesetzten Grenzen zu unterlaufen. Gerade für Rußland ließe sich sehr gut zeigen, daß nacheinander immer mehr heilige Kühe der konservativen Ideologie geschlachtet werden mußten. Dabei ist bezeichnend, daß die Anstöße zu Reformen, die sich im übrigen immer stärker am westeuropäischen Vorbild orientierten, fast ausschließlich vom Finanzministerium ausgingen. Immer weiter über seinen eigentlichen Zuständigkeitsrahmen ausgreifend wurde dieses Ressort, zumindest in den 90er Jahren unter der energischen Regie von Sergej Witte, die hauptsächliche Reformagentur des Russischen Reiches. Im Grunde genommen handelte das Finanzministerium nach einer neuen Art von Staatsräson, die von der *raison d'être* oder der Staatsräson der anderen Ressorts, vor allem des Innenministeriums, grundverschieden war. Während das Innenministerium eine konservative Stabilisierung im bereits dargelegten Sinne versuchte oder wenigstens die in seinen Augen gefährlichen Folgen

[3] Ebd., S. 121.

der Industrialisierung einzudämmen trachtete, wollte das Finanzministerium durch Industrialisierung und zunehmend auch durch Modernisierung in einem weiteren Sinne das internationale Prestige des Reiches wahren. Diese unterschiedlichen Arten von Staatsräson spiegelten sich dabei auch in der zaristischen Judenpolitik wider. Solange das Finanzministerium in den 90er Jahren als Institution unter Sergej Witte im Zenit seiner Macht stand, vermochte es meist mit Erfolg neue antijüdische Maßnahmen zu verhindern. In dem Bereich seiner direkten Zuständigkeiten baute es diskriminierende Maßnahmen ab.

So galt in dem dem Finanzministerium unterstehenden, recht umfangreichen und schnell wachsenden Bildungssektor, dem gewerblich und naturwissenschaftlich orientierten Fachschulwesen, kein Numerus clausus für jüdische Schüler und Studenten. Beschränkungen für jüdische Aktiengesellschaften wurden gelockert oder z. T. schlicht mißachtet, sofern das ohne Widerspruch des wachsamen Innenministeriums möglich war. Eine vom Finanzministerium geplante Reform des Rechts für Aktiengesellschaften, die ihre Gründung durch schlichte Registrierung ermöglicht hätte, scheiterte allerdings nicht zuletzt wegen der Frage des jüdischen Kapitals unter anderem am Einspruch des Innenministeriums. Der Finanzminister hatte auch mehrmals die Zaren, sowohl Alexander III. als auch Nikolaus II., auf die Notwendigkeit einer Reform der Judengesetzgebung hingewiesen und die positive Rolle der Juden bei der Industrialisierung in Westeuropa betont. Für Witte stand die Judengesetzgebung auf einer Stufe mit Bestimmungen, die den Fluß des ausländischen Kapitals nach Rußland und die die Teilnahme ausländischer Unternehmer an neuen Fabriken und bei der Gründung von Aktiengesellschaften behinderten. Diese Gesetze schränkten individuelle Initiativen und die Entfaltung wirtschaftlicher Konkurrenz ein, die Rußland zumindests in den Augen seines Finanzministers bitter nötig hatte.

Die staatliche Politik der forcierten Industrialisierung blieb in weitesten Kreisen der Öffentlichkeit unpopulär. Der Widerstand gegen die Industrialisierung war am heftigsten beim gehätschelten Schoßkind des Zarismus, dem adligen Gutsbesitzerstand. Es stellte sich nämlich heraus, daß der Niedergang des Gutsbesitzes geradezu atemberaubende Geschwindigkeit annahm. Von 1877 bis 1905 war der Adel gezwungen, ein Drittel seines Besitzes zu veräußern, wobei dieser Prozeß sich gerade in den 90er Jahren stark beschleunigte. Bis 1917 reduzierte sich sein Besitz um die Hälfte. Wenn nun auch der gesamte Adel in den 90er Jahren die staatliche Wirtschaftspolitik attackierte, so hieß dies nicht, daß man dies aus den gleichen Motiven heraus und mit den gleichen Zielen tat. Ein Teil des Adels, die liberale bis konservativ-liberale Gutsbesitzerschaft – obwohl nicht sonderlich industriefreundlich –, war dennoch nicht prinzipiell gegen die Industrialisierung des Landes. Sie wandte sich vielmehr mit ihren Standesgenossen dagegen, daß der Landwirtschaft vermeintlich viel zu hohe Lasten aufgebürdet würden. Einige Elemente der staatlichen Industrialisierungspolitik gerieten stärker als andere ins Kreuzfeuer, weil sie die Landwirtschaft besonders deutlich gegenüber der Industrie zu benachteiligen schienen. Dies waren vor allem der Hochprotektionismus und die Einführung einer auf dem Goldstandard basierenden Währung. Der äußerste rechte Flügel des konservativen Adels suchte schon sehr bald, die Politik des Finanzministeriums mit antisemitischen Parolen zu bekämpfen. Dieses Mittel schien sich schon deshalb aufzudrängen, weil Sergej Witte, alle Vorurteile des Hofes und des Petersburger Hochadels mißachtend, eine getaufte Jüdin heiratete, über deren zudem anscheinend noch recht bewegtes Vorleben man sich in den Petersburger Salons so einiges zuraunte. Nicht so sehr bei Alexander III., der über solche Dinge souverän hinwegsehen konnte, als vielmehr bei Nikolaus II. (1894–1917) und vor allem bei seiner bigotten Frau wirkten diese Diffamierungen zunehmend. Aber antisemitische Argumente wurden nicht allein für persönliche Intrigen benutzt. Vielmehr suchten die Antisemiten ihre adligen Standesgenossen und vor allem die Bauern davon zu überzeugen, daß die im Gefolge der Industrialisierung heraufdämmernde bürgerliche Gesellschaft notwendigerweise unter der Herrschaft der Juden stehen werde. Man befürchtete – wie man damals sich ausdrückte –, daß der Schwerpunkt der politischen Macht vom Boden zum Kapital übergehe und die Börse als Werkzeug der sozialen Zuchtwahl ganz andere Resultate als der Adelsdegen bringen werde: sie öffne nämlich der jüdischen Macht Tür und Tor. Der wohl einflußreichste Propagator einer antisemitischen Ideologie und der geistige Ziehvater der nach der Revolution von 1905 entstehenden rechtsradikalen antisemitischen Parteien, Sergej Šarapov, etwa schrieb: »Unter einer bürgerlichen Struktur, die in Rußland unaufhaltsam unsere alte Gemeinde-[sprich: *obščina*] Struktur ablöst, kann der Jude nur Herr sein, wie auch immer man ihn in seinen Rechten einschränkt, außer vielleicht in dem Fall, daß es keinen einzigen Juden gibt.«[4]

Diejenige Einzelmaßnahme des Finanzministeriums, gegen die sich der erbittertste Widerstand der konservativen Adligen richtete und bei der er dennoch breitester Unterstützung sicher sein konnte, war die Einführung des Goldstandards. Dieser schädigte nach Meinung seiner Kritiker die produzierenden Klassen und half den unproduktiven, den internationalen Wucherern. Um wiederum Šarapov zu zitieren: »Die absolute Herrschaft des Goldes befürworten die Kapitalisten, die Banken, die Börse und die in ihren Diensten stehende Wirtschaftswissenschaft und politische Presse. Das dichtgefügte und bedingungslos solidarische internationale Judentum, das heute den gesellschaftlichen und staatlichen Kredit dirigiert und über Milliarden verfügt, bemüht sich mit allen Mitteln, die jetzige Lage zu erhalten, bei der die internationalen Wucherer sich bereichern, die produzierenden Klassen zerstört werden und die alte christliche Struktur Europas zusammenbricht.«[5]

Der Jargon weist frappierende Ähnlichkeit mit der Agitation des »Bundes deutscher Landwirte« auf. In der Tat blickten die konservativen Adligen neidvoll auf diese schlagkräftige Organisation, mit der es ihren deutschen Standesgenossen gelungen war, ihre speziellen gesellschaftspolitischen Vorstellungen unter dem Deckmantel der Verteidigung der Interessen der gesamten Landwirtschaft zu vertreten. Der Antisemitismus sollte dabei als Bindemittel dienen, auch die Bauern in den Kampf gegen die Bevorzugung der Industrie einzubeziehen. Dies erwies sich in Rußland als ein eklatanter Fehlschlag, zumindest was die 90er Jahre angeht. Immerhin gelang es, eine Reihe von Gutsbesitzerkongressen zu organisieren, auf denen die staatliche Wirtschaftspolitik, immer mit antisemitischen Untertönen, auf das heftigste attackiert wurde. Die Agitation für die Interessen des Adels machte größten Eindruck. Auf Befehl des Zaren wurden zwei Kommissionen zur Adelsfrage eingerichtet, die über Maßnahmen beraten sollten, welche den Niedergang des Adels aufhalten konnten. Die Wirtschaftspolitik des Finanzministeriums geriet hier sofort wieder in die Schußlinie. Vjačeslav Pleve, eine Säule der Reaktion und später Innenminister, legte dar, daß es darauf ankomme, den Adel zu stärken, die Entwicklung einer

[4] Ebd., S. 26.
[5] Ebd., S. 26.

bürgerlichen Gesellschaft zu verhindern und Rußland so die Herrschaft des Kapitals und den Bauern sowie den übrigen Unterschichten die Ausbeutung durch die Bourgeoisie zu ersparen. Dafür müsse man den adligen Gutsbesitzerstand vom Druck des kapitalistischen Marktes befreien. Was Pleve am Kapitalismus besonders irritierte, war, daß dieser, wie es auch viele seiner Kollegen sahen, die Kontrolle des Staates über die Gesellschaft zu lockern schien. Aus Pleves Überzeugung, daß der eigentliche Feind der Autokratie die Großbourgeoisie sei, ist auch seine Politik in der Judenfrage zu verstehen. Die unter ihm neu erlassenen, diskriminierenden Bestimmungen wandten sich infolgedessen hauptsächlich gegen die jüdische Oberschicht, vor allem gegen ihre Anwesenheit auf dem flachen Lande und gegen die wirtschaftliche Tätigkeit der Juden im allgemeinen. Die Juden, so äußerte er sich, würden überall, vor allem auf dem Land, Neuerungen in die gesellschaftliche Verfassung einführen, die mit dieser unvereinbar seien. Pleves Politik und auch die politischen Vorstellungen der radikalen Rechten waren geradezu eine Umkehrung der Politik unter Alexander II. Diese war darauf gerichtet, den jüdischen Industriellen, Kaufleuten und Gebildeten und z. T. den Handwerkern neue Rechte zu gewähren und sie so zu assimilieren oder für die bereits erfolgte Assimilierung zu belohnen. Unter Pleve wurden gerade diese Schichten Opfer der neuen Gesetzgebungsmaßnahmen, während man mit den Unterschichten und den Armen relativ großzügig war, jedenfalls in der Selbsteinschätzung der Bürokratie.

Ein Jahr nach Pleves Ermordung durch einen sozialrevolutionären Terroristen erreichte die oppositionelle und revolutionäre Bewegung im Revolutionsjahr von 1905 ihren Höhepunkt. Die zaristische Regierung mit dem jetzt wieder ins Zentrum der Macht zurückgekehrten Sergej Witte an der Spitze reagierte im Oktober 1905 mit bedeutsamen Konzessionen. Der Zar gewährte eine gesetzgebende Repräsentativkammer und eine Reihe von bürgerlichen Freiheiten. Nun hätte man meinen sollen, daß im Rahmen dieser Reformen auch die Judengesetzgebung entscheidend liberalisiert worden wäre. Tatsächlich hatte Witte dies auch in seinem Programm vorgesehen, aber mehrere Faktoren standen einer solchen Entwicklung im Wege. Da war einmal die nur halbherzige Anerkennung der von ihm selbst geschaffenen quasi-bürgerlichen Ordnung durch den Zaren. Zum anderen gab die offene, zahlreiche und aktive Beteiligung der Juden an der revolutionären Bewegung den Antisemiten ein zumindest für die konservativen Kreise schlagkräftiges Argument, warum man den Juden keine Gleichberechtigung gewähren konnte. Die nach dem Erlaß des Oktobermanifestes auftretende Pogromwelle, die hunderte von Städten und Dörfern erfaßte, ließ auch Sergej Witte extrem vorsichtig in der Judenfrage werden. Einige kleinere Maßnahmen zugunsten der jüdischen Bevölkerung wurden wohl ergriffen, aber insgesamt war der Zar nicht willens, auch nur einen einzigen entscheidenden Schritt vorwärts zu tun. Die rechtsradikalen Parteien, die jetzt entstanden, wollten gerade durch antisemitische Propaganda sich eine Massenbasis schaffen. Durch den Versuch, weitere Pogrome zu organisieren und durch Attentate auch auf hervorragende Vertreter der jüdischen Gesellschaft und auf jüdische Politiker versuchten sie den Eindruck einer breiten antisemitischen Strömung vorzutäuschen und so Reformen zu verhindern. Gleichzeitig sahen sie weiterhin in ehrlicher Überzeugung in den Juden die eigentliche Kraft der Veränderung. Die neuen rechtsradikalen Parteien, vor allem die »Union des russischen Volkes«, stellten sich nicht auf den Boden der neuen Grundgesetze, da sie die durch diese geschaffene Einschränkung der zarischen Autorität nicht anerkennen wollten. Der Antisemitismus wurde zu einem festen Bestandteil der Konterrevolution, ja geradezu zum einzigen Integrationsangebot derjenigen Kräfte, die es darauf anlegten, eine Rückkehr zu den Zuständen vor dem Oktober 1905 herbeizuführen. Ein großer Teil des Adels stand mehr oder weniger offen im Lager der Konterrevolution. Aber auch viele Gruppen des Adels, die sich teils bereitwillig, teils zögernd auf den Boden der neuen Ordnung stellten, waren nicht bereit, den Juden irgendwelche Konzessionen zu machen. Eine Ausnahme bildete hier nur der liberale und progressive Gutsbesitz, der sich in der radikal-liberalen Partei der »Konstitutionellen Demokraten« (Kadetten) organisierte. Auch für die gemäßigt konservativen Gutsbesitzer waren eben die Juden die Inkarnation der modernen Konkurrenzwirtschaft, die man zwar letztlich für unabwendbar hielt, deren Heraufkommen man aber keinesfalls durch eine Liberalisierung der Judengesetzgebung beschleunigen wollte.

Die antisemitische Agitation veränderte sich in dieser Zeit kaum. Diejenigen Schichten, die man unter den Bedingungen der Wahlen für die neueingeführte Legislative *(Duma)* anzusprechen suchte, waren einmal der Adel, der sowieso zu großen Teilen den neuen Herrschaftsformen feindlich gegenüberstand, die Bauern und das durch die Industrialisierung geschädigte Handwerkertum. Die Bourgeoisie gehörte nicht zu den Zielgruppen, sie erwies sich auch gegenüber dem Antisemitismus als weitgehend immun. Den gesellschaftlichen Kampf sah man durch die Gegensätze zwischen Industrie und Landwirtschaft, Kapitalismus und Kleinproduktion, kosmopolitischem Börsenjudentum und patriotischem Nationalismus bestimmt. Die Verfassung war ein bürgerliches Vehikel, hinter dem das internationale Judentum stand. Der Kapitalismus, die gesellschaftliche Entsprechung zu Verfassungsformen des Konstitutionalismus, war das Mittel der Juden, die russische Bevölkerung auszubeuten. Auch die sozialistischen Parteien waren aus dieser Sicht nur das von den Juden in den Kampf geworfene Potential der bürgerlichen Veränderung. Für die Rechtsradikalen und für große Teile der Bürokratie galt die alte egalitäre, vorkapitalistische Agrarstruktur und die rechtliche Absonderung der Bauern von den übrigen Bevölkerungsschichten, die ja auch durch die Bauernbefreiung nicht aufgehoben worden war, als Garant gegen jeden politischen Umschwung. Folglich attackierten sie auch nach dem ersten Schock der Revolution die neue Agrarpolitik des neuen Ministerpräsidenten Stolypin. So hieß es in einer rechtsradikalen Zeitschrift: »Das Landgesetzprojekt, d.h. die Abschaffung der *obščina,* ist die Frucht des geplanten Ansturms der geheimen Kräfte auf die historischen-russischen Grundlagen und der Versuch, unter der Flagge der Befreiung von der Leibeigenschaft der *obščina* die Unterjochung des Landes unter den jüdischen *Kahal* zu bewerkstelligen.«[6]

Die Auflösung der *obščina,* die Einführung von Einzelhöfen, die Entwicklung der Kulaken, d.h. einer wohlhabenden, kapitalistischen Bauernschicht, bedeuteten für die Rechtsradikalen das Eindringen der Konstitution auf das Land. Der Kulak war sozusagen der personifizierte Vertreter einer konstitutionellen Ordnung auf dem flachen Lande. Wie sehr die antijüdische Propaganda von einem Adel ausging, der um seine beherrschende Position bangte, zeigt die Äußerung von Nikolaj E. Markov, des wohl bekanntesten rechtsradikalen Volksvertreters, in einer Duma-Rede: Die Sozialisten, so Markov, seien altmodisch, weil sie gegen den Adel kämpften, während doch der große neue Feind der Kapitalismus sei, der vom weltumfassenden jüdischen Kahal, dem geheimen Drahtzieher, regiert werde. Selbst in den

[6] Ebd., S. 128. Der Kahal war die ehemalige jüdische Selbstverwaltungsorganisation in Rußland und Polen.

russischen Fassungen der ›Protokolle der Weisen von Zion‹ kommt diese adlige Sicht immer wieder zum Vorschein: »Die Völker und die Regierungen vernichteten unter unserer (d. h. der Juden) Führung die Aristokratie, die ihre Stütze, ihr Schutz und ihr Wohltäter war.«[7]

Alles, was die russischen Rechtsradikalen in der einen oder anderen Form über die Juden behaupteten, kam in den Protokollen wieder vor. Bezeichnend ist auch die Tatsache, daß die Pläne der in den Protokollen auftretenden Weisen von Zion für den von ihnen zu errichtenden Staat genau den Vorstellungen entsprachen, wie die russische, adlig bestimmte radikale Rechte ihre eigene Herrschaft stabilisieren wollte: Der neue jüdische Staat, der den Weisen vorschwebte, war als eine diktatorische Autokratie gedacht. Auf den landwirtschaftlichen Grundbesitz als Grundlage der Macht des eigenen Volkes sollte der Staat gegründet sein. Statt der Goldwährung galt es, nun endlich eine Währung der Volksarbeit, eine Papierwährung einzuführen. Die Kustar'-Industrie sollte wiederhergestellt werden, die Sozialstrukur streng in Stände gegliedert sein. Für den begriffsstutzigen Leser machten die Kommentatoren der russischen Ausgabe klar, daß die Weisen von Zion eben hauptsächlich über Rußland sprächen. Die ›Protokolle der Weisen von Zion‹ entsprachen in ihrer Art sehr gut der Neigung der russischen Rechten, hinter sozialen Veränderungen die Hand eines geheimnisvollen Verschwörers zu sehen. Wenn man auch in der Lage war, die ökonomischen und politischen Prozesse zu beschreiben, die auf Veränderungen drängten, drückte man sich doch mit der Vorstellung, bei all dem handele es sich nur um eine geheime Konspiration, um die beunruhigende Erkenntnis, daß das Ende der eigenen politisch und sozial beherrschenden Position absehbar war. Die antisemitische Propaganda der radikalen Rechten bediente sich wohl gelegentlich der Sprache der christlichen Religion. Man bezeichnete die Juden als Feinde des Christentums, aber selbst in kirchlicher Literatur ging die Argumentation meist auf den politischen Kern hinaus. Man beschwor die Gefahr der ökonomischen Unterdrückung und die Gefahren der Beseitigung des Gutsbesitzes. Die orthodoxe Kirche war ebensosehr an das bestehende System gebunden, daß sie sich – überspitzt gesagt – nicht einmal ihre eigene Form von Antisemitismus leisten konnte.

[7] Ebd., S. 129.

In diesem Zusammenhang sind noch einige Anmerkungen zu den Pogromwellen in Rußland angebracht, für die das Zarenreich in jener Zeit berüchtigt war. Auf den ersten Blick scheinen diese Pogrome sich kaum in das hier skizzierte Konzept des gouvernementalen auf der einen Seite und des adligen Antisemitismus auf der anderen Seite einordnen zu lassen. Über die Pogrome ist, da sie das augenfälligste Symptom der russischen Form des Antisemitismus waren, viel, oft Falsches, geschrieben worden. Zu allererst wurde den russischen Regierungen meist vorgeworfen, die großen Pogrome, vor allem die Pogromwellen von 1881 und von 1905, organisiert zu haben. Daran ist, was zumindest die zentralen Regierungsstellen betrifft, nichts Wahres. Von beiden Wellen wurde die zentrale Regierung überrascht. 1881 glaubte die Regierung anfangs sogar mit einigem Schrecken, die Pogrome seien der Anfang einer sozialen Protestbewegung, geschürt von den Revolutionären. Auch 1905 wurde die Regierung überrascht. Es gab allerdings den nach der Pogromwelle von Beamten im Innenministerium und nicht gerade wenigen lokalen Polizeioffizieren unternommenen Versuch, antisemitische Propaganda im Kampf gegen die revolutionäre Bewegung zu instrumentalisieren. Bei beiden Pogromwellen muß man jedoch feststellen, daß sie zu einem Zeitpunkt stattfanden, als das Prestige des zaristischen Regimes erschüttert schien, ja, daß es der breiten Öffentlichkeit sogar schien, die zaristische Regierung sei nicht mehr in der Lage, die gewöhnlich auf Massenausschreitungen folgenden Strafexpeditionen durchzuführen. Die Pogromwelle des Jahres 1905 muß man als Ausdruck bürgerkriegsähnlicher Wirren betrachten, bei denen sich viele der Beteiligten über die Fronten überhaupt noch nicht im Klaren waren. Auf keinen Fall war die zentrale Regierung hier in der Lage, solche Pogromwellen zu steuern, auch wenn Vertreter von Polizei und Behörden vor Ort häufig als Agitatoren auftraten. Und wenn man sich die Pogrome im einzelnen anschaut, sowohl 1881 und verstärkt 1905, so zeigt es sich, daß Opfer der Pogrome nicht nur Juden waren, sondern auch Gutsbesitzer, reiche Städter und Vertreter der Intelligenz. Weiter fanden die meisten Pogrome in einem regional begrenzten Raum statt, nämlich in der Ukraine. Diese Region war wie keine andere von der kapitalistischen Umwandlung erfaßt worden, und auf der anderen Seite aber auch immer noch charakterisiert durch das Beharrungsvermögen alter vorindustrieller, vorkapitalistischer Strukturen vor allem auf dem Lande. Wenn die Bevölkerung hier Juden attackierte, aber auch Gutsbesitzer, so zeigte es sich, daß für sie Juden und Gutsbesitzer nur ein und dieselbe Erscheinungsform der modernen, nach außen orientierten, über die bäuerliche Gesellschaft hinausgreifenden Ordnungsformen waren. Und gegen diese, gegen den politischen Überbau im wesentlichen, wandten sich die Bauern. Überhaupt zeigte es sich, daß vielfach für die Bauern – bei ihrem verworrenen Verständnis von Politik – Gutsbesitzer und Juden ein und derselben Clique angehörten, welche die Maßnahmen des »guten Zaren«, z. B. eine erhoffte Landverteilung, verhinderte oder geheimhielt und die es aus diesem Grunde zu bekämpfen galt. Deshalb strömten auch viele Bauern, als die Revolution zu erlahmen schien, unter der Flagge der Zarentreue in rechtsradikale Organisationen, wo sie im vollen Bewußtsein ihrer Loyalität gegenüber dem Zaren nicht gerade selten ihre organisatorischen Altvorderen und adligen Propagandisten als Judenfreunde attackierten und die endlich fällige Landverteilung forderten. Die antijüdische Propaganda der meist adligen, antisemitischen Publizisten hatte also hier ihre Wirkung getan, jedoch auf eine Art und Weise, die sie nicht vorausgesehen hatten. Diejenigen Schichten, die sich aktiv an den Pogromen beteiligten, waren die Bauern, die kleinen Handwerker und Handeltreibenden und außerhalb der großen Industrieregionen um Moskau und Petersburg häufiger auch die Arbeiter. Immun blieben die Vertreter der Intelligenzija, die Bourgeoisie und die Arbeiter der beiden genannten Industriezentren. Eine Wertung der Pogrome hat daher festzuhalten, daß bei ihnen sicherlich auch religiöse Vorurteile und nicht selten wirtschaftliche Konkurrenz eine Rolle gespielt haben, daß aber eben auch die Bauern sich auf ihre Art gegen die kapitalistische Umwandlung des Landes zu wehren suchten.

Die hier skizzierte Form des Antisemitismus hatte die Tendenz, sich allmählich von den wirklichen Juden völlig abzulösen. Man ging dazu über, zwischen personalen und kollektiven Juden zu unterscheiden. Kollektive Juden waren Aktiengesellschaften, bei denen nicht notwendigerweise jüdisches Kapital beteiligt sein mußte. Auch Monopole und Kartelle, von denen nach 1900 viele entstanden waren, galten als ein jüdischer Typ von Wirtschaftsorganisation. Gegen diese richtete sich manche Aktion der Rechtsradikalen. Dabei hatten diese Kreise in der hohen Bürokratie und selbst im Kabinett durchaus Unterstützung gefunden. Aber insgesamt konnte die zaristische Regierung nicht den radikalen Forderungen der Antisemiten folgen. Über weite Strecken wollte sie dies auch nicht. Sie dachte nicht daran, die Juden aus Innerrußland auszuweisen oder gar die Vertreibung der Juden aus ganz Rußland vorzubereiten, was einige radikale Rechte immer heftiger verlangten. Vielmehr versuchte sie, einen Mittelkurs zu steuern, der auch den gemäßigt-konservativen Parteien entsprach. Man überlegte sich durchaus weitere Einschränkungen für die Juden, sofern sich diese aus der bestehenden Gesetzgebung ergaben. Man wollte das von den Juden vermeintlich ausgehende Potential der Veränderung in Grenzen halten und im wesentlichen auf das städtische Rußland konzentrieren. Das flache Land sollte von Juden immer noch weitgehend freigehalten werden. Dieses Ziel verfolgte die Regierung unter anderem deshalb, weil sie die von den Stolypinschen Agrarreformen in Gang gesetzten Veränderungen möglichst ohne Störungen abschließen wollte.

Nach der Ermordung Stolypins (1911) verschärfte sich allerdings die Lage der Juden noch einmal dramatisch. Wie immer tat sich dabei das Innenministerium hervor. Derjenige Fall, der wohl wie kaum ein anderer in der ausgehenden Zarenzeit dazu beigetragen hat, das Prestige des Systems zu erschüttern, war die 1911 von Innen- und Justizministerium fabrizierte Anklage des Ritualmordes gegen einen Juden namens Mendel Bejlis. Dieser Ritualmordprozeß, der übrigens mit Freispruch endete, wurde oft als ein Zeichen dafür gesehen, daß der Antisemitismus in Rußland sich wesentlich aus religiösen Quellen nährte. Wenn man aber die Anklageschrift liest und die Begründungen, die das Innenministerium und das Justizministerium lieferten, zeigt sich ein ganz anderes Bild. Sicher hoffte man, religiöse Gefühle zu mobilisieren, aber – wie es sich auch aus der Literatur der Rechtsradikalen ergibt – primär zielte man darauf ab, durch diesen Prozeß die jüdischen revolutionären Einflüsse zu neutralisieren. Eine Zeitung der »Union des russischen Volkes« schrieb: »Über Rußland fiel von allen Seiten eine Bande Räuber her, aber erreichbar ist für uns nur der Anführer, der Jude. Die anderen Räuber halten sich in ehrerbietiger Entfernung. Es ist nötig, den Juden an der Gurgel zu packen, denn auf der einen Seite wird er um seiner eigenen Rettung willen dann seine Bande dazu bewegen, Rußland in Frieden zu lassen. Auf der anderen Seite werden die übrigen Mitglieder nicht aus eigenem Entschluß über uns herfallen. Denn der Verlust des Juden bedeutet für sie nicht nur den Verlust des Führers, sondern auch des Erhalters und Ernährers.«[8]

Diese Äußerung ist ebenso zynisch wie freimütig: weil die Juden erreichbar und identifizierbar sind, geht man gegen sie vor. Der Prozeß war eingebettet in eine völlige Wandlung des politischen Klimas und war offensichtlich als der Propagandavorhang gedacht, hinter dem man grundlegende Umwälzungen im politischen und gesellschaftlichen System Rußlands bewirken wollte. Auf einer noch recht harmlosen Ebene sollte dieser Prozeß dazu dienen, die Wahlen für die nächste, die vierte Duma, günstig zu beeinflussen. Er gab auch, zumindest indirekt, den Anlaß für die Ausweisung von Tausenden von Juden aus Gebieten außerhalb des Ansiedlungsrayons, um die Wahl von genehmen, konservativen bis rechtsradikalen Kandidaten zu gewährleisten. Viel grundlegender ist, daß in dieser Zeit Pläne debattiert wurden, die Duma als gesetzgebende Körperschaft wieder abzuschaffen. Es ging wohl auch darum, sich zu beweisen, daß man trotz der konstitutionellen Reformen noch Herr im eigenen Hause und die Duma letztlich irrelevant sei. In diesen Rahmen gehörte auch, daß die Regierung nach der Entlassung des Finanzministers und Ministerpräsidenten Kokovcev, der eine industriefreundliche Politik betrieb, tastend nach einer neuen Wirtschaftspolitik suchte, die – wie man sich ausdrückte – die völkische Arbeit unterstützen sollte und nicht die Arbeit der Großindustrie. In diesem Rahmen wurde auch das Recht der Aktiengesellschaften, außerhalb der Städte Land zu kaufen, drastisch beschnitten. Gegen den Protest der Vertretungen von Handel und Industrie schränkte man auch die Tätigkeitsbereiche jüdischer Händler und Firmen ein. Gleichzeitig wälzte man Pläne, ein staatliches Getreidemonopol zu verwirklichen, das die Juden aus dem Getreidehandel verdrängen sollte. In den Augen der Rechten war das Ziel dieser Politik, letztlich den Juden die Existenz in Rußland unmöglich zu machen. Aber eine solche Wirtschaftspolitik ließ sich nicht durchhalten. Schon gar nicht, als der Erste Weltkrieg dazu zwang, alle wirtschaftlichen Reserven zu mobilisieren. Die sture reaktionäre, industrie- und judenfeindliche Staatsräson wurde immer wieder von einer zweiten Art von Staatsräson unterlaufen. Das halbautokratische Regime mußte sich nun einmal durch wirtschaftliche und machtpolitische Erfolge legitimieren. Allein auf diesem

[8] Ebd., S. 135.

Wege erhoffte man, die Alternative der Revolution zu verhindern. Alles, was man tun konnte, war, die vormodernen Züge einer nichtkapitalistischen Landwirtschaft zu wahren und die kleinen Handwerks- und Kustar'-Betriebe stärker gegen die Konkurrenz der Großindustrie zu schützen. Aber auch dies war nur begrenzt möglich. Was man eben tat, war sozusagen in Entsprechung zu den beiden Formen von Staatsräson, den vormodernen Zweig einer sogenannten *dual economy* zu erhalten. So suchte man Modernisierung in einem möglichst engen Rahmen zu halten.

Ich resümiere: In der zaristischen Judenpolitik und im Antisemitismus des vorrevolutionären Rußland kam eine reaktionäre Utopie zum Ausdruck: die vom Gang der Geschichte immer von neuem überrollte Illusion, das wahre, echte Rußland lasse sich vor einem Wandel seiner Grundlagen bewahren. Zum Inbegriff der entwurzelten und entwurzelnden Moderne entwikkelten sich die Juden. In ihnen erblickte man, oft mit geradezu mythischer Phantasie, den harten Kern der verhaßten Widersacher. Aber zugleich in einem durchaus nüchternen Kalkül die Zielscheibe, auf die man sich einschießen mußte, wenn man weitere Volksschichten für die bedrohte konservative Sache mobilisieren wollte. Nicht den Juden Rußlands, wie sie wirklich waren, galten Judenpolitik und Antisemitismus, sondern man bekämpfte eine Chimäre, ein Bild, das man sich auf der Rechten von den Juden machte. Dieses Abbild unterschied sich kraß von der sozialen Wirklichkeit. Eine Gruppe, die als Inkarnation des gefürchteten Kapitalismus hingestellt wurde, bestand zu einem erschreckend großen Teil aus Hungerleidern, denen die Anfänge der Industrialisierung nicht geholfen, sondern zum größten Teil schwer geschadet hatten. Die Opfer der durch den Industrialisierungsprozeß bewirkten Verwerfungen, die adligen Gutsbesitzer, artikulierten ihre Vorstellungen im Rahmen antijüdischer Vorurteile. Im Kern dieses Antisemitismus steckte etwas durchaus Mythisches. Aber dies disqualifizierte ihn nicht, wie man in optimistischer, aufklärerischer Hoffnung hätte erwarten müssen. Vielmehr bot dieser Antisemitismus den adligen Gutsbesitzern, den Opfern mit der halben Macht, die Möglichkeit, undurchsichtige Veränderungsprozesse in der Person des Juden zu verdinglichen.

Das jüdische Prag (1850–1914)

von Heiko Haumann

Einleitung

Wer heute nach Prag fährt, sollte nicht versäumen, eine höchst sehenswerte und zugleich makabre Attraktion zu besichtigen: das Staatliche Jüdische Museum. Sehenswert ist dieses Museum, weil hier über mehrere Gebäude – meist Synagogen – verstreut eine einzigartige Sammlung jüdischer Kultgegenstände und historischer Zeugnisse angelegt wurde; zugleich ist es makaber, weil wir diese Sehenswürdigkeit nur dem Umstand zu verdanken haben, daß die Nationalsozialisten in Prag ein zentrales Museum »einer ausgestorbenen Rasse«, geeignet als Schule des Antisemitismus, einrichten wollten und dazu aus ganz Böhmen und Mähren nach vollzogenem Vernichtungs- und Zerstörungswerk jüdische Kultgegenstände aller Art zusammentrugen.

Dies war der Schlußpunkt einer langen Entwicklung, in der Prag von den Juden der Welt – wie es in einer alten jüdischen Legende heißt – als »Mutter Israels« verehrt wurde[1]. Von Juden in Prag wird schon aus dem Anfang des 10. Jahrhunderts berichtet. Ihre Gemeinde entwickelte sich schnell zu einer der größten – zeitweise war sie überhaupt die größte – und angesehensten in Europa. Prag hatte eine der wirklichen mittelalterlichen Judenstädte, ein Ghetto mitten in der Altstadt; die meisten Ghettos wurden erst seit dem 16. Jahrhundert im Zuge der Gegenreformation geschaffen. Die Stadt bildete eine Brücke zwischen Ost und West, zwischen den aus Deutschland und anderen westeuropäischen Ländern eingewanderten »Westjuden« und den aus Polen stammenden »Ostjuden«. Beide Teile lebten allerdings räumlich und kulturell ziemlich scharf voneinander getrennt – Ghettos im Ghetto –, die hin und wieder beschworene »Symbiose« blieb keineswegs konfliktfrei. Bis zum Ende des 19. Jahrhunderts dominierte eindeutig die nach Westen orientierte Judenschaft. Ihre Vertreter – in erster Linie natürlich die reichen – waren es auch, die der Judenstadt trotz der engen Gassen einen gewissen großstädtischen Glanz gaben. Vor allem

[1] Eduard Petiška, *Der Golem. Jüdische Märchen und Legenden aus dem alten Prag*. Wiesbaden 1972, S. 13.

nach dem verheerenden Brand von 1754 entstanden hier stattliche Barockhäuser, die den Kontrast zu den Elendsquartieren der armen Juden kraß hervortreten ließen.

Doch Prag war auch die Stadt unzähliger Judenpogrome und -verfolgungen im Mittelalter und in der Neuzeit. 1389 wurde die Judenstadt so verwüstet, daß nichts mehr an das älteste jüdische Prag erinnert. Die jüdischen Märchen und Legenden spiegeln die zahllosen Pogrome und die Furcht vor neuen eindringlich wider. Mit dem Toleranzedikt Josephs II. von 1782 schien diese Periode ein Ende gefunden zu haben. Zu seinem Andenken taufte man die Judenstadt in »Josephstadt« *(Josefov)* um, als 1852 das Ghetto aufgehoben wurde, nachdem keine strikte Trennung zwischen Juden und Christen mehr bestand. 1849 waren den Juden Freizügigkeit gewährt und die Einschränkungen der Heiratsmöglichkeiten aufgehoben worden; 1867 erhielten sie endlich die volle gesetzliche Gleichberechtigung.

In den Jahren bis zum Ersten Weltkrieg wandelten sich die Verhältnisse in Prag wie in der Judenschaft grundlegend. Aber immer noch bestimmte das jüdische Element die Atmosphäre der Stadt. Zugleich sah man in Prag ein überwiegend von Juden geprägtes kulturelles Zentrum, wo – wie Max Brod schreibt – in den bekanntesten Cafés die berühmtesten zeitgenössischen Dichter und Literaten anzutreffen waren. Und in der Tat: Wer assoziiert nicht mit dem Prag in den letzten Jahrzehnten vor dem Weltkrieg Franz Werfel, Max Brod, Franz Kafka und nicht zuletzt den aus einer alten jüdischen Familie stammenden »rasenden Reporter« Egon Erwin Kisch, dazu die Nichtjuden Rainer Maria Rilke und Gustav Meyrink? Gingen also Prag und die Prager Juden eine harmonische Symbiose ein, die zu einer einmaligen kulturellen Blüte führte? Harmonisch war sie ganz sicher nicht. In einer Zeit, in der es in Deutschland um den Antisemitismus noch eine eher theoretische Diskussion gab, kam es in Prag immer wieder zu gewalttätigen Ausschreitungen und Pogromen gegen die Juden. Sie gerieten in ein Dilemma, das sich wegen der besonderen Situation in Prag vielleicht schärfer als anderswo zeigte, das auf jeden Fall eng verknüpft ist mit ihrer formalen Emanzipation, mit dem Problem des Nationalismus und mit den Folgen einer raschen Industrialisierung.

Tschechen, Deutsche, Juden: Nationale und soziale Beziehungen in einer Stadt im Umbruch

Seit den 30er Jahren und besonders seit Mitte des 19. Jahrhunderts wurde Böhmen vom Strudel der Industrialisierung erfaßt. Im 18. Jahrhundert hatte sie verhältnismäßig bescheiden mit einigen Berg- und Hüttenwerken sowie Textilmanufakturen angefangen. Nun wurde Böhmen zum industriellen Schwerpunkt der Habsburgermonarchie. Dieser Prozeß brachte grundlegende Strukturverschiebungen mit sich. Die Manufakturen waren vorwiegend im deutschsprachigen Nordwest- und Nordostböhmen angesiedelt gewesen. Durch die neue industrielle Produktionsform erfuhr diese Gegend eine radikale Wandlung mit oft katastrophalen Auswirkungen auf die Arbeits- und Lebensverhältnisse. Darüber hinaus drang der industrielle Großbetrieb nun auch nach Innerböhmen vor: Hier lockten nicht zuletzt die niedrigen Löhne der neuen, aus der Landwirtschaft abgezogenen Arbeiter; dafür fehlten allerdings häufig qualifizierte Kräfte. Das hauptsächlich von Wien aus gelenkte »deutsche« Kapital, das sich vornehmlich in der Schwerindustrie konzentrierte, traf hier nicht nur auf das ansässige deutschböhmische Klein- und Mittelunternehmertum, sondern auch auf das aufstrebende tschechische Bürgertum, das zunächst in der Konsumgüter- und speziell der Nahrungsmittelindustrie engagiert war. Daß die bäuerliche Hausindustrie wie das städtische Kleingewerbe durch die großindustrielle Expansion teilweise existenziell gefährdet wurden, schuf eine weitere Konfliktebene.

Dabei standen die Juden von Anfang an im Visier der Benachteiligten wie der Aufstrebenden: Man identifizierte sie mit dem deutschen ausbeuterischen Großkapitalisten. 1844 wie 1848 kommt es zu schweren antijüdischen Unruhen, die in erster Linie von den radikalisierten städtischen Unterschichten Prags ausgehen. 1859–1861 breiten sich immer wieder judenfeindliche »Exzesse« aus, bis 1866 in einer Wirtschaftskrise ganz Böhmen davon erfaßt wird: »Es ist ein Judenkrieg, und die Juden müssen alle erschlagen werden.«[2] Dies gelingt zwar noch nicht, aber Tote sind durchaus schon zu beklagen. Trotzdem: es kündigen sich hier erst Vorboten der mit Industrialisie-

[2] Zitiert bei Christoph Stölzl, *Kafkas böses Böhmen. Zur Sozialgeschichte eines Prager Juden.* München 1975, S. 39.

rung und Nationalismus zusammenhängenden Judenfeindschaft an.

Prag verwandelte sich in diesen Jahren von der Provinz- zur Großstadt, ja wuchs in eine überragende »Ausnahmestellung« und Metropolenfunktion hinein. Nach Wien bildete sich dort das zweitgrößte Maschinenbauzentrum Österreich-Ungarns heraus. Neben den Eisenbahnverbindungen gaben dafür die Nähe zu den mittelböhmischen Kohlen- und Eisenrevieren sowie der Kontakt zu der in Prag konzentrierten, mit internationalen Verbindungen ausgestatteten Finanzwelt den Ausschlag. Charakteristisch für Prag ist jedoch, daß keine reine Industriestadt entstand. Die Bedeutung von Handwerk und Kleingewerbe blieb gewahrt, auch wenn zahlreiche Betriebe durch die eindringenden Produktionsformen gefährdet waren. Die Selbständigen konnten ihren Anteil an der Bevölkerung zwischen 1869 und 1900 konstant bei etwa einem Drittel halten. Wichtig wurde aber, daß sich die Kleingewerbetreibenden aus dieser Gruppe durch die neue wirtschaftliche Entwicklung deklassiert fühlten. Hier lag gesellschaftspolitischer Zündstoff.

Zwischen 1850 und 1910 verdoppelte sich die Bevölkerung Prags. Den größten Schub brachten bis 1869 die in die Stadt strömenden Industriearbeiter. Anschließend verlangsamte sich dieser Prozeß; jetzt stieg noch besonders der Anteil der im tertiären Sektor Beschäftigten an. Am stärksten schwoll nun die Einwohnerzahl der damals noch nicht eingemeindeten Vorstädte an, in denen sich viele ansiedelten, die mit der Hoffnung auf Besserung ihres Lebens in Richtung Prag gezogen waren. Hier überwogen dann auch bald die Arbeiter, während sie in der Prager Innenstadt in der Minderheit blieben. Die durch die Industrialisierung verursachte ungeheuere Migrationsbewegung schuf große Probleme. Die ständige Fluktuation wirkte sich auf Bewußtsein und Stabilität der sozialen Gruppen aus; die teilweise erbärmlichen Lebensverhältnisse, vor allem die entstandene Wohnungsnot, ja überhaupt die Veränderungen in der sozialen Zusammensetzung führten zu Spannungen, die bei passendem Anlaß in offene Konflikte umschlagen konnten. Sie wurden dadurch verschärft, daß die sozialen und demographischen Verschiebungen auch das Verhältnis der Nationalitäten veränderten. Der Anteil der deutschen Minorität an der Bevölkerung Prags und der Vorstädte in der »ersten inneren Zone« ging zwischen 1880 und 1900 von 15,5 Prozent auf 7,5 Prozent zurück. Um so klarer mußte nun hervortreten, daß diese Deutschen fast ausschließlich der Oberschicht zuzurechnen waren, die Tschechen hingegen der Mittel- und Unterschicht. Die Deutschen wohnten nach wie vor in den besten Wohnungen in der Innenstadt. Und für viele Tschechen waren Deutsche und Juden das gleiche. In der Mehrzahl der Fälle traf diese Identifizierung bis in die 90er Jahre auch zu.

Wie verhielten sich nun Prager Bürgertum und Arbeiterschaft in dieser Umbruchzeit? Wie wirkten sich ökonomische Unsicherheit, Ängste, die aus dem Verlust der alten Bindungen in der Heimat durch Umzug in eine unbekannte Großstadt herrührten, politische Erregbarkeit durch die neuen sozialen und nationalen Konflikte aus? Man kann dies zunächst einmal an der Veränderung der Parteienlandschaft deutlich machen. Bei den Tschechen beherrschte ursprünglich eine bürgerliche Honoratiorenpartei um František Palacký und Franz Rieger – die Führer der Revolution von 1848 in Prag – das Feld. Sie hatten ihre Stützen im Beamtentum, bei den Unternehmern und bei den Großbauern. Diese »Alttschechen« mußten jedoch zunehmend den »Jungtschechen« weichen, die sich zum Sprecher der Deklassierten wie der Aufsteiger, der radikalen Intelligenz wie der Arbeiterschaft aufwarfen. Sie wollten das ganze tschechische Volk vertreten. Ein wichtiges Instrument war ihr straff organisierter Turnverein »Sokol« (Der Falke). Massenaufmärsche und riesige Sportveranstaltungen sollten die nationale Einheit symbolisieren und Sympathisanten wie Gegner beeindrukken – mit Erfolg übrigens. Es schien so, als gebe es unter den Tschechen keine sozialen Gegensätze, als sei es möglich, Kapitalismus und Sozialismus zu vereinbaren. Zusammengeschweißt wurde diese Einheit durch den wieder und wieder beschworenen Kampf gegen die Deutschen und – immer schärfer – gegen die Juden. Selbst der alte Palacký gab sich dafür her, um seiner Partei – allerdings erfolglos – eine größere Anhängerschaft zu erhalten, als er 1872 vor dem »Raubtiertrieb der jüdischen Rasse« warnte[3]. Die Jungtschechen warfen 1870 eine Broschüre mit dem Titel ›Die Angst vor dem Judentum‹ auf den Markt, für deren Abfassung sich der bedeutende Schriftsteller Jan Neruda nicht zu schade gewesen war. In ihr tauchen Vorstellungen über das Weltjudentum auf, das in allen Ländern seine Marionetten – in Österreich z. B. das Wiener Großkapital, das deutsche Bürgertum – tanzen lasse.

[3] Stölzl, *Kafkas böses Böhmen*, S. 42.

1883 trafen sich die Jungtschechen schon im geheimen mit den ungarischen Antisemiten, dann gemeinsam auch mit Wiener Politikern: man wollte eine »Aussöhnung der Völker auf dem Boden des Antisemitismus« erreichen. Im gleichen Jahr wurden in Prag massenhaft Zettel verteilt, auf denen man z. B. in deutscher und tschechischer Sprache folgenden kläglichen Reimversuch lesen konnte[4]:

Herr im Himmel ists ein Leben
dort tuts keine Juden geben
Aber dafür hier auf Erden
Tun sie immer mehre werden
Alle die ihr brav und bieder
nehmt den Stock und schlagt sie nieder
Denn nur dann wirds Heil erstehen
wenns wird keine Juden geben.

Schnell radikalisierte sich diese Strömung bei den Jungtschechen. Seit 1891 waren sie im Wiener Parlament vertreten und lernten den christlich-sozialen Antisemitismus der Partei Karl Luegers kennen, der von 1897 bis 1910 das Amt des Bürgermeisters von Wien ausübte und den jungen Adolf Hitler nachhaltig beeinflußte. Als 1897 das allgemeine Wahlrecht begrenzt eingeführt wurde, mußten die Jungtschechen fürchten, in erheblichem Ausmaß Stimmen an die Sozialdemokratie abgeben zu müssen. Die Massenwirksamkeit der judenfeindlichen Agitation schien ein geeignetes Mittel, diese Tendenz wenigstens zu bremsen. Unter Leitung des Redakteurs Václav Klofáč wurden zahlreiche Gruppen und Vereine unter den Kleingewerbetreibenden und der Arbeiterschaft gegründet, die sich an einem »national-sozialen« Programm orientierten und den Boykott von Deutschen und Juden propagierten. Bald schon formierten sich diese »Nationalsozialisten«, die man trotz mancher Ähnlichkeit nicht mit der gleichnamigen deutschen Gruppierung verwechseln darf, zu einer eigenen Partei. Ihre internationalen Verbindungen reichten bis zur zaristischen Regierung, die sie finanziell unterstützte; ihre Anhängerschaft rekrutierte sich in erster Linie aus sozial absteigenden Gewerbetreibenden, Beamten und Angestellten, aber auch aus Arbeitern. Wie die Wiener Christlich-Sozialen wurden auch sie zu einer Volkspartei. Wel-

[4] Beide Zitate bei Stölzl, *Kafkas böses Böhmen*, S. 48–49.

che Konsequenzen dies für Deutsche und Juden haben mußte, kann man sich ausmalen.

Die deutschsprachige Einwohnerschaft Prags – hauptsächlich Großbürger – blieb von dieser Entwicklung nicht unbeeinflußt. Sie war ursprünglich durchaus nicht antijüdisch eingestellt, zumal ihr ja viele Juden selbst angehörten. In der liberalen Fortschrittspartei, ihrer stärksten politischen Kraft, gab es zunächst keine Diskriminierungen. Als der Liberalismus 1867 in Österreich zur vorherrschenden Richtung wurde, fielen die letzten gesetzlichen Beschränkungen für das Judentum. Die Juden revanchierten sich, indem sie den tschechischen Nationalismus heftig angriffen. Der wirtschaftliche Einbruch 1873 mit der folgenden »Großen Depression« veränderte auch dieses Kräftefeld. 1879 ging die politische Vormachtstellung des Liberalismus verloren. Es dauerte nicht lange, bis auch in den deutschen Kreisen die »Judenfrage« gestellt wurde, in der Prager Oberschicht allerdings weniger als anderswo.

Einen großen Einfluß spielte hier – auf ganz Deutschböhmen bezogen – ebenfalls das Wählerreservoir, das mit der Wahlrechtsreform von 1882 und später dem allgemeinen Wahlrecht immer wichtiger wurde. Rücksichtnahme auf kleinbürgerliche Wähler und dann der zunehmende Konkurrenzdruck der Sozialdemokratischen Partei, darüber hinaus die Schwenkung, die zahlreiche Juden aus Angst vor weiteren Verfolgungen an die Seite der Tschechen machten, ließen liberale deutsche Politiker die Wirkung des Antisemitismus erproben. Nach 1900 wurden dann die Verbände der niederen Beamten und Angestellten sowie ihre nationalen Turnvereine im »Bund der Deutschen in Böhmen« zusammengefaßt, der an der »Rassenfront« kämpfen wollte; bei einigen Gruppen tauchte bereits der »Arierparagraph« auf. Viele deutsche Studenten und ihre Korporationen in Prag spielten hier im übrigen eine besonders unrühmliche Rolle. Auch völkische Arbeitervereine entstanden in dieser Zeit, die die Tschechen und Juden in dem Ziel vereint sahen, die deutsche Arbeiterschaft auszuschalten. Aus ihnen bildete sich nach dem Ersten Weltkrieg die »Deutsche Nationalsozialistische Arbeiterpartei«, deren Führer sich 1920 in Salzburg zum ersten Mal mit Adolf Hitler trafen.

Auf dem Hintergrund sozialer Nöte verschärfte sich der nationale Konflikt, und es entfaltete sich bei Tschechen wie bei Deutschen »national-sozialistisches« Gedankengut. Beide sahen jeweils die Juden in der Schar ihrer Feinde. Für viele war der Jude das Symbol des Kapitalismus, der neuen, unverstandenen Zeit, in der die traditionelle Wertehierarchie auf den Kopf gestellt war. Wenn sie sich gegen ihn stellten, so trafen sie damit stellvertretend die ganze Moderne, die sie anders nicht zu fassen wußten. Das aufstrebende tschechische Bürgertum empfand die Juden als Konkurrenten um die Stellen in Industrie und Verwaltung. Hier fand eine neue Art des »Verdrängungswettbewerbs« statt, der uns in der Geschichte des Judentums so häufig begegnet. Und da man die Juden mit den Deutschen gleichsetzte, verdoppelte sich der soziale im nationalen Konflikt. Für die absteigenden Schichten beider Nationalitäten blieben die sozialökonomischen Ursachen dieses Prozesses im Dunkeln. Um so mehr konnte im Juden das ganze Übel personifiziert werden, wie man es aus der Vergangenheit gewohnt war, und wie es die Politiker der verschiedensten Schattierungen immer wieder vormachten. Daß der Jude dabei für jede der beiden Nationalitäten jeweils an der Seite des Gegners stand, störte nicht weiter, sondern vertiefte höchstens die Vorstellung vom geheimnisvollen, skrupellosen Drahtzieher.

Immerhin: nicht alle ließen sich ihre Vernunft vernebeln und verschleiern. Der Soziologieprofessor und spätere Staatspräsident der Tschechoslowakei Tomaš G. Masaryk erhob zusammen mit seiner kleinen liberalen »Realistenpartei« warnend seine Stimme gegen das sich radikalisierende antijüdische Ressentiment. Sie verhallte zunächst beinahe ungehört. Von seiten der tschechischen Studenten und aus weiten Kreisen der tschechischen Öffentlichkeit hagelte es heftige Vorwürfe: er verrate die Nation und begünstige das Deutschtum. Unterstützung fand er fast nur bei der Sozialdemokratie, der bedeutendsten politischen Kraft, die konsequent den Antisemitismus bekämpfte. Die österreichische Sozialdemokratie vereinte Deutsche, Tschechen und andere Nationalitäten unter einem Dach, wenngleich sie spätestens seit der Föderalisierung der Partei 1897 organisatorisch weitgehend getrennt waren. Internationalistisches Denken blieb hier erhalten, obwohl sich auch viele Sozialdemokraten nicht dem anwachsenden Nationalismus entziehen konnten. In Prag dominierte naturgemäß der tschechische Teil, da es nur wenige deutsche Arbeiter gab. Diese konnten sich seit 1896 in einem eigenen Bildungsverein organisieren, in dem – zu ihrer Ehrenrettung sei es gesagt – auch deutsche Studenten aktiv waren. Ein Versuch nach der Jahrhundertwende, eine eigene Gewerkschaft zu gründen, scheiterte mangels Masse. Auf die Entwicklung innerhalb der Sozialdemokratie kann hier nicht näher eingegangen werden. Zu fragen ist jedoch, wie es sich erklärt, daß tschechische wie deutsche Arbeiter an der Seite der jeweils für ihre Nationalität zuständigen völkischen Gruppen, aber auch der eher internationalistisch denkenden Sozialdemokraten zu finden waren, für die der Klassenkonflikt noch im Zentrum ihres Denkens und Handelns stand und die den »jüdischen Ausbeuter« als Einzelerscheinung und nicht als Symbol für das ganze Judentum betrachteten.

Untersucht man, in welchen Stadtvierteln bzw. damaligen Vorstädten Prags die antijüdische und antideutsche Agitation die größte Resonanz fand, so stehen Žižkov, Vršovice, Vinohrady (Weinberge) im Mittelpunkt der Berichte, weniger Smíchov, fast gar nicht Holešovice-Bubny, Libeň und Karlín (Karolinenthal). In all diesen Vierteln wohnten Arbeiter. Nach einer mir vorliegenden Analyse der Reichstagswahl von 1907 entfielen auch gerade in den erstgenannten Bezirken mehr Stimmen auf die tschechischen Nationalsozialisten als auf die Sozialdemokraten, bestenfalls hielten sie sich die Waage. Insgesamt wird in dieser Untersuchung geschätzt, daß lediglich drei Viertel aller Arbeiter für die Sozialdemokratie stimmten. Näheren Aufschluß über das Wahlverhalten der Arbeiter gibt die Wahl ihrer Vertreter in die böhmische Unfallversicherungsanstalt: Die Fabrikarbeiter wählten vorwiegend die Sozialdemokraten, die Arbeiter im Kleingewerbe – darunter wohl viele einstige Bauern – eher die Nationalsozialisten. Anfällig für die nationalistische Ideologie scheinen darüber hinaus Teile der – durchaus gewerkschaftlich organisierten – verhältnismäßig hochbezahlten Facharbeiterschaft gewesen zu sein, die traditionell gute Beziehungen zur tschechischen Nationalbewegung hatten. Hierüber stehen die Untersuchungen erst am Anfang. Man wird sich jedenfalls hüten müssen, allzu rasch schematisch zu gliedern und etwa zu folgern, besonders die vom Land nach Prag eingewanderten Arbeiter hätten den Kern der Nationalsozialisten im Proletariat gestellt. Im Archiv der Prager Statthalterei finden sich sehr viele Polizeiberichte über Sozialisten und »Aufwiegler«, bei denen auffällt, daß sie größtenteils nicht aus Prag oder anderen Großstädten, sondern vom Land oder aus Kleinstädten kommen. Soweit man das jetzt schon sagen kann, dürften Nationalismus und Judenfeindschaft einen besonders günstigen Nährboden in einem Milieu gefunden haben, in dem auf dem Land verarmte, zuwandernde, verunsicherte – wenn

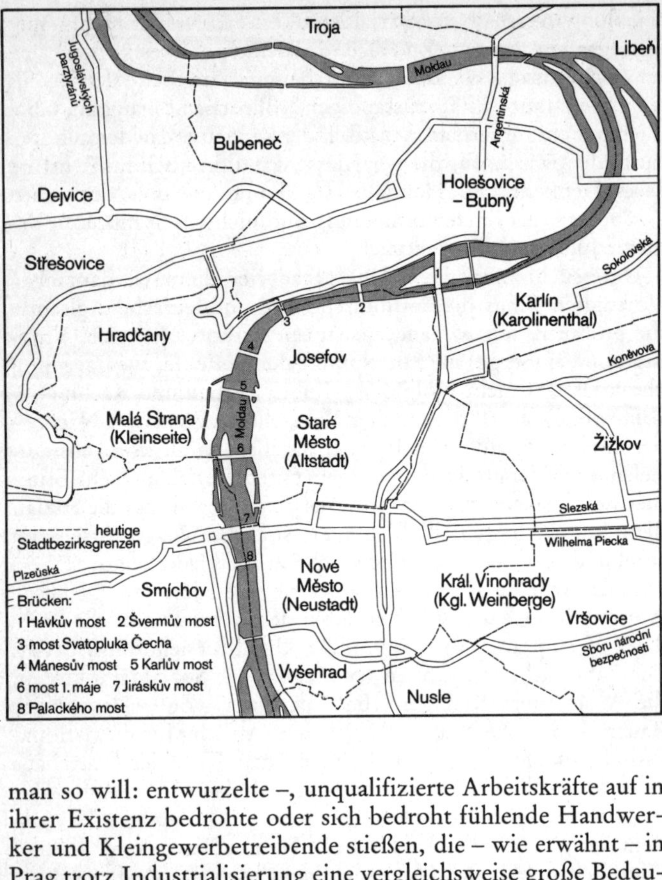

man so will: entwurzelte –, unqualifizierte Arbeitskräfte auf in ihrer Existenz bedrohte oder sich bedroht fühlende Handwerker und Kleingewerbetreibende stießen, die – wie erwähnt – in Prag trotz Industrialisierung eine vergleichsweise große Bedeutung behielten. Eben dieses Zusammentreffen geschah namentlich in den genannten Stadtvierteln, in denen sich am ehesten die aufgestauten antijüdischen Gefühle Luft machten. Die Viertel, die am Ende der Liste stehen, wurden hauptsächlich von Fabrikarbeitern mit enger Bindung an die Sozialdemokratie bewohnt; hier ging man sogar aktiv gegen Plünderer und Brandschatzer vor. In Smíchov überwog die tschechisch-nationale Arbeiterschaft. Trotzdem hielten sich hier die Ausschreitungen in Grenzen, vielleicht weil das Element des deklassierten Kleinbürgertums in diesem Bereich nicht so stark war wie etwa in Žižkov, dem Musterfall eines höchst reizbaren Milieus.

Ganz wichtig für das Verhalten der Arbeiter wird auch gewesen sein, ob sie in Vereinen oder anderen Gruppen integriert waren und wie diese sich entwickelten. Die frühen Selbsthilfekassen, die Bruderschaften der Handwerkergesellen und die Arbeiterbildungsvereine gingen mehr oder weniger bruchlos in die Gewerkschaften über; in ihnen waren vor allem die höher qualifizierten Arbeiter organisiert. Die große Masse der neuen Zuwanderer stand ihnen fern, ganz ähnlich wie in anderen Industrieregionen. Das lag an der eingefahrenen Struktur der Gewerkschaften, an der Art des Arbeitsplatzes meist im Kleingewerbe, sicher auch am Bildungs- und Bewußtseinsstand. Bei der Vereinzelung, der Unsicherheit in den ungewohnten Verhältnissen und der schnellen Erregbarkeit der Zugereisten wirkten nationalistische und antijüdische Parolen besonders nachhaltig, schienen damit doch endlich greifbare Verantwortliche für deren Situation und zugleich ein einigendes Band, das ihnen gemeinsam Halt gab, gefunden. Diese Vermutungen müssen allerdings noch durch weitere Forschungen überprüft werden.

Die Lage der Juden und ihre Reaktionen

Auch bei den Juden rüttelte der Umbruch in dieser Industrialisierungsphase an den Grundlagen ihres Daseins. Deutlichster Ausdruck war die große »Assanierung«, als die Prager Behörden zwischen 1893 und 1905 das alte Judenghetto – »die dunklen Winkel, geheimnisvollen Gänge, blinden Fenster, schmutzigen Höfe, lärmenden Kneipen und verschlossenen Gasthäuser« – niederreißen ließen, jenes Viertel, in dem nach einer alten Legende der von Rabbi Löw aus Lehm und Ton geformte Golem hin und wieder auftauchte, um ein großes Ereignis anzukündigen, vor einer Katastrophe zu warnen. Jetzt entstand ein Stadtteil mit hohen, nüchternen, modernen Häusern. Die Juden konnten sich damit nicht leicht abfinden: »Wir gehen durch die breiten Straßen der neu erbauten Stadt. Doch unsere Schritte und Blicke sind unsicher. Innerlich zittern wir noch so wie in den alten Gassen des Elends. Unser Herz weiß noch nichts von der durchgeführten Assanation. Die ungesunde alte Judenstadt in uns ist viel wirklicher als die hygienische neue Stadt um uns. Wachend gehen wir durch einen Traum, selbst nur ein Spuk vergangener Zeit« – so Franz Kafka[5].

[5] Gustav Janouch, *Gespräche mit Kafka. Aufzeichnungen und Erinnerungen.* Frankfurt 1968, S. 116.

Anlaß für den Abriß der alten Judenstadt – bis auf wenige Kultstätten und historische Denkmäler – waren die unerträglichen Wohnverhältnisse und die Folgen der Aufhebung des Ghettos. Das Recht, Handel zu treiben – eine Beschäftigung, der über die Hälfte der böhmischen Juden nachging –, war vor der Emanzipation an Hausbesitz gebunden; zugleich wurde den Juden jedoch zwischen 1727 und 1848 der Erwerb zusätzlicher Häuser aus christlichem Besitz verboten. Als auch die Judenstadt nicht mehr erweitert werden konnte, kam es mehr und mehr zu »Teilhäusern« mit zunehmend unübersichtlicher werdenden Besitzverhältnissen. So besaß mancher Jude hier ein Treppenhaus, dort eine Eingangstür, in einem dritten Haus den Schornstein. Weniger aufgeteilt waren natürlich die Wohnhäuser der jüdischen Oberschicht. Sie mußte sich auch nicht so beengt fühlen wie die ärmere Bevölkerung. In einem dieser Elendsquartiere war zwischen 1729 und 1790 die Zahl der Bewohner von 40 bis 50 auf 140 gestiegen.

Die Situation verschlimmerte sich, als nach 1848 die letzten gesetzlichen Beschränkungen für die Juden fielen. Der industrielle Aufschwung löste auch eine größere jüdische Binnenwanderung in die Städte aus. In Prag und seinen Vorstädten wuchs die Zahl der Juden zwischen der Mitte des 19. Jahrhunderts und dem Beginn des 20. Jahrhunderts von 8000 auf 13 000; sie stellten damit etwa 6,5 Prozent der Einwohnerschaft, während ihr Bevölkerungsanteil in Böhmen lediglich rund 1,5 Prozent ausmachte (zum Vergleich: in Berlin waren 5 Prozent der Einwohner Juden, in Wien 9 Prozent, in Warschau 30 Prozent). Da die meisten Ankömmlinge zunächst auf sozial niedrigem Niveau standen, siedelten sie sich in den Slums der Josephstadt an. Die reicheren Juden verließen hingegen z. T. diesen Bezirk, um in angesehenere Stadtviertel Prags umzuziehen. Für sie strömten Tschechen in die Josephstadt. Die unübersichtlichen Besitzverhältnisse der Häuser und die immer drückender werdenden Wohnbedingungen dürften die städtischen Behörden davon überzeugt haben, daß eine Sanierung dringend notwendig war. Und wie man so etwas macht, ist ja bekannt: Man läßt alles einfach abreißen und nach dem gerade modernen Stil Neues aufbauen, ganz gleich, welche Werte für die ehemaligen Bewohner damit vernichtet werden. Ein weiterer Grund kam hinzu: In den engen Gassen hausten nicht nur arme Leute, sondern das Häusergewirr bot auch eine von der Polizei kaum noch zu kontrollierende Basis für Diebe, Räuber und Prostituierte.

Die Aufhebung der Judenstadt zerstörte die Übereinstimmung der Grenzen zwischen Kultusgemeinde und Stadtbezirk. Die Veränderungen in der Sozialstruktur bedeuteten eine weitere Schwächung der religiösen Autorität. Die in den Dörfern lebenden Juden – die »Draußigen«, wie die Prager sie nannten – strömten in die Stadt, weil sie sich hier bessere Verdienst- und Aufstiegschancen erhofften, aber auch weil auf dem Land die Judenfeindschaft früher spürbar wurde. Die Hausierer oder »Dorfgeher«, die – oft in Beziehung mit dem reichen jüdischen Kaufmann in der Stadt – praktisch das Monopol im Kleinhandel besaßen, trafen auf den wachsenden Widerstand tschechischer Kleinhändler: Die Parole *Svůj k svému* – Jedem das Seine – fand großen Anklang. Viele Juden zogen es deshalb vor, in die Stadt auszuweichen. Auf dem Land blieben im wesentlichen nur die Bauern, meist Pächter; seit 1861 war den Juden das Recht auf »Besitzfähigkeit« gewährt. Die Tschechen in den Städten, gleich welcher Schicht, sahen natürlich diesen Zuzug höchst ungern. Sie betrachteten den Juden als unliebsamen Konkurrenten um die neuen Positionen und fürchteten, jene hätten die besseren Chancen wegen ihrer Beziehungen zur alteingesessenen jüdisch-deutschen Oberschicht. Die Zuwanderer gerieten demnach erneut in einen »Verdrängungswettbewerb« und gaben den unfreundlichen Gefühlen gegen sie zusätzliche Nahrung.

Gewiß gelang auch einer Reihe von zugezogenen Juden in Prag der soziale Aufstieg. So schaffte Herrmann Kafka, der Vater des Dichters, der ein kleines böhmisches Dorf verlassen und sich nach verschiedenen Zwischenstationen zunächst im Prager Ghetto niedergelassen hatte, den Sprung zum Galanteriewaren-Großhändler. Andere konnten sich Industrieunternehmen aufbauen oder wurden tatsächlich durch ihre Glaubensbrüder in führende Stellungen hineingebracht. Viele jedoch sanken sozial eher ab und blieben in den Slums in der Hoffnung, ihre Kinder würden vorwärtskommen, da sie in der Stadt eine bessere Bildung als im Dorf genössen. Manche jedoch stießen die Verhältnisse in die unterste Schicht der »Schnorrers«, die dann nach der Jahrhundertwende durch den erneuten Zuzug der vor den Pogromen in Rußland flüchtenden Ostjuden erheblich vergrößert wurde. Insgesamt änderte sich in der Berufsstruktur – rein statistisch gesehen – gegenüber früheren Jahren wenig: Etwa die Hälfte der böhmischen Juden betätigte sich in Handel und Finanzen, ein Fünftel in Industrie und Gewerbe. Der Rest übte hauptsächlich freie Berufe aus, wenige wurden

Beamte oder Landwirte. Die Gegensätze zwischen arm und reich verschärften sich allerdings und brachen wohl nur deshalb nicht offen aus, weil der Druck von außen die Juden zu einem Mindestmaß an Zusammenhalt zwang.

Vor allem aber änderte sich das Bewußtsein. Insbesondere die jüdische Oberschicht und die Neuaufsteiger brachen mit dem orthodoxen Glauben oder verhielten sich religiös indifferent. Während früher die strenge Glaubensgemeinschaft der einzige Halt in einer feindlich gesinnten Umwelt war, erhoffte man sich nun nach der gesetzlichen Emanzipation und den erweiterten Möglichkeiten einen ökonomisch und sozial höheren Rang, eine Angleichung an die übrige, nichtjüdische bürgerliche Lebenswelt. Soweit diese Leute sich nicht Sekten anschlossen oder sogar zu einem christlichen Glauben konvertierten, entwickelten sie eine Vorliebe für den sogenannten »geregelten« Ritus, mit der die reich nuancierte Liturgie in ein einfaches Schema gezwängt wurde. Synagogen wurden zwar weiter gebaut, füllten sich jedoch nur noch an den hohen Festtagen. Diese Neuerungen stießen auf den Widerstand der Strenggläubigen, die in erster Linie aus den Mittel- und Unterschichten kamen. Ihnen gab der Glaube häufig noch den Zusammenhalt, dessen sie bedurften, so wie sie nach wie vor jiddisch sprachen, während die Oberschicht sich im allgemeinen deutsch ausdrückte. So geschlossen die jüdische Gemeinde nach außen wirkte, so wenig war sie es im Innern.

Die Oberschicht, die sich auch kulturell mehr und mehr vom Rest der Juden abschloß, rückte immer stärker in die Nähe der Deutschen, empfand sich selbst überwiegend als deutsch. Die aufstiegsbewußte Mittelschicht orientierte sich ebenfalls zunehmend an der deutsch geprägten bürgerlichen Welt und ihren Werten. Für die Unterschicht war dies nicht so wichtig, sie lebte in anderen Bindungen. Die Umwertung der Werte durch die neue Zeit, wie sie ihren äußeren Ausdruck in der »Assanierung« des ehemaligen Ghettos fand, und vor allem der wachsende Druck von außen, die anschwellende Judenfeindschaft, blieben jedoch nicht ohne Einfluß auf das alltägliche Zusammenleben aller Juden, ihr Verhalten zueinander und zu ihrer Umwelt.

Kurz vor der Jahrhundertwende erreichte der tschechische Antisemitismus einen dramatischen Höhepunkt. Die hin und wieder aufflammenden Ausschreitungen, der vereinzelte Boykott, die ständigen Hetzkampagnen, wie sie in den 70er und

80er Jahren üblich gewesen waren, kulminierten in brutaler Gewalt. Der Anlaß war der Rücktritt der Regierung Badeni in Wien im Herbst 1897. Diese Regierung hatte mit den Jungtschechen zusammengearbeitet und Sprachverordnungen erlassen, die die Zweisprachigkeit – also deutsch und tschechisch – im amtlichen Schriftverkehr einführten. Die deutschnationalen Kräfte empfanden dies als einen solchen Affront, daß sie mit allen Mitteln auf den Sturz der Regierung und die Rücknahme der Sprachverordnungen hinarbeiteten und auch Erfolg hatten. Die tiefe Enttäuschung der Tschechen und ihre Wut auf die Deutschen brach sich – aus nichtigem Anlaß – Ende November/Anfang Dezember 1897 in einem gewaltigen Sturm auf deutsche Institutionen und Geschäfte in Prag Bahn. Daß dabei die reichen Juden nicht geschont wurden, versteht sich von selbst; zu sehr identifizierte man sie mit den Deutschen. Doch schnell schlug die Stimmung der plündernden und brandschatzenden Menge in einen allgemeinen Haß auf die Juden um, in denen man den eigentlichen Drahtzieher allen Übels sah. Auch die kleinen Juden in der Josephstadt mußten nun dran glauben, obwohl sie doch mit den Deutschen wenig im Sinn hatten. Da nützte es ihnen wenig, wenn sie rasch ihren Namen tschechisierten, die tschechische Fahne ins Fenster hängten oder erklärten, sie stünden im nationalen Konflikt ganz auf der Seite der Tschechen: sie wurden mißhandelt, ihre Geschäfte und Wohnungen verwüstet, die Synagogen demoliert. Polizei und Militär wurden nur langsam Herr der Lage, schließlich wußte man sich in Wien nicht mehr anders zu helfen, als über Prag und seine Vorstädte das Standrecht zu verhängen.

In dieser auch nach Beendigung des Aufruhrs anhaltenden Welle der Judenhetze wird am 1. April 1899 nahe einem kleinen nordböhmischen Dorf die neunzehnjährige Häuslerstochter Anežka Hrůzová mit einer großen Schnittwunde am Hals tot aufgefunden. Täter und Motiv fehlen. Ein Prager tschechisch-nationalistischer Redakteur spielt selbst Detektiv und weist in einem Schreiben an den christlich-sozialen Politiker und bekannten Wiener Antisemiten Ernst Schneider auf den jüdischen Schustergesellen Leopold Hilsner als Mörder hin; die zuständigen Behörden suchten nach seiner Meinung den Fall zu vertuschen. Schneider hat nichts Eiligeres zu tun, als den österreichischen Justizminister unter Druck zu setzen, und einer der bekanntesten tschechischen Politiker, der spätere Prager Bürgermeister Karel Baxa läßt sich von der Familie der Ermordeten zum Vertreter der Nebenkläger ernennen. Die tschechische und die christlich-soziale österreichische Massenpresse entfaltet eine beispiellose Kampagne, in der sehr schnell die Vermutung ausgesprochen wird, Hilsner habe einen Ritualmord an dem christlichen Mädchen begangen, ihr den Schächterschnitt am Hals angesetzt, um ihr Blut in einem Gefäß aufzufangen und damit den Türpfosten am österlichen Pesach- (Passah-) Fest zu bestreichen, wie es bis zur Zerstörung des Tempels im Jahre 70 durch die Opferung des Osterlammes üblich war. Ständige Presseberichte mit den greulichsten Ausmalungen und Ausschmückungen dieser Geschichte erscheinen, ein Teil der katholischen Geistlichkeit predigt von der Kanzel über die jüdische »Blutschuld« und den Fluch, der auf den Juden laste; Flugblätter, Bildpostkarten, Hetzgedichte im Bänkelsangstil, Hilsner-Porträts und -Büsten auf den Jahrmärkten – all dies schafft ein Klima der Massenhysterie. Überall werden nun Ritualmorde entdeckt, die sich natürlich alle als Einbildung oder einfache Denunziation herausstellen, aber durch die Veröffentlichung in der Presse die Stimmung weiter anheizen. In einigen Gemeinden und Städten, vorab in der Gegend des Mordes, kommt es zu gewalttätigen antijüdischen Ausschreitungen. Die an dem Fall interessierten Journalisten bilden einen »Spezialgerichtshof«, der häufig vor den ordentlichen Behörden die Zeugen vernimmt. Auch der Prozeß im November 1899 verläuft wider alle Regeln. Die Zuhörer können im Gerichtssaal frei Zustimmungs- oder Mißfallensäußerungen von sich geben. Nebenkläger Baxa tritt als der heilige Rächer auf und beschwört, bar jeglicher Beweise, genüßlich die Szene, in der die Täter – man ging von mehreren aus – »die ehrbare christliche Jungfrau« überfielen, sie entkleideten, das Messer herausholten, was das Mädchen dabei empfand, wie sie zur »Märtyrerin« wurde. Weder die Zeugen noch das Gericht können sich der Stimmung entziehen. Hilsner wird zum Tode verurteilt. Die Öffentlichkeit jubelt. Neue antijüdische Unruhen brechen aus, auch in Prag. Die Verteidigung kann dann Gutachten vorlegen, die die Ritualmordanklage endlich so widerlegen, daß im Oktober 1900 das Verfahren in der zweiten Instanz wieder aufgenommen werden muß. Statt aus religiösen soll Hilsner nun aus sexuellen Motiven gehandelt haben, und flugs unterschiebt man ihm noch den Mord an einem zweiten Mädchen aus dem gleichen Ort, der bislang ebenfalls unaufgeklärt geblieben war. Trotz fehlender Beweise verurteilt das Gericht Hilsner erneut zum

Tode, ein Spruch, der kurz darauf in lebenslängliche Freiheitsstrafe umgewandelt wird. Der letzte Habsburger Kaiser, Karl I., begnadigt Hilsner schließlich kurz nach seinem Amtsantritt 1916. Nur wenige wandten sich gegen die allgemeine Meinung. Zu nennen sind Vertreter der Sozialdemokratie, zu nennen ist Masaryk, der dafür »Judenknecht« genannt wurde und aufgrund der gegen ihn gerichteten Demonstrationen tschechischer Studenten seine Lehrtätigkeit vorübergehend einstellen mußte und sogar eine Gerichtsstrafe wegen Eingriffs in ein schwebendes Verfahren erhielt. Der katholische Theologie-Professor August Rohling hatte in seinem Buch ›Der Talmudjude‹ 1871 Anklagen wegen Ritualmordes pseudowissenschaftlich gerechtfertigt. In der österreichisch-ungarischen Monarchie gab es zwischen 1867 und 1914 zwölf solcher Verfahren. Aber nur eines endete mit einem Schuldspruch.

Die judenfeindliche Welle verebbte erst nach der Jahrhundertwende allmählich, als der durch die Industrialisierung bedingte Umbruchprozeß sich seinem Ende zuneigte; zu dieser Zeit waren die Juden aus zahlreichen früheren ökonomischen Funktionen verdrängt. Die ständigen Kampagnen und Gewaltausbrüche, die sich durchaus nicht auf die beiden geschilderten Fälle beschränkten, wirkten sich auf die Judenschaft – ganz abgesehen von den jeweiligen unmittelbaren Folgen – verheerend aus. Die erste Reaktion war: Verstärkung der Assimilation, wie sie seit längerem angestrebt wurde. Ein Indiz dafür ist die 1880 eingeführte Statistik der Umgangssprache; die Angaben für die Umfragen kamen einem »nationalen Bekenntnis« gleich. In Prag bekannten sich 1890 74 Prozent der Juden zur deutschen Umgangssprache – 1900 waren es hingegen nur noch rund 45 Prozent. Die Daten signalisieren die hohe Wertschätzung des Deutschen und zugleich die Umorientierung weiter Kreise im letzten Jahrzehnt des vergangenen Jahrhunderts. Sie wurde in erster Linie von der jüdischen Mittelschicht vollzogen. Die jiddisch sprechende Unterschicht hatte mit den Deutschen nie viel im Sinn, und die Oberschicht war zu stark in der deutschen Gesellschaft und Wirtschaft eingebunden, als daß sie sich hätte anders entscheiden können. Allerdings mußte sie der wachsende deutsche Antisemitismus schmerzlich treffen. Zwar war er (noch) nicht so unmittelbar existenzgefährdend wie die tschechische Judenfeindschaft, wirkte sich aber doch schon nachteilig aus. So konnten Juden immer weniger im Staatsdienst höhere Stellen einnehmen; auch die Industrie zog zusehends

»arische« Bewerber vor. Die Forderung nach dem Taufschein in den Stellenanzeigen wurde häufiger. Der Antisemitismus gab Interessierten eine einzigartige Waffe im harten Konkurrenzkampf um gutbezahlte Stellen in die Hand. Da die freien Berufe allmählich überbesetzt waren, blieben den Juden, soweit sie nicht bereits fest im Sattel saßen, kaum noch Aufstiegsmöglichkeiten.

Die meisten jüdischen Großbürger und Aufsteiger nahmen dies alles hin, gaben sich deutscher als die antisemitischen Deutschen, standen mehrheitlich nach wie vor den Liberalen nahe, ließen Demütigungen über sich ergehen. Jüdische Unternehmer stellten selbst bevorzugt »arische« Bewerber ein; deutsch-jüdische Couleurstudenten provozierten 1908 in einer solchen Art die Tschechen, daß erneut der Ausnahmezustand über Prag verhängt werden mußte. Lediglich eine Minderheit – namentlich aus der jüngeren Generation – näherte sich den Sozialdemokraten; jüdische Studenten gründeten 1896 einen »Verein der deutschen Arbeiter in Prag«. Die Völkischen konnten damit ihren Parolenvorrat ergänzen: Juden und »Rote« gehören zusammen.

Einen anderen Weg suchten viele vorwiegend aus der Mittelschicht stammende Juden: sie erklärten sich für die Tschechen, in der Hoffnung, allmählich deren Feindschaft überwinden zu können. Mitte der 80er Jahre bildete sich sogar eine Politische Union der Tschechojuden *(Politická jednota českožidovská)*, die in den 90er Jahren erheblichen Mitgliederzulauf hatte. Die Rechnung, sich auf diese Weise bei dem immer stärker werdenden tschechischen Nationalismus rückzuversichern, ging jedoch nicht auf, wie sich schnell zeigte. Das tschechische Bürgertum blieb bei seiner traditionell ablehnenden Haltung und sah in den Juden nach wie vor lästige Konkurrenten beim sozialen Aufstieg. Da nützten den Tschechojuden auch keine leicht durchschaubaren Anbiederungen, indem sie lautstark gegen die »deutschen« Juden zu Felde zogen. Nur für eine kurze Zeit während des Höhepunktes antisemitischer Ausschreitungen zwischen 1897 und 1900 zog eine Mehrheit der jüdischen Wähler die Konsequenz aus dem Verhalten der tschechischen Nationalisten und stimmte für die Sozialdemokratie. Das tschechische Bürgertum reagierte aus Furcht vor der »roten Gefahr« ähnlich wie die Deutschvölkischen. Für die meisten Juden war eine Annäherung an die Sozialdemokratie im übrigen keine dauerhafte Lösung, weil vor allem deren wirtschaftspolitische Vorstellungen ihren Interessen widersprachen.

Das Engagement für die tschechische Nationalität stürzte zahlreiche Juden in ein tiefes Dilemma: sie konnten ihre Verwurzelung in der deutschen Kultur nicht einfach abstreifen. Obwohl sie nun doch Tschechisch als Umgangssprache deklarierten, schickten sie ihre Kinder immer noch fast ausschließlich auf deutsche Schulen. Gewiß taten sie das nicht nur aus Liebe zu Goethe und Schiller, sondern auch, weil die Kenntnis der deutschen Sprache die besseren beruflichen Möglichkeiten eröffnete, aber das Herausreißen aus den traditionellen Bindungen mußte Narben hinterlassen, ja das ständige Lavieren die Wunde immer wieder aufreißen.

Mit dem Ausbruch des Weltkrieges verstärkten sich die Widersprüche: Die Tschechojuden stellten sich zwar an die Seite der Tschechen, wollten jedoch nicht wie diese auf die Russen als Befreier hoffen – sie wußten um die Pogrome im Zarenreich. So galten sie schnell als Feinde der Slawen, die Entfremdung wuchs, selbst Masaryks Realistische Partei – lange Zeit die einzige wesentliche integrative Organisation – wandte sich ab. Dennoch war es nicht zuletzt Masaryk, dem es nach den schweren antijüdischen Unruhen zwischen 1918 und 1920 gelang, die jüdische Problematik zu entschärfen und ein nur von der deutschen Minderheit in Frage gestelltes erträgliches Miteinander-Auskommen von Tschechen und Juden zu erreichen. Die tschechoslowakische Verfassung räumte die Möglichkeit ein, sich zur jüdischen Nationalität zu bekennen. Die anfänglichen wirtschaftlichen und sozialpolitischen Erfolge des neuen Staates begünstigten ein gedeihliches Klima und verstärkten die tschechojüdischen Assimilierungstendenzen.

Auf diese – wenngleich höchst labile und ohnedies ja nur vorübergehende – Lösung konnte bis 1918 niemand hoffen. Die Versuche, sich Deutschen oder Tschechen zu assimilieren, waren letztlich am Widerstand des ausgewählten Partners gescheitert, auch wenn sich viele Juden darüber noch Selbsttäuschungen hingaben. Die Art dieser Versuche und die Umstände ihres Scheiterns beeinflußten Bewußtsein und Verhalten eines Großteils der Juden so stark, daß man von einer Identitätskrise sprechen muß. Gesetzliche Emanzipation und Industrialisierung hatten die Juden aus ihren gewohnten Bahnen gerissen, ihren neuen Platz in der Gesellschaft fanden sie nicht. »Weg vom Judentum (...) wollten die meisten, die deutsch zu schreiben anfingen, sie wollten es, aber mit den Hinterbeinchen klebten sie noch am Judentum des Vaters und mit den Vorderbeinchen fanden sie keinen neuen Boden« – so charakterisierte etwa Franz Kafka die Situation[6]. Die daraus entspringenden Verhaltensweisen – einige sind bereits angeklungen – zerstörten die Gemeinschaft der Juden weiter, als sie es ohnehin schon war, und schufen dennoch nur Mißtrauen und Verachtung bei Tschechen und Deutschen.

Manche Juden nährten geradezu das Bild, das von ihnen entworfen worden war, wenn sie selbst vom »rassenmäßig unvermischten Judentum« sprachen[7], wenn sie selbst in ihren Schriften den Drang nach oben propagierten, der ihnen schnell zum Bösen ausgelegt werden konnte. In dieser Zeit der tiefen Verunsicherung verbreitete sich sogar ein jüdischer Antisemitismus, meist aus durchsichtigem Opportunismus, vielleicht aber auch durch Verinnerlichung der ständigen Diskriminierungen. Völkisch-antisemitische Schriften wurden vielfach gerade von – meist zu den Deutschen neigenden – Juden am eifrigsten beklatscht oder offen judenfeindliche Gruppierungen durch Spenden jüdischer Geschäftshäuser mitfinanziert.

Dieser scheinbare Ausweg, der den übermächtigen Druck der Umwelt wenigstens für einzelne mildern sollte, führte zum Haß vieler Juden auf sich selbst und andere Juden, zum Verlust der Selbstachtung eines Kollektivs, dessen Kraft zur Prägung einer spezifisch »jüdischen Atmosphäre« Prags oft beschworen wurde. Franz Kafka reflektierte dies bis zur extremsten Konsequenz: »... manchmal möchte ich sie eben als Juden (mich eingeschlossen) alle etwa in die Schublade des Wäschekastens dort stopfen, dann warten, dann die Schublade ein wenig herausziehen, um nachzusehen, ob sie schon alle erstickt sind, wenn nicht, die Lade wieder hineinschieben und es so fortsetzen bis zum Ende.«[8]

Neben den bereits angesprochenen Formen äußerte sich der jüdische Selbsthaß in Verachtung und Beschimpfung der Ostjuden – bis zum »Ungeziefer«; in Abscheu vor dem Milieu, in dem man wohnte, ja gerade vor Prag und seiner »jüdischen Atmosphäre«; in der Abneigung vieler reicher vor den armen Juden, weil diese sie angeblich diskreditierten; im Widerwillen vor allem der Jugend gegenüber ihren Eltern, weil diese als Unternehmer die Arbeiter schlecht behandelten und in ihrem

[6] Franz Kafka, *Briefe 1902–1924*. Frankfurt 1958, S. 337.
[7] Zitiert bei Stölzl, *Kafkas böses Böhmen*, S. 124.
[8] Franz Kafka, *Briefe an Milena*. Frankfurt 1952, S. 57.

Opportunismus – mal deutsch, mal tschechisch – jegliche Selbstachtung zerstörten. Diejenigen, die den überlieferten Weg der Assimilation bis zur Selbstaufgabe und Selbsterniedrigung nicht mehr gehen wollten, flüchteten häufig in Versuche, produktive Arbeit zu leisten, statt in des wohlhabenden Vaters Fußstapfen zu treten. Nur wenige gingen allerdings so weit, im Sozialismus die Rettung zu sehen und sich aktiv in einer entsprechenden Organisation zu engagieren. Andere suchten in einer Rückbesinnung auf die jüdische Vergangenheit und im Mystizismus eine Lösung ihrer Probleme. Am meisten Anziehungskraft übte noch der Zionismus aus, der die Anerkennung der Juden als dritte böhmische Nationalität und eine Minderheitengesetzgebung forderte, daneben die Judenstaatsidee propagierte. In erster Linie fanden die Zionisten seit der Zeit kurz vor der Jahrhundertwende ihre Anhänger unter den jüdischen Studenten an der Prager deutschen Universität; unter den tschechisch sprechenden Juden kam die Bewegung langsamer voran. Durch den Einfluß Martin Bubers entwickelte sich die »Prager Richtung im Zionismus« seit 1908 weniger aggressiv als anderswo, setzte versöhnliche Akzente und stellte die geistige Erneuerung in den Vordergrund. Dennoch ist nicht zu übersehen – zumal die Bubersche Richtung auch in Prag nicht die einzige war –, daß der Zionismus in Ideologie, Argumentation und Organisationsformen – z. B. in den national-jüdischen Turnvereinen – viele Anleihen bei den Völkischen machte, in manchem ein Spiegelbild des nationalistischen Antisemitismus bildete. Aus dem Geist der Zeit, der auf nichtdurchschaute soziale und ökonomische Prozesse, auf die Umwertung der Werte mit Zivilisationskritik und Nationalismus reagierte, konnte er sich nicht befreien.

Schluß

Die Juden standen wie ihre Gegner der neuen Zeit hilflos gegenüber. Sie verloren ihre traditionellen Bezugspunkte, ihren Halt. Ihre Gemeinschaft zerfiel mehr und mehr. Schon in der Vergangenheit waren sie kaum in die gewohnten Kategorien Nation, Religionsgemeinschaft, fest umrissene Gruppe einzuordnen gewesen, »sie waren von all dem etwas und doch keines von ihnen«[9]. Allein deshalb wirkten sie auf die Nichtjuden un-

[9] František Graus, *Prolegomena zu einer Geschichte der Juden in den böhmischen Ländern.* Judaica Bohemiae 3 (1967), S. 81.

heimlich. Und wozu wurden sie jetzt, unter den neuen Bedingungen der gesetzlichen Gleichheit und der ökonomischen Veränderungen? Die Juden wußten es selbst nicht. Ihre ursprünglichen Strategien scheiterten, neue boten bis auf wenige Ansätze keine echten Alternativen, um allen Juden ihre historische und soziale Identität zu geben und die Judenfeindschaft zu überwinden.

Deutscher wie tschechischer Antisemitismus trafen sich im Verdrängungswettbewerb um die neuen Stellen in Industrie und Verwaltung. Der tschechische war aggressiver, weil hier der Konkurrenzkampf mit der nationalen Auseinandersetzung verknüpft war; damit wurde der Jude, identifiziert mit dem Deutschen, ein doppelter Gegner. Diese Besonderheit gilt es deutlich herauszustellen. Die gewaltigen Umbrüche, die von der Industrialisierung ausgingen, erzeugten Furcht, Neid, Egoismus und Opportunismus. Man begriff die Welt nicht mehr und fand in den Juden eine greifbare Personifizierung allen Übels. Je weniger sich die Juden selbst verstanden, je mehr ihre Verhaltensweisen denen ihrer Feinde ähnelten, um so unheimlicher wurden sie, um so eher projizierten jene alles Schlechte aus sich selbst in sie hinein. In diesem erregten Klima genügte der geringste Anlaß für einen Ausbruch der Gewalt.

Nur eine Minderheit widerstand dem Judenhaß, der »das Denken der bedrückten und in der heutigen kapitalistischen Gesellschaft in ihrer Existenz bedrohten Menschen auf falsche Bahnen« lenkte, wie es 1912 ein führender tschechischer Sozialdemokrat ausdrückte[10]. Daß nicht immer und unbedingt die Juden in dieser Funktion Objekt handfester politischer und wirtschaftlicher Interessen sein müßten, erkannte schon 1883 ein jüdischer Politiker: »Was man den Juden nehmen kann, obwohl es ihnen in den Verfassungen verbürgt ist, die persönliche Sicherheit, den gleichen Anspruch auf Pflicht und Recht im Staate, das nimmt man gelegentlich auch den übrigen, denen es ja ebenfalls nur durch die Verfassung verbürgt ist.«[11]

[10] Bohumil Šmeral, zitiert bei Stölzl, *Kafkas böses Böhmen*, S. 86.

[11] Gerson Wolf, *Die Juden*. Wien, Teschen 1883, S. 164 (aus der Schlußbetrachtung von Wilhelm Goldbaum).

Antisemitismus in der Dritten Französischen Republik*

von François Georges Dreyfus

Wenn in Frankreich von Antisemitismus gesprochen wird, so denkt man an Alexander Drumont und die Dreyfus-Affäre. In Wirklichkeit sind jedoch antijüdisches Denken und Handeln nicht so einfach zu erklären. Der Antisemitismus stellte nämlich in der Mitte des 19. Jahrhunderts einen Aspekt des Aufstandes gegen den Positivismus, die Demokratie und den Liberalismus dar, die sich allein in Europa herausgebildet hatten. Dieses Phänomen der Verneinung einer historischen Entwicklung ist radikaler als man oft meint, denn darunter litt nicht nur das von der Aufklärung und der Revolution ererbte Wertsystem oder die Gesellschaftsform, die infolge der Industriellen Revolution entstanden war, auch die Grundprinzipien des westlichen Humanismus und der jüdisch-christlichen Erbschaft wurden unter Anklage gestellt. Diese moderne – und auch gegenwärtige – Form dieses Aufstandes gegen den Liberalismus beginnt man erst in jüngster Zeit ins Auge zu fassen.

Es ist nicht uninteressant, daran zu erinnern, daß der Vater des französischen Antisemitismus Toussenel[1] war. Er übte während seines ganzen Lebens einen sehr großen Einfluß auf die Ausformung des Antisemitismus in Frankreich aus. Sein Hauptwerk ›Les Juifs, rois de l'époque‹ (Die Juden, Könige der Epoche), das im Jahre 1845 veröffentlicht wurde, griff das jüdische Monopol der Banken, im Transportwesen und Handel an. Bald, so betonte Toussenel, würden die Juden auch noch die Kohleförderung und viele andere Produktionsbereiche kontrollieren. Toussenel kann nicht als Mann der Rechten bezeichnet werden; im Gegenteil, in jener Zeit war er ein Mann der Linken, ein Schüler von Charles Fourier[2]. Er wurde Mitglied der Commission du Travail, eines Ausschusses, der zur Zeit der

* Abweichend von den anderen Beiträgen erschien es den Hg. in dem vorliegenden geistesgeschichtlichen Abriß zum französischen Antisemitismus sinnvoll, die zahlreichen genannten Personen direkt in den Fußnoten zu erklären. Wörtliche Zitate sind – sofern nicht in den Anmerkungen belegt – unschwer in den im Text genannten Werken zu ermitteln, die in den Literaturhinweisen (S. 349f.) bibliographisch vollständig aufgeführt sind.

[1] Alphonse Toussenel (1803–1885), Schriftsteller, Arbeiten über Zoologie, Hauptwerk: *L'esprit des bêtes, vénerie française et zoologie passionelle* (1847).

[2] Charles Fourier (1772–1837), Begründer des utopischen Sozialismus.

Revolution 1848 von Louis Blanc gebildet worden war. Toussenel war es, der zusammen mit Victor Considérant[3] die ›Democratie pacifique‹ gründete.

Nach Ansicht Toussenels sind für das Elend der Arbeiter, für die Schwäche Frankreichs und die Dekadenz seiner Führungsschicht die Juden verantwortlich, die als »Könige über das Kapital« alle Privilegien besitzen, die früher dem Königtum gehörten. Unbestrittene Herrscher der Finanzen, der Industrie und der Presse, können sie zu Vermögen gelangen, indem sie das Volk zugrunderichten. Toussenel fügte schon im Jahre 1845 hinzu: »Der Jude herrscht über Frankreich. Alles für die Juden, alles durch die Juden.«

Beachtenswert ist andererseits, daß von jener Zeit der parlamentarischen Julimonarchie an Toussenel einen Zusammenhang zwischen der Herrschaft der Juden und »der parlamentarischen Machtlosigkeit«, zwischen der Macht der Juden und der »Bewegungslosigkeit der staatlichen Macht« konstatierte – Behauptungen, die während der ganzen Dritten Republik laut wurden.

Toussenel bedauerte den Verfall des französischen Ansehens im Ausland, die Schwäche seiner Regierung, die Korruption unter den Parlamentariern, die Unfähigkeit der Verwaltung und, als Folgen dieser allgemeinen Schwäche, die Art und Weise, wie die Juden und ihre Herrschaft über das Staatsvermögen von der Wirtschaft des Landes und seiner Regierung unterstützt würden.

Es muß betont werden, daß Toussenel nicht der einzige Sozialist jener Zeit war, der antisemitische Parolen verfocht. Einen ähnlich gearteten Antisemitismus findet man auch bei den Fourieristen. Fourier selbst meinte nämlich, »das Volk, das den Heiland kreuzigt, soll Volk Satans genannt werden, und nicht Volk Gottes, zumal die Religion unvermeidlich aus ihm einen Feind der Menschheit macht«. Es ist übrigens bemerkenswert, daß während der Dritten Republik die Protestanten, ähnlich den Juden, als Menschen betrachtet wurden, die »plündern, stehlen, lernen mit ihrem Körper glücklich zu sein, ohne sich um etwas anderes zu kümmern«.[4]

Man sollte nicht allein Toussenel, Fourier oder Victor Considérant im Auge haben, denn sie sind nicht die einzigen unter

[3] Victor Considérant, (1808–1893), Schüler von Fourier.
[4] Zeev Sternhell, *La droite révolutionnaire, 1885–1914*. Paris 1978, S. 186.

den Pionieren des französischen Sozialismus, oder der Generation vorher – und auch nicht die einzigen Antisemiten. Die Einstellung Proudhons, bei dem der Haß gegenüber Juden ganz emotional und wild hervorbricht, weicht in dieser Hinsicht vom Antisemitismus Toussenels ab. Pflegte letzterer methodisch und vernünftig zu denken, so läßt sich jener in seiner tiefen Gereiztheit gehen. Allerdings war diese Überempfindlichkeit durch seine Streitereien mit Marx noch gesteigert worden. Proudhon hatte gerade das ›Elend der Philosophie‹ gelesen. Zornig über unerwartete Angriffe, die in einer Art vorgetragen wurden, die allein Marx eigen ist, klagte Proudhon den Philosophen an, ihn einfach geplündert und dabei gleichzeitig böse verleumdet zu haben. Er antwortete mit zwei Artikeln: ›Die Juden‹ und ›Marx‹.

»Marx«, so Proudhon, »ist der Bandwurm des Sozialismus.« In seiner Studie zum politischen Denken Proudhons erinnert A. Ritter daran, daß Proudhon einen Artikel gegen die Juden, »gegen diese Rasse, die sich überall eindrängt und alles vergiftet, ohne sich jemals mit dem Volke zu mischen«, schreiben wollte. »Man muß«, meinte er, »ihre Vertreibung aus Frankreich verlangen, ausgenommen derjenigen, die mit Französinnen verheiratet sind; man muß den Kultus verbieten, denn der Jude ist der Feind der Menschheit, man muß diese Rasse nach Asien zurückschicken oder sie ausrotten. Heine, Weill[5] und andere sind nur Spione; Rothschild, Crémieux[6], Marx, Fould[7] sind böse, unberechenbare, neidische Wesen, die uns hassen. Der Haß des Juden und auch des Engländers muß als eine konstante politische Glaubenslehre in Rechnung gestellt werden.«[8]

So erscheint dem französischen Sozialismus der Gegner als eine Mischung aus Juden und Bürgertum. Dieses Feindbild sollte noch lange Zeit bestehen bleiben.

Gerade Karl Marx war davon nicht frei, wie seine Ausführungen in ›Der Bürgerkrieg in Frankreich‹ belegen. Als er anstelle seines Sparkassenbuches Wertpapiere erhielt, wurde er gezwungen, sie an der Börse zu verkaufen. So lieferte er sich unmittelbar den Juden der Börse aus, gegen die nach seiner Auffassung die Februarrevolution geführt worden sei. Marx kritisierte im

[5] Alexandre Weill (1811–1899), von Herkunft Elsässer, Schriftsteller.
[6] Adolphe Cremieux (1796–1880), Politiker und Minister in der Regierung 1870.
[7] Achille Fould (1800–1867), Finanzminister 1849–1852 und 1861–1867.
[8] Sternhell, *La droite révolutionnaire,* S. 187.

selben Werk, daß der Jude und Börsenspekulant Fould Finanzminister geworden sei. In dieser Zeit galt der Jude als Verkörperung des Kapitals und des Wuchers.

Der französische Sozialismus übermittelte dem Proletariat einen bestimmten, mit der Verachtung der Demokratie verbundenen Antisemitismus. Denn nach Proudhon und Toussenel, nach Fourier und Considérant, entwickelten Blanqui[9] und seine Anhänger die gefährlichste Form des Antisemitismus. Blanqui und seine Jünger verbanden den Kampf gegen das Kapital und die finanzielle Feudalherrschaft mit der Forderung, das allgemeine Wahlrecht abzuschaffen. Kurze Zeit nach dem 2. Dezember 1851 betonte Blanqui, daß »das allgemeine Wahlrecht eine rechtskräftige Sache sei; es sei die endgültige Einsetzung Rothschilds, die Ankunft der Juden«. Blanqui griff mit beleidigenden Andeutungen, wie es auch Marx sehr oft, besonders in seinen Briefen tat, die Juden an. Er warf dem jüdischen Volk sogar die historische Rolle vor, die es ihm als Vorläufer des Christentums erscheinen läßt. Wie Marx war auch er der Auffassung, daß die Juden den Wucher und die Raubgier verkörperten. Blanqui schuf eine moderne Form des Antisemitismus in seiner Zeit. Sein Antisemitismus war politisch und gesellschaftlich funktionell und damit wirksamer als die Aufrufe Proudhons zum Massaker oder die brutalen Anwürfe von Karl Marx. Der Antisemitismus von Blanqui beinhaltete und symbolisierte den Aufstand gegen die Ziele der liberalen Demokratie, der bürgerlichen Gesellschaft und des Christentums schlechthin.

Auch ein Freund und Jünger Blanquis, der spätere Communarde Tridon,[10] veröffentlichte ein Buch ›Der jüdische Molochismus‹, an dem Blanqui mitgearbeitet hatte. Das Werk erschien erst 1884 posthum. Es enthält einen heftigen Angriff gegen die Juden und deren Erben, die Christen. Auch wenn es sich vor allem um ein Werk handelt, das von antiklerikalem und antibürgerlichem Kampf zeugt, so hängt dieses Buch dennoch mit der antisemitischen Bewegung zusammen. Ein Satz Tridons mag dies verdeutlichen: »Die Semiten, das ist der Schatten auf dem Gemälde der Zivilisation, der böse Geist der Erde. Alle ihre Geschenke sind die Pest. Den Geist und die semitischen

[9] Louis Blanqui (1805–1881), Begründer des Syndikalismus.

[10] Edmond Marie Gustave Tridon (1841–1871), Literat und revolutionärer Politiker.

Ideen zu bekämpfen, das stellt die Aufgabe der indoarischen Rasse, der [juden]feindlichen Rasse dar. So sind auch die Semiten eine minderwertige Rasse.«

Man müßte den ganzen Text Tridons anführen, seine Kritik gegen diese »harten, dürren, grausamen Semiten, die die Heiterkeit nicht kennen«. Ihr Leben, betonte er, sei zwischen zwei Extremen angelegt: es kenne weder Versöhnung noch Liebe. Die Denkmäler, die uns die Juden hinterlassen hätten, seien im allgemeinen von »einer großen Rigidität in der Denkweise und Form, so daß eine Mauer sich zwischen den Semiten und den anderen Nationen zu erheben scheint, ohne jedoch die Juden daran hindern zu können, mit den Heiden in Berührung zu kommen, um diese auszunutzen«.

Tridon benutzte sogar das Klischee der Ritualmorde. Er behauptete, daß man an Passah Menschen opfere, ihr Fleisch esse und ihr Blut trinke, in einer Glaubensgemeinschaft von Verbrechern und zwielichtigen Elementen – deshalb werde das Fest vom jüdischen Volk so innig geliebt. In den 80er Jahren trat Albert Regnard, der in der ›Revue socialiste‹ schrieb, die heute noch existiert, das intellektuelle Erbe des Blanquismus an. Regnard war der Anführer der blanquistischen Studenten und eine der angesehensten Persönlichkeiten der Partei. In der ›Revue socialiste‹ begrüßte er den Triumph Drumonts[11]. Zur Nachwirkung bis heute eine kurze Bemerkung: Maurice Dommanget, einer der bekannten Spezialisten für den ersten französischen Sozialismus, schrieb noch im Jahre 1960, ›Der jüdische Molochismus‹ sei ein seriöses Werk, das auf breiten Forschungen beruhe. Da ist man nicht wenig erstaunt zu lesen, daß ähnliche Ansichten in einem jüngeren, von der »Coopérative des Amis de l'École Emancipée«[12] veröffentlichten Werk wiederholt werden.

Im Vergleich zu den sozialistischen Theoretikern blieb der Einfluß von Gobineau[13] auf die Ausprägung des französischen Antisemitismus gering. Sein 1854 verfaßtes vierbändiges Werk

[11] Edouard Drumont (1844–1917), Journalist und Autor des antisemitischen (Standard-)Werks *La France Juive* (1866), Begründer des radikalen Antisemitismus in Frankreich.

[12] Die Vereinigung der Freunde der »École Émancipée« ist die am weitesten links, dem Trotzkismus nahestehende Gruppierung innerhalb des »Syndicat National des Instituteurs« (Lehrerverband).

[13] Joseph Arthur Graf Gobineau (1816–1882), Schriftsteller. Die deutsche Übersetzung seines *Essai* erfolgte während der nationalsozialistischen Herrschaft 1935.

›Versuch über die Ungleichheit der Menschenrassen‹ fand in Frankreich keine günstige Aufnahme. Lange Zeit wurde Gobineau wenig gelesen; er galt als mittelmäßiger Schriftsteller. Dennoch wurde er von den Intellektuellen aller Richtungen sehr genau rezipiert, von Taine[14] und Renan[15], den sozusagen »offiziellen« Ideologen der Dritten Republik, von Maurras[16] und Sorel[17] und natürlich von Drumont. In dessen Hauptwerk ›Das jüdische Frankreich‹ (1886) sollte der Rassismus Gobineaus in einen radikalen Antisemitismus verwandelt werden.

In Frankreich existierte also schon vor der Dritten Republik ein starker Antisemitismus, der hauptsächlich in den linken Kreisen, bei den Sozialisten, auszumachen ist. Merkwürdigerweise taucht der Antisemitismus der Rechten nicht vor den 80er Jahren auf. Überdies ist der Antisemitismus der Rechten von dem der Sozialisten sehr stark beeinflußt worden. Drumont hatte ohne Zweifel Toussenel gelesen und zitierte ihn oft. Diese Entwicklung ist durch eine ganze Reihe von Gründen leicht zu erklären: Von 1840 bis 1880 regierte in Frankreich das Großbürgertum. Es ist, wie es Jean Lhomme genannt hat, die Zeit der Macht des Großbürgertums«[18]. Die Juden spielten in ihr eine wichtige, aber doch begrenzte Rolle. Sie hielten Positionen in der Verwaltung und der Wirtschaft inne, aber ihr politischer Einfluß blieb unbedeutend.

In einem Buch über die Geschichte der École polytechnique sind viele Einzelheiten über die französische Elite jener Zeit bekannt geworden; es wurde aber versäumt, die Religionsangehörigkeit der Schüler anzugeben. Wenn man jedoch den ›Almanach imperial‹ als Ergänzung heranzieht, kann man feststellen, daß im Jahre 1869 3,3 Prozent der kaiserlichen Wegebaumeister einen Namen tragen, der höchstwahrscheinlich jüdisch ist. Dies ist wichtig für eine Zeit, in der die jüdische Gemeinschaft nicht mehr als 0,2 Prozent der französischen Bevölkerung zählte und die Juden seit kaum 80 Jahren emanzipiert wa-

[14] Hippolyte Taine (1828–1893), Philosoph und Historiker (Anhänger der Rassentheorie).

[15] Ernest Renan (1823–1892), Religionswissenschaftler und Schriftsteller, schrieb u. a. eine fünfbändige *L'histoire du peuple d'Israel* (1887ff.).

[16] Charles Maurras (1868–1952), Führer der nationalistischen Rechten in der Zwischenkriegszeit und Mitbegründer der »Action française« 1899, einer Sammlungsbewegung der »Anti-Dreyfusards«. Während einer seiner zahlreichen Freiheitsstrafen wurde Maurras 1938 in die Academie Française aufgenommen.

[17] Georges Sorel (1847–1922), Theoretiker des Syndikalismus.

[18] Jean Lhomme, *La Grande Bourgeoisie au pouvoir.* Paris 1960.

ren. Es läßt sich deshalb vermuten, daß Juden unter den Akademikern verhältnismäßig zahlreich waren. Demnach gab es hier einen beträchtlichen Zuwachs, was übrigens auch für das Offizierskorps galt. Doch spielten diese Juden keine politische Rolle, und das Regime Napoleons III. stellte nie die kirchliche Autorität in Frage.

Diese Situation hielt bis über 1870 hinaus an. Jean Lhomme hat zu Recht das Ende des Großbürgertums auf die Jahre nach 1880 datiert. Denn erst im Jahre 1879 wurde Frankreich mit der Entscheidung für die Republik wirklich republikanisch. Ab 1879 ergriffen die neuen Schichten des Kleinbürgertums, des Kleinhandels, der Kleinlandwirtschaft, denen Léon Gambetta[19] in seiner Rede von Auxerre 1874 geschmeichelt hatte, die Macht und sollten sie bis zur Niederlage von 1940 behalten, vermutlich sogar bis General de Gaulle ans Ruder kam.

In dieser kleinbürgerlichen Welt findet man wieder eine Situation vor, die schon Toussenel und auch Blanqui gegeißelt hatten. Denken wir an die Rolle, die damals die Pereire[20], Fould, Rothschild im wirtschaftlichen Leben Frankreichs spielten. Es gehörte ihnen bereits ein großer Teil der wirtschaftlichen Macht. Nunmehr waren sie auch in der Lage, auf die Verwaltung und sogar auf die politische Macht Einfluß zu nehmen.

Sehen wir uns die wichtigsten Banken Frankreichs im Jahre 1869 an. An der Banque de France waren von fünfzehn Vorstandsmitgliedern drei Juden, an dem Crédit foncier de France von 20 Vorstandsmitgliedern vier. In den Großstädten wie Avignon, Bayonne, Besançon, Bordeaux, Dijon, La Rochelle, Le Mans, Marseille, Metz, Montpellier, Mulhouse, Nancy, Nice, St.-Quentin, Strasbourg und Troyes wurden Juden in die Handelskammern aufgenommen. Es gab bereits zahlreiche Juden unter den Geschäfts- und Versicherungsmaklern, die damals auf Vorschlag des Ministers für Landwirtschaft, Handel und öffentliche Arbeiten vom Kaiser berufen wurden.

Eine Dissertation, die an der Universität Aix verfaßt wurde, hat vor kurzem belegt, wie das jüdische Bürgertum entstand, sich festsetzte und eine wirtschaftliche Rolle zu spielen begann, aber zur gleichen Zeit kaum über politischen Einfluß verfügte.

[19] Léon Gambetta (1838–1882), Politiker, Mitbegründer der Dritten Republik, zahlreiche Ministerposten.

[20] Emile Pereire (1806–1880), einflußreicher Bankier im zweiten Kaiserreich.

In der 1871 gewählten Nationalversammlung waren 30 Protestanten anzutreffen, aber nur fünf Juden. Weniger als zwanzig Jahre später sollte das Verhältnis ganz anders sein.

In der ersten Phase der Dritten Republik konnte sich die jüdische Gemeinschaft entwickeln. In dem Land, in dem sie zum ersten Mal dieselben Rechte genießen durften wie die anderen christlichen Bürger, wurde eine echte, enge Symbiose verwirklicht. Sie sollte dazu beitragen, eine Ideologie der Versöhnung und der Eintracht, des Glaubens an den Fortschritt und den Entwicklungsgang der Menschheit aufzubauen. Doch die französischen Juden wurden in der gleichen Zeit, zwischen 1870 und 1890, mit einer Heftigkeit und einer Wucht angegriffen, die kein Mensch geahnt hatte und die auch den meisten Juden unfaßbar blieb.

Während die Juden in dieser ganzen Periode in Richtung Assimilation getrieben wurden, versuchte der Antisemitismus diese Entwicklung aufzuhalten und die Juden in eine Sonderrolle zu drängen. Die Juden tendierten überdies dazu, die neue Regierungsform zu akzeptieren. Gewiß fühlten sie sich von der Republik angezogen, doch war ihre politische Grundhaltung bis auf einige Ausnahmen eher diejenige der gemäßigten Republikaner. Es muß jedoch daran erinnert werden, daß ein großer jüdischer Akademiker, wie James Darmesteter[21], in seinem Buch ›Critique et politique‹ bedauerte, daß Frankreich im Jahre 1873 nicht die Monarchie wiederhergestellt habe.

Es unterliegt gar keinem Zweifel, daß sich die Lage der Juden in der gleichen Zeit verändert hat. Der größte Teil der Judenschaft war 1870 in vier Regionen ansässig: in Elsaß-Lothringen, in der Region von Paris, in der Region von Bordeaux-Bayonne und in einem Dreieck von Marseille bis Montpellier, dessen Spitze Avignon bildet. Im Jahre 1871 weigerte sich der größte Teil der elsässischen Judenschaft, deutsch zu werden und optierte für Frankreich. Industrielle, Lehrer, Ärzte, Rabbiner, die Elite der elsässischen Judenschaft, wanderten aus dem Elsaß ab und ließen sich in Paris nieder. Dort verstärkten sie deutlich die republikanische, konfessionslose und antiklerikale Macht und fühlten sich den protestantischen Kreisen verwandt, in denen viele von ihnen aufgewachsen waren.

Ein persönliches Beispiel mag dies erläutern: Mein Großva-

[21] James Darmesteter (1840–1894), Professor für Orientalistik und Schriftsteller.

ter, Enkel des ersten Großkonkordatsrabbiners[22] von Straßburg, hatte vor seiner Abreise nach Frankreich mit Mutter und Familie im protestantischen Gymnasium in Straßburg von 1874 bis 1883 studiert. Als Akademiker blieb er mit dieser Gruppe elsässischer republikanischer Akademiker, die ziemlich links orientiert waren und selbstverständlich Anhänger von Dreyfus wurden, sehr verbunden. Aus dieser Gruppe sind noch zwei Namen zu nennen: Charles Andler und Lucien Herr[23]. Auch könnte man den Onkel Albert Schweitzers, den Professor Charles Schweitzer anfügen: er war ein Kollege meines Großvaters und stand ihm nah.

Deutlich entwickelte sich in Frankreich in den Jahren um 1890 ein wissenschaftlicher Antisemitismus, dessen Wortführer der Anthropologe Vacher de Lapouge war. Für ihn beruhte die egalitäre Ideologie auf wissenschaftlicher Basis. Derselbe Vacher de Lapouge sprach dennoch in seinen politikwissenschaftlichen Vorlesungen an der Universität Montpellier Ende des 19. Jahrhunderts vom Arier und von seiner besonderen gesellschaftlichen Rolle. Er berief sich auf Hippolyte Taine, Heinrich von Treitschke und Gustave Le Bon[24] und sprach sich gegen die Postulate aus, auf denen der Liberalismus und die Demokratie aufbauten.

Man muß feststellen, daß in dem Angriff auf die Demokratie und ihre ideologische Basis die neuen Sozialwissenschaften, insbesondere die Psychologie und die Anthropologie, aus denen sich die Soziologie und die Politologie entwickeln sollten, in vorderster Front standen. Der gemeinsame Zug dieser Wissenschaften lag damals in der Bejahung eines Determinismus, den die darwinistische Revolution hervorgebracht hatte. Wie eine der wichtigsten Persönlichkeiten jener Zeit, Professor Jules Soury, betonte, »ist die Psychologie eine Wissenschaft, die sich sowohl von der Philosophie als auch von der Soziologie oder der Volkswirtschaft unterscheidet, aber wie alle jene Wissenschaften hat die Psychologie ihre Grundlagen in der Biologie. Alle diese neuen Lehren, die einen vereinfachten sozialen Dar-

[22] Von 1831 bis 1905, der Trennung von Kirche und Staat, wurden Rabbiner wie die Geistlichen der beiden christlichen Konfessionen vom Staat bezahlt.

[23] Charles Andler (1866–1933), Professor an der Sorbonne für Germanistik. Lucien Herr (1864–1924), Philosoph und Schriftsteller, Leiter der Bibliothek der École normale superieure 1888–1926, verteidigte Dreyfus öffentlich.

[24] Gustave Le Bon (1841–1931), Mediziner und Soziologe, Mitbegründer der modernen »Massenpsychologie«.

winismus antreiben, ernähren den organischen Rassismus und Naturalismus. Ausgerechnet diese Lehren werden die Begriffsbasis des großen Aufstandes gegen den Liberalismus und die Demokratie bilden.«

Jules Soury ist heute allerdings völlig in Vergessenheit geraten. Er wurde von dem israelischen Historiker Zeev Sternhell sozusagen wieder ins Leben gerufen. Sternhell hat über Barrès[25] gearbeitet und vor kurzem ein Werk ›La Droite révolutionnaire en France‹ (Die revolutionäre Rechte in Frankreich) veröffentlicht. In diesem Buch wird Jules Soury von der École des Hautes Études als einer der wichtigsten Theoretiker des rassischen Determinismus vorgestellt, der einen tiefen Einfluß auf Charles Maurras ausgeübt hat. Sein Hauptwerk ›Le Système nerveux central‹ (Das zentrale Nervensystem), umfaßt über 1900 Seiten. In einer Broschüre, die er aus Anlaß der nationalistischen Kampagne gegen die Anhänger von Dreyfus verfaßte, wandte Soury die Schlußfolgerungen aus seinen wissenschaftlichen Beobachtungen, die auf ein erhebliches Interesse gestoßen waren, auf die französische Politik an. Soury hatte die École des Chartes besucht und war Archivar und Paläograph geworden. Er legte eine Doktorarbeit vor über die hebräischen Studien, die im Mittelalter von abendländischen Christen betrieben worden waren. Sein Lehrmeister war Ernest Renan. Renan, aus dem Collège de France hinausgeworfen, führte ihn in die hebräischen Studien ein. Soury machte seine Karriere an der Nationalbibliothek, bis er zur École Pratique des Hautes Études gelangte. Er ließ sich als Kandidat für das Collège de France aufstellen, aber Jules Ferry[26] erhob Einspruch gegen seine Kandidatur. Im Jahre 1882 wurde er von Paul Bert, Bildungsminister in der Regierung Gambetta, beauftragt, eine Konferenz über Physio-Psychologie in der École des Hautes Études abzuhalten. Später wurde er Direktor dieses Studienbereichs und gewann eine große Autorität. Er war, mit Gustave Le Bon und Vacher de Lapouge, der herausragende Vertreter des sozialen Darwinismus. Sein Einfluß war erheblich, denn er gab dem Nationalismus und dem Rassismus die wissenschaftlichen Grundlagen. Mit diesen Autoren ist es die Rechte – und nicht mehr die Linke –, die im Namen der Wissenschaft, im Namen der Fakten und der Ob-

[25] Maurice Barrès (1862–1923), nationalistischer Schriftsteller.

[26] Jules Ferry (1832–1893), Führer der Republikaner, Ministerpräsident 1880/81 und 1883–1885.

jektivität nun ganz unverkennbar ihre antisemitische Stimme erhebt.

Im Vergleich zu einem in Frankreich nur oberflächlich rezipierten Marxismus und einem an Einfluß ständig verlierenden Positivismus erstrahlte die aus der Darwinschen Biologie abgeleitete Physio-Psychologie wie eine königliche Wissenschaft. Zwischen 1893 und 1897 besuchte Barrès Vorlesungen in dieser Disziplin bei Soury. Dieser lebte in der fixen Idee vom Untergang des Abendlandes, dem Verfall Frankreichs und des Katholizismus unter dem Einfluß der Juden, der Protestanten und der Freimaurer. Er führte aus: »Der Musterschweinestall, den die Republik und ihr demokratisches Ideal darstellt, konnte ungestraft, wie einst Henri IV. den Verrätern unsere Festungen auslieferte, die Grenzen öffnen und die Verteidigung des Landes dem Gegner überantworten. Außerdem hat sie die Lehrfreiheit abgeschafft, die Familie zerstört, die Frauen und die Kinder Frankreichs beschmutzt. Das katholische Frankreich bricht zusammen unter dem Ansturm der Vernichtungskräfte. Die Prediger des Friedens, der Brüderlichkeit und der Solidarität der Menschen haben aus den Franzosen degenerierte Menschen gemacht. Doch existiert noch eine Hoffnung auf Rettung, der Krieg, denn«, so betonte Soury, »ich glaube an die regenerierende Kraft des Eisens und des Feuers. Ein Franzose muß immer angreifen, wenn er siegen will.«

Die Dreyfus-Affäre war den Ideen Sourys natürlich förderlich. Es besteht zudem eine Verbindung zwischen dem Naturalismus Sourys, dem organischen Nationalismus Barrès' und dem ethnischen Nationalismus von Maurras. Soury entwickelte in der Tat eine Geschichtsanschauung, die keinesfalls hinter der, die Houston Stewart Chamberlain zur selben Zeit vertrat, zurückstand. Chamberlains Hauptwerk ›Die Grundlagen des 19. Jahrhunderts‹ sollte Hitler tief beeinflussen. Auch Soury betonte, daß der Rasse eine grundlegende Funktion in der Weltpolitik zukomme. In der Vergangenheit wie in der Gegenwart bleibe sie das letzte, das entscheidende Kriterium, um zu erklären, wie der Mensch bei seinem Kampf ums Dasein reagiere. Der Arier und der Semit reagierten in vergleichbaren Umständen ganz unterschiedlich, weil sie ihrem Wesen nach heterogen seien. Diese Wahrheiten, die auf der Hand lägen, wenn man Pflanzen oder Tiere betrachte, seien einigen französischen Intellektuellen und besonders den französischen Politikern zuwider, deren Geist durch die »Sophismen« der Erklärung der

Menschenrechte verbildet worden sei. Es hätte ein wenig der theoretischen oder praktischen Vernunft eines Aristoteles, Darwins, Bismarcks bedurft, wenn diese Franzosen über die Rasse und das Geschlecht spekulierten: »Nur in Frankreich«, betonte noch Soury, »hört man sagen, daß ein Mensch so viel wert ist wie ein anderer«. So ist der Antisemitismus für ihn kein Religionskrieg, er ist ein Rassenkampf. Kein Volk habe sich darin seit dem Altertum geirrt.

Die Weltanschauung Sourys stellte zu jener Zeit keine Ausnahme dar. Damals, zur Zeit der Affäre Dreyfus, predigte im Gegenteil Gustave Le Bon einen biologischen und psychologischen Determinismus, der auf die Geister seiner Epoche einen erheblichen Einfluß ausübte. Es ist kein Zufall, wenn ihn Bergson[27] schätzte, wenn Sigmund Freud ihm eine Lobrede hielt und im ersten Teil seines Buches ›Massenpsychologie und Ich-Analyse‹ die Passagen des französischen Arztes Wort für Wort abschreibt. Der zugleich biologische und pschologische Determinismus von Le Bon beruht auf dem Postulat, es müsse große, dauerhafte Gesetze geben, die den allgemeinen Lauf jeder Generation lenkten.

Bei zahlreichen Vertretern der Intelligenz war die Reaktion auf den Antisemitismus ähnlich der Haltung der frühen Sozialisten. Alle jene Themen, die rechts und auch links in der ›Revue socialiste‹ vorhanden sind, trifft man in der Action française von Maurras verschärft und weitergeführt wieder. Von 1885, im jüdischen Frankreich Drumonts, bis zur Affäre Dreyfus muß die sozialistische Linke, auch der linke Blanqui und sogar Guesde, auf Jaurès[28] warten, damit die Sozialisten für Dreyfus Partei ergreifen. Es gibt um die Jahrhundertwende eine heftige antisemitische Bewegung sowohl in der katholischen Rechten als auch in der anti-christlichen Rechten. Denn der Jude verkörperte für diese äußerst verschiedenen Gruppierungen zum einen den Liberalismus, zum anderen den Monotheismus und für beide den von ihnen gemeinsam abgelehnten Kapitalismus.

Die Dreyfus-Affäre stellte einen wesentlichen Wendepunkt in der Geschichte des Antisemitismus dar. Der Einfluß Drumonts und seiner Schüler war lediglich unterirdisch-versteckt; er brach erst nach 1896 voll und in aller Öffentlichkeit aus. Die

[27] Henri Bergson (1859–1941), Professor für Philosophie am Collège de France, einflußreichster Denker seiner Zeit, Nobelpreisträger 1928.

[28] Jules Guesde (1845–1922) und Jean Jaurès (1859–1914), Gründer der sozialistischen Partei (Parti socialiste) 1905.

gesamte Rechte, ein Teil der Mitte, aber auch – zumindest anfangs – ein beträchtlicher Teil der Sozialisten waren Gegner von Dreyfus. War jedoch immer Antisemitismus der ausschlaggebende Grund? In den Augen vieler, selbst jüdischer Offiziere, ging der Antisemitismus die Armee gar nichts an. Erst ab 1898, als die Unschuld von Dreyfus offenkundig ist, wandelte sich der gegen die Person des Offiziers gerichtete »Antidreyfusisme« in einen echten Antisemitismus. Unglücklicherweise existiert keine fundierte Studie über diesen Wandel und die ihm zugrundeliegenden antisemitischen Strömungen jener Zeit. Niemand wird die Verbindungen leugnen, die zwischen der katholischen Kirche und den Gegnern von Dreyfus bestanden. Auch darf die Rolle, welche die katholische Zeitschrift ›La Croix‹ gespielt hat, nicht übersehen werden. Katholische Kreise vermochten gewiß über die Frage des Messias latente Vorbehalte bei den gläubigen Massen gegenüber den »Christusmördern« zu wecken. Aber wie groß der tatsächliche Einfluß jener Gruppierungen und ihres Sprachrohrs auf die öffentliche Meinung war, bleibt eine offene Frage. Jedenfalls hat die ganze Kampagne kaum die Entstehung des französischen Zionismus beeinflußt.

Der Krieg von 1914 mit seiner nationalen Einheitsidee förderte einen Stimmungsumschwung. Ein Mann wie Barrès sprach dem Rabbiner Bloch, einem Feldkaplan, Lob aus, weil er sein Leben geopfert hatte, um einem Soldaten seines Regiments ein Kruzifix zu reichen. Aber nach 1923–1924 sollte der Antisemitismus sehr schnell wieder aufblühen. Eine Reihe anderer Faktoren kam nun hinzu. Zunächst, wenn nicht in Frankreich selbst, so doch außerhalb seiner Grenzen, die Existenz einer internationalen kommunistischen Bewegung, deren harten Kern Juden bildeten. Der zweite wichtige Faktor, der den Antisemitismus förderte, war die Ankunft einer großen Zahl polnischer Juden. Diese Einwanderung von Ostjuden sollte die französische, alteingesessene Judenschaft spalten. Im Ersten Weltkrieg schätzt man die Zahl der Juden in Frankreich auf etwa 50000 bis 200000. Zwanzig Jahre später sind es ungefähr 400000 bis 500000, hauptsächlich in der Region von Paris angesiedelt. Viele unter ihnen sind Ausländer, sie kommen auch ab 1933 als Flüchtlinge aus Deutschland. Als deutsche Juden sind sie doppelt verhaßt, einmal als Juden und dann als Deutsche, nicht nur bei der französischen christlichen Bevölkerung, sondern auch bei der sozial integrierten französischen Judenschaft.

Ein zweites persönliches Beispiel mag erhellen, wie das jüdische Bürgertum, meist aus dem Midi oder aus dem Elsaß und in Frankreich fest eingewurzelt, denken konnte: Ich habe einmal zu Neujahr 1938 miterlebt, wie eine meiner Großtanten von einer ihrer zukünftigen Schwiegertöchter, die polnischer Abstammung war, gesagt hat: »Sie ist eine Youpin.«[29] Ich hatte diesen Ausdruck noch nie gehört, auch nicht von meinen Klassenkameraden. Für jene Zeit dürfte er jedoch ziemlich typisch gewesen sein, da er die Spaltung der französischen Judenschaft verdeutlichte.

In Wirklichkeit lebten nämlich in den 30er Jahren in Frankreich, hauptsächlich in Paris und den elsässischen größeren Städten, zwei Judenschaften nebeneinander: die französischen, seit der Revolution emanzipierten und assimilierten Juden und die immigrierten Juden, welche aus Zentral- und Osteuropa gekommen waren. Unterdrückung und Elend in Osteuropa und die nationalsozialistische Verfolgung in Deutschland hatten sie aus ihren Ländern vertrieben. In Frankreich zielte das Verhalten der Bevölkerung darauf ab, diese Gruppen auszusondern, ja sogar als Feinde zu betrachten. Diese eingewanderten Juden wohnten nicht in denselben Stadtvierteln wie die anderen Juden, sie sprachen nicht ihre Sprache, nämlich französisch, sie unterschieden sich durch ihren Stand, ihre wirtschaftlichen Betätigungen und ihre Organisationen, kurz, sie benahmen sich völlig anders und blieben Ausländer. Im Vergleich zur traditionellen patriotischen Zurückhaltung und dem Konservativismus des zentralen Konsistoriums (des Allfranzösischen Jüdischen Rates) und des Konsistoriums von Paris waren die jüdischen Verbände in den 1930er Jahren überaus nationalistisch eingestellt. Die französischen Juden und die eingewanderten Juden hatten in jener Zeit ganz unterschiedliche Erfahrungen gemacht. Vergegenwärtigen wir uns einen Text von Robert von Rothschild, Präsident des Konsistoriums von Paris. Er behauptete, »die Immigrierten, die zu uns mit ihren Erinnerungen, ihren Gewohnheiten aus Polen, Rumänien oder sonst irgendwoher kamen, verzögern die Assimilation, tragen dazu bei, ein Gefühl der Ausländerfeindlichkeit bei den Franzosen zu schaffen«. Insbesondere richtete sich diese Feindschaft gegen die Versuche von meist aus Deutschland stammenden jüdischen

[29] Damaliger, weitgehend in der Oberschicht verbreiteter Spottname für Juden.

Emigranten, sich in die französischen politischen Angelegenheiten einzumischen. »Der Umstand, daß diese Emigranten in Frankreich aufgenommen sind«, so Rothschild, »gibt ihnen nicht das Recht, die Politik des Gastlandes zu diskutieren.« Er schloß mit der Drohung: »Wenn sie nicht zufrieden sind, sollen sie fortgehen. Sie sind Gäste, die man mit Freude empfängt, aber sie haben nicht das Recht, das Geschirr kaputtzumachen.«

Über eine solche Erklärung, über das Unverständnis der französischen Judenschaft gegenüber den Verhältnissen in Deutschland kann man aus heutiger Sicht nur staunen. Es gab in der Tat manche jüdische französische Kreise, die im Sinne der nationalen Einheit den Sieg von 1918 zusammen mit der antisemitischen politischen Bewegung »Croix de feu« feierten. Es muß sogar festgehalten werden, daß der noch sehr junge Rabbiner Kaplan (der jetzige Großrabbiner Frankreichs) von dem Großrabbiner von Paris auf Versammlungen dieser, den Faschisten nahestehenden Bewegung geschickt wurde. Er hat sogar auf solchen Versammlungen gesprochen und sich nicht damit begnügt, das Bild der ausländischen Juden zu korrigieren, statt dessen hielt er Lobreden auf die Tätigkeit des Verbandes, d. h., auf die Hetze gegen die eingewanderten Juden, und den heldenhaften Obersten de La Roque. Er wies darauf hin, daß Frankreich eines geistigen Wiederauflebens bedürfe, um sein moralisches Prestige zurückzugewinnen und erklärte es für gut, daß die Organisation der »Croix de feu« an den französischen Idealen bedingungslos festhalte. Hat er nicht eine seiner Ansprachen mit den Worten geschlossen: »Obwohl ich nicht die Ehre habe, Mitglied Ihres Verbandes zu sein, kann ich nicht umhin, mich ganz der Eurige zu fühlen«? Es ist klar, daß eine solche öffentliche Unterstützung der »Croix de feu«, die heftige Gegner der Volksfrontregierung waren, große Debatten verursachte – und dies um so mehr, als ein gewisser Herr Israel[30] zur gleichen Zeit erklärte, Léon Blum[31] und die jüdischen Kommunisten seien für den Antisemitismus in Frankreich verantwortlich.

Man könnte noch andere Beispiele anführen, aber der Antisemitismus der Judenschaft sollte nicht im Mittelpunkt stehen. Wenn der Akzent auf diese paradoxe Lage hier gelegt wird, so deswegen, weil sie den Aufschwung und die Erneuerung des

30 Henri Israel, Vizepräsident des zentralen Konsistoriums der Juden in Frankreich.

31 Léon Blum (1872–1950), Führer der Sozialisten, Ministerpräsident der Volksfrontregierung 1936/37.

Antisemitismus in der französischen Nation am besten erklärt. Es handelte sich um einen versteckten, aber doch sehr virulenten Antisemitismus, der zahlreiche Schichten der Gesellschaft ansprach: linke Kreise, denn hier beruhte er auf einem tradierten antisemitischen Sozialismus. Daneben gab es auch nach wie vor viele christliche Antisemiten. Gewiß spielte die Zeitschrift ›La Croix‹ nicht mehr dieselbe Rolle, sie benutzte auch nicht mehr den gleichen Ton gegenüber den Juden, aber viele katholische, oft der Action française nahestehende Kreise waren eindeutig antisemitisch eingestellt. Es gab auch tatsächlich diesen politischen Antisemitismus, der – und in dieser Hinsicht hat der Herr Israel nicht ganz unrecht – durch die Existenz einer von dem Juden Blum angeführten Volksfrontregierung hervorgerufen worden war. Betrachten wir die Regierung Blum genau: Fünf Juden in einer Regierung von 25 Ministern und fünf Unterstaatssekretären. Das ist natürlich relativ viel, vor allem wenn man bedenkt, daß die direkte Umgebung Léon Blums aus Juden bestand, unter welchen sich Jules Moch und André Baumel[32] befinden, der unter Blum die Kabinettsführung übernehmen sollte. Das wiederholte sich in der zweiten Regierung Blum vom 13. März 1938, sogar in stärkerem Maße: von 23 Ministern sind sechs Juden. Da diese Regierungen bei der französischen Bourgeoisie besonders unbeliebt waren, griff das Bürgertum auf das antisemitische Feindbild zurück. Dieser Zustand wurde durch eine Reihe antisemitischer Kampagnen begünstigt, die immer heftiger wurden und sich auf Bewegungen wie die Action française, auf Autoren wie Céline[33] und auf Zeitschriften wie ›Gringoire‹ oder ›Je suis partout‹ stützten, die damals einen erheblichen Einfluß ausübten. Das Vorfeld der antisemitischen Politik der Vichy-Regierung war geschaffen.

Es läßt sich somit am Schluß konstatieren, daß in der Zeit der Dritten Republik zwischen 1870 und 1940 der Antisemitismus ein viel wichtigerer Bestandteil des französischen Lebens war, als man gemeinhin annimmt. Es spricht sogar vieles dafür, daß der Antisemitismus vor dem Ersten Weltkrieg in Frankreich stärker war als im Deutschen Reich. Gewiß gab es zahlreiche Offiziere jüdischer Abstammung in der französischen Armee, es gab auch in Frankreich keinen verdeckten Numerus clausus

[32] Jules Moch (geb. 1893) und André Baumel (1894–1971), engste Ratgeber von Léon Blum.

[33] Louis Ferdinand Céline (1894–1961), (antisemitischer) Schriftsteller.

für Juden im Staatsdienst, aber es bestand ein latenter Antisemitismus. Dieser war mindestens so stark wie in Deutschland, wenn nicht in den politischen Parteien und Verbänden, so doch jedenfalls in der guten französischen Gesellschaft und unter einem Großteil der Intellektuellen.

Nach der Dreyfus-Affäre gab es in den 30er Jahren einen zweiten Höhepunkt des Antisemitismus, der antikapitalistisch, antidemokratisch ausgerichtet und religiös sowie ethnisch bedingt war. Aufgrund dieser Entwicklung begreifen wir besser, warum die französische öffentliche Meinung so passiv auf die antisemitischen Maßnahmen der Vichy-Regierung reagierte. Diese Gesetze von 1940 und den folgenden Jahren drückten im Grunde nur das aus, was ein großer Teil der Bevölkerung ohnehin dachte. Die Gesetze unterschieden nämlich eindeutig zwischen den paar Tausend assimilierten, alteingesessenen Juden, Beamten, Hochschullehrern, Mitgliedern der großen Staatskörperschaften und der anderen Gruppe der Kaufleute, Industriellen, Händler, die von der Bevölkerung nicht integriert worden war und durch die Zuwanderung von ausländischen Juden überproportional angewachsen war. Es würde Erstaunen auslösen, wenn einmal vergleichend ermittelt würde, welche Stellungen die assimilierten Juden um 1870, 1914 und 1940 in der französischen Gesellschaft hatten. Sie waren immer stärker in die führende Gesellschaftsschicht hineingewachsen und fühlten sich als patriotische Franzosen. Das französische Großbürgertum und, als sein integraler Teil, die assimilierten Juden blieben blind für die Entwicklung im nationalsozialistischen Deutschland und halfen durch ihren überspannten Nationalismus den Weg mitbereiten, der zum Staat Pétains führen sollte.

Die Judenpolitik der Vichy-Regierung war anfangs nicht vom nationalsozialistischen Rassismus abhängig. Vielmehr integrierte sie die Prinzipien von Toussenel, Drumont und Maurras in einer eigenständigen Gesetzgebung. Diese Maßnahmen waren nicht im eigentlichen Sinne rassistisch, sondern fremdenfeindlich. Die Juden wurden aus der Gesellschaft ausgegliedert. Denn man war der Auffassung, daß die Juden, von seltenen Ausnahmen abgesehen – wie Bergson, einigen hohen Staatsbeamten und Generälen – nicht assimiliert und daher keine guten Franzosen seien. In diesem Sinne muß das erste »Judenstatut« vom Oktober 1940 gesehen werden. Als jedoch Darquier de Pellepoix das Referat für jüdische Angelegenheiten in der Regierung im April 1942 übernahm, triumphierte der rassistische, morbide Antisemitismus, der sich in seinen Maßnahmen willfährig allen Schändlichkeiten der Besatzungsmacht zur Verfügung stellte. Der latente und in den 30er Jahren gesteigerte Antisemitismus konnte sich nunmehr ungehemmt entfalten. Dies erklärt weitgehend sowohl das Einvernehmen eines Teils der französischen Polizei mit der Gestapo als auch das Desinteresse des Großteils der Bevölkerung angesichts der Verfolgungen. Erst jetzt, inmitten dieses Grauens, sollte das französische Judentum seine religiöse Wiedergeburt erfahren.

Antisemitimus im Deutschen Kaiserreich 1871–1918

von Hans-Günter Zmarzlik

Das Kaiserreich liegt zeitlich fern, aber sachlich nah. Denn damals begann die Vorgeschichte unserer Gegenwart. Fundamentale Veränderungen der sozialen Lebenswelt traten ein: Folgen der Industriellen Revolution. Die kapitalistische Marktwirtschaft eröffnete bis dahin unerhörte Aufstiegschancen. Es potenzierten sich die Innovationen in Technik, Organisation, Produktion. Ein rapide ansteigender Wandlungsdruck konnte genutzt, mußte ausgehalten werden.

Die Juden waren dieser Situation am besten gewachsen. Sie haben schnell die übrige Nation nach Schulbildung und Einkommen hinter sich gelassen. Ihnen gelang in atemberaubendem Tempo der große Sprung nach vorn – von der gesellschaftlichen Randexistenz in die Zentren von Einfluß und Reichtumsmacht. Gemessen an der traditionellen Stellung von Juden war das für viele Nichtjuden ein Ärgernis – und es wurde verstärkt dadurch, daß diesen Aufsteigern nicht selten der Kamm schwoll und sie das zeitübliche Protzentum auf die Spitze trieben.

Das hat viele Zeitgenossen verärgert, denen Judenfeindschaft nicht nachgesagt werden kann, z. B. den skeptischen, humanen Theodor Fontane. 1880 bekennt er in einem Brief, daß ihn neuerdings die »Judenfrage« geradezu aufrege: »Ich bin von Kindesbeinen an ein Judenfreund gewesen und habe persönlich nur gutes von den Juden erfahren, und dennoch hab' ich sosehr das Gefühl ihrer Schuld, ihres grenzenlosen Übermuths, daß ich ihnen eine ernste Niederlage nicht bloß gönne, sondern wünsche. Und das steht mir fest, wenn sie sie jetzt nicht erleiden und sich auch nicht ändern, so bricht in Zeiten, die wir ... freilich nicht mehr erleben werden, eine schwere Heimsuchung über sie herein. Haben Sie in der gestr. Kreuz-Ztg. die Geschichte gelesen, die Herr v. Uechtritz über einen Benno Cohn mittheilt? Es verrät dies ein Maaß von Frechheit, das sich nur in Folge von deutschem Langmuth und Schwäche so hat anhäufen können.«[1]

Man spürt, wieviele Vorurteile aus der Vergangenheit subku-

[1] An Mathilde von Rohr, 1. 12. 1880. In: Theodor Fontane, *Briefe III*. Hg. v. K. Schreinert, Berlin 1969, S. 196.

tan auch bei einem Fontane angereichert gewesen sind. Man wird jedoch einräumen, daß Emanzipation die Beteiligten erst dann belastet, wenn sie aus dem Frühstadium der Verheißung heraustritt und konkrete Veränderungen bewirkt. Dann erzeugt sie galoppierend Identifikationsverluste bei denen, die sich emanzipieren, d.h. Unsicherheiten, die nach allen Seiten über die Stränge schlagen. Andererseits bedingt sie eine zunehmende Irritation bei denen, die als aufgeklärte Emanzipatoren den Prozeß selbst in Gang gesetzt oder gebilligt hatten, ohne die Kostenseite zu berechnen. Diese schwierige Phase durchlief die Judenemanzipation zur Zeit des Kaiserreichs. Das muß man bedenken, wenn man judenkritische Äußerungen dieser Epoche ins Auge faßt.

Jede Art von Antisemitismus stand damals im Zeichen krisenhafter Umwälzungen, die die Gesamtgesellschaft unverhofft trafen, und gründete auf einem Bodensatz von Vorurteilen, die als Sedimente einer zweitausendjährigen Geschichte der Judenfeindschaft die Voraussetzungen dafür bildeten, jedes Unbehagen an den Zeitläuften in Judenschelte umzumünzen – besonders dann, wenn die traditionell verachtete und bisher stets devote jüdische Minderheit nicht mehr bloß gnadenweise erhoben zu werden wünschte, sondern sich auf die eigenen Beine stellte und mehr Raum für sich verlangte.

Zum Sozialprofil der Juden

Wie sah das Sozialprofil der sich emanzipierenden Juden im Deutschland der Kaiserzeit aus? Dies sollen einige Zahlen verdeutlichen. Wenn dabei die Vielfalt jüdischer Erscheinungsformen in den einzelnen deutschen Staaten, im Nord-Südgefälle, in den Eigenheiten dörflichen und kleinstädtischen Lebens außer acht gelassen werden, so ist das nicht nur ein Notbehelf angesichts des knappen zur Verfügung stehenden Raums, sondern auch ein Resultat der Zahlen selbst. Sie verweisen in allen wesentlichen Punkten auf Preußen und auf Berlin.

Die etwa 500000 deutschen Juden machen 1871 1,2 Prozent der Gesamtbevölkerung aus. Dieser Wert sinkt bis 1914 um fast ein Viertel – auf 0,9 Prozent bei einer Gesamtzahl von über 600000 Juden. Dies Verhältnis von durchschnittlich 1 Prozent im Vergleich zur Gesamtbevölkerung gilt es festzuhalten, wenn man das Außerordentliche am Aufstieg der deutschen Juden im Blick behalten will.

Zwei Drittel der Juden leben in Preußen; sie konzentrieren sich auf die Großstädte. 1914 sind bereits 60 Prozent aller Juden Großstädter, aber nur 20 Prozent aller Nichtjuden. Jeder vierte Jude hatte 1914 seinen Wohnsitz in Berlin. Obwohl Juden nur 5 Prozent der Berliner Bevölkerung ausmachen, bringen sie mehr als ein Drittel der gesamten Einkommensteuer auf. Ähnlich anderswo: unter den 100 reichsten Preußen sind 30 Juden. So rangiert die jüdische Minderheit in der Einkommenshöhe extrem über dem Durchschnitt. Das drückt sich auch in der sozialen Schichtung aus: vier Fünftel der deutschen Juden zählen um 1900 zum oberen und mittleren Bürgertum, mehr als 50 Prozent von ihnen sind Selbständige (doppelt soviele wie in der Gesamtbevölkerung). Selbst die jüdische Unterschicht gehört noch zur unteren Mittelschicht der Gesamtbevölkerung.

Von nichts kommt nichts: Die Präsenz von Juden im höheren Ausbildungswesen ist spektakulär. Es gibt in den 90er Jahren an manchen Berliner humanistischen Gymnasien bis zu 25 Prozent jüdische Schüler, und im Durchschnitt der höheren Schulen Preußens machen Juden immerhin 8 Prozent aus. Unter den Studenten sind im Schnitt ebenfalls 8 Prozent Juden, in einzelnen Fächern wie Medizin und Naturwissenschaften erheblich mehr. Diese Zahlen können verdeutlichen, welches intellektuelle Potential die Juden einsetzten, welche Aufstiegsenergien in dieser Minderheit frei wurden – mit der Folge auffälliger Asymetrien zwischen Bevölkerungsanteil und gesellschaftlicher Stellung. Wie gesagt: das mußte – wie Menschen einmal sind und angesichts eingeschliffener Vorurteilsstrukturen – Spannungen schaffen.

Der Staat hat offiziell Neutralität gepflegt. Freiheit, Eigentum wurden rechtlich garantiert; provinzielle Pogromtendenzen wurden von Behörden und Militärmacht sofort erstickt, wie 1900 bei einem »Ritualmordfall« in der Provinz Posen; der Aufstieg von Juden in allen Berufen, die außerhalb der staatlichen Sphäre lagen, wurde hingenommen. Nur sollten sie keine obrigkeitlichen Funktionen wahrnehmen: das sei Christen nicht zuzumuten.

Juden blieben daher von Führungspositionen im Staat ausgeschlossen. In Preußen war z. B. 1866 das Gesetz gefallen, das die Einstellung von jüdischen Richtern verbot; und es sind zwischen 1870 und 1914 etwa 200 jüdische Richter ernannt worden. Sie blieben aber wie durch Zauberkraft an den Amtsgerichten kleben. Aufstiegschancen gab es nicht. Bei den Hochschullehrern waren die Aussichten etwas besser, die Gesamtstruktur jedoch ähnlich. Bei den Lehrern an höheren Schulen blieb die Berufschance extrem niedrig, bei den Volksschullehrern war sie praktisch gleich Null.

Am deutlichsten zeigt sich die Ausschließungspraxis beim Militär. Denn in Preußen/Deutschland entschied das Militärverhältnis über den Zugang zu den Führungskarrieren: an der kaiserlichen Hoftafel rangierte der Reichstagsabgeordnete hinter dem Offizier. Aber selbst Leutnant der Reserve konnten Juden in Preußen nicht werden, und das, obwohl zwischen 1871 und 1914 mehr als 25 000 Einjährig-Freiwillige jüdischer Konfession, d. h. potentielle Offiziersanwärter, in die Armee eingetreten sind.

Es ergibt sich ein zwiespältiges Bild: einmal ein rasanter Zuwachs an Reichtumsmacht und öffentlichem Ansehen im jüdischen Lager, der sich z. B. gesellschaftspolitisch in der beträchtlichen Zahl jüdischer Stadtverordneter ausdrückt (in der Kaiserzeit insgesamt etwa 4000); andererseits jene Blockade aller Berufe, in denen staatliche Autorität sich verkörperte.

Anfänge des Antisemitismus

Bevor man hier von Antisemitismus spricht, muß man festhalten, daß Polen und Sozialdemokraten noch weit rigoroser aus Staatskarrieren ausgeschlossen wurden und daß linksliberale Bürger hier ebenfalls wenig zu hoffen hatten. Dem deutschen Obrigkeitsstaat blies der Wind ins Gesicht. Er fand kein anderes Rezept, um sich zu behaupten, als den Versuch, die Zugänge zu seinen Kommandozentralen zu verbarrikadieren. Dazu war er noch fähig. Aber hierin befand er sich bereits, wie sonst auch, in der Defensive.

Auffällig ist, daß der Rassebegriff keine Rolle spielte. Nur die Konfession zählte. Daher blieb die Taufe das Entréebillet in die Freiheit, wie das schon Heinrich Heine formuliert hatte. Hierzu ein Beispiel: Unter den maßgebenden Juristen in Preußen und im Reich, Praktikern wie Theoretikern, waren getaufte Juden führend. Bis 1890 sind der preußische Justizminister ebenso wie der Präsident des Reichsgerichts jüdischer Abstammung gewesen, in der Wilhelminischen Zeit dominierten Staatsrechts- und Verfassungsrechtslehrer wie Paul Laband in Straßburg und Georg Jellinek in Heidelberg, auch sie getaufte Juden. Beide haben erheblichen Einfluß auf die Ausrichtung des höheren

Verwaltungsdienstes und auf die Interpretation der Verfassung geübt.

Solche Daten sollen nicht als Schminke dienen, um weniger attraktive Züge des preußisch-deutschen Staates zu verbergen. Ich hebe sie hervor, weil in der Forschung immer wieder eine Tendenz erkennbar wird, unter Begriffen wie »postemanzipatorisches Zeitalter« dem Kaiserreich Liberalität abzusprechen, bzw. das, was man dafür halten könnte, als belanglose Oberflächenphänomene abzutun. Das ist verständlich, wenn man den katastrophalen Ablauf der deutschen Geschichte bis 1945 bedenkt, dessen Tiefpunkt – aus unserer Fragestellung gesehen – mit Auschwitz zusammenfällt. Nun ist Auschwitz für die Nachlebenden ein Menetekel, das zur selbstkritischen Besinnung aufruft. Auschwitz wirkt aber verzerrend, wenn es die Optik der Rückschau bestimmt. Denn dann erscheint das Kaiserreich letztlich als Vorgeschichte der Judenmorde. Und das ist irreführend.

Das Dritte Reich ist gewiß nicht vom Himmel gefallen; aber das Kaiserreich ist deshalb nicht schon die Startrampe, von der aus der Siegeszug der Nationalsozialisten seinen Ausgang nahm. Wer anders urteilt, wird dazu neigen, den Antisemitismus im Kaiserreich besonders groß zu sehen. So z. B. einer unserer anerkannten Fachmänner für Zeitgeschichte, Werner Jochmann, der 1976 aus einer umfänglichen, quellennahen Untersuchung das Fazit zieht: ». . . die Antisemiten . . . haben mehr als alle anderen zur Unterminierung der politischen Ordnung des Kaiserreiches beigetragen.«[2] Diese Aussage möchte ich in Frage stellen.

Wie sah Antisemitismus im Kaiserreich aus? Als das Kaiserreich in die Geschichte eintrat, herrschte im Bürgertum die Überzeugung vor, Judenfeindschaft sei definitiv auf dem Rückzug. Es gab zwar nach wie vor erkennbare Vorbehalte aus religiöser Wurzel sowie aggressive Reaktionen, die aus den Bedrängnissen erwuchsen, die der Siegeszug der kapitalistischen Marktwirtschaft für viele mit sich brachte, während Juden sich so viel besser zurechtfanden und daher wie die Veranstalter des Kapitalismus erschienen. Es gab auch die klare gesellschaftliche Distanzierung zwischen Deutschen und Juden, obwohl mit der

[2] Werner Jochmann, *Struktur und Funktion des deutschen Antisemitismus.* In: W. Mosse, A. Paucker, *Juden im Wilhelminischen Deutschland 1890–1914.* Tübingen 1976, S. 477.

Industrialisierung seit 1850 und mit der gesetzlichen Gleichstellung zu Ende der 60er Jahre sowie mit der Schaffung des großen deutschen Binnenmarktes seit 1871 sich geschäftliche, politische und kulturelle Kontakte zwischen Juden und Nichtjuden rasch vermehrten. Aber alle Äußerungen von Judenfeindschaft galten als Rückzugsgefechte schädlicher Vorurteile, und wer das anders sah, der schwieg sich öffentlich aus. Man hatte den Wind des liberalen Zeitalters gegen sich und außerdem andere Sorgen und Ziele: die Reichsgründung absorbierte alle Kräfte.

Eine mittelständische Bewegung zeigte sehr bald nach 1871 an, daß sich der Wind zu drehen begann. Sie trat auf als Radau-Antisemitismus (der Begriff »Antisemitismus« wurde hier geprägt), als Lärmapparat gegen jüdischen Börsenschwindel und Ausbeutertum – zunächst um die Mitte der 70er Jahre. Später sind, gestützt auf regionale Verelendungstendenzen in bäuerlichen und handwerklichen Klein- und Mittelbetrieben, Antisemitenparteien gegründet worden, die es 1893 schlagartig auf sechzehn Reichstagsmandate brachten. Ihr Triumph war kurzlebig. Da die sie wählende Basis den Würgegriff jüdischer Viehhändler, Gutsaufkäufer, Kreditgeber vor allem im Blick hatte und weniger eine Kapitalismuskritik, die im Juden den allgemeinen Drahtzieher suchte, verlor dieser politische Antisemitismus mit der Konsolidierung der Wirtschaftslage den Boden unter den Füßen. Die Wahlen von 1904 läuteten seinen Untergang ein.

Doch soll hier der mittelständische Antisemitismus beiseite bleiben, weil die Impulse für neuartige Ausprägungen der Judenfeindschaft nicht von hier ausgingen, sondern vom Bildungsbürgertum, jener gesellschaftlichen Schicht, die seit den Tagen eines Moses Mendelssohn und eines Lessing die Judenemanzipation durchaus bejaht hatte. Daher sind primär ökonomisch argumentierende Deutungen von Ursachen der Judenfeindschaft nicht primär wichtig, wenn auch stets gewichtig, da wirtschaftliche Depression den Aggressionspegel allgemein steigen läßt.

Drei Phasen des Antisemitismus

Drei Krisen markieren den Weg des Antisemitismus im bildungsbürgerlichen Lager. Die erste hat ihren Höhepunkt 1878/79; die zweite resultiert aus den gesellschaftlichen Umwälzungen der 90er Jahre; die dritte ergibt sich mit dem Ersten Weltkrieg, nachdem er alles andere geworden war als der zunächst erhoffte Spaziergang nach Paris.

Die erste Krise führt aus ökonomischen und politischen Gründen 1878/79 zu einer jähen, langfristig folgenreichen Wendung der inneren Reichspolitik: die liberalen Parteien und Konzepte werden für konservative eingetauscht. Das Zeitalter des Liberalismus ist damit nicht schon vorbei – aber doch in wichtigen Teilen durchgestrichen. Dies war der Augenblick, wo der einflußreiche Publizist, leidenschaftliche Historiker und Nationaltrompeter Heinrich von Treitschke den Juden öffentlich die Leviten las. Und fast zur gleichen Zeit suchte der wortgewaltige preußische Hofprediger Adolf Stoecker aus dem Antisemitismus politisches Kapital zu schlagen – erst zwecks Domestizierung der Berliner Arbeiterschaft, dann zur Befestigung der Thron- und Altartreue von Kleinbürgern.

Beide Sprecher machten Sensation. Die Juden und ihre liberalen Emanzipatoren sahen ein Gespenst, den Antisemitismus, das sie längst exorziert zu haben glaubten, heftiger denn je sein Unwesen treiben. Das lag nicht zuletzt daran, daß die deutsche Judenemanzipation mit der Formel »der bürgerlichen Verbesserung der Juden« im 18. Jahrhundert ihren Anfang genommen hatte – also mit einem Bewährungskonzept. Juden waren in dieser Sicht stets Staatsbürger zweiten Grades geblieben; sie waren gehalten, sich dem großherzig gewährten Entgegenkommen auch andauernd, d. h. durch totale kulturelle Assimilation würdig zu erweisen. Davon ging Treitschke aus. Da ihm das Tempo, ja selbst der gute Wille vieler Juden in dieser Hinsicht fragwürdig schien, verkündete er öffentlich, was bisher bei konservativen Gegnern der kapitalistischen Marktwirtschaft als intime Verwünschung umlief: Die Juden sind unser Unglück!

Diese fatale Formel, die nachher bis ins Dritte Reich hinein als grelle Fanfare diente, war so plump nicht gemeint: Treitschke hat weder die Konversion von Juden durch Taufe oder kulturelle Assimilation in Frage gestellt, noch auch nur ein Jota an ihrer Rechtsstellung mindern wollen. Er wollte ihre Anpassung beschleunigen, anders gewendet: zu rascherer Unterwerfung unter die allein seligmachende Nationalkultur dringlich aufrufen. Dabei fand er scharfen Widerspruch bei linksliberalen Kollegen, die sein Auftreten als unwürdige und schädliche Polemik empfanden – aber Zustimmung bei jüngeren Leuten, besonders bei Studenten. Diese sprachen vornehmlich auf ein neues Motiv für Judenfeindschaft an, das Treitschke leitete: das nationale

Interesse. Hier wird die jüdische Minderheit nicht als verstockte Nachfahren der Christusmörder verurteilt oder als Verursacher momentaner ökonomischer und anderer Übelstände, nicht als Sündenbock für kurzfristige Krisen angeklagt. Sie gilt vielmehr als Fremdkörper und damit als permanente Bedrohung des jungen Kaiserreichs, dem die innere Festigkeit noch mangele. Dies Reich war dem Partikularismus der Einzelstaaten abgerungen, in riskierten Kriegen einem feindlichen Ausland abgetrotzt: es erschien daher seinen Mitbegründern, von Bismarck bis Treitschke, äußerst labil, und seine Festigung galt den jungen Studenten, die nicht ewig im Schatten der Reichsgründungsväter stehen wollten, als genuine Aufgabe.

Indem sich dieses Reich jedoch ökonomisch und politisch stabiler erweist als befürchtet, schrumpft auch die öffentliche Judenfeindschaft in den 80er Jahren. Erst die zweite Krise seit den 90er Jahren wird anhaltend für den Antisemitismus bedeutsam. Denn nun schlagen die sozialen Folgen der Industriellen Revolution vollends durch – ein säkulares Geschehen. Das Tempo des sozialen Wandels steigt sprunghaft, gewaltige Modernisierungsschübe machen sich geltend, eine Pluralität der gesellschaftlichen Kräfte und Gruppeninteressen beherrscht die Szene, und davon profitieren zunächst die, die demokratischere und sozial gerechtere Verhältnisse, d. h. mehr Chancengleichheit anstreben, oder diejenigen, die die neuen ökonomischen Chancen wahrzunehmen verstehen.

So beschleunigt die Sozialdemokratie ihren Aufstieg, eine organisierte Frauenemanzipation tritt hervor, zahlreiche Interessenverbände von Arbeitgebern und Arbeitnehmern treten machtvoll auf den Plan, aber auch eine bisher unerhörte Vielzahl von Bürgerinitiativen, die an den Parteien und an der Exekutive vorbei Reformkonzepte, aber auch politische Kritik in die Öffentlichkeit tragen. Zugleich wird außenpolitisch die Lage Deutschlands komplizierter: Beim Wettlauf der Industriestaaten um die Verteilung der Erde, um den »Platz an der Sonne«, werden Risiken sichtbarer, Rüstungsaufwendungen dringlicher – kurz, die alte Welt gerät aus den Fugen, die neue wirkt bedrohlich für alle, die politisch von der Mitte bis rechts etabliert sind und von der Dynamisierung der Verhältnisse überrannt zu werden fürchten. Andererseits scheint jetzt technisch und organisatorisch alles möglich, d. h. eingreifende Korrekturen, trendwendende Maßnahmen gelten als »machbar«. Man tritt ein in eine neue Welt erhöhter Gefahren, aber auch erweiterter Möglichkeiten – zumal nun eine anhaltende wirtschaftliche Hochkonjunktur soziale Experimente absichert.

Das bedeutete für die Jüngeren, die schon auf dem Boden des Reiches aufwuchsen, eine starke Herausforderung. Ihre neue Aufgabe, wie sie z. B. Max Weber 1895 in seiner Freiburger Antrittsvorlesung besonders schlagend formuliert hat, lief darauf hinaus, auf der Basis von Bismarcks Leistung dem Deutschen Reich nunmehr Weltgeltung zu verschaffen. Damit gewinnen aber die älteren Forderungen nach mehr nationaler Geschlossenheit auf der rechten Seite des politisch-ideologischen Spektrums notwendig eine offensive Richtung und die jeweiligen Machtinteressen des Reiches eine unbedingtere Geltung. Für Reibungsverluste durch Emanzipationsprozesse nahm das Verständnis ab; dagegen wuchs die Bereitschaft, die Nation wie einen monolithischen Block zu konzipieren. Das zielte im Innern auf die radikale Unterdrückung, ja Eliminierung abweichender Minderheiten, nach außen auf nationale Selbstisolierung und führte nach innen wie nach außen zur Reduktion des Politischen auf ein krasses Freund-Feind-Schema.

Es gibt ein bewegendes Zeugnis dafür, welch einschneidende Wendung sich damit anbahnt, wie sich hier nicht nur die Generationen, sondern auch Epochen scheiden. Heinrich Claß, Sohn einer rheinhessischen Juristenfamilie, der bald als Vorsitzender des Alldeutschen Verbandes und als politischer Publizist zu öffentlichem Einfluß gelangen sollte, schildert in seinen Memoiren, wie er um die Mitte der 90er Jahre nach beendigtem Studium als Treitschke-Jünger und frischgebackener Antisemit in sein liberal gesinntes Elternhaus zurückkehrt. Dort habe das Dreigestirn »Patriotismus, Toleranz, Humanität« über allen politischen Urteilen gestanden: »Wir Jungen waren fortgeschritten: wir waren national schlechthin; wir wollten von Toleranz nichts wissen, wenn sie Volks- und Staatsfeinde schonte; die Humanität im Sinne jener liberalen Auffassung verwarfen wir, weil das eigene Volk dabei zu kurz kommen mußte ... Aber wie solche Dinge in dem älteren Geschlecht aufgefaßt wurden, ... erfuhr ich durch den Besuch eines der ältesten Freunde unseres Hauses. Der 82jährige geh. Justizrat Lippold kam damals zu mir und beschwor mich in wahrhaft rührender Weise unter Berufung auf seine Freundschaft mit meinem Großvater und meinen Eltern, öffentlich zu erkennen zu geben, daß ich nicht nur kein Feind der Juden sei, sondern entsprechend den Grundsätzen der Humanität in jedem Juden den gleichberechtigten Volksgenossen sähe. Vergeblich suchte ich dem alten Herrn, der im Jahre 1849 mit Bamberger zur Teilnahme am Pfälzer Aufstand mit ausgezogen war, klarzumachen, daß wir Jüngeren über diese Dinge anders dächten und daß wir unseren neuen Erkenntnissen gemäß handeln müßten, wenn wir unsere Pflicht an Volk und Vaterland erfüllen sollten ... Lippold war von meinem Bekenntnis erschüttert; es erschien ihm ungeheuerlich.«[3]

Patriotismus ist hier zu einem Nationalismus gesteigert, dem Humanität und Toleranz als lästige Fessel erschienen. Bei Claß ist der versöhnliche Geist, der die Assimilationsbewegung getragen hatte und der noch bei Treitschke nachwirkte, abgestorben. Dies ist die Stunde der rassischen Zementierung des Antisemitismus und zugleich seiner Operationalisierung, die Stunde radikaler und planorientierter Flurbereinigungs-Phantasien, die allerdings zunächst auf dem Papier blieben.

Ideologisch ging die äußerste Rechte zur Offensive über und überflügelte die stets defensiv orientierten Konservativen mit einem gegenrevolutionären Programm: Alles was aus den Verheißungen der Französischen Revolution hervorgegangen und vom Liberalismus und der Sozialdemokratie konkretisiert und propagiert wurde, sollte durchgestrichen und das Rad der Geschichte insofern zurückgedreht oder wenigstens angehalten werden.

Damit erhält der neuartige Antisemitismus die Funktion eines integrativen Faktors innerhalb von antiaufklärerischen, d. h. auch antiemanzipatorischen Ideologien. Die Juden erscheinen als die Inkarnation dessen, was sich hemmungslos individualistisch, daher zersetzend und kapitalistisch-ausbeuterisch äußert, was liberalistisch feige und der Humanitätsduselei schuldig sei. Kein Gedanke mehr daran, daß die religiöse oder kulturelle Konversion diesen Mangel heilen könnte!

Zur Begründung dient die Rassenlehre – und zwar als Ungleichheits- und Ungleichwertigkeitsdogma, das auf unveränderlichen Erbsubstanzen von Menschen und Rassen gründet und daher die Faktoren Milieu und Erziehung negiert, d. h. jede Möglichkeit von Assimilation. In vielen Einzelschriften wird ein antithetisches Modell herausgearbeitet, das wenig mit den Juden selbst, aber viel mit dem Wunschdenken der Antisemiten zu tun hatte. Das Judentum wird dabei zur bloßen Kontrastfi-

[3] Heinrich Claß, *Wider den Strom*. Leipzig 1932, S. 17, 36.

gur eines germanisch-deutschen Idealtypus. Im Ergebnis steht jüdische Wurzellosigkeit gegen germanische Bodenständigkeit, Abhängigkeit vom äußeren Gesetz gegen sittliche Autonomie, Geschäftssinn gegen Gemütstiefe, kurz: das Nichts einer allbeweglichen Oberflächlichkeit gegen heimatverwurzelte geschichtsverankerte und eben deshalb schöpferische Persönlichkeit. Damit ist die Schranke zwischen Juden und Nichtjuden prinzipiell unübersteiglich gemacht: der neue Antisemitismus erreicht seine abstrakteste und zugleich radikalste Ausprägung.

Das weitere neue Moment am Antisemitismus ist seine operationelle Energie. Man hat es nicht mehr nötig, auf bessere Zeiten bloß zu warten und sich inzwischen in Gesinnungsappellen zu erschöpfen. Praktisch-planende Zugriffe liegen in Reichweite. Nachdem der Mensch im Begriff war, den jahrtausendelangen Kampf gegen die Natur endgültig für sich zu entscheiden, sollte auch bei der Lösung der gesellschaftlichen Probleme reiner Tisch gemacht werden. Prominent war hierin wiederum Heinrich Claß. Er hat in seinem Erfolgsbuch von 1912 ›Wenn ich der Kaiser wär‹ einen Maßnahmenkatalog zur Entmachtung der Juden angegeben, an dem wenig davon fehlt, was die Nationalsozialisten später verwirklicht haben. Nur sollte, was nachher Endlösung hieß, ohne Mord, d. h. letztlich durch den Totalexport der Juden nach sonstwohin erfolgen. Aber das alles war günstigstenfalls Zukunftsmusik. Claß hat es z. B. im eigenen Alldeutschen Verband bis 1918 nicht erreichen können, seine Spielart von Antisemitismus ins Verbandsprogramm aufnehmen zu lassen. Doch zur Breitenwirkung später mehr.

Zunächst folgt ein Blick auf die dritte Krise, die für das Verhältnis von Juden und Deutschen bestimmend geworden ist, auf den Ersten Weltkrieg. Damals sind die Konzepte von Claß und seinesgleichen schlagartig konkreter in Erscheinung getreten. Der Weltkrieg schien für die Juden zunächst einen positiven Durchbruch zu bedeuten: Hunderttausend Juden drängten zur Front, nicht weniger begeistert und solidarisch als die übrigen Deutschen und nun endlich, so schien es, voll akzeptiert. Tatsächlich gelangten bis 1918 etwa 2000 Juden in Offiziersränge.

Aber schon 1916 kam die kalte Dusche. Das preußische Kriegsministerium veranstaltete eine Judenzählung, die, wie immer sie gemeint sein mochte, wie der Deckel auf den Topf paßte, in dem die radikalen Antisemiten ihr Verleumdungssüppchen kochten: die Juden seien an der Front Drückeberger, hinter der Front Kriegsgewinnler! Diese Maßnahme mußte erschreckend wirken, weil zum ersten Mal im Kaiserreich eine Behörde dem aggressiven Antisemitismus nachgegeben hatte, der dann in der 1917 gegründeten »Vaterlandspartei« mit ihren mehr als einer Million Mitgliedern eine Lautstärke und Niedertracht annahm, die auch die schlimmsten Entgleisungen mittelständischer Radau-Antisemiten von einst in den Schatten stellten.

Natürlich war der Anteil von Juden an der wirtschaftlichen Kriegführung überproportional hoch. Sie waren teils kommandiert aufgrund beruflicher Erfahrungen, wie Walther Rathenau und viele andere, teils haben sie schlauerweise ihr Know-How und ihre Beziehungen genutzt und dabei nicht selten enorm verdient. Juden waren auch prominent unter denen, die für einen Verständigungsfrieden eintraten und die Annexionen, wie sie von ihren Gegnern so laut gefordert wurden, entschieden ablehnten. Und schließlich gab es sowohl 1917 in Rußland wie 1918 in Deutschland prominente Juden, die am Umsturz der herkömmlichen Verhältnisse auffällig beteiligt waren. Das alles mußte die Nationalisten der Rechten erbittern. Dennoch bleibt erstaunlich, wie heftig der Antisemitismus seit 1916 virulent geworden ist. Bemerkenswert ist allerdings auch, daß dies zwar kritisch registriert wurde, aber bei der Mehrheit der deutschen Juden nicht als unmittelbare Bedrohung, sondern vielmehr als rhetorische Überhitzung aufgefaßt worden ist. Man sah die Zeit aus den Fugen, blieb aber zuversichtlich, daß es nach Überwindung einer Talsohle weiter aufwärts gehen würde. Auch dies spiegelt die überwiegend günstige Bilanz jüdischer Erfahrungen im Kaiserreich. Das ist natürlich pauschal gesagt und schließt ein, daß gerade in dieser Zeit auch außerhalb des zionistischen Lagers sich bei einzelnen Juden tiefe Enttäuschung, ja Hoffnungslosigkeit hinsichtlich des Gelingens von Emanzipation geltend machte (wofür z. B. Jakob Wassermanns Schrift ›Mein Weg als Deutscher und Jude‹ (1921) Zeugnis gibt.)

Sympathisanten der Juden

Dies legt die Frage nahe, auf welchen Rückhalt Juden bei nichtjüdischen Sympathisanten im Kaiserreich rechnen durften? Öffentliches Eintreten gegen krassen Antisemitismus hat es häufig gegeben, z. B. im Reichstag und im preußischen Landtag, wo linksliberale Politiker regelmäßig die Ausschließung von Juden aus den Offiziersrängen öffentlich tadelten – mit der stereotypen Antwort, es sei dies Sache der Offizierswahl in den jeweiligen Regimentern und daher keine gouvernementale Angelegenheit. Wirksamer war die Zurückweisung von Polemiken der Antisemitenparteien, die von Linksliberalen und Sozialdemokraten ausging, während im Zentrum, der großen katholischen Volkspartei, gerade noch genug Erinnerung an die Unterdrükkung im Kulturkampf nachwirkte, um die traditionell judenfeindlichen Tendenzen im Katholizismus und die hier besonders massiven Aggressionen gegen Kapitalismus, Liberalismus und Sozialdemokratie zu neutralisieren. Weiter rechts im Parteienspektrum gab es häufig antisemitische Äußerungen, die bei den preußischen Konservativen sogar seit den 90er Jahren zum Ausschluß von Juden aus der Partei führten – ein Liebäugeln mit mittelständischen Wählern, das sich nicht bezahlt gemacht hat und daher seit 1912 von Überlegungen abgelöst wurde, wie man aus der antisemitischen Sackgasse wieder herauskommen könne.

Für alle Parteien gilt aber, daß die Juden als Juden für sie keinen Wert darstellten. Auch die jüdischen Abgeordneten sind stets nur auf Parteilinie aktiv geworden, nicht für die jüdische Sache. Außerhalb des Reichstags und der Landtage stößt man von Fall zu Fall auf heftige Kritik am Antisemitismus, besonders in der sozialdemokratischen und liberalen Publizistik. Diese Kritik verdichtet sich 1891 im »Verein zur Abwehr des Antisemitismus«, der es bald auf 13000 Mitglieder brachte, durchweg Honoratioren. Hier sind linksliberale Repräsentanten führend, hochangesehene Bürger des Kaiserreichs. Dieser Verein stellt die stärkste Unterstützung dar, die den deutschen Juden von Nichtjuden zuteil geworden ist. Aber auch hier war die Assimilationsforderung zwingendes Gebot, und alle Schritte zu jüdischer Selbstorganisation wurden als »Abschließungsspielerei« verurteilt.

Man ist bei den Liberalen über die verfassungspolitische Defensive, d. h. über die Verteidigung des Rechtsstaates gegen seine antisemitischen Verächter, nie hinausgekommen. So wie die Judenemanzipation des frühen 19. Jahrhunderts als ein Nebenprodukt der Selbstemanzipation bürgerlicher Liberaler aus den Zwängen der Feudalgesellschaft sich ergab, so kam den halbwegs emanzipierten Juden jetzt die liberale Frontstellung zugunsten des Rechtsstaates zugute. Aber sie selbst waren nie im Blick und blieben als Minderheit auch für die Liberalen ein

Störfaktor. Hier wird überdeutlich, daß im Deutschland des Historismus die vernunftrechtliche Basis von Freiheit und Gleichheit, wie sie in der Französischen Revolution noch selbstverständlich vorgegeben war, sich aufgelöst hatte.

Noch für den liberalen Vordenker der Jahrhundertmitte, John Stuart Mill, war selbstverständlich, daß die Mehrheit einer Nation unter gar keinen Umständen auf Beiträge von Minderheiten verzichten dürfe, mochten diese auch weit von geltenden Normen abweichen. Nur dies könnte der Freiheit aller und der günstigsten Nutzung aller gesellschaftlichen Kräfte dienen. Vernunftrechtliche und utilitaristische Prämissen machen für Mill Emanzipation zur Selbstverständlichkeit – zu einem Anspruch, dessen Erfüllung an keine Bedingungen geknüpft werden dürfe.

So haben die Liberalen das Kaiserreiches nie gedacht. Sie sahen in der Nation nicht – wie die britischen Gesinnungsgenossen – eine Summe von Individuen, die unter den Bedingungen von Freiheit und Gleichheit, durch möglichst uneingeschränkte Entfaltung ihrer Fähigkeiten dem Ganzen am besten dienen würden. Sie deuteten Nation als beträchtlich mehr denn die Summe individueller Bestrebungen: als Produkt des historischen Prozesses, als eine höhere Wesenheit. Minderheiten waren daher nur in dem Maße zu Chancengleichheit berufen, wie sie dem historischen Gewordensein der Mehrheitsnation sich anpaßten. Emanzipation war nicht Menschenrecht, sondern Prämie für gelungene Assimilation.

Reaktion der Juden auf Benachteiligungen

Wie haben die Juden reagiert? Nur wenige haben am Verhalten der Liberalen Anstoß genommen. Sie waren ihnen zu ähnlich geworden: die Minderheit muß die Mehrheit imitieren. Von Ablehnung der Assimilation war keine Rede – es sei denn bei den Zionisten, die aber nur einen Bruchteil der deutschen Juden ausmachten (auf dem Höhepunkt ca. 8500). Jedoch forderte die große Mehrheit nun stärker die Wahrung jüdischer Würde. Man verlangte von den Mitjuden Solidarität: in der Achtung der jüdischen Geschichte, im Respekt vor der jüdischen Religiosität. »Aus einer belagerten Festung entweicht man nicht«, so lautete die Parole[4]. Das hieß: Wer auf sich hält, läßt sich nicht

[4] Monika Richarz (Hg.), *Jüdisches Leben in Deutschland. Selbstzeugnisse zur Sozialgeschichte im Kaiserreich.* Stuttgart 1979, Bd. 2, S. 312.

taufen! Man wollte »deutscher Staatsbürger jüdischen Glaubens« sein. Tatsächlich gab es im Kaiserreich jährlich nicht mehr als ca. 200 Übertritte, allerdings höhere Verluste durch Mischehen und die dann meist folgende christliche Taufe der Kinder. Doch blieb die jüdische Minderheit nach außen kompakt, sie trat mit der Zeit selbstbewußter auf. In diesem Selbstbewußtsein spiegelte sich, daß man zwar weiterhin im Belagerungszustand lebte, jedoch in einer komfortablen Festung.

Zwar traf die Juden im Gymnasium und beim Militär, auch während des Studiums die eine oder andere Diskriminierung; sie sahen sich systematisch aus den Machteliten ausgeschlossen und waren zu gesellschaftlichen Kontakten mit Nichtjuden nur ausnahmsweise zugelassen. Andererseits standen ihnen eine Menge attraktiver Karrieren offen. Auch durften sie auf staatlichen Schutz im Konfliktfalle rechnen, im Einzelfall sogar auf kaiserliches Wohlwollen. Entsprechend stattlich repräsentierten ihre Synagogen ein rechtlich gesichertes, ökonomisch opulentes Dasein, so z. B. die Synagoge in der Berliner Fasanenstraße mit klassizistischer Imponierfassade, deren Betsaal 1200 Reformjuden Raum gewährte und deren Heiratsaal mit Schmuckkacheln aus Kadinen, der privaten Porzellanmanufaktur Wilhelms II., ausgelegt war.

Liest man Memoiren deutscher Juden der Kaiserzeit, so erkennt man, wie selbstverständlich damals von ihnen der Assimilationsanspruch internalisiert war. Aufschlußreich ist die Aussage des jüdischen Nationalökonomen und Bodenreformers Franz Oppenheimer: er fühle in sich »neunundneunzig Prozent Kant und Goethe und nur ein Prozent Altes Testament, und auch das wesentlich durch Vermittlung Spinozas und der Lutherbibel.«[5] Und dies war nicht die Stimme eines beflissenen Assimilanten, im Gegenteil: Oppenheimer hat ein Jahrzehnt lang führend im deutschen Zionismus mitgearbeitet, solange dieser bloß den verfolgten Ostjuden eine Heimstätte schaffen wollte. Als die Zionisten auf radikalen Kurs gingen und jedermann auf eine Zukunft in Palästina verpflichten wollten, hat er das strikt abgelehnt. Dieser Zionismus erschien ihm »als das photographische Negativ des Antisemitismus«. Das war sicherlich zu polemisch formuliert. Eher handelte es sich um den jüdischen Tribut an das Zeitalter eines entfesselten Na-

[5] Franz Oppenheimer, *Erlebtes, Erstrebtes, Erreichtes. Lebenserinnerungen* (1931). Düsseldorf 1964, S. 211.

tionalismus, in dem die Jüngeren ihre Zukunftsperspektiven suchten.

Für uns verdeutlicht Oppenheimers Distanzierung vom Zionismus auch die Distanzierung der deutschen Juden vom Einbruch des Ostjudentums. Die Ostjuden machten 1914 schon 12 bis 15 Prozent aller Juden in Deutschland aus. Sie waren Strandgut der ostjüdischen Wanderbewegung nach Übersee, die seit den russischen Pogromen von 1881 in Gang gekommen war. Sie bildeten als fremdartige Erscheinungen die Zielscheibe antisemitischer Hetze; das nahm man in Kauf. Sie wurden aber auch von den Zionisten als die eigentlichen Juden, als vorbildlich aufgewertet; das erschien unerträglich. Die emanzipierten deutschen Juden hatten sich angepaßt; sie hatten akzeptiert, daß die privaten Lebenskreise von Juden und Nichtjuden auch nach 50 Jahren Emanzipationsgesetzgebung noch immer getrennt geblieben waren. Es gab ja Äquivalente. So vertraute man der Zeit – in der Erwartung, daß sich alles, was sich seit Beginn des 19. Jahrhunderts günstig angelassen hatte, künftig noch günstiger gestalten würde.

Zur Breitenwirkung des Antisemitismus

Eines ist deutlich: es bleibt schwierig, sich auf die Judenfeindschaft im Kaiserreich einen schlüssigen Vers zu machen – es sei denn, man schlägt alles über einen theoretischen Leisten oder zwingt differenzierte Tatbestände in das Prokrustesbett pauschaler, womöglich monokausaler Ursachenzurechnung. In den älteren Jahrhunderten kann man Judenverfolgungen genau abgrenzen, ob im mittelalterlichen Europa, ob im Spanien der frühen Neuzeit, ob im Rußland des 19. Jahrhunderts. Auch im Deutschland des 19. Jahrhunderts ist die Lage lange Zeit kaum weniger eindeutig gewesen. Seit dem preußischen Judenedikt von 1812 obsiegen regelmäßig die Emanzipationsgesetzgebung und ihre Träger über die judenfeindlichen Kräfte. Und auf der anderen Seite der chronologischen Tabelle explodiert der Antisemitismus nach 1918 so heftig, daß er politisch deutlich ins Gewicht fällt. Demgegenüber haben wir es im Kaiserreich mit weniger eindeutigen Sachverhalten zu tun.

Das gilt besonders für die Frage nach der Breitenwirkung und dem Stellenwert von Antisemitismus. Einerseits ist das Scheitern des politischen Antisemitismus, eine zunehmende Ohnmacht radikal-antisemitischer Parolen, die marginale Rolle von antisemitischen Ausschreitungen und nicht zuletzt das Sicherheitsgefühl und der Optimismus in der großen Mehrheit der deutschen Judenschaft zu konstatieren.

Andererseits ist zur gleichen Zeit eine Ideologisierung und Radikalisierung des Antisemitismus zu beobachten, die nicht nur an der Peripherie weltanschaulichen Sektierertums verbleibt, sondern in zwei einflußreichen wirtschaftlichen Interessenverbänden, im »Bund der Landwirte« und im »Deutschnationalen Handlungsgehilfenverband« zu einem Bestandteil von deren Agitation im Konkurrenzkampf um mittelständische Mitglieder wird. Auffällig ist auch, daß der »gesellschaftliche« Antisemitismus zunimmt, wie z. B. die Ausschließungspraktiken der studentischen Corps und besonders der Burschenschaften seit den 90er Jahren deutlich machen. Schließlich gibt die explosive Zunahme des Antisemitismus seit 1916 denen ein starkes Argument, die eine seit langem schleichende Vergiftung der gesamten Nation annehmen.

Ich möchte dagegenhalten, daß die Situation offener gewesen ist und will nun in diesem Sinne die eben angeführten Argumente für ein kontinuierliches Anwachsen von Antisemitismus kritisch Revue passieren lassen. Der ideologisierte Antisemitismus war nur einer unter vielen Reflexen des überstarken Wandlungsdrucks, den die Industrielle Revolution freisetzte. Darauf haben Kräfte der politischen und kulturellen Rechten in und außerhalb von Deutschland mit radikalen Verneinungsversuchen geantwortet, um die eigene »staatserhaltende« Bedeutung zu unterstreichen und sich selbst als das letzte Bollwerk gegen die grundstürzenden Wellen von Liberalismus und Sozialdemokratie auszugeben. Antisemitismus wird so zum Teilstück einer neuartigen Integrationsideologie, vor allem in den beiden eben angeführten Interessenverbänden. Das lag besonders nahe, weil die ältere Judenfeindschaft bereits im Agrarsektor und im Handelsbereich besonders wirksam gewesen war. Daher bot sich mittelständischen Mitgliedern gegenüber wie von selbst die Agitation mit Hilfe des neuartig geprägten Antisemitismus an. Doch blieben diese organisierten Gruppen eine deutliche Minderheit. Denn gleichzeitig mit ihnen, die maximal eine halbe Million Mitglieder erreichen konnten, organisierte sich eine mehrfache Zahl von Arbeitnehmern in Interessenverbänden, die keine antisemitischen Züge trugen.

Auch die Ausschließung jüdischer Studenten aus althergebrachten Verbindungen, d. h. die Zunahme des »gesellschaftlichen« Antisemitismus, darf nicht mit erhöhter Stoßkraft »des« Antisemitismus gleichgesetzt werden: Emanzipation produziert Reibung; jeder Schritt, den die aufsteigende Minderheit voran tut, vervielfacht die Berührungspunkte mit der Mehrheit und damit für lange Zeit vor allem die Schwierigkeiten zwischen beiden. Mehr noch hatte, wie wir sahen, in diesem Zusammenhang der verschärfte Nationalismus seit den 90er Jahren bewirkt. Er resultierte aus der Verstärkung innerer und äußerer Druckverhältnisse. Sie heizten Forderungen nach mehr innerer Einheit an, und: Je deutscher die Deutschen, desto fremdartiger die Juden.

Man darf aber auch auf die Studenten verweisen, die – ohne speziellen Ehrgeiz für Staatskarrieren – auf die Rückversicherung durch das traditionelle Verbindungswesen verzichteten. Sie sind der Zahl nach die Mehrheit gewesen; aus ihnen sind »Freistudentische Vereinigungen« hervorgegangen, in denen (ausweislich jüdischer Memoiren) Nichtjuden mit Juden ohne Vorbehalte verkehrten.

Einige Schlußfolgerungen

1. Der Schluß liegt nahe, daß der Antisemitismus im Kaiserreich bis 1915 weder ein dominierendes Thema gewesen ist, noch von bedrohlicher Größenordnung. Dies bestätigt die Durchsicht der wichtigsten gesellschaftspolitischen Zeitschriften: die jüdische Frage findet hier zwischen 1885 und 1915 kaum Aufmerksamkeit. Bedenkt man ferner, wie langdauernd und schwierig jeder Emanzipationsprozeß ist, so erweist sich die Judenemanzipation im Kaiserreich, auch wenn sie hauptsächlich auf der ökonomischen und kulturellen Ebene und in den großstädtischen Kommunalverwaltungen sich manifestiert, als ein eindrucksvoller Prozeß. Voraussetzung ist allerdings, daß man nicht einen Emanzipationsbegriff zum Beurteilungsmaßstab macht, der nur die volle Partnerschaft gelten läßt. Man muß sich vielmehr an den Möglichkeiten des damaligen Bürgertums orientieren. Dann ergibt sich, daß keine zuvor so unterprivilegierte Minderheit im 19. Jahrhundert beruflich und gesellschaftspolitisch so schnell und so weit und so kontinuierlich vorangekommen ist. Auch das markiert Grenzen, die dem Antisemitismus gesetzt blieben.

2. Unter solchen Voraussetzungen ergibt sich die Möglichkeit, auf mehr Gleichgewicht zwischen positiven und negativen

Deutungen des Kaiserreichs hinzuarbeiten – nachdem neuerdings die Kritik an dieser Phase der deutschen Geschichte deutlich überwog. Hier wurde m. E. der Bogen überspannt. Man kann gute Gründe anführen dafür, daß aus der Sicht der 90er Jahre sich den Zeitgenossen eine Mehrzahl von unterschiedlich abgeschichteten Antisemitismen zeigen, die sich nicht ohne weiteres addieren lassen und sich daher auch nicht zu einem immer zunehmenden gleichsam monolithischen Antisemitismus fügen, vielmehr differenziertere Perspektiven nahelegen. Indem der gesellschaftliche, d. h. der relativ inoffensivste Antisemitismus dominiert und der politische und der weltanschauliche Antisemitismus als die aggressivsten Varianten in Randzonen der Gesellschaft abgedrängt werden, ergeben sich Abschwächungen antisemitischer Virulenz.

Zwar hat das Durchschlagen der sozialen Folgen der Industriellen Revolution seit den 90er Jahren Zäsuren zwischen unserer Epoche und der älteren Geschichte markiert und d. h. auch zwischen der älteren Judenfeindschaft und dem neuartigen Antisemitismus. Doch gilt andererseits, daß der neuartige Antisemitismus, der diesseits der Wasserscheide der 90er Jahre sich ausformt, in einem politischen und gesellschaftlichen Kontext verbleibt, der weit mehr vom bürgerlich-honorigen 19. Jahrhundert geprägt ist, als von den radikaleren Kräften, die die erste Hälfte des 20. Jahrhunderts bestimmt haben.

Fazit: Der Druck der Antisemitismen im Wilhelminischen Deutschland hat insgesamt nachgelassen; es wird stiller um sie – obwohl die Rassenlehre gerade damals im Bildungsbürgertum Aufmerksamkeit erregte und die Bereitschaft mehrte, Wesensunterschiede, d. h. unabänderliche Grenzen zwischen ethnischen und sonst unterschiedlich geprägten Gruppen nicht mehr so unbedingt zu bestreiten wie zu Zeiten eines Moses Mendelssohn, eines Gabriel Rießer, eines Ludwig Bamberger.

3. Schwerer wiegt die evidente Blindheit für das Eigenrecht von Minderheiten und für den Gewinn, den ihr Anderssein der Mehrheit anbot. Diese Blindheit war zwar (wie die modische Anziehungskraft der Rassenlehre) eine europäische Erscheinung. Jedoch trat sie in Deutschland verschärft auf, weil soziale Toleranzen, die in England, Frankreich, Italien unterhalb staatlicher und politischer Ebenen solche Gegensätze ermäßigten, hier keine Entsprechung gefunden hatten. Die unbelehrte Besserwisserei und Repressionstendenz militärischer und ziviler Behörden gegenüber den Polen, den Elsässern und Lothringern

ist bekannt genug. Daß aber auch die Liberalen, die den Militarismus, den Bürokratismus und seine Subordinations-Mentalität bekämpften, über den Schatten der Intoleranz gegenüber Minderheiten nicht springen konnten, weist auf spezifische Belastungen der deutschen Szene hin. Hier wurde blinder als anderswo derjenige, der in der Nation nicht aufging, als bloßer Ballast, ja als Bedrohung gewertet. Diese Situation hat für die Juden der Massenexodus von Ostjuden aus Rußland und dem österreichischen Galizien noch verschärft.

4. Die Judenfeindschaft alter Art wirkte zwar weiter, aber sie verblaßte. Ihre politischen Ableger, die Antisemitenparteien, kamen nur vorübergehend zur Wirkung. Und der neue Antisemitismus: rassisch radikal, ideologisch aggressiv und mit detaillierten Vorschlägen zur Entrechtung von Juden aufwartend, profilierte sich lediglich in begrenzten Bereichen der Gesellschaft. Alles hing davon ab, ob die günstigen Bedingungen der Wilhelminischen Ära noch längere Zeit andauern würden oder nicht. Als der europäische Konflikt des Jahres 1914 sich zum langdauernden Weltkrieg auswuchs, waren die Würfel gefallen. Der neue Antisemitismus hatte nun freie Bahn: eben noch bornierten Laienpredigern vorbehalten, avancierte er innert kurzer Zeit zu einem wesentlichen Teil jener nationalistischen Ideologie, die reaktionäre Kreise des Bürgertums seit 1917 in der »Vaterlandspartei« vereinigte und zur Verteufelung alles »Undeutschen« anstachelte. Doch ist festzuhalten, daß der katastrophale Kriegsverlauf hier den Grad der Erhitzung bestimmt und daß es keiner Hypothese von der vorgängigen Vergiftung durch den neuen Antisemitismus bedarf, um dessen rasantes Umsichgreifen seit 1916 zu erklären. Dazu genügen schon die Jahrhunderte der Gewöhnung daran, im Juden den exemplarischen Fremden zu sehen, dem man nicht trauen darf.

5. Das Kaiserreich war kein Nagelbett für die Juden – im Gegenteil! Sein Angstgegner war und blieb die Sozialdemokratie, die Judenfrage demgegenüber ein Randphänomen. Dies verkennen Forscher, die nichts weiter wollen, als nach Spuren von Antisemitismus zu suchen. Wer so sucht, findet. Wer aber nur dies eine sucht, unterliegt dem Gesetz der »Unschärferelation«: Je schärfer er eines ins Auge faßt, desto schattenhafter wird alles andere. So kommt es zu dramatischen Potenzierungen des Antisemitismus.

6. Fragwürdig ist auch das Insistieren mancher Forscher auf den »deutschen Sonderweg«. Man hat den Eindruck, daß

etwaige europäische Gemeinsamkeiten hier nicht ausreichend ausgelotet worden sind. Um 1880 hat es auch außerhalb des deutschen Kaiserreichs ein Aufflammen von Antisemitismen gegeben. Ebenso haben die späteren Etappen, in denen diese Antisemitismen im Kaiserreich sich besonders bemerkbar machten (90er Jahre, Erster Weltkrieg) ihre außerdeutschen Parallelen. Diese müßten mit deutschen Eigenheiten sorgfältiger verrechnet werden. Denn das Kaiserreich ist weit weniger Vorgeschichte des Dritten Reiches als in der neueren Forschung manchmal behauptet wird, die mit der Verwendung pauschaler Begriffsdeckel wie »postemanzipatorisches Zeitalter« oder mit der Rede von »dem« Antisemitismus und »der« bürgerlichen Gesellschaft sich selbst den Blick auf differenziertere Sachverhalte verstellt.

7. Es ist faszinierend und wichtig, nach zentralen Verursachungsbedingungen des Antisemitismus zu fragen. So konnte z. B. Hans Rosenbergs Buch ›Große Depression und Bismarckzeit‹ (1967), jene kühne und methodisch stimulierende Transposition eigener Erfahrungen aus den frühen 30er Jahren unseres Jahrhunderts in eine frühere Krisenzeit, als ein Schlüssel auch für die Deutung des Antisemitismus im Kaiserreich Schule machen. Inzwischen dürfte deutlicher geworden sein, daß Rosenbergs These von der primär ökonomischen Bedingtheit des Antisemitismus zwar für den relativ kurzlebigen Radau-Antisemitismus vor und nach der Jahrhundertwende vollen Erklärungswert besitzt, dagegen dem neuen Antisemitismus, der seit 1916 rasch Breitenwirkung erlangt, nicht gerecht werden kann. Ökonomische Depressionen radikalisieren das ganze Spektrum öffentlichen Verhaltens und belasten insofern auch die Beziehungen zwischen Mehrheit und abweichenden Minderheiten. Sie haben jedoch nicht speziell den neueren Antisemitismus herausgereizt; dieser hatte andere spezifische Ursachen.

8. Hans Rosenbergs Ansatz und der seiner Schüler (die zeitweise weniger beachtet haben, daß Rosenberg trotz stark hervorgehobener Zentralthese viel von dem, was diese für unser Thema zwingend zu erklären beansprucht, differenzierend zurücknimmt) bringt die Gefahr mit sich, den historischen Prozeß ursächlich aus objektiven Zwängen erklären zu wollen und damit die handelnden Menschen faktisch zu entmachten. Individuell bedingte Faktoren, die ins Geschehen einwirken, werden damit notwendig abgewertet – zum Nachteil derer, die in den Analysen der Historiker nach Einsichten suchen, durch die die

eigene Daseinswirklichkeit durchsichtiger werden kann und der Blick für deren »wirkliche Möglichkeiten«, d.h. für deren tatsächlich »mögliche Wirklichkeiten« (Musil) geschärft werden könnte. Ich meine: Es gab und gibt mehr Freiraum für die gestaltende Kraft von Individuen, als sich die Schulweisheit von Forschern träumen läßt. Wer in überpersonalen Rahmen- und Verursachungsbedingungen die wesentlichen Antworten einer aufzuklärenden Lage sucht, ist wissenschaftlich unanfechtbar, nimmt aber gesellschaftspolitisch einen hohen Preis in Kauf.

9. Dafür schärft das Thema Antisemitismus den Blick, weil es nicht – wie so viele andere Themen der Historie – beliebige Fragen aufwirft, sondern beunruhigende. Zum Beispiel die, wie wir es heute mit abweichenden Minderheiten halten.

Die im Kaiserreich bestürzend zutagetretende Unfähigkeit auch der Besten im Lande, Minderheiten positiv zur Kenntnis zu nehmen, sollte heute besonders zu denken geben. Juden als Individuen hatten damals viele Chancen, aber als Juden keine Freunde. Und wie steht es heute mit der achtungsvollen Aufmerksamkeit, mit dem sachlich-brüderlichen Verständnis für Randgruppen? Die deutschen Juden sind vertrieben und ermordet. Unsere Juden sind: Asylanten, Türken, Zigeuner. Was haben wir für den Umgang mit ihnen aus der Vergangenheit gelernt?

1923 schrieb Sigmund Freud an Romain Rolland: »... Ihr Name ist für uns mit der köstlichsten aller schönen Illusionen verknüpft, der von der Ausdehnung der Liebe auf alle Menschenkinder. Zwar ich gehöre einer Rasse an, die im Mittelalter für alle Volksseuchen verantwortlich gemacht wurde und die in der Gegenwart die Schuld an dem Zerfall des Reiches in Österreich und die am Verlust des Krieges in Deutschland tragen soll. Solche Erfahrungen wirken ernüchternd und machen wenig geneigt, an Illusionen zu glauben ... Aber wenn diese eine sich nicht irgendwie annähernd realisieren läßt, wenn wir nicht im Laufe der Entwicklung lernen, unsere Destruktionstriebe von unseresgleichen abzulenken, wenn wir fortfahren, einander wegen kleiner Verschiedenheiten zu hassen und um kleinen Gewinn zu erschlagen, wenn wir die großen Fortschritte in der Beherrschung der Naturkräfte immer wieder für unsere gegenseitige Vernichtung ausnützen, welche Zukunft steht uns da bevor?«[6]

[6] An Romain Rolland, 4. 3. 1923. In: Sigmund Freud, *Briefe 1873–1939*. Frankfurt a.M. 1960, S. 341f.

Die deutsche Gesellschaft der Weimarer Republik und der Antisemitismus

von Heinrich August Winkler

Die sozialhistorische Erforschung des Antisemitismus in der Weimarer Republik steckt noch in den Anfängen. Die einschlägigen Studien informieren uns zwar zuverlässig über antisemitische Organisationen und Aktionen, auch über die Reaktionen ihrer Gegner. Aber einige wichtige Probleme sind bisher nicht zureichend geklärt worden. Ich möchte mich heute einigen dieser Fragen zuwenden:

1. Was waren die auslösenden Momente der antisemitischen Agitation?
2. Wie verbreitet war der Antisemitismus in der damaligen deutschen Gesellschaft?
3. Welche Rolle spielte der Antisemitismus beim Aufstieg des Nationalsozialismus?

Es versteht sich von selbst, daß die Antworten auf diese Fragen beim gegenwärtigen Forschungsstand nur vorläufig und bruchstückhaft sein können.

1.

Zunächst also zur Frage nach den auslösenden Momenten der antisemitischen Agitation. Für das deutsche Kaiserreich läßt sich die These erhärten, daß die parteilich organisierten Judenfeinde Hochkonjunktur hatten, wenn die wirtschaftliche Konjunktur sich in einer Abschwungphase befand – und umgekehrt. Prüfen wir, ob diese Faustregel auch für die Weimarer Republik gilt. Die Jahre 1918 bis 1923, in denen wir ein starkes Anschwellen antisemitischer Aktivitäten beobachten, stellten keine Depressionsphase dar. Vielmehr erlebte Deutschland, anders als die übrigen Industrieländer, von 1920 bis zum Sommer 1922 sogar einen inflationsbedingten Boom, und nur im Jahr 1923 könnte man einen Zusammenhang von Rezession und Antisemitismus konstruieren. Aber diese Aussagen müssen sogleich wieder eingeschränkt werden. Eine *typische* Hochkonjunkturphase bildeten die Jahre 1920 bis 1922 gewiß nicht; dazu waren die wirtschaftlichen Ausgangsbedingungen von 1919, an denen der Produktionszuwachs gemessen wird, zu niedrig, und überdies fehlte dieser von politischen und sozialen Krisen erschütterten Zeit auch psychologisch alles, was ansonsten zu einem Boom gehört. Auf der anderen Seite hatte der Produktionsrückgang von 1923 nicht bloß »normale« wirtschaftliche, sondern vorrangig politische Ursachen: den »passiven Widerstand«, mit dem Deutschland auf die französisch-belgische Ruhrbesetzung antwortete. Der Frage, ob nach 1918 weltweit eine langfristige Abschwungphase (mit dem Tiefpunkt nach 1929 und dem Ende erst um 1950) einsetzte, können wir an dieser Stelle nicht nachgehen. Die gewohnten Begriffe und Periodisierungen der Konjunkturtheoretiker werden der deutschen Nachkriegszeit von 1918 bis 1923 jedenfalls kaum gerecht.

In den Jahren relativer Stabilität von 1924 bis 1928 traten die engagierten Antisemiten sehr viel weniger hervor als im turbulenten ersten Jahrfünft der Republik. Es liegt also nahe, die rückläufige Erfolgskurve der Judenfeinde der wirtschaftlichen Beruhigung zuzuschreiben. Erst recht scheint auf den ersten Blick die These von der Konjunkturabhängigkeit des Antisemitismus wieder in Kraft gesetzt, wenn wir die Jahre 1929 bis 1932 betrachten. Der Vormarsch der radikal antisemitischen NSDAP folgte der schweren wirtschaftlichen Depression auf dem Fuße, und auf die ersten Anzeichen einer gewissen konjunkturellen Erholung reagierten über zwei Millionen Wähler im November 1932 damit, daß sie der Partei Hitlers wieder den Rücken kehrten.

Lassen wir vorerst dahingestellt, inwieweit die Entwicklung des Antisemitismus seit 1924 wirklich nur aus dem Auf und Ab der Konjunktur abzuleiten ist. Für die Frühzeit der Republik müssen wir die Aussagekraft der rein konjunkturellen Erklärung gering veranschlagen. Die auslösenden Momente der antisemitischen Kampagne in jenen Jahren waren ganz überwiegend politischer Natur. Was ein völkisches Blatt aus Bromberg, die ›Ostdeutsche Rundschau‹, am 25. Juni 1919 schrieb, war durchaus typisch für das antisemitische Argumentationsmuster: »Die Juden haben unseren Siegeslauf gehemmt und uns um die Früchte unserer Siege betrogen. Die Juden haben die Axt an die Throne gelegt und die monarchische Verfassung in Stücke geschlagen. Die Juden haben die innere Front und dadurch auch die äußere zermürbt. Die Juden haben unseren Mittelstand vernichtet, den Wucher wie eine Pest verbreitet, die Städte gegen das Land, den Arbeiter gegen den Staat und (das) Vaterland aufgehetzt. Die Juden haben uns die Revolution gebracht, und wenn wir jetzt nach dem verlorenen Kriege auch noch den Frieden verlieren, so hat auch Juda sein gerüttelt Maß von Schuld. Darum, deutsches Volk, vor allem das Eine – befreie Dich von der Judenherrschaft.«[1]

In der »Gründerkrise« nach 1873, der ersten Welle des »modernen«, gegen die *emanzipierten* Juden gerichteten Antisemitismus (in dem freilich, was man nicht übersehen sollte, der uralte Haß auf die jüdischen »Gottesmörder« untergründig wirksam blieb), war den Juden die Schuld an einer schweren wirtschaftlichen Erschütterung aufgebürdet worden. Nach dem November 1918 waren die Juden die geborenen Sündenböcke für die militärische Niederlage Deutschlands und ihre Folgen. Im alldeutschen Lager war diese Funktion der Juden noch während des Krieges vorgeplant worden. Im Oktober 1918 forderte der Vorsitzende des Alldeutschen Verbandes, Heinrich Claß, getreu seinen schon vor 1914 verkündeten Maximen, die Aktivisten der Organisation auf, »die Lage zu Fanfaren gegen das Judentum und die Juden als Blitzableiter für alles Unrecht zu benutzen«.[2]

Die manipulative Absicht, die die Alldeutschen mit ihren Parolen verfolgten, hätte gar nicht deutlicher gemacht werden können. Aber schienen nicht einige Tatsachen die Agitatoren der extremen Rechten zu bestätigen? Sie behaupteten, die Kriegs- und Inflationsgewinnler seien hauptsächlich Juden; Juden hätten die Revolution herbeigeführt und den größten Nutzen von ihr gehabt; die Ostjuden, die unaufhörlich nach Deutschland einströmten, seien Sendboten des jüdischen Bolschewismus und überdies dabei, das deutsche Volkstum zu überfremden. In der Tat war es nicht schwer, Juden zu nennen, die im Krieg oder in der unmittelbaren Nachkriegszeit zu Geld und Einfluß gelangt waren; unter den Führern des Spartakusbundes und der Unabhängigen Sozialdemokraten gab es viele, unter denen der Mehrheitssozialisten einige Juden; in den ersten Revolutionsregierungen in Reich und Ländern waren Juden bemerkenswert stark vertreten; auf der äußersten Linken spielten auch Ostjuden eine wichtige Rolle – Rosa Luxemburg,

[1] Ottokar Stauf v. d. March, *Die Juden im Urteil der Zeiten. Eine Sammlung jüdischer und nichtjüdischer Aussprüche.* München 1921, S. 178f.

[2] Werner Jochmann, *Die Ausbreitung des Antisemitismus.* In: Werner E. Mosse (Hg.), *Deutsches Judentum in Krieg und Revolution 1916–1923.* Tübingen 1971, S. 439f.

Karl Radek und Eugen Leviné zum Beispiel, um nur die bekanntesten zu nennen.

Was die Antisemiten politisch beweisen wollten, konnten sie jedoch nur jene glauben machen, die es glauben wollten. Jüdische Spekulanten und Schieber gab es ebenso wie nichtjüdische. Wenn sich viele jüdische Intellektuelle der Arbeiterbewegung anschlossen, hatte das seinen tieferen Grund darin, daß das Proletariat sich der antisemitischen Propaganda gegenüber weitgehend immun gezeigt hatte und als einzige Klasse jenes System bekämpfte, das Arbeitern *und* Juden wesentliche Rechte vorenthielt. Als die Sozialdemokratie während des Ersten Weltkrieges ihre Oppositionsrolle und ihren (ohnehin verbal gewordenen) Internationalismus zunehmend aufgab, wandten sich viele Sozialisten jüdischer Herkunft den radikaleren Kräften der Linken zu, die die Kriegskredite und damit den »Burgfrieden« ablehnten. Der Krieg wurde jedoch aus militärischen Gründen verloren, und die Revolution von 1918/19 brach nicht auf Grund irgendwelcher Aktivitäten von Juden aus, sondern weil breite Schichten der deutschen Bevölkerung – keineswegs nur die Arbeiter – Frieden und Demokratie wollten und beides bei Fortbestehen der Monarchie nicht erreichbar schien. Das Gros der Juden unterstützte im übrigen nicht eine der sozialistischen Parteien, sondern die linksliberale Deutsche Demokratische Partei, die 1918/19 ihre Hauptaufgabe darin sah, die Sozialdemokratie von sozialistischen Experimenten abzuhalten.

Die Ostjuden waren das propagandistische Lieblingsthema der Antisemiten. Sie verschwiegen jedoch beharrlich, daß das deutsche Ostjudenproblem zu einem guten Teil erst durch die Politik der Obersten Heeresleitung geschaffen worden war. Sie hatte 1914 in den besetzten Gebieten Russisch-Polens den dort lebenden Juden die materielle Existenzmöglichkeit weitgehend genommen und aus derselben Bevölkerungsgruppe dann Arbeitskräfte für die deutsche Rüstungsindustrie rekrutiert. Etwa 35000 Ostjuden kamen auf diese Weise – unter mehr oder minder großem Zwang – in das Reich. Ungefähr ebensoviele Ostjuden befanden sich unter Kriegsgefangenen und Ausländern, die vom Kriegsausbruch in Deutschland überrascht und hier interniert worden waren. Die Zahl der in Deutschland lebenden Ostjuden erhöhte sich somit zwischen 1914 und 1918 um etwa 70000; nimmt man jene 80000 Ostjuden hinzu, die schon vor 1914 in Deutschland gewohnt hatten, belief sich die Gesamtzahl bei Kriegsende auf etwa 150000.

Nach dem Krieg verloren die meisten ostjüdischen Rüstungsarbeiter ihren Erwerb; eine rasche Rückkehr in ihre Herkunftsgebiete war aber schon deswegen nicht möglich, weil die neu entstandenen Staaten Ostmitteleuropas zunächst keine Neigung zeigten, die ostjüdischen Arbeitslosen bei sich aufzunehmen. Eine beträchtliche Zahl – etwa 30000 – gelangte 1920/21 dorthin, wo es die Ostjuden seit langem hinzog: nach Amerika. Auch in den folgenden Jahren wanderten Ostjuden über Deutschland in die Vereinigten Staaten aus. 1925, im Jahr der stärksten ostjüdischen Einwanderung, gab es in Deutschland knapp 108000 Ostjuden – rund 30000 mehr, als 1910 auf dem gleichen Territorium gelebt hatten. Bis Mitte 1933 sank die Zahl der Ostjuden auf 98000. Das waren 3,4 Prozent weniger als acht Jahre zuvor.

Ich habe einige Zahlen genannt, um die tatsächliche Größenordnung der Ostjudenfrage darzulegen. Die meisten Zeitgenossen haben das Problem, das die Ostjuden der deutschen Gesellschaft stellten, maßlos überschätzt oder bewußt aufgebauscht. Es *gab* eine soziale Ostjudenfrage – aber nur für die unmittelbar Betroffenen. Ein Teil der alteingesessenen deutschen Juden reagierte auf die Minderheit in der Minderheit erschreckt und feindselig. Die orthodoxen Ostjuden erinnerten die assimilierten deutschen Juden an ihre eigene Vergangenheit – eine unglückliche Vergangenheit, die sie für überwunden hielten, ja vielfach verdrängt hatten. Überdies schlugen die Ressentiments der nichtjüdischen Umwelt, die sich gegen die kulturell fremdartigen, sozial niedrig stehenden Neuankömmlinge aus dem Osten richteten, vielfach bereits in pauschalen Antisemitismus um. Eine öffentliche Distanzierung von den Ostjuden wurde jedoch nur von einer Minderheit der deutschen Juden gefordert und vollzogen. Dem jüdischen Unbehagen an der ostjüdischen Einwanderung zum Trotz übten sich die großen Organisationen des deutschen Judentums in Solidarität mit den diskriminierten Glaubensgenossen: Sie bemühten sich, durchaus nicht erfolglos, um die Beschäftigung arbeitsloser Ostjuden und um die Linderung der sozialen Not derer, die ohne Erwerb blieben.

Wenn die Ostjuden also kein wirkliches soziales Problem für die deutsche Gesellschaft bildeten, wie verhält es sich dann mit jenen Juden, die deutsche Staatsbürger waren? Im Jahr 1925 gab es in Deutschland 564000 Glaubensjuden. Das entsprach einem Anteil von 0,9 Prozent der Gesamtbevölkerung. Bis zum Juni 1933 sank die Zahl auf 500000 oder 0,8 Prozent. In ihrer sozialen Struktur unterschieden sich die deutschen Juden deutlich von ihrer Umwelt. 1925 lebten Juden dreimal so häufig in Großstädten wie Nichtjuden (48:16 Prozent); fast jeder dritte Jude hatte seinen Wohnsitz in Berlin. Die Juden waren massiv unterrepräsentiert in der Land- und Forstwirtschaft sowie in der Industrie und im Handwerk, dagegen stark überrepräsentiert in Handel und Verkehr. Es gab kaum jüdische Bauern und nur wenige jüdische Arbeiter. Dagegen waren die Juden weit über dem Durchschnitt vertreten bei den Selbständigen und bei den Angestellten. Allerdings hatten sich gegenüber dem Kaiserreich die Relationen zwischen den selbständig beschäftigten und den unselbständig beschäftigten Juden zu Lasten der Selbständigen, in ihrer Mehrzahl übrigens kleine Ladenbesitzer, verschoben. Besonders groß war der Anteil der Juden bei Maklern, Rechtsanwälten, Ärzten, Redakteuren und Regisseuren. Für zwei der eben genannten Berufe möchte ich das mit Zahlen belegen: Von 100 Ärzten waren 1933 elf Juden, von 100 Rechtsanwälten und Notaren sogar sechzehn. Juden hatten ferner starke Stellungen in der Textilindustrie und im Eisen- und Schrotthandel, wo um 1930 jeweils etwa 40 Prozent aller Unternehmungen in jüdischem Besitz waren; Juden kontrollierten vier Fünftel des Umsatzes der deutschen Warenhäuser und knapp ein Fünftel der Privatbanken.

Die deutschen Juden waren also in den privilegierten Schichten der Gesellschaft überdurchschnittlich, in den minderprivilegierten Schichten unterdurchschnittlich vertreten. Nicht mehr der »Viehjude« und der Hausierer, sondern der Arzt und der Rechtsanwalt waren die gesellschaftlichen Symbolfiguren des deutschen Judentums. Dieser soziale Aufstieg, der im Vormärz begonnen und sich im Kaiserreich beschleunigt hatte, war, so paradox es klingt, nicht zuletzt eine Folge lang andauernder und vielfach verinnerlichter Diskriminierung. Den ausgeprägten Hang der Juden zur Selbständigkeit kann man, zum Teil jedenfalls, aus dem Wunsch erklären, Reibungen mit antisemitischen Arbeitgebern und Arbeitskollegen tunlichst zu vermeiden. Die Juden bevorzugten wirtschaftliche Betätigungen, in denen es keine überlieferten Zugangsbeschränkungen gab oder die ihnen seit altersher offengestanden hatten. Das starke Engagement in der Textilindustrie läßt sich aus der Tradition des Altkleiderhandels ableiten – einem den Juden seit Jahrhunderten vertrauten Gewerbezweig. Ähnliches gilt für das Gesundheitswesen. Auf andere freie akademische Berufe konzentrierten sich die Juden, weil ihnen der öffentliche Dienst im Kaiserreich nahezu völlig versperrt geblieben war. Was vielen als jüdische Machtkonzentration erschien, war, so gesehen, nur die Kehrseite fortwirkender Benachteiligung.

Von einem beherrschenden Einfluß der Juden auf die deutsche Wirtschaft konnte keine Rede sein. Die Juden waren in den Schlüsselindustrien faktisch gar nicht vertreten, und sie waren weit davon entfernt, das Bankwesen in ihrer Hand zu haben. Verglichen mit der Zeit vor 1914 war die wirtschaftliche Bedeutung der jüdischen Privatbanken sogar stark zurückgegangen. In der Politik spielten die Juden nach der revolutionären Gründungsphase der Republik keine herausragende Rolle mehr. Groß war dagegen ihr Gewicht in der Presse – man denke an die ›Frankfurter Zeitung‹, das ›Berliner Tageblatt‹ und die ›Vossische Zeitung‹ – sowie in allen Zweigen des Kulturbetriebs, darunter dem Kabarett und dem neuen Medium Film. Juden traten also häufig als »Multiplikatoren« und nicht selten als »Modernisierer« auf, und beides trug dazu bei, daß ihre tatsächliche Macht überschätzt wurde. In Wirklichkeit war die soziale Position der deutschen Juden in der Weimarer Republik das Produkt von Emanzipation *und* Diskriminierung – eine Entsprechung des beschränkten Freiraums, der ihnen real zugestanden worden war.

In der Frühphase der Weimarer Republik spielten, so möchte ich den ersten Abschnitt zusammenfassen, konjunkturelle Bewegungen keine ausschlaggebende Rolle für das Erstarken des Antisemitismus. Vielmehr rief die traumatische Erfahrung von militärischer Niederlage und Revolution, bürgerkriegsähnlichen Auseinandersetzungen und Inflation, kurz, ein allgemeines Gefühl von Unsicherheit und Umbruch, die Suche nach Sündenböcken hervor. Die Juden waren für diese Rolle besonders geeignet, weil sie als privilegierte Minderheit galten. Die Ostjuden dienten dem Antisemitismus als ideale Zielscheibe, weil sie in ihrer Fremdartigkeit dem negativen Klischeebild vom Juden viel mehr entsprachen als die assimilierten deutschen Juden. Das Konkurrenzmotiv blieb in den ersten Jahren der Republik meist verdeckt, aber wir werden noch Sachverhalte zu erörtern haben, die dafür sprechen, daß es vor wie nach 1918 eine wichtige Antriebskraft der Judenfeindschaft bildete.

2.

Ich komme zum zweiten Abschnitt. Die Frage lautet: Wie verbreitet war der Antisemitismus in der deutschen Gesellschaft der Weimarer Republik? Von der antijüdischen Agitation unbeeindruckt blieb im großen und ganzen auch nach 1918 die sozialistische Arbeiterschaft. Daß für die Proletarier nicht der jüdische Kapitalist, sondern der Kapitalist schlechthin der Gegner war, das war nicht nur ein immer wiederholter marxistischer Lehrsatz, es entsprach auch ganz der alltäglichen Erfahrung der meisten Arbeiter. Die Linksparteien griffen den Antisemitismus als eine Ideologie an, die die Massen vom Kampf für den Sozialismus ablenken sollte. Die Sozialdemokraten suchten beharrlich die Glaubwürdigkeit der Nationalsozialisten zu erschüttern, indem sie ihren antijüdischen Behauptungen Punkt für Punkt entgegentraten. In der Endphase der Weimarer Republik arbeitete die SPD eng mit den jüdischen Organisationen – darunter auch dem größten und repräsentativsten, dem Centralverein deutscher Staatsbürger jüdischen Glaubens – zusammen, die auf die antisemitische Hetze mit einem Aufklärungsfeldzug antworteten.

Die KPD knüpfte mitunter – etwa 1923 – bewußt an die antisemitischen Vorurteile der von ihr umworbenen Anhänger Hitlers an und forderte sie auf, zwar auch, aber nicht nur gegen das jüdische Kapital zu kämpfen. Am Antisemitismus interessierte die Arbeiterparteien ebenso wie die Intellektuellen der deutschen Linken primär die Funktion, die er für den Kapitalismus hatte. Von der Funktion, die der Antisemitismus für die Antisemiten hatte, war seltener die Rede. Da der Nationalsozialismus als eine Spielart des Faschismus begriffen wurde (was er sicherlich *auch* war), maß man ihn am italienischen Vorbild. Von daher lag es nahe, den Stellenwert des Antisemitismus zu unterschätzen. Das Schicksal, das die deutschen und europäischen Juden nach 1933 treffen sollte, lag jenseits der Vorstellungskraft der deutschen Linken.

Wenden wir uns nun kurz einer Gruppe zu, die vor 1933 ebenfalls nicht oder nur in engen Grenzen von den Nationalsozialisten erobert werden konnte: den Katholiken. Ihre Parteien, das Zentrum und die Bayerische Volkspartei, nahmen den Juden und den Judenfeinden gegenüber eine zwiespältige Haltung ein. Einerseits machten sie Front gegen antisemitische Ausschreitungen und Rassenhetze, andererseits pflegten sie eine Art kulturellen Antisemitismus. Diese doppelte Gegnerschaft entsprach ganz der damaligen kirchlichen Sicht. Statt vieler Belege aus dem katholischen Lager zitiere ich nur einen. Im ›Großen Herder‹ heißt es 1926 – also in einer vergleichsweise ruhigen Phase der Weimarer Republik – unter dem einschlägigen Stichwort, der Antisemitismus sei »in seinem Wesen eine Abneigung der Mehrheit gegen die als artfremd empfundene, z. T. sich selbst abschließende, aber ungewöhnlich einflußreiche Minderheit, welche hohe, namentlich geistige Werte, aber auch übersteigertes Selbstbewußtsein aufweist«. Die abschließende Wertung lautet: »Der Antisemitismus ist vom christlichen Standpunkt aus abzulehnen, wenn (sic!) er die Juden um ihrer Blutsfremdheit willen bekämpft oder sich im Kampf unchristlicher Mittel bedient. Die katholische Kirche hat darum von jeher den Antisemitismus als solchen verworfen. Es gibt übrigens auch Juden, die in edler Weise zur Selbstkritik aufrufen und den Antisemitismus am wirksamsten dadurch zu überwinden suchen, daß sie keinen Anlaß zu judenfeindlicher Haltung geben.«[3]

Die Ambivalenz, mit der das katholische Deutschland dem Judentum begegnete, wird auch durch einen Vorgang auf höchster politischer Ebene illustriert. Der Centralverein deutscher Staatsbürger jüdischen Glaubens versuchte 1931 wiederholt, den Reichskanzler Heinrich Brüning zu einer Verurteilung der wachsenden antisemitischen Hetze zu bewegen. Brüning ist diesem dringenden Wunsch niemals nachgekommen – vermutlich auch deswegen nicht, weil er die Nationalsozialisten für eine Unterstützung seiner Politik, ja nach Möglichkeit als Koalitionspartner des Zentrums gewinnen und daher nicht vor den Kopf stoßen wollte. Brüning hat damit in der »Judenfrage« sehr viel mehr taktiert als Reichspräsident Hindenburg, der sich im November 1932 beim Reichsbund jüdischer Frontsoldaten schriftlich bedankte, als dieser ihm, um nationalsozialistischen Verleumdungen entgegenzutreten, ein Gedenkbuch mit den Namen jüdischer Kriegsgefallener überreichen ließ.

Die evangelischen Kirchenleitungen schwiegen zum Antisemitismus auch noch, als die Nationalsozialisten bereits die stärkste Partei waren. Diese Haltung konnte offiziell mit der parteipolitischen Neutralität der Kirche begründet werden. Der tiefere Grund war ein anderer: Viele, zumal lutherische Kirchenführer hatten gegen einen gemäßigten Antisemitismus gar

[3] Der Große Herder. 4. Aufl., Bd. 1, Freiburg 1926, S. 725.

nichts einzuwenden. Politisch konservativ, sympathisierten sie meist mit der Deutschnationalen Volkspartei, der Erbin der konservativen Parteien des Kaiserreiches, die sich in ihrem Programm und ihrer Wahlpropaganda ganz offen zum Antisemitismus bekannte.

Die Judenfeindschaft der DNVP war ähnlich instrumentell wie jene, die der von großagrarischen Interessen dominierte Bund der Landwirte im Kaiserreich gepflegt hatte: Mit Hilfe antisemitischer Parolen sollten städtische und ländliche Mittelschichten vor den Wagen der konservativen Machtelite gespannt werden. Antisemitismus war, so gesehen, ein Stück dessen, was Hans Rosenberg die »Pseudodemokratisierung der Rittergutsbesitzerklasse« genannt hat[4]. Mit den Großagrariern an einem Strang zog der äußerste rechte Flügel der Schwerindustrie, der in der DNVP ebenfalls stark vertreten war. Die Förderung, die der führende deutschnationale Politiker Alfred Hugenberg, bis 1925 Vorsitzender des Bergbaulichen Vereins und des Zechenverbandes, dem radikal antisemitischen Deutschvölkischen Schutz- und Trutzbund angedeihen ließ, entsprang einem ähnlichen taktischen Kalkül wie Thyssens und Kirdorfs frühe Unterstützung für die NSDAP: Um die Massen nach rechts zu ziehen, war der Antisemitismus ein willkommenes Mittel.

Typisch für die Großindustrie war diese taktische Linie jedoch nicht. Das Gros hielt, bis 1932 jedenfalls, das Spiel mit dem Antisemitismus für zu riskant, weil es Kräfte freizusetzen drohte, die sich eines Tages auch gegen die bürgerliche Ordnung wenden konnten. Die klassische Unternehmerpartei der Weimarer Republik, Stresemanns Deutsche Volkspartei, hielt sich von offen antisemitischen Parolen in der Regel fern. Auf der anderen Seite wandte sie sich auch nicht gegen die grassierende Judenfeindschaft. Die DVP wollte es weder mit den deutschen Juden noch mit den Judenhassern verderben und ignorierte daher den Antisemitismus tunlichst – eine Haltung, die auch die ihr nahestehende Presse, darunter die ›Freiburger Zeitung‹, die Vorläuferin der heutigen ›Badischen Zeitung‹, an den Tag legte. Die linksliberale DDP, von einem kleineren Teil des Unternehmerlagers und vom jüdischen Bürgertum unterstützt, verteidigte als einzige bürgerliche Partei konsequent die staats-

[4] Hans Rosenberg, *Die Pseudodemokratisierung der Rittergutsbesitzerklasse.* In: ders., *Machteliten und Wirtschaftskonjunkturen.* Göttingen 1978, S. 83–101.

bürgerlichen Rechte der deutschen Juden. Freilich wurde sie seit 1930 immer mehr zur quantité négligeable. Bei den beiden Reichstagswahlen von 1932 erhielt sie jeweils nur noch 1 Prozent der Stimmen. Jüngere Juden, die bislang die DDP (oder die Deutsche Staatspartei, wie sie sich seit 1930 nannte) gewählt hatten, gaben nun vorzugsweise der SPD die Stimme; ältere, vor allem gläubige Juden unterstützten eher das Zentrum.

Aus welchen Schichten kam nun der harte Kern der Antisemiten? Unter den Mitgliedern des 1919 von den Alldeutschen gegründeten Deutschvölkischen Schutz- und Trutzbundes – der größten antisemitischen Vereinigung, die bei ihrem Verbot 1922 180000 Mitglieder zählte – finden wir Angestellte und Beamte, besonders Lehrer, gefolgt von Angehörigen des selbständigen Mittelstandes wie Kaufleuten, Kleinunternehmern und Handwerkern. Im Bundesvorstand und in den Führerschaften der Ortsgruppen sind dieselben Gruppen vertreten, außerdem bemerkenswert viele freiberufliche Akademiker, darunter namentlich Ärzte und Rechtsanwälte.

Angestellte und Angehörige des gewerblichen Mittelstandes in den Reihen einer antisemitischen Organisation zu finden, überrascht nicht. Kleine Gewerbetreibende und Kaufmannsgehilfen hatten neben den Bauern schon im späten 19. Jahrhundert die Massenbasis der judenfeindlichen Bewegung gebildet. Antisemitismus und Nationalismus halfen ihnen dabei, sich abzuheben vom internationalen Proletariat – der Klasse, in die sie nicht absinken wollten. Gleichzeitig konnten in die Kampagne gegen die Juden auch die vagen antikapitalistischen Ressentiments dieser Gruppen einfließen. Der Jude, so hieß es in der antisemitischen Propaganda, stehe nicht nur hinter dem internationalen Marxismus, sondern auch hinter dem internationalen Börsenkapital; er ziehe die Fäden der »roten« und der »goldenen Internationale«.

Der Niedergang der Antisemitenparteien, eine Folge innerer Zwistigkeiten, mangelnder Effektivität und, nicht zuletzt, des konjunkturellen Aufschwungs seit Mitte der 1890er Jahre, hatte das politische Gewicht der Judenfeindschaft gemindert, ihm aber nicht den Boden entzogen. Organisationen wie der Bund der Landwirte, der Alldeutsche Verband und die Deutsch-Konservative Partei hielten antijüdische Ressentiments bewußt am Leben. Als während des Krieges Deutschlands Siegesaussichten schwanden, setzte eine verstärkte antisemitische Agitation von rechts ein. Die soziale Zusammensetzung der Mitgliedschaft des

Deutschvölkischen Schutz- und Trutzbundes deutet darauf hin, daß die traditionellen Trägerschichten des Antisemitismus auch nach 1918 den Hauptteil seiner Massenbasis stellten.

Aber kann man von der Soziologie der organisierten Antisemiten auf die Mentalität ganzer sozialer Schichten schließen? Auf der einen Seite besteht kein Zweifel, daß gerade in den ersten fünf Jahren der Weimarer Republik Aversionen gegen das vermeintlich »jüdische Berlin« in der deutschen Provinz weit verbreitet waren. Bauern und Handwerker, Kleinhändler, Angestellte und Beamte haben antisemitische Vorurteile, wenn sie sie vor 1918 hatten, in der unmittelbaren Nachkriegszeit gewiß nicht verloren.

Auf der anderen Seite hatte das Scheitern der Antisemitenparteien Spuren hinterlassen. Radikale Judenfeindschaft konnte nicht mehr als Bürgschaft einer wirksamen mittelstandsfreundlichen Politik gelten. Nach dem Krisenjahr 1923 schwand dann allmählich auch jene Angst vor sozialen Umwälzungen, an welche die Antisemiten bis dahin so erfolgreich appelliert hatten. Die Währungsverhältnisse stabilisierten sich; die Sozialdemokratie saß im Reich vom November 1923 bis zum Mai 1928 auf den Bänken der Opposition; Deutschland wurde rein bürgerlich, zeitweilig unter Beteiligung der Deutschnationalen, regiert. Im Frühjahr 1924 schrieb die ›Nordwestdeutsche Handwerks-Zeitung‹, ein weit rechts stehendes Blatt, über die Deutschvölkische Freiheitspartei, die sich 1922 von den Deutschnationalen getrennt und 1924 mit den Nationalsozialisten verbündet hatte, die »Belastung der Partei mit einem fanatischen Antisemitismus« sei »jedenfalls nicht geeignet, die Hoffnung auf sachliche Arbeit zu begründen«. Solche Kritik berühre aber nicht die völkische Bewegung. »Man kann nämlich gut völkisch sein und doch einer der bisherigen bürgerlichen Parteien angehören.«[5]

Der Deutschnationale Handlungsgehilfen-Verband, 1893 als betont antisemitische Organisation kaufmännischer Angestellter gegründet, legte in der Weimarer Republik ebenfalls Wert auf Distanz zum »Radau-Antisemitismus«. An seine Stelle setzte er eine sublimere Form von Antisemitismus: die Abwehr des angeblich übertriebenen jüdischen Einflusses auf das kulturelle

[5] *Nordwestdeutsche Handwerks-Zeitung* v. 27. 3. u. 17. 4. 1924; zit. bei Heinrich August Winkler, *Mittelstand, Demokratie und Nationalsozialismus. Die politische Entwicklung von Handwerk und Kleinhandel in der Weimarer Republik.* Köln 1972, S. 160.

Leben in Deutschland. Eine vielgelesene, dem Verband nahestehende Zeitschrift, das von Wilhelm Stapel redigierte ›Deutsche Volkstum‹, gehörte zu den wichtigsten Sprachrohren dieser Spielart von Judengegnerschaft. Bei Handwerkern und Angestellten gab es also fortdauernde Animositäten gegenüber den Juden, aber von einem quantitativ wachsenden und qualitativ sich radikalisierenden Judenhaß kann man nicht sprechen. Seit 1924 läßt sich vielmehr allgemein ein allmähliches Abebben des radikalen Antisemitismus beobachten. Darauf deutet auch die Tatsache, daß die miteinander verbündeten Nationalsozialisten und Deutschvölkischen, die bei den Reichstagswahlen vom Mai 1924 noch 6,5 Prozent der Stimmen erhalten hatten, im Dezember desselben Jahres nur noch auf 3 Prozent kamen. Bei den Reichstagswahlen vom Mai 1928 entfielen auf die NSDAP 2,6, auf den Völkisch-Nationalen Block 0,9 Prozent.

In zwei Gruppen der deutschen Gesellschaft hat es eine wesentliche Abschwächung antisemitischer Tendenzen jedoch höchstwahrscheinlich nicht gegeben. Im Kleinhandel, der sich von den meist in jüdischem Besitz befindlichen Warenhäusern sowie den als »marxistisch« und damit ebenfalls als »verjudet« geltenden Konsumvereinen hart bedrängt fühlte, bewirkte die Angst vor überlegener Konkurrenz eine besonders intensive Judenfeindschaft. Ähnlich sah es bei vielen Akademikern aus. Ihr hoher Anteil an den Führungsgremien des Schutz- und Trutzbundes war durchaus symptomatisch. Der Antisemitismus, der schon im späten 19. Jahrhundert vor allem dank Heinrich von Treitschke salonfähig geworden war, fand nach 1918 im Bildungsbürgertum glühendere Verfechter als in irgendeiner anderen Schicht. Der vielfach bezeugte extreme Antisemitismus von Freikorpsführern illustrierte die Feindbildbedürfnisse von Angehörigen der Bildungsschicht, die durch den Krieg aus dem zivilen Leben herauskatapultiert worden waren und danach das Kriegserlebnis künstlich zu verlängern strebten. Die Juden verkörperten für sie alles, was sie am neuen Deutschland haßten: zersetzende Intellektualität und weichlichen Pazifismus, Parlamentarismus und Klassenkampf, westliche Zivilisation und östlichen Bolschewismus. Beim erwähnten antisemitischen Engagement von Ärzten und Rechtsanwälten liegt eine materielle Erklärung nahe: Sie hatten es mit besonders vielen jüdischen Berufskollegen zu tun und rechneten sich aus, daß es ihnen ohne diese Konkurrenten besser gehen würde. Die allgemeine Antipathie gegenüber den Juden erlaubte es ihnen, den eigentlichen, den egoistischen Beweggrund ihrer Judenfeindschaft zu verdrängen.

Dasselbe Motiv spielte eine ausschlaggebende Rolle bei den Studenten. Auch bei ihnen hatte die »Große Depression« der Jahre 1873 bis 1896 einen sozial begründeten Antisemitismus hervorgerufen. Der Verein Deutscher Studenten und der Akademische Turnerbund, beides Gründungen der 1880er Jahre, waren dezidiert antisemitische Organisationen, und bis zum Ersten Weltkrieg hatten die meisten Korporationen wirksame Aufnahmesperren gegen Juden erlassen. Zwischen 1919 und 1921 nahmen sämtliche schlagende Verbindungen »Arierparagraphen« in ihre Satzungen auf: Studenten jüdischer Herkunft durften diesen Vereinigungen nicht angehören. Auf antisemitischem Boden stand auch der Hochschulring Deutscher Art, der Dachverband der rechtsgerichteten Studentengruppen. Angesichts solcher Vorarbeiten fiel es dem Nationalsozialistischen Deutschen Studentenbund nach Ausbruch der Weltwirtschaftskrise nicht schwer, die Mehrheit der deutschen (und österreichischen) Studenten für sich zu gewinnen. Schon 1929 schlossen sich die Studentenschaften in Würzburg, Berlin und Erlangen seiner Forderung an, einen Numerus clausus für Juden einzuführen. Im Juli 1931 übernahm die Studentenorganisation der NSDAP die Herrschaft im Vorstand der Deutschen Studentenschaft.

An den deutschen Universitäten war der Antisemitismus ein Vehikel des nationalsozialistischen Vormarsches. ›Der Antisemitismus der Studenten: Das Ergebnis sozialökonomischer Verunsicherung‹ – so betitelt Michael Kater ein Kapitel seines Buches über die politische Entwicklung der deutschen Studenten in der Weimarer Republik.[6] Die Inflation hatte die Ersparnisse vernichtet, aus denen das Bildungsbürgertum das akademische Studium seiner Kinder zu finanzieren pflegte. Öffentliche Mittel für Stipendien standen kaum zur Verfügung. Daß die Juden nur 1 Prozent der Bevölkerung, aber zwischen 4 und 5 Prozent der Studenten, in Berlin und Frankfurt (Main) sogar über 10 Prozent, stellten, daß sie in manchen akademischen Berufen besonders stark vertreten waren, das hat schon vor dem »großen Krach« von 1929 starke Neidgefühle unter den nichtjüdischen Studenten genährt. Antisemitismus wurde immer

[6] Michael H. Kater, *Studentenschaft und Rechtsradikalismus 1918–1933*. Hamburg 1975, S. 145.

mehr zum Reflex der Angst vor sozialem Abstieg. Die Weltwirtschaftskrise trieb das Ressentiment zum Exzeß – auch im wörtlichen Sinn von antijüdischen Ausschreitungen innerhalb und außerhalb der Hörsäle. Der Nationalsozialistische Deutsche Studentenbund konnte sich des Beifalls sicher sein, als er 1932 die Parole ausgab: »Auch du, nichtjüdischer Student, weißt nicht, ob du zu den 100000 stellungslosen Akademikern gehören wirst ... Wir nichtjüdischen Studenten wollen später wirtschaftlich unabhängig sein von der Vorherrschaft des Judentums in den akademischen Berufen.«[7]

Die Professoren traten dem sozial motivierten rassischen Antisemitismus der Studentenschaft nur selten entgegen. In Freiburg scheint der katholische Dogmatiker Engelbert Krebs der einzige gewesen zu sein, der dies – im Juni 1932 – mit deutlichen Worten tat. Bezeichnenderweise kritisierte er zugleich aber die negative Rolle, die die Juden aus seiner Sicht in liberalen und sozialistischen Bewegungen spielten. Vermutlich dachten die meisten seiner Kollegen in dieser Hinsicht nicht viel anders. Offen antisemitische Äußerungen vom Katheder waren vor 1933 zwar nicht häufig, aber die Mentalität des sozialen Boykotts war unter Universitätslehrern weit verbreitet. Selbst ein liberaler »Vernunftrepublikaner« wie der Historiker Friedrich Meinecke hat aus seiner Abneigung gegen das vermeintliche jüdische Wesen kein Hehl gemacht. Nicht minder typisch war wohl, daß er individuelle Ausnahmen zuließ und einzelnen Juden, etwa in seinem Schülerkreis, Wohlwollen entgegenbrachte.

Um auch diesen Abschnitt thesenhaft zusammenzufassen: Antisemitische Ressentiments gab es, mit der faktischen Ausnahme der sozialistischen Arbeiterschaft, in allen Schichten der deutschen Gesellschaft. Im Zeichen der relativen wirtschaftlichen und politischen Stabilisierung nach 1924 verlor der aggressive Antisemitismus der radikalen Rechten an populärer Resonanz. Aber weit verbreitet blieb ein sich kulturell gebender Antisemitismus. Seine Vertreter, darunter vielgelesene Schriftsteller, sahen im modernen Judentum zersetzende Intelligenz und dekadente Großstadtzivilisation, ja oft die Modernität schlechthin verkörpert und lehnten darum die Juden als »artfremd« ab. Die prominente und oft betont progressive Rolle, die Juden im kulturellen Leben spielten, machte sie zur be-

[7] Ebd., S. 148.

vorzugten Zielscheibe konservativer Kulturkritik. Das Bildungsbürgertum und die Studenten stellten mehr noch als im Kaiserreich die soziale Vorhut des Antisemitismus. Dem gesellschaftlichen Aufstieg der deutschen Juden entsprach mithin die gesellschaftliche Anhebung des Antisemitismus. Das Hauptmotiv des akademischen Antisemitismus, das durch alle ideologischen Verbrämungen – auch die kulturelle – hindurchschimmerte, war die Abneigung gegen die jüdische Konkurrenz im eigenen Milieu.

3.

Meine dritte und letzte Frage lautet: Welche Rolle spielte der Antisemitismus beim Aufstieg des Nationalsozialismus? Ich nehme die Antwort in Form einer These vorweg: Für die Binnenintegration der nationalsozialistischen Bewegung war der Antisemitismus entscheidend; bei der Mobilisierung von Wählern stand er dagegen weniger im Vordergrund.

Hitler hat offenbar in der zweiten Hälfte der 20er Jahre richtig erkannt, daß er mit judenfeindlichen Parolen nicht jene Massen gewinnen konnte, die er brauchte, wenn er auf »legalem« Weg die Macht erobern wollte. In Hitlers Wahlkundgebungen und in den großen Wahlmanifesten der NSDAP von 1930 bis 1932 wurden Versailles und die »Novemberverbrecher«, das internationale Bank- und Börsenkapital, der Marxismus und die bürgerlichen Parteien angeprangert – aber ausdrücklich war von den Juden nicht allzu oft die Rede. Anders bei Aufrufen an bestimmte soziale Gruppen, deren antisemitische Neigungen bekannt waren. In der Mittelstandswerbung etwa fehlte selten der Hinweis auf die jüdischen Warenhäuser, die der Nationalsozialismus liquidieren werde. Einen zentralen Platz nahm der Kampf gegen das Judentum aber immer dann ein, wenn die nationalsozialistische »Bewegung« der Adressat war.

Tatsächlich ist es durchaus zweifelhaft, ob die Weltwirtschaftskrise bei den breiten Massen eine »spontane« antisemitische Welle ausgelöst hat. Es gab zwischen 1930 und 1932 eine Reihe von antijüdischen Ausschreitungen, aber sie gingen alle auf das Konto von Nationalsozialisten. Aufrufe zum Boykott jüdischer Geschäfte wurden vor 1933 *nicht* befolgt. Da die Sozialdemokratie seit März 1930 an der Regierung im Reich nicht mehr beteiligt war, ließ sich gegen die staatliche Führung viel schwerer als in den ersten Jahren nach 1918 der Vorwurf erheben, sie sei »verjudet«. Nur bei Gruppen, die eine *spezifische*

Konkurrenzfurcht vor den Juden hatten – dazu gehörten fertige und werdende Akademiker, aber auch Kleinhändler – dürfte die Wendung zum Nationalsozialismus vielfach durch den Antisemitismus bewirkt worden sein. Für das Gros der Gesellschaft gilt, daß eher der Nationalsozialismus dem Antisemitismus Auftrieb gab als umgekehrt. Eva Reichmanns Urteil erscheint insofern prinzipiell zutreffend: »Wenn also der Erfolg der NSDAP ein so getreues Bild der wirtschaftlichen Lage, nicht aber der Judenfrage war, so beweist das, daß im Nationalsozialismus in erster Linie ein Ausweg aus der Krise gesucht wurde. Die antisemitische Propaganda wurde wohl hingenommen, aber der Antisemitismus bildete nicht den Ausgangspunkt für die politischen Entscheidungen der Wähler.«[8]

Die Hinnahme der antisemitischen Propaganda zeigt freilich auch, wie sehr sich die deutsche Gesellschaft an judenfeindliche Parolen gewöhnt hatte. Vorurteile gegen die Juden waren zu jener Zeit in vielen Ländern, und zwar nicht nur in den traditionell antisemitischen Ländern Osteuropas, sondern auch in den westlichen Demokratien weit verbreitet. Aber dort, wo die Demokratie eine lange Tradition und ein breites soziales Fundament hatte, konnte ihre Abschaffung kein populäres Programm werden. Radikale Judengegner hatten in solchen Gesellschaften wenig Chancen, mit judenfeindlichen Forderungen Politik zu machen und eine antidemokratische Massenbewegung auf die Beine zu bringen. Zudem gab es auch in den Führungsschichten starke liberale Gegengewichte gegen totalitäre und rassistische Kräfte. Das war in Amerika nicht anders als in England und, mit Einschränkungen, in Frankreich. Im Deutschland der späten Weimarer Republik fehlte dieses liberale Korrektiv fast völlig. Das war eine Hypothek des deutschen Obrigkeitsstaates, und dieser Sachverhalt muß auf unser Urteil über das Kaiserreich zurückwirken. Ich stimme mit Hans-Günter Zmarzlik – dem Autor des vorausgegangenen Beitrages – darin überein, daß man diese Epoche der deutschen Geschichte nicht nur aus dem Blickwinkel von 1933 und nicht losgelöst aus dem zeitgenössischen europäischen Zusammenhang betrachten darf. Aber die Position der feudal-militärischen Herrschaftsschicht Preußens war ein deutsches Spezifikum, zu dem es in den industriell fortgeschrittenen Staaten des Westens keine Parallele gab und

[8] Eva G. Reichmann, *Die Flucht in den Haß. Die Ursachen der deutschen Judenkatastrophe*. Frankfurt/Main o.J., S. 277.

das lange über 1918 hinaus fortwirkte. Das gilt nicht nur für den unmittelbaren Einfluß, den diese Gruppe auf die Staatsgewalt – vor 1918 und dann wieder seit Hindenburgs Wahl zum Reichspräsidenten 1925 – ausübte, sondern auch für ihre Rolle als Verbündeter aller antidemokratischen Kräfte von rechts. Kein anderer Teil der deutschen Oberschicht hat so geschlossen und aktiv an der Zerstörung der Weimarer Republik und für die Machtübertragung an Hitler gearbeitet wie die ostelbischen Rittergutsbesitzer.

Aber selbst ein scheinbar so fortschrittliches Element im politischen System des Kaiserreiches wie das allgemeine Wahlrecht hatte durchaus ambivalente Wirkungen. Es ermöglichte auf der einen Seite den Aufstieg der Sozialdemokratie, auf der anderen trug es erheblich dazu bei, daß es 1918/19 keinen radikalen Bruch mit den Kräften des Obrigkeitsstaates gab. Die Erfahrung von einem halben Jahrhundert allgemeinem Wahlrecht ließ den meisten Deutschen, auch der großen Mehrheit der Arbeiter, jede Art von revolutionärer Diktatur als Rückschritt erscheinen. Die Tradition des allgemeinen gleichen Wahlrechts erklärt aber auch, weshalb in Kaiserreich und Republik diejenigen Gegner westlicher Demokratie den größten Erfolg hatten, die sich am besten auf die Mobilisierung von Massen verstanden – Kräften also wie der Bund der Landwirte, die Deutsche Vaterlandspartei und schließlich, alle Vorbilder weit übertreffend, die Nationalsozialisten, die bewußt demokratische Techniken zur Verfolgung antidemokratischer Zwecke einsetzten. Von daher würde ich die Kontinuität der Zeit vor und nach 1918 stärker betonen als Zmarzlik.

Die konservativen Cliquen, die Hitler im Januar 1933 zur Kanzlerschaft verhalfen, vertrauten darauf, seine antisemitischen Parolen seien nicht so ernst gemeint, wie sie klangen. Aber für Hitler war, anders als für viele Agitatoren der konservativen Rechten, die Judenfeindschaft niemals Mittel zum Zweck, sondern immer Selbstzweck. Daß er aus seinem Feindbild die letzte tödliche Konsequenz ziehen konnte, das ermöglichten ihm nicht die »Radau-Antisemiten« aus NSDAP und SA, sondern der elitäre »Orden« des Nationalsozialismus, die SS, in deren höheren Rängen es außerordentlich viele Akademiker gab. Das Bildungsbürgertum blieb über den 30. Januar 1933 hinaus die Schicht, aus der sich die Vorhut des deutschen Antisemitismus rekrutierte.

Gewiß, weder das Bildungsbürgertum noch irgendeine andere Schicht der deutschen Gesellschaft hat vor 1933 gewollt, was im Zweiten Weltkrieg mit den Juden geschah. Wer antisemitische Ressentiments hatte, dachte gemeinhin nicht an die umfassende bürgerliche Entrechtung, geschweige denn an die physische Vernichtung der Juden, sondern wäre wohl mit einer sichtbaren Zurückdrängung des jüdischen Einflusses zufrieden gewesen. Aber diese breite Strömung trug eben auch die Minderheit der rabiaten Judenfeinde, während die prinzipiellen Gegner rassischer Diskriminierung gegen den Strom schwammen. So gilt denn auch schon für die Zeit vor 1933, was Kurt Tucholsky im Dezember 1935 – wenige Monate nach der Verabschiedung der Nürnberger Gesetze – an Arnold Zweig schrieb: »... ein Land ist nicht nur das, was es *tut* – es ist auch das, was es verträgt, was es duldet.«[9]

[9] Kurt Tucholsky, *Ausgewählte Briefe 1913–1935*. Reinbek 1962, S. 336.

Judenverfolgung und -vernichtung unter der nationalsozialistischen Diktatur

von Bernd Martin

Ausgangssituation 1933: Das Beispiel Freiburg im Breisgau

Die sogenannte nationale Erhebung, in der NSDAP und ihren Massenorganisationen meist als »nationale Revolution« bezeichnet, ging an Freiburg und dessen Umgebung nicht spurlos vorbei. Wie überall im Reich wurden auch in Baden die Fundamente des liberal-demokratischen Rechtsstaates durch die neuen Machthaber zertrümmert. Damit fielen sämtliche staatlichen Barrieren, die seit den Emanzipationsedikten die jüdische Minderheit vor organisierter Willkür und spontanen Verfolgungen geschützt hatten. Im Berliner Antisemitismusstreit um 1880 hatte einst der Historiker Theodor Mommsen auf die Forderung seines Kollegen Heinrich von Treitschke, die Gleichstellung der Juden aufzuhalten, die Gefahr eines selbstmörderischen Nationalismus beschworen. Ein solches, zum Selbstzweck erhobenes Nationalgefühl schlug sich nunmehr ab 1933 unter der von Treitschke entlehnten Parole »Die Juden sind unser Unglück« ungehemmt freie Bahn und endete 1945 im politischen Selbstmord des deutschen Nationalstaates.

Jede Form des Antisemitismus war vom 30. Januar 1933 an willkommen. Latente traditionelle antijüdische Feindbilder konnten ohne Rücksicht auf gesellschaftlich-moralische Schranken sich gleichermaßen entfalten wie der organisierte Terror der SA und wirtschaftlich bestimmte Ausschreitungen gegen die jüdische Konkurrenz. In den beiden jüdischen Landgemeinden des Kreises Freiburg, in Eichstetten und Ihringen, verhalf dieser vielschichtige antisemitische Bodensatz der nationalsozialistischen Partei zu einem singulären Wahlerfolg. Etwa 80 Prozent der Wahlberechtigten gaben bei den Märzwahlen 1933 ihre Stimme für die NSDAP ab. Wirtschaftliche Not im protestantischen Milieu, die ihr Ventil im Haß auf die jüdischen Weinaufkäufer fand, überlieferte und von der Kirche wachgehaltene Vorurteile gegen die »Christusmörder« und die sonntäglichen, schon vor der Machtübernahme inszenierten Rollkommandos Freiburger SA-Leute hatten ihre Wirkungen nicht verfehlt. Die Bevölkerung sah bereitwillig in den jüdischen Mitbürgern den Feind schlechthin und in Hitler ihren charismatischen Retter, dem sie blindlings vertraute.

Dennoch wurden – wie bereits im vorausgegangenen Beitrag betont – die Wahlerfolge der Nationalsozialisten im allgemeinen nicht mit ihrer antisemitischen Agitation errungen. Denn in den beiden städtischen, zahlenmäßig relativ großen jüdischen Gemeinden Breisach und Freiburg schlug das jüdische Problem bei den Wahlen nicht zu Buche. Das gesellschaftlich dominante Bildungsbürgertum zeigte sich gegenüber dem Nationalsozialismus und seiner antijüdischen Hetze indifferent, so daß die »Partei der Bewegung« nur etwa ein Drittel aller Stimmen erhielt. Die in beiden Städten vorwiegend der akademischen Honoratiorenschicht angehörenden Juden galten als voll integriert und eigneten sich daher noch nicht als Feindbilder. Der Salon-Antisemitismus des Bürgertums, jene Mischung aus unreflektierten und nur verhalten ausgesprochenen Klischees und instinktmäßiger Distanz gegenüber den Juden, sollte in der nationalsozialistischen Zeit ohnehin keine Stoßkraft entwickeln. Doch Indifferenz und unterschwellige Vorurteile des Bürgertums erleichterten es sowohl einem Teil der Intellektuellen und studentischen Kreisen, eine Vorreiterfunktion bei der völkisch-nationalen Wiedergeburt zu übernehmen, als auch später den verführten Häschern, unbehelligt von der Öffentlichkeit jüdische Menschen zu demütigen und schließlich zu deportieren.

Die Verführbarkeit des Geistes durch den braunen Ungeist manifestierte sich beispielhaft und mit überregionaler Ausstrahlung an der Freiburger Universität. Die völkisch-national ausgerichteten Korporationen bestimmten längst zusammen mit dem Nationalsozialistischen Deutschen Studentenbund das Klima an der Hochschule und sehnten den Tag herbei, an dem die Universität in eine straff geführte Wehrertüchtigungsinstitution umgewandelt und vom Ballast der jüdischen Wissenschaft befreit würde. Die zwölf Sätze der deutschen Studentenschaft vom April 1933 verlangten Ausmerzung des undeutschen Geistes und Ausschaltung der Juden aus dem geistigen Leben der Nation. Die öffentliche Verbrennung von Büchern jüdischer und »undeutscher« Autoren folgte. Die neue nationale Elite erwog 1933 ernsthaft die Schließung aller Universitäten zugunsten eines Arbeitsdienstes für das Gemeinwohl. In seiner berüchtigten Freiburger Rektoratsrede, die Martin Heidegger Ende Mai 1933 nach diesen vielfachen Bekundungen des neuen braunen Geistes hielt, stilisierte er sich zum Führer, die Studentenschaft zur Gefolgschaft und beschwor die bluthaften Kräfte als Bewahrer deutscher Kultur. Die deutsche Studentenschaft, die sich bereits 1931 selbst gleichgeschaltet hatte, und – zumindest vorübergehend wie Heidegger – ein Teil der Professorenschaft bekannten sich vehement zum neuen deutschen Führerstaat. Kritisches Denken wurde einer blinden Ergebenheit an den Führer als »die heutige und künftige deutsche Wirklichkeit und ihr Gesetz«[1] geopfert. Das Bekenntnis zum Aktionismus für Volk und Vaterland ging einher mit einer Verachtung alles Jüdischen.

Die lokalen Vorgänge 1933 im Freiburger Raum verweisen auf die Grundstrukturen des militanten Antisemitismus, der in der Weimarer Zeit geistig vorgeprägt und institutionell, wie z. B. in den Korporationen, angelegt, mit der nationalsozialistischen Machtübernahme als Staatsdoktrin zum Durchbruch gelangte. Weniger aus wirtschaftlichem Konkurrenzneid als vielmehr aus dem irrationalen Gefühl einer völkischen Irredenta und dem Drang nach Aktionen stellten junge Akademiker als die Vorhut des Antisemitismus die späteren, unentbehrlichen Fachleute für die organisatorische Planung und Durchführung der Judenvernichtungen. Die ausführenden Organe, die unteren und mittleren Ränge der Polizei, die Wachmannschaften und SS-Totenkopf-Verbände, rekrutierten sich aus unteren, ländlichen wie kleinstädtischen, meist protestantisch eingefärbten Schichten, die – wie in den beiden Dörfern am Kaiserstuhl – aufgrund einer Verkettung sozialpsychologischer Motive und verinnerlichter antisemitischer Agitation blindlings Folge leisteten. Zwischen diesen Verführten und den Führenden stand die indifferente Masse des deutschen Bürgertums und die zwar politisch ausgeschaltete, aber traditionell in Fragen des Antisemitismus ebenso indifferente Arbeiterschaft.

Dieses grob vereinfachte Modell taugt indes lediglich bedingt, um die effektive Durchführung der Maßnahmen gegen die Juden zu erklären. Es sagt nur wenig aus über die treibenden Motive, welche den Verfolgungsmaßnahmen zugrundelagen, und versagt bei der Erklärung der Beweggründe, die zur physischen Vernichtung der Juden führten. Auch die bisherige Forschung, so imposant sie auch erscheint, hat zentrale Fragen der

[1] Martin Heidegger, *Die Selbstbehauptung der deutschen Universität.* (Rektoratsrede) Breslau 1934 . Zitat in einem Aufruf Heideggers ›Deutsche Studenten‹ vom 3. Nov. 1933, wiedergegeben bei Guido Schneeberger, *Nachlese zu Heidegger. Dokumente zu seinem Leben und Denken.* Bern 1962, S. 135f.

nationalsozialistischen Judenpolitik entweder nicht erklärt oder noch nicht einmal behandelt. Die Gründe für diese unbefriedigende Forschungssituation sind vor allem in Deutschland vielfältig. Zum einen bewegt sich die Erörterung der sogenannten Judenfrage in dem vorgegebenen Rahmen einer höchst kontroversen Diskussion über den »Faschismus«. Zum anderen versagt die traditionelle historische Methode, die Hermeneutik, das verstehende Beschreiben, um Vorgänge wie den fabrikmäßigen Massenmord überhaupt zu erfassen. Und je radikaler ein Marxist, desto weniger interessiert er sich für die jüdische Frage, da diese als klassisches Symptom der bürgerlichen Gesellschaft mit deren gesetzmäßiger Überwindung ohnehin hinfällig ist. Aus solcher Sicht werden Verantwortung und Schuld für den Untergang der Juden implizit bei den Juden selbst gesehen, da sie fehlende Einsicht in den klassenkämpferischen Charakter des »Faschismus« blind und unfähig gemacht habe, die antifaschistische Volksfront gegen Krieg und Völkermord zu unterstützen, d. h. sich mit der kommunistischen Widerstandsbewegung zu solidarisieren. Auch westliche Darstellungen verfallen, sofern von Juden selbst verfaßt, verständlicherweise apologetischen Erklärungen im Hinblick auf das jüdische Verhalten oder beschränken sich, wie etwa das westdeutsche Standardwerk von Uwe D. Adam, auf Faktensammeln und Personalisieren von Entscheidungen. Fragen nach dem Zusammenhang der Judenpolitik mit der gesamtpolitischen Zielsetzung des nationalsozialistischen Regimes und deren Durchführung liegen ebenso im Dunkeln wie das gesamte Umfeld der Vernichtungsaktion. Die Haltung der Bevölkerung, im Altreich und in den besetzten Gebieten, sowie die Reaktion der Juden selbst auf die Verfolgung und Vernichtung sind nur in Ansätzen aufgehellt. Das unzureichende Instrumentarium des Historikers, das durch Anleihen bei der Individual- wie Massenpsychologie erweitert werden müßte, eine schlechte Quellenlage – die Akten zur Judenpolitik in der Kanzlei des Führers wurden bei Kriegsende vernichtet –, die widerspruchsvolle Literatur und nicht zuletzt eine traumatische Befangenheit lassen auch die folgenden Ausführungen zum ergänzungsbedürftigen Stückwerk werden. Die leitende Fragestellung kann daher nur bescheiden lauten: Wie konnte es geschehen? Was geschah, ist in seinem ganzen schauerlichen Ausmaß unstrittig und braucht nur angedeutet zu werden. Das Handeln sowie die Bedingtheiten ihres Handelns sollen für das nationalsozialistische Führungskorps, die akademischen »Schreibtischtäter«, die Exekutoren sowie für Opfer und Zuschauer untersucht werden. Als Ausgangshypothese möchte ich die scheinbar widersprüchliche Behauptung vorwegstellen, daß das nationalsozialistische Regime trotz »Endlösung« keine planmäßige und zielgerichtete Judenpolitik betrieb.

Antisemitismus als Kern der nationalsozialistischen Weltanschauung

Weder in der Zeit vor der Machtübernahme noch in der Phase der Herrschaftsausübung stellte der Nationalsozialismus eine ideologisch geschlossene und sozial festumrissene Partei dar. Ein entsprechend weitgefächertes Programm, ein Sammelsurium zum Teil widersprüchlicher Verheißungen, verhalf der Bewegung zwar zur Macht, ließ sich aber nicht in die politische Praxis umsetzen. Der Antisemitismus hatte in der Bewegungsphase die heterogene Partei und ihre Massenorganisationen zu einem politischen Kampfinstrument zusammengeschweißt. Ein Positionspapier der Parteileitung dementierte daher 1932 nur konsequent bürgerliche Pressemeldungen, in denen der Antisemitismus als simples wahltaktisches Mittel bezeichnet wurde, das sich im Falle einer nationalsozialistischen Regierungsübernahme verlieren werde. In dem Wunsch nach Zähmung der sich wild und haßerfüllt gebärdenden Nationalsozialisten verkannten nicht allein die konservativen bürgerlichen Facheliten, daß eben dieser Haß auf das Andersartige, »Undeutsche«, verkörpert im Juden, die Grundlage der nationalsozialistischen Ideologie ausmachte.

Die Partei öffnete ihre Reihen allen zum Beitritt bereiten Deutschen, unbeschadet ihrer Religionszugehörigkeit, ihrer politischen Vergangenheit und sozialen Stellung. Nur eine unabdingbare Voraussetzung galt es zu erfüllen: die Parteianwärter mußten Antisemiten sein, bzw. sich aktiv zu einer antisemitischen Grundhaltung bekennen. Das Arsenal unterschiedlichster jüdischer Feindbilder, das durch die heterogenen Mitglieder eingebracht wurde, verdichtete sich zu einem antisemitischen, inhaltlich nicht exakt zu definierenden Konglomerat. In dem organisierten Chaos, das für die politische und ideologische Struktur des neuen Führerstaates kennzeichnend wurde, bildete der Antisemitismus den kleinsten gemeinsamen Nenner der an der Macht beteiligten bzw. nach ihr drängenden Kräfte. Hitler als charismatischer Führer thronte über dem selbstgeschaffenen

Kompetenzenwirrwarr einer polykratischen Herrschaftsform und gab durch schlichtendes Eingreifen der auf antisemitischen Prämissen basierenden Politik die seinen Vorstellungen entsprechende Richtung. Wie allgemein in der gesamten Politik, so behielt er sich auch in der Judenfrage alle letzten Entscheidungen vor. Doch haben weder Hitler noch seine Paladine, geschweige denn die Massenorganisationen der Partei ein kohärentes Programm in der Judenfrage verfolgt. Statt dessen versuchten ab 1933 die neuen Machtinstanzen, ihre jeweils eigenen Vorstellungen in der Judenfrage zu realisieren. Wer an der Macht beteiligt war, ob als Kreisleiter oder Reichsminister, betrieb jetzt Judenpolitik auf eigene Faust. Jeder verfolgte in seinem eigenen Juden seinen echten oder eingebildeten Gegner schlechthin. Die wichtigsten nationalsozialistischen Machtzentren samt der ihnen übergeordneten Führerinstanz Hitler müssen in ihrer Haltung zur Judenfrage und den von ihnen entwickelten Vorstellungen im folgenden kurz untersucht werden, um die Widersprüchlichkeiten der konkreten Maßnahmen zu erklären.

Die manichäischen Züge in Hitlers Denken, die unerschütterliche Überzeugung von seiner Heilsmission offenbaren sich in dem 1924 in ›Mein Kampf‹ niedergelegten Glaubenssatz: »Indem ich mich des Juden erwehre, kämpfe ich für das Werk des Herrn.«[2] Sein krudes sozialdarwinistisches Weltbild verstand die Geschichte als völkisch-biologischen Kampf, bei dem der Stärkere den Schwächeren rücksichtslos zu vernichten hat. Das permanente Ringen um die Vorherrschaft machte den Krieg zum Normalzustand und wies der gesamten innenpolitischen Entwicklung lediglich die »Wehrhaftmachung der Rasse« als Hauptaufgabe zu. Der Jude galt Hitler als Inkarnation des Satanischen, als Projektionsobjekt für seine eigenen Verbrechen. Alle äußeren und inneren Hindernisse, die Deutschlands rassischem Herrschaftsanspruch entgegenstanden, wurden als jüdisch und somit undeutsch verbannt: der Internationalismus, der Pazifismus, die Demokratie mit ihren Menschenrechten und der Bolschewismus. Der antijüdische Haß auf rassischer Grundlage läßt sich als durchgängigste Konstante in Hitlers Denken und Handeln vom September 1919, als er erstmals die Entfernung der Juden aus dem deutschen Volkskörper öffentlich forderte, bis zu seinem politischen Testament im Bunker

[2] Adolf Hitler, *Mein Kampf*. München 1938, S. 70.

der Reichskanzlei Ende April 1945 belegen, in dem er das deutsche Volk »zur peinlichen Einhaltung der Rassegesetze und zum unbarmherzigen Widerstand gegen den Weltvergifter aller Völker, das internationale Judentum«[3] mahnte. Das Axiom vom Lebensraum des deutschen Volkes im Osten und die Gleichsetzung von Juden mit Bolschewisten wurden Hitler als politisches Leitziel seiner bereits vorhandenen antijüdischen Weltanschauung erst von Alfred Rosenberg nahegebracht. Beide Axiome bildeten, stringent in ›Mein Kampf‹ ausformuliert, das Fundament seiner Weltanschauung.

Wie läßt sich der eigenständig bei Hitler entstandene pathologische Haß auf die Juden erklären? Bildete sich diese Weltanschauung in gedanklicher, d. h. rational nachvollziehbarer Kausalität heraus? Entwickelte sich der Antisemitismus verstandesmäßig, oder wurde Hitler durch persönliche Erlebnisse im antisemitisch geprägten Wiener Milieu der Zeit vor dem Ersten Weltkrieg entscheidend geprägt? Die Historiker bieten in der Regel rationale, hermeneutisch gewonnene Erklärungen an, können mit ihnen das Phänomen jedoch bestenfalls beschreiben. Vielmehr erscheint eine Kombination individualpsychologischer Momente, sozialpsychologischer Faktoren und historischer Rahmenbedingungen ein brauchbares Instrumentarium zu liefern. Martin Broszat hat diesen Brückenschlag zur psychoanalytischen Deutung Hitlers als einer der ersten Historiker gewagt und die antijüdische Grundkomponente seiner Weltanschauung auf ein fixiertes Dogma und sprunghaft paranoide Aggressivität zurückgeführt. Neueste psychoanalytische Studien über frühkindliche Sozialisation und traumatische Adoleszenz verweisen gerade im Fall Hitler auf eine extrem pathologische Persönlichkeitsentwicklung, die, am Ende des Ersten Weltkriegs abgeschlossen, sich als überaus disponibel für eine verstandesmäßige Weiterentwicklung eines internalisierten Judenhasses erwies. Nicht das angeboren Triebhafte machte aus Hitler die »nekrophile Bestie«, sondern das verfolgte Kind wird in der Neuinszenierung zum Verfolger. Haß auf den übermächtigen Vater, der Ehefrau, Kinder und Haustiere mit der Nilpferdpeitsche zu züchtigen pflegte, die Ungewißheit des jungen Hitler über die womöglich halbjüdische Herkunft dieses als uneheliches Kind geborenen Vaters, die Fehlbehandlung der Mutter durch einen jüdischen Arzt und deren Tod an einer

[3] Zitiert bei Eberhard Jäckel, *Hitlers Weltanschauung*. Tübingen 1969, S. 85.

Vergiftung wie die psychopathische Hysterie des Weltkriegsgefreiten nach einem Gasangriff erklären die psychische Deformation einer Person und deren Selbstbefreiungsversuche mit Hilfe antijüdischer Projektionen besser als die in Biographien üblichen Klischees von einer glücklichen, indes tragischen Kindheit. Da Hitler als Trommler wie als Führer bei gleichaltrigen Deutschen am besten ankam, im Ausland jedoch meist als Karikatur belächelt wurde, steht zu vermuten, daß seine begeisterte Anhängerschaft ähnliche Sozialisationsformen durchlaufen hatte und den Krieg als Befreiung empfand, das Trauma der Niederlage indes allein durch die Projektion auf den von Seiten der herrschenden Eliten bereitgestellten jüdischen Blitzableiter überwinden konnte. Hitler als Politiker war das neurotisch-traumatische Zerrbild einer neurotisch-traumatischen Welt. Der Haß auf die Juden stellte für die NSDAP die neue Religion dar und wurde dogmatisiert.

Die Klassifizierung der Juden mit aus der Biologie entlehnten Ausdrücken wie Parasiten und Ungeziefer findet sich bereits in *Mein Kampf*. Selbst das eigene Trauma des Gases wird in Form der Vergasung den jüdischen Volksverderbern bereits in dieser Leitschrift herbeigewünscht. Dennoch war die physische Vernichtung der Juden in Hitlers Programmatik zwar als logische Schlußfolgerung angelegt, aber nicht als praktischer Plan. Eine simple Kontinuität von Hitlers verbaler Forderung von 1919 nach »Entfernung der Juden aus unserem Volk« bis zur Vernichtung der europäischen Juden in den Gaskammern 1942 besteht nicht. Für Hitler war der Antisemitismus unbeirrbarer Glaube und somit Leitsatz seines gesamten politischen Handelns, dem andere machtpragmatische Überlegungen nur aus taktischen Gründen vorübergehend übergeordnet wurden.

Antisemitismus als Glaubenslehre betrieb neben Hitler in dieser Rigidität von den Führungschargen der Partei nur noch Alfred Rosenberg. Der Herkunft nach großbürgerlicher Kaufmannssohn aus dem Baltikum, wurzelte sein Haß auf die Juden sowohl im völkischen Denken der mit den Juden als Minderheit konkurrierenden Deutschen – einem wie im jüdischen Prag gearteten Verdrängungswettbewerb – als auch in praktischen Erfahrungen antijüdischer Massenagitation. Die heftigen Pogrome im spätzaristischen Rußland, die sich in der extrem judenfeindlichen einheimischen Gesellschaft der baltischen Länder mit größter Gewalt entluden, und den vermeintlich von jüdischen Revolutionären herbeigeführten Untergang der zaristischen

Ordnung wie des Deutschtums im Baltikum hatte Rosenberg persönlich miterlebt. Der Mythos vom besonderen Blut der deutschen Herrenrasse und dessen Zersetzung durch den jüdisch-internationalistischen, weltrevolutionär ausgerichteten Bolschewismus stellten die Grundelemente seiner völkisch-rassistischen Philosophie dar, die er als Emigrant im von revolutionären Wirren erschütterten München dem Agitator Hitler übermittelte. Als Brevier seiner antijüdischen Lehre brachte Rosenberg die ›Protokolle der Weisen von Zion‹, jene grobe Fälschung vermeintlich geheimer Selbstbekenntnisse jüdischer Führer mit, die – vermutlich von der zaristischen Geheimpolizei besorgt – in Rußland erstmals im Gefolge der Revolution von 1905 vollständig publiziert worden waren. Obwohl die ›Protokolle‹ bereits 1919 in deutscher Fassung erschienen waren, gab Rosenberg 1923 eine kommentierte Auflage heraus, in welcher die sogenannten »Zufälligkeiten im Volksleben«, der Weltkrieg und die Vorboten einer industriellen Massengesellschaft mit ihrer politischen Polarisierung in Klassen, mit Hilfe einer jüdischen Weltverschwörung erklärt werden. Die Bedeutung dieser ›Protokolle‹ für die inhaltliche Ausformung des bis dahin dumpf-emotionalen Hitlerschen Antisemitismus wird meist verkannt. Die Grundsätze einer machiavellistischen Raubpolitik wurden als jüdische Verschwörungstaktik von Hitler und seiner Bewegung mit umgekehrten Vorzeichen aufgegriffen und verwirklicht. Hitlers politische Leitschrift ›Mein Kampf‹, die sich stellenweise wie eine Umkehrung der jüdischen ›Protokolle‹ liest, wäre ohne Kenntnis der Rosenbergschen Textdeutungen nie geschrieben worden. Der Jude als Vampir und Blutsverderber sowie als politischer Verschwörer, diese Verbindung von Blut und Politik brachte Rosenberg in die nationalsozialistische Weltanschauung ein. Als Chefredakteur des ›Völkischen Beobachters‹ und später als »Chefideologe« der Bewegung hämmerte er diese Leitsätze einem durch Krieg, politischen Umbruch und Wirtschaftskrise verunsicherten Kleinbürgertum ein und vermittelte diesem das Selbstgefühl, einer herausgehobenen Herrenschicht anzugehören. Die Vernichtung der Juden war zwar bei Rosenberg ebenfalls nicht als Plan ausformuliert, ergab sich jedoch konsequenter als bei Hitler aus seiner Gedankenwelt.

Innerhalb der nationalsozialistischen Führungsspitze können Propagandaminister Goebbels und der Stellvertreter des Führers, Rudolf Heß, als Opportunisten in der Judenpolitik gelten. Der Suggestivkraft Hitlers blindlings erlegen, waren sie bereitwilligst zur Stelle, wenn antisemitische Maßnahmen mit Hilfe der Fachbürokratie bzw. der Propaganda durchgeführt werden sollten. Das Bekenntnis von Goebbels, das er seinem Tagebuch anvertraute, »Adolf Hitler, ich liebe Dich«[4] verdeutlicht dieses Abhängigkeitsverhältnis von der charismatischen Leitfigur und erklärt das häufig vorschnelle Handeln des Propagandaministers in der Judenpolitik. Goebbels und Heß besaßen beide kein Konzept für die Judenfrage und sind beide nie mit originären Gedanken hervorgetreten. Sie benutzten den Antisemitismus, um ihre eigene Person zu profilieren bzw. ihren politischen Machtbereich zu stabilisieren.

Einem traditionellen Antisemitismus der wirtschaftlichen und kulturellen Vorurteile stärker verhaftet als dem biologischen Hitlers war die Gruppe der »wilhelminischen Imperialisten« innerhalb der Führungsorgane. Zu ihr sind als Exponenten Hermann Göring und auch Hjalmar Schacht zu rechnen, die beide den jüdischen Einfluß in der Wirtschaft, jedoch mit unterschiedlichen Mitteln, zurückdrängen wollten. Die »Märzgefallenen«, d.h. die im März 1933 in die Partei eingetretenen Neumitglieder aus der Ministerialbürokratie, waren die Vollstrecker dieser geordneten, schrittweisen Zurückdrängung der Juden aus dem öffentlichen Leben. Sie versuchten die Judenfrage auf dem Verordnungswege zu lösen, arbeiteten durch ihre vermeintliche Pflichterfüllung und aufgrund partieller Interessendeckung mit den nationalsozialistischen Zielen der Vernichtung vor und sollten noch Gesetze und Anweisungen – insgesamt waren es über 1000 – gegen die Juden produzieren, als es schon gar keine Juden in Deutschland mehr gab.

An der Basis der Partei war ein wirtschaftlich motivierter Antisemitismus bis 1938 virulent, der sich oftmals in unkontrollierten lokalen Aktionen gegen die jüdische Konkurrenz manifestierte. Die überproportionale Vertretung des kleingewerblichen Mittelstandes unter den Parteimitgliedern, häufig organisiert im »Nationalsozialistischen Kampfbund für den gewerblichen Mittelstand«, zwang die Führung nach zehn Jahren antikapitalistisch-antijüdischer Hetze zu Konzessionen und ermöglichte auf der unteren Ebene der Kreisleitung häufig die stille Bereicherung auf Kosten des jüdischen Einzelhandels. Das strikte Verbot für alle Parteigenossen, jüdische Geschäfte zu

[4] Helmut Heiber (Hg.), *Das Tagebuch von Joseph Goebbels.* Stuttgart 1960, S. 64 (19. April 1926).

betreten und überhaupt mit Juden Kontakt zu pflegen, hatte – wiewohl primär dem ideologischen Feindbild entsprungen – auch wirtschaftliche Konsequenzen.

Die Grenzen zum Radau-Antisemitismus der SA-Horden, der sich in Demütigungen, Ausschreitungen gegenüber jüdischen Mitbürgern sowie in sinnlosen Zerstörungen jüdischen Eigentums entlud, waren von seiten der Partei fließend. In der SA, 1933 bereits ein Millionenheer, und auch teilweise in der Partei mit 1935 zweieinhalb Millionen Mitgliedern, war das antisemitische Substrat der Schwachen in der pseudorevolutionären Anonymität organisiert, die bis 1939 das äußere Bild der Judenverfolgungen in Deutschland bestimmen sollten. Das antisemitische Hetzblatt ›Der Stürmer‹ des ehemaligen Lehrers und nachmaligen Gauleiters von Franken, Julius Streicher, kam mit seiner primitiven, halbpornographischen Berichterstattung über die jüdischen Blutschänder dem Lesehorizont und den sexuellen Verdrängungsängsten der Radau-Antisemiten entgegen. Durch seine weite Verbreitung und Auflagenhöhe bis zu einer Million hat ›Der Stürmer‹, die Bild-Postille der Nationalsozialisten, nicht allein weite Kreise der SA und der Partei für antisemitische Ausschreitungen planmäßig aufgehetzt, sondern auch in der Gesellschaft vorhandene moralische Hemmnisse beseitigt, gegen Juden aktiv vorzugehen. Die Zeitung und ihr Herausgeber Streicher erfreuten sich der höchsten Protektion. Hitler, selbst dem Milieu der meisten SA-Mitglieder entsprungen, las das Blatt regelmäßig und identifizierte sich vollauf damit.

Die SS, Hitlers Prätorianergarde, lehnte diese Form des Radau-Antisemitismus ab und hatte auch für den völkischen Mythos Rosenbergs nur Verachtung übrig. Die ›Protokolle der Weisen von Zion‹ wurden von der akademischen Führungselite dieses neudeutschen Ordens belächelt wie die populäre antisemitische Aufklärungsliteratur. Das in der SS für Juden zuständige Referat verfocht eine rational-technokratische Lösung der Judenfrage. Die Juden galten als andersartige Rasse, die von der arisch-nordischen am einfachsten durch staatlich gelenkte Auswanderung getrennt werden sollte. Adolf Eichmann arbeitete daher seit 1935 mit der zionistischen Bewegung zusammen, um die Emigration nach Palästina zu fördern. Pläne zur Vernichtung der Juden oder auch nur Vorschläge zu ihrer gesetzlichen Diskriminierung sind in der SS-Führung bis zum Novemberpogrom 1938 nicht entwickelt worden.

Der Antisemitismus der Nationalsozialisten war so vielgestaltig wie die Zusammensetzung der Führung und die Zusammensetzung der Partei. Er spannte sich von einer primitiven biologistischen Heilslehre, der die Juden als »Fäulniserscheinung«[5] galten, bis zur Anerkennung der Andersartigkeit einer jüdischen Rasse. Welche Richtung sich in der Zeit bis Kriegsbeginn jeweils durchsetzen sollte, hing nicht von einem Programm, sondern von der allgemeinpolitischen Entwicklung ab. Lediglich die allseits anerkannte Tatsache einer Judenfrage und deren allseits angestrebte Lösung verbanden die einzelnen nationalsozialistischen Machtzentren untereinander und verschafften ihnen Rückhalt in einer indifferenten, latent antisemitisch eingestellten breiten Öffentlichkeit.

Von der juristischen Diskriminierung zur planmäßigen Vernichtung: Die nationalsozialistische »Lösung der Judenfrage«

Die nationalsozialistische Führung hatte für den Fall einer Machtübernahme weder antisemitische Pogrome geplant noch gesetzliche Maßnahmen vorbereitet. Die Juden sollten – so ein vages Memorandum der Parteileitung von 1932 – in ihren Rechten eingeschränkt werden. Wie in allen anderen politischen Bereichen waren die neuen Machthaber auf den Beistand der Fachbürokratie angewiesen, die auch in der Judenfrage nationalsozialistischen Wünschen noch unter den Präsidialkabinetten vorgearbeitet hatte und entsprechende Schubladenentwürfe bereithielt. Der Staatssekretär aus dem Reichsinnenministerium Hans Pfundtner und der (später als Widerstandskämpfer hingerichtete) preußische Finanzminister Johannes Popitz, waren maßgeblich an den Versuchen beteiligt, 1933 eine juristisch ordentliche Minderstellung der Juden zu erwirken. Doch die Überlegungen der Ministerialbürokratie wurden vorerst vom Radau der Straße überdröhnt. Die terroristischen Übergriffe der SA gegen die politischen Gegner des Regimes, die jüdischen Bolschewisten, Sozialisten und Freisinnigen, zerschlugen zwar den Widerstand der organisierten Arbeiterschaft, entwickelten aber eine Eigendynamik, die das gesamte noch ungefestigte Regime samt seiner labilen Regierungskoalition in einer zweiten

[5] »Der Nationalsozialist hat erkannt: Der Jude ist kein Mensch. Er ist eine Fäulniserscheinung.« Walter Buch, oberster Parteirichter der NSDAP, 1938. Zitiert bei Alex Bein, *Die Judenfrage. Biographie eines Weltproblems.* Stuttgart 1980, Bd. 1, S. 363.

Revolution hinwegzufegen drohte. Der von Hitler angeordnete, von Goebbels propagandistisch vorbereitete und von Streicher organisatorisch abgewickelte Boykott jüdischer Geschäfte am 1. April 1933 sollte daher lediglich das System stabilisieren. Die Ausschreitungen der SA wurden diszipliniert, und die Agitatoren des Regimes durften ihr Repertoire zielgerichtet erproben. Die Masse der Bevölkerung betrachtete den Boykott als den üblichen Klamauk der Nazis und reagierte wie gewohnt indifferent. Doch die Folgen dieser staatlich verordneten wirtschaftlichen Diskriminierung der Juden waren beträchtlich: Das Ausland bezog Stellung gegen das neue Regime, und die noch nicht von der Weltwirtschaftskrise erholte Wirtschaft nahm Schaden. Obgleich offiziell verboten, ließen sich nunmehr Einzelaktionen auf lokaler Ebene gegen Juden und jüdische Geschäfte nicht mehr verhindern. Die lokalen Satrapen erprobten die neue Machtfülle gegen die Außenseiter der neuen Volksgemeinschaft, die Juden, und ließen sich von der Berliner Zentrale nicht dreinreden. Der Gauleiter der Saarpfalz wischte zum Beispiel mit einem Erlaß alle Weisungen aus Berlin vom Tisch, die ungesetzliche Maßnahmen gegen die Juden verboten: »Uns alte Nazis gehen die Auslassungen eines Renommiernazis gar nichts an.«[6] Jüdische Ladenketten und Warenhäuser erlitten ruinöse Geschäftseinbußen, so daß einer der größten jüdischen Kaufhauskonzerne Tietz (Berlin) nur mit einem von Hitler persönlich gebilligten Reichskredit vor dem Zusammenbruch bewahrt werden konnte.

Die manifesten Widersprüche zwischen der Ministerialbürokratie und Parteiorganen in der Judenpolitik, zwischen Ordnung und Krawall, sollten bis 1939 anhalten, da Hitler als Politiker die Bürokratie unterstützte und zugleich als Parteiführer auch die Massenorganisationen der Bewegung. Beide Lager paralysierten einander im lokalen Kleinkrieg wie auf der Berliner Führungsebene in der Rangelei um Kompetenzen. Das Judenproblem wurde geschürt. Die Bevölkerung stumpfte gegenüber den vielfältigen Formen staatlicher Diskriminierungen und individueller antijüdischer Ausschreitungen ab. Die Lösung der Judenfrage konnte daher 1939 in einer politisch und massenpsychologisch gewandelten Situation einer dritten Kraft, der SS, überantwortet werden.

[6] Zitiert bei Helmut Genschel, *Die Verdrängung der Juden aus der Wirtschaft im Dritten Reich.* Göttingen 1966, S. 82.

Die wichtigsten Stationen auf diesem Wege der juristischen Diskriminierung und menschlichen Entrechtung der Juden waren das Gesetz zur Wiederherstellung des Berufsbeamtentums (7. April 1933), die Nürnberger Rassegesetze (15. September 1935) und die der sogenannten Reichskristallnacht folgenden Gesetzesmaßnahmen (12. November 1938) zur Ausschaltung der Juden aus dem Wirtschaftsleben. Alle drei Aktionen liefen nach einem verwandten Schema ab: Ein parteiinterner Druck von der Basis, der nach Aktionen gegen die »Volksschädlinge« verlangte, ließ sich jederzeit durch den Propagandaapparat als das »gesunde Volksempfinden« mobilisieren. Inszenierte Ausschreitungen gegen Juden lieferten daher immer die Begründung für die dann notwendigen gesetzlichen Maßnahmen zum vermeintlichen Schutz derselben. Dem Gesetz zur Zwangspensionierung jüdischer und politisch verdächtiger Staatsbeamter, offiziell getarnt als Wiederherstellung des Berufsbeamtentums, gingen die im Aprilboykott kulminierenden antijüdischen Aktionen voraus. Die Nürnberger Rassegesetze wurden propagandistisch durch von Goebbels in Berlin inszenierte Pogromwellen so gut vorbereitet, daß selbst manche Juden die Segregation von den Ariern und den ihnen zugebilligten minderen Rechtsstatus als eine Schutzmaßnahme begrüßten. Auch das Pogrom vom 8./9. November 1938 wurde von Goebbels als Rache des deutschen Volkes für einen wenige Tage zuvor von einem Juden angeschossenen und am 8. November verstorbenen deutschen Diplomaten (vom Rath) in Paris propagandistisch vorbereitet und schließlich sogar von ihm selbst gelenkt. Der Propagandaminister wurde in seinen antijüdischen Aktionen immer von Hitler gedeckt, auch wenn er nicht immer dessen Einwilligung zuvor eingeholt hatte.

Hitlers – nur zu mutmaßende – Intentionen jener Zeit zielten auf eine vorsichtige, schrittweise durchgeführte Entrechtung der Juden; in die von den unterschiedlichen Machtträgern durchgeführte antijüdische Politik brauchte er daher lediglich lenkend einzugreifen. Die traditionellen Antisemiten der Bürokratie konnten so ihren größten Triumph mit der Verabschiedung der Nürnberger Gesetze erleben; die SA-Rollkommandos und Goebbels sahen ihre Sternstunde, als in der »Reichskristallnacht« alles Jüdische in Scherben fiel. Das ungehinderte Entfalten verschiedenartiger Formen des Antisemitismus ließ zwar eine staatlich gelenkte einheitliche Ausrichtung vermissen, beschleunigte aber den Prozeß der Ausgliederung der Juden, vor allem der jüdisch-akademischen Oberschicht, aus der Gesellschaft. Durcheinander und Willkürakte lähmten zudem Abwehrkräfte, sowohl bei Juden als auch innerhalb der deutschen Öffentlichkeit und im Ausland.

Das deutsche Judentum hatte den größten Assimilationsschub in seiner Geschichte während der Weimarer Republik erfahren und betrachtete sich selbst als ein sterbendes Volk. Weder religiös noch politisch eine homogene Minderheit, entsprach ihr Verhalten gegenüber der nationalsozialistischen Machtübernahme dem des größeren Teils der deutschen Bevölkerung, welcher die Nationalsozialisten nicht gewählt hatte. Einige völkisch ausgerichtete Gruppen, wie der von Hans-Joachim Schoeps angeführte »Vortrupp«, wollten wohl als deutscher Volksstamm anerkannt werden, die zionistische Vereinigung erhoffte eine verstärkte Auswanderungsbereitschaft, andere wiederum sahen in einem Konkordat Möglichkeiten eines geregelten Miteinanders, aber nur einige linksliberale und sozialistische jüdische Intellektuelle lehnten den neuen Staat kompromißlos ab. Die Masse der Juden versuchte sich – wie die Masse der Deutschen – mit dem Nationalsozialismus zu arrangieren. Der Centralverein deutscher Juden, der zahlenmäßig stärkste jüdische Verband im Reich, gestand noch im Februar 1934 der Reichsregierung in einer offenen Erklärung das Recht zu, »über Ausmaß und Grenzen unseres Tätigkeitsbereiches sowie über Form und Inhalt unseres Zusammenseins zu entscheiden«[7]. An alltägliche Diskriminierungen aus der Weimarer Zeit längst gewöhnt, wurden die 1933 vorgenommenen juristischen Diskreditierungen als Legalisierung bestehender Zustände empfunden und von nur wenigen, wie Leo Baeck, als Vorboten einer vollständigen Entrechtung gedeutet. Das Vertrauen auf den Staat und die Hoffnung auf einen Modus vivendi hielten bis zur Reichskristallnacht an. Die neuen Machthaber förderten zudem jüdische Kulturarbeit, die verstärkt einsetzende Selbstbesinnung der Juden auf die Synagoge. Denn dadurch ließ sich die Assimilation schneller rückgängig machen, und die Juden wurden wieder zu einer homogenen und damit leichter isolierbaren Gruppe.

Die Bereitschaft zur Auswanderung war daher gering. Trotz

[7] Rita Thalmann, *Das Protokoll der Wannseekonferenz. Vom Antisemitismus zur »Endlösung der Judenfrage«*. In: Alfred Grosser (Hg.), *Wie war es möglich? Die Wirklichkeit des Nationalsozialismus. Neun Studien.* München 1977, S. 152f.

einer spontanen Emigrationswelle Anfang 1933 blieb, nicht zuletzt wegen der vielen Rückwanderer, die Zahl der Deutschen mosaischen Glaubens bei der Volkszählung im Juni 1933 mit 499682 Juden, gleich 0,77 Prozent der Bevölkerung, annähernd konstant gegenüber der Zeit zuvor. Erst das persönliche Betroffensein durch Einzelausschreitungen und verschärfte antijüdische Gesetzgebung weckten zumindest unter kapitalkräftigen und jüngeren Juden allmählich die Bereitschaft, Deutschland zu verlassen. Das westliche Ausland und Großbritannien als Mandatsmacht in Palästina handhabten indes eine restriktive jüdische Einwanderungspolitik. Die Welle jüdischer Emigranten kam in den 30er Jahren auch nicht aus dem Reich mit durchschnittlich 23000 Juden pro Jahr, sondern aus Polen, dem etwa 100000 Juden jährlich entflohen. Eine internationale Konferenz über Flüchtlingsfragen, die im Juli 1938 in Evian stattfand, offenbarte diese internationale Dimension jüdischer Auswanderung und vermochte keine Lösungen zu finden. Das nationalsozialistische Deutschland, auf der Konferenz selbst nicht vertreten, sah sich in seiner Judenpolitik und deren Beurteilung als weltweites Problem bestätigt. Geradezu als Blankoscheck für weitere Restriktionen mußte das Memorandum des aus der Konferenz hervorgegangenen internationalen Flüchtlingskomitees an die Reichsregierung wirken. In ihm wurde Berlin explizit das Recht zugestanden, gesetzliche Maßnahmen gegen Juden zu erlassen. Das Ausland erkannte damit den Juden einen internationalen Sonderstatus als Gastvolk zu und sanktionierte dessen gesetzliche Diskriminierung.

Die Zurücknahme einer vermeintlich gescheiterten Emanzipation der Juden entsprach der traditionellen Klassifizierung der Juden durch die christliche Kirche als einer Religionsgemeinschaft mit minderen Rechten. Wie in der abendländischen Gesellschaft bis zu den ersten Emanzipationsedikten üblich, blieb für die Kirche die Taufe das entscheidende Kriterium für die Zugehörigkeit zur christlichen Gesellschaft. Der Taufschein war gleichzeitig Schutzausweis, um die Konvertierten vor Verfolgungen zu bewahren. Die protestantischen Kirchen in Deutschland und die katholische Kirche machten daher dem nationalsozialistischen Staat nie das Recht streitig, die hebräische Minderheit gesetzlichen Beschränkungen zu unterwerfen. Beide Kirchen protestierten grundsätzlich nur gegen Maßnahmen des Regimes, wenn diese die eigenen Schutzbefohlenen direkt betrafen. Gegen den antijüdischen, staatlich verordneten

Boykott vom 1. April 1933 regte sich keine kirchliche Stimme. Statt dessen versuchte der nationalistisch-lutherisch orthodoxe Flügel der Protestanten, die Deutschen Christen, die unheilige Allianz von Thron, nunmehr Führer, und Altar wiederzubeleben. Protestantische Kirchenführer verteidigten, wie der Generalsuperintendent der Kurmark Otto Dibelius, wortgewaltig die Maßnahmen der neuen Regierung gegen die Juden in ans Ausland gerichteten Rundfunksendungen. Und der Münchner Kardinal Faulhaber gab, allerdings intern, der staatlichen Judenhetze den Vorzug vor einer möglichen Jesuitenhetze. Gegen die Entfernung jüdischer und politisch unzuverlässiger Beamter intervenierte die katholische Kirche lediglich zugunsten von Zentrumsbeamten, opferte indes zur gleichen Zeit bedenkenlos das Zentrum einem Konkordat mit dem Reich. Wohl trat auf protestantischer Seite die sich formierende Bekennende Kirche der Anwendung des Arierparagraphen in der Gemeinde vehement entgegen, doch wollte selbst sie die Notwendigkeit einer staatlichen Gesetzgebung zum Schutz des Volkes nicht infragestellen. Als der neue Reichskanzler Ende April 1933 erstmals Repräsentanten der beiden Kirchen empfing, konnte er sicher sein, keine Proteste entgegennehmen zu müssen. Statt dessen brachte Hitler gegenüber den katholischen Führern komplizenhaft das Thema Juden von sich aus zur Sprache und erhielt keinen Widerspruch, als er ausführte, daß die katholische Kirche »die Juden ebenfalls immer als Schädlinge angesehen und sie daher in Ghettos verbannt hätte«[8]. Wohl verwahrte sich die Kirche fortan gegen nationalsozialistische Übergriffe und erreichte wie der Vatikan mit seiner Enzyklika von 1937 (›Mit brennender Sorge‹), daß die Prozesse gegen katholische Geistliche vorübergehend eingestellt wurden, doch für die jüdischen Mitbürger verwandte sich keine der beiden Konfessionen.

Diese institutionelle Bewahrungspolitik der Kirchen, die indifferente Haltung der deutschen Öffentlichkeit und die Passivität des Auslandes sollten sich auch nach der sogen. Reichskristallnacht nicht grundsätzlich ändern. Nunmehr übernahm Göring auf ausdrückliche Weisung Hitlers die »Gesamtlösung« der Judenfrage. Er ließ die Juden sogleich wirtschaftlich enteignen und betraute die SS mit einer zentralen Lenkung der Auswanderung. Die nationalsozialistische Judenpolitik hatte das Sta-

[8] Klaus Scholder, *Die Kirchen und das Dritte Reich.* Bd. 1: *Vorgeschichte und Zeit der Illusionen 1918–1934.* Berlin 1977, S. 354.

dium der Zwangsausweisung und – damit verbunden – der staatlichen Bereicherung erreicht. Die Sozialstruktur der Anfang 1939 im Reich ansässigen Juden hatte sich im Vergleich zu 1933 vollständig verkehrt. Etwa 70 Prozent der erwerbstätigen Juden konnten keinen Beruf mehr ausüben, sie lebten von Resten des eigenen Vermögens oder mit Hilfe der jüdischen Wohlfahrtsorganisationen. Das deutsche Judentum war 1939 aus der Gesellschaft ausgegliedert und befand sich in einem Prozeß der Verelendung, der es dem Propagandaklischee vom herumstreichenden, schmutzigen Ostjuden allmählich tatsächlich nahekommen ließ.

Die Voraussetzungen waren erfüllt, um die gesetzlich entrechtete und gesellschaftlich isolierte jüdische Minderheit aus dem deutschen Volk zu entfernen, wie es Hitler seit 1919 verlangt und propagiert hatte. In welcher Form diese Entfernung vonstatten gehen sollte, blieb bis 1941 eine offene, vieldiskutierte Frage. Die Genese der »Endlösung« als physische Vernichtung läßt sich nicht anhand einer schlüssigen Folge von Anweisungen und deren Durchführung erhellen. Da weder die Motive der Entscheidungsträger, insbesondere Hitlers, schriftlich überliefert sind, noch überhaupt eindeutige, schriftlich erfolgte Vernichtungsorder der Führung existieren, sind die Historiker bei der Rekonstruktion und Erklärung des größten Massenmordes der Geschichte auf Indizien angewiesen. Diese lassen sich unterschiedlich deuten, so daß in der wissenschaftlichen Literatur eine Vielzahl von Erklärungen zu finden ist. Die unmittelbare Vorgeschichte der Ausrottung entzieht sich gesicherter historischer Interpretation.

Die Deutung der Vernichtung als metahistorisches Ereignis, als rational nicht faßbares Geschehnis in der Geschichte, herrschte lange Zeit nach dem Kriege in Deutschland vor. Sie entsprach dem Bedürfnis nach kollektiver Verdrängung nationalsozialistischer, vor 1945 stillschweigend geduldeter Verbrechen und offenbarte eine bis heute anzutreffende »Unfähigkeit zu trauern« (Mitscherlich). Eine andere unmittelbar nach der Aufdeckung der Vernichtung gängige und fast zu simple Erklärung von jüdischer Seite »Nur weil es Juden waren« entstammt der historischen Erfahrung eines leidgeprüften Volkes. Die historische Kontinuität des Antisemitismus in der abendländischen Welt läßt diesen aus jüdischer Sicht nahezu als einen angeborenen Trieb in der christlichen Gesellschaft erscheinen und die Massaker des Nationalsozialismus als wenn auch grauenhafte, so doch letztlich nicht abwendbare Episode erklären. Am schwersten tut sich die marxistische Deutung, die entsprechend dem gesetzmäßigen Ablauf der Geschichte in der Vernichtung der Juden den extremsten Ausdruck bourgeoiser Monopolherrschaft sehen will und zur Erhärtung dieser Thesen auf die Fabrikanlagen in den Konzentrationslagern verweist sowie auf die von den Nazis selbst herausgegebene, jedoch in einem anderen Sinne verstandene Parole von der »Vernichtung durch Arbeit«. Dieser Erklärung stehen die zahlreichen überlieferten Befehle entgegen, daß wirtschaftliche Überlegungen bei der Endlösung der Judenfrage grundsätzlich nicht zu berücksichtigen seien (Himmler). Die Auffassung von einer irrationalen Selbstzerstörung des deutschen Faschismus, die sich konsequent aus einem zum Selbstzweck erhobenen Primat nationaler Politik ergeben habe (Mason), fußt zu sehr in einer retrospektiven Sicht des deutschen Sonderweges und vermag den Gang der Ereignisse nicht hinreichend zu erklären. Die sogen. Brückenverbrennungstheorie, d. h. durch ein gigantisches, von der Staatsführung inszeniertes Verbrechen das Volk bis in den Untergang an das Regime zu binden und sämtliche Brücken einer Verständigung abzureißen (Poliakov), besticht auf den ersten Blick. Weite Kreise der Bevölkerung, die um diese Untaten wußten, haben den sinnlosen Fortgang des Krieges nach den entscheidenden militärischen Wenden nicht anders zu erklären vermocht. Hitler selbst hat sich in Unterredungen mit ausländischen Staatsmännern dieses Bildes bedient, weniger allerdings, um die »Endlösung« rational zu rechtfertigen als vielmehr, um die zahlreichen Gedanken des verbündeten Auslandes an einen Friedensschluß zu vereiteln. Für das Ausführungsorgan der SS sind indes wiederum solche Gedankengänge nicht nachzuweisen. Im Gegenteil, die SS versuchte in den letzten Kriegsjahren mit den noch verbliebenen Juden als Pfand Friedenskontakte zum Westen zu knüpfen.

Einen schlüssigen Kern an Wahrscheinlichkeit bergen die Thesen, die in der Judenvernichtung ein eigenständiges, vom militärischen Kampf partiell abhängiges Kriegsziel sehen und die Motive in der Glaubenslehre des Nationalsozialismus, verkörpert im pathologischen Judenhaß des Führers, festmachen. Strittig ist bei den Verfechtern dieser Auffassung lediglich der Grad der Planmäßigkeit, ob reine Improvisation (Broszat) oder geplanter Ablauf (Hillgruber). Die Verbindung beider Positionen bei ihrer zeitlichen Abgrenzung erscheint mir als die schlüssigste Erklärung. Die biologische Revolution, Hitlers chiliastisches Endziel, gestattete ein anfängliches Improvisieren mit der Endlösung, geriet jedoch mit der Planung und Durchführung des Unternehmens »Barbarossa« in ideologische Sachzwänge, aus denen sich nach lokalen Liquidationen die fabrikmäßig betriebene Massenvernichtung schließlich 1942 ergab.

Ein kurzer Abriß der tatsächlichen Vorgänge soll diese These erhärten. Die SS, ab der Jahreswende 1938/39 für die Judenpolitik verantwortlich, betrieb hartnäckig gegen den Widerstand der Partei und des Auswärtigen Amtes die konsequente Ausweisung der Juden aus dem Reich. Bis zum Verbot der Auswanderung im Oktober 1941 vermochte daher ein weiteres Drittel der deutschen Juden ins Ausland zu gelangen, bevor das restliche Drittel, ca. 160000 Personen, in die Gaskammern getrieben wurde. Mit Kriegsbeginn war die Auswanderungspolitik fortgesetzt worden, kollidierte indes mit der Volkstumspolitik in Polen, die der SS ebenfalls übertragen wurde. Das Ausland vermochte wohl die relativ geringe Zahl der deutschen Juden zu absorbieren, indes kaum die 2,4 Millionen polnischen Juden, die sich ab Oktober 1939 in deutschen Händen befanden. Das rücksichtslose Vorgehen von Sondereinheiten der SS in Polen wird häufig zusammen mit dem im Reich angelaufenen Euthanasieprogramm als planmäßige Erprobung der Endlösung gedeutet. Gewiß, die biologische Revolution wurde mit Kriegsbeginn eingeleitet und hatte die selektive Vernichtung sogen. minderwertigen Lebens, ob als geistig Behinderte oder jüdische »Volkstumsschädlinge« in Polen, zur Folge. Die SS wurde, so stellt es sich aus der Rückschau dar, für größere auf sie zukommende Aufgaben systematisch trainiert, das besetzte Polen wurde zum Experimentierfeld für die Germanisierungspolitik. Doch die SS als Elitetruppe des Führers und Avantgarde des Tausendjährigen Reiches gehorchte zwar, betrieb aber parallel zu den ihr übertragenen Exekutionen den Plan eines Judenstaates.

Das Gebiet südlich von Lublin war für die Ansiedlung der polnischen und der übrigen im deutschen Machtbereich ansässigen Juden vorgesehen. Die ersten Deportationen österreichischer und Prager Juden sowie der jüdischen Bürger aus Pommern Anfang 1940 dienten dem Aufbau dieses halbautonomen Judenstaates. Doch die SS vermochte sich gegen die Parteidienststellen und den Generalgouverneur Hans Frank nicht durchzusetzen. Die Parteigenossen hatten sich die antisemitische Heilslehre längst zu eigen gemacht und versuchten im Wettstreit miteinander, die Juden zu drangsalieren und ihren jeweiligen Herrschaftsbereich so rasch wie möglich als »judenfrei« zu erklären. Der sogen. Nisko-Plan wurde daher im April 1940 aufgegeben.

Statt dessen rückte mit der sich abzeichnenden Niederlage Frankreichs ein altes Vorhaben, die Juden der Welt auf Madagaskar anzusiedeln, in den Bereich des Möglichen. Himmler selbst sprach sich in einer Denkschrift für die Ansiedlung der Juden in Afrika aus und lehnte die als bolschewistisch apostrophierte Methode des Massenmordes als »ungermanisch«[9] ab. Hitler erläuterte Mussolini diesen Ansiedlungsplan. Im Sommer 1940 überboten sich Reichsbehörden und Parteiinstanzen, auch Alfred Rosenberg, in den Planungen für einen unter deutscher Oberhoheit stehenden Judenstaat Madagaskar. Die Juden aus Baden und der Saarpfalz sollten die Vorhut dieses jüdischen Exodus bilden und wurden Ende Oktober 1940 in das unbesetzte Vichy-Frankreich deportiert, um in Lagern auf ihre Verschiffung zu warten. Da England indes keinen Frieden schloß und Hitler die Planungen für einen Ostfeldzug aufnahm, wurde das Madagaskar-Projekt zwar aus Gründen der Tarnung weiterverfolgt, die Politik den Juden gegenüber aber nunmehr auf die physische Vernichtung hin umgelenkt.

In den seit März 1941 anlaufenden Planungen für den Ostfeldzug waren Endlösung und Gewinnung neuen Lebensraumes ganz im Sinne des Hitler-Rosenbergschen Feindbildes vom jüdischen Bolschewismus untrennbar miteinander verbunden. Die Aufstellung von SS-Einsatztruppen und zahlreiche von Hitler persönlich ergangene Anweisungen, wie etwa der Kommissarbefehl, in Kommunisten und Juden den weltanschaulichen Todfeind zu sehen und rücksichtslos zu vernichten, bereiteten den Rassekrieg systematisch vor. Ab dem 22. Juni 1941 wurden hinter dem Schutzschild der vorrückenden Wehrmacht im besetzten Rußland bis Jahresende etwa eine Million Juden auf grausamste Art und Weise vernichtet. Von dem Verbrechertum der Einsatzkommandos zu den Gaskammern von Auschwitz war es lediglich ein organisatorischer Schritt zur – wie es zynisch hieß – »Humanisierung des Tötungsprozesses«, jedoch

[9] Helmut Krausnick, *Himmlers Denkschrift über die Behandlung der Fremdvölkischen im Osten (28. Mai 1940).* Vierteljahrshefte für Zeitgeschichte 5 (1957), S. 197ff.

kein qualitativer Umschlag mehr. Der Tag, an dem die Ausrottung des europäischen Judentums beschlossen wurde, ist nicht mit der berüchtigten Wannseekonferenz vom 20. Januar 1942 zu datieren. Auf dieser Besprechung wurden lediglich die organisatorischen Konsequenzen aus einer bereits angelaufenen und sich eskalierenden Massenvernichtung der Juden gezogen. Zu welchem Zeitpunkt die westeuropäischen Juden unter deutscher Herrschaft in dieses Vernichtungskonzept einbezogen wurden, läßt sich nicht exakt ermitteln. Vermutlich reifte diese Entscheidung bei Hitler parallel zu der Einsicht, den Blitzkrieg im Osten und damit möglicherweise den gesamten Krieg verloren zu haben, und wäre damit in der zweiten Novemberhälfte 1941 erfolgt. Die planmäßige Endlösung begann im Dezember in Chelmno und wurde mit dem Namen Auschwitz, wo die Gaskammern im Frühjahr 1942 fertiggestellt waren, zum Symbol eines in der Geschichte singulären Massenmordes, dem über fünf Millionen Menschen zum Opfer fielen. Ab 1942 hatte auf ausdrückliche Weisungen aus Hitlers Hauptquartier die Vernichtungsaktion absolute Priorität vor den militärischen Erfordernissen der Front oder etwa rüstungswirtschaftlichen Überlegungen. Der Dogmatiker in Hitler hatte über den machtpolitischen Strategen endgültig gesiegt und damit die Niederlage Deutschlands besiegelt.

»Wie geheim war die Endlösung?« und »Welche Reaktionen löste sie aus?« Die zweite Frage nimmt die Beantwortung der ersten vorweg. Zwar blieben Einzelheiten und Ausmaß der Ausrottung der Juden während des Krieges unbekannt. Aber die Tatsache der Vernichtung hätte bekannt sein können, auch wenn sie von vielen aus psychischem Selbstschutz und dem Gefühl individueller Ohnmacht nicht zur Kenntnis genommen wurde. Nach der Niederlage, als der Massenmord offenkundig war, wurde daher aus Scham und kollektiver Verdrängung oft behauptet: »Davon haben wir nichts gewußt.« Doch wer wissen wollte, was geschah, der konnte es auch im Krieg in Erfahrung bringen. Die Deportation der Juden hatte sich in aller Öffentlichkeit unter tatkräftiger Mithilfe der lokalen Polizei und kommunaler Behörden abgespielt, der Abtransport der Juden nach Osten war bekannt, hunderttausende von Fronturlaubern aus Rußland berichteten über die Vernichtungsaktionen oder über die rauchenden Schlote der Krematorien. Hitler selbst hat in öffentlichen Reden und Proklamationen, die über den Rundfunk verbreitet und in den Zeitungen zu lesen waren, vom 1. Januar 1942 bis zum 21. März 1943 insgesamt neunmal[10] die Ausrottung und Vernichtung der europäischen Juden beim Namen genannt und gerechtfertigt.

Diese öffentlichen Erklärungen waren schon deshalb erforderlich, um die an der Vernichtung direkt oder indirekt Beteiligten in dem Glauben an die Rechtmäßigkeit ihres Tuns zu stärken und keine moralischen Skrupel aufkommen zu lassen. Das Charisma des Führers gab vor allem jenen Akademikern, die in hohen SS-Rängen die Durchführung organisierten und überwachten, den notwendigen Halt und vermittelte ihnen die noch in den Nürnberger Prozessen anhaltende Überzeugung, nur das Beste für Volk und Vaterland getan zu haben. Himmler hat es mehrfach zur Ermunterung selbst höchster SS-Führer aussprechen müssen, wie schwer die Ausrottung des jüdischen Volkes, diese Durchführung eines von Hitler ausgegangenen Befehls, seiner Truppe gefallen ist: »Dies durchgehalten zu haben und dabei – abgesehen von menschlichen Schwächen – anständig geblieben zu sein, das hat uns hart gemacht. Das ist ein niemals geschriebenes und niemals zu schreibendes Ruhmesblatt unserer Geschichte.«[11]

Die Reaktion breiter Bevölkerungskreise auf das offene Geheimnis des Massenmordes war apathisch. Die systematische Indoktrination mit der nationalsozialistischen antijüdischen Weltanschauung wurde im Krieg, als die Juden bereits deportiert waren, mit Vehemenz weiterbetrieben. Das Feindbild von den Juden, nunmehr in Form des internationalen Judentums, blieb erhalten und sollte nun zur Festigung der inneren Front beitragen. Die Vernichtung der deutschen Juden konnte zudem als Strafe für eigenes erlittenes Unrecht, wie die Bombardierungen, gerechtfertigt werden. Diese Dialektik spricht deutlich aus den Worten, mit denen sich die 1935 in der ›Historischen Zeitschrift‹ eingerichtete Rubrik »Zur Geschichte der Judenfrage« im Sommer 1942 verabschiedete: »Die Herrschaft des Juden kann nicht am Ende von Jahrhunderten des Strebens und der

[10] 1. Jan. 1942, 30. Jan. 1942, 24. Febr. 1942, 30. Sept. 1942, 8. Nov. 1942, 24. Febr. 1943. Belege bei Max Domarus, *Hitler. Reden und Proklamationen.* Bd. 2: *Untergang (1939–1945).* Würzburg 1963. 1. Jan. 1943, 30. Jan. 1943, 21. März 1943. Belege in: *Die Judenfrage.* Hg. v. der antijüdischen Aktion, i. e. Reichsministerium für Volksaufklärung und Propaganda (Goebbels).

[11] Internationaler Militärgerichtshof, Nürnberg. *Der Prozeß gegen die Hauptkriegsverbrecher.* Bd. XXIX, Dokument PS-1919, S. 145 (am 4. Okt. 1943 in Posen).

Leistung stehen. Er wird aus dem Wege geräumt und, vielleicht durch einen Vorgang, dessen Rauheit die Philosophie weniger billigen wird, dahingehend belehrt werden, daß die Kultur nicht dazu da ist, irgendeinem selbstauserwählten Volk als Denkmalssockel oder Spieltisch zu dienen.«[12] Auch ein Teil der wegen ihrer Humanitätsduselei von den Nazis so häufig verspotteten Geisteswissenschaftler internalisierte die Weltanschauung des Regimes in sublimierter Form und rechtfertigte – wie das Beispiel zeigt – indirekt den Völkermord.

Die beiden Kirchen schwiegen, obgleich die vereinten Proteste beider Konfessionen im Sommer 1941 zur Einstellung des Euthanasie-Programms geführt hatten. Der Papst, Pius XII., schwieg trotz besseren Wissens beharrlich und wies die zum Protest, ja – wie im Falle des Berliner Bischofs Graf Preysing – zum demonstrativen Rücktritt entschlossenen Kirchenführer in die Schranken der Seelsorge gegenüber ihren Schutzbefohlenen zurück. Noch Ende 1944, als im Angesicht der Roten Armee die Verbände Eichmanns die Budapester Juden einfingen, verlangte die Nuntiatur die Taufe, um Schutzscheine auszustellen. Der einzige kirchliche Protest gegen den Judenmord, der Hitler jemals erreichte, war ein Appell des württembergischen Landesbischofs Theophil Wurm im Juli 1943. Was für einen einfachen Geistlichen ein Todesurteil wegen Hochverrats bedeutet hätte, das brachte Wurm lediglich einen schweren Verweis aus der Reichskanzlei ein. Hohe Kirchenführer wagte das Regime während des Krieges nicht anzutasten, doch die Kirchen begaben sich der Möglichkeit, zumindest das moralische Gewissen der Nation zu dokumentieren.

Wie die Kirchen, so sahen auch die Alliierten, ja selbst jüdische Organisationen in den westlichen Ländern, tatenlos dem Massenmord zu. Auf keiner der interalliierten Kriegskonferenzen wurde der Völkermord an den Juden zum Gegenstand der Tagesordnung. Mit Rücksicht auf einen in den westlichen Demokratien genauso wie in der Sowjetunion vorhandenen latenten Antisemitismus wagten die Regierungen nicht einmal, die Barbareien an den Juden für die antideutsche Kriegspropaganda zu nutzen. Ab Herbst 1942 besaßen alle Seiten sichere Informationen über die Vernichtungslager in Polen. Die mittleren Rän-

[12] Heinrich Heerwagen, *Eine judengegnerische Stimme im England der Victoria: Goldwin Smith.* Historische Zeitschrift 166 (1942), S. 318. Heerwagen, ehemals Studienrat, Professor und Abteilungsdirektor am Germanischen Nationalmuseum Nürnberg, versteckt sich hinter einem Zitat von G. Smith.

ge der Bürokratie in Washington und London blockierten jedoch sämtliche Hilfsmaßnahmen oder verbaten sich sogar, wie das State Department, die Berichterstattung über sogen. unpolitische Vorgänge, d. h. über Einzelheiten der Vernichtungsaktionen. Es blieb bei einer verbalen Verurteilung des Mordes an den Juden in einer Deklaration der Vereinten Nationen vom Dezember 1942. Eine englisch-amerikanische Konferenz auf den Bermudas über Flüchtlingsfragen im April 1943, auf Proteste der englischen und amerikanischen Kirchen hin einberufen, ließ Hilfsmaßnahmen am angeblich fehlenden Transportraum für die Evakuierungen in Europa (Rumänien, Ungarn) bedrohter Juden scheitern. Vorschläge, die Bombardements deutscher Städte als Vergeltungsschläge für den Mord an wehrlosen Juden zu deklarieren, wurden ebenso aus angeblichen militärischen Gründen verworfen wie der mehrfach vorgebrachte Plan, Auschwitz oder doch wenigstens die dahin führenden Eisenbahnlinien zu bombardieren. Die alliierte Luftwaffe flog nur militärische Einsätze gegen die Industrieanlagen der IG Farben in Auschwitz-Birkenau. Hitlers intern geäußerte Prophezeiung zu Beginn der Endlösung – »Für die Juden rührt sich keine Hand« – hatte sich als nur zu wahr herausgestellt.

Schlußbemerkung

Die Verfolgung von Juden mit dem Ziel ihrer Vernichtung war im abendländisch-christlichen Kulturkreis angelegt und immer wieder – wie die Einzelbeiträge in diesem Bande verdeutlicht haben – praktiziert worden. Die islamische Welt, geschweige denn die indischen oder ostasiatischen Kulturen kannten, obgleich auch in ihnen zahlreiche Juden ansässig waren, keine Judenfrage. Juden lebten dort als eine von vielen Minderheiten und blieben unbehelligt, solange sie die staatliche Ordnung nicht gefährdeten. In der fast zweitausendjährigen Geschichte der Juden in Indien und China ist kein einziges Pogrom bekannt.

Der Antisemitismus war und ist das Ritual der christlich geprägten westlichen Zivilisation. Seine Ursachen liegen im Haß auf das Nicht-Identische, auf die Sonderheit des Jüdischen mit seiner sozialen wie religiösen Abgrenzung, ein Haß, der permanent mit dem christlichen Toleranzanspruch kollidiert.

Eine endgültige Lösung einer – wie in den 30er Jahren international als solcher anerkannten – Judenfrage war allein im westlichen Kulturkreis vorstellbar. Daß diese »Lösung« in Deutschland versucht wurde, ist, von der langen Geschichte des Antijudaismus her gesehen, eine Akzidenz, die sich jedoch für den Zeithistoriker aus den Hypotheken des preußisch-deutschen Sonderweges erklärt. Der Irrweg der Intellektuellen, die seit der Romantik das deutsche Volk als metaphysische Einheit betrachteten und den deutschen Geist über die jüdische Materie stellten; die ausgebliebene politische Emanzipation des deutschen Bürgertums, das in der Symbiose mit dem Obrigkeitsstaat als Ferment das jüdische Feindbild des Vaterlandsverräters brauchte und nicht zuletzt massenpsychologisch abrufbare Verhaltensmuster als Folge einer Sozialisation, die auf Emotionslosigkeit, Leistung und Gehorsam abhob – dies alles zusammen mögen Faktoren sein, die in Deutschland, im Unterschied zu den anderen christlich-antisemitisch eingestellten Nationen, keine Korrektive gegen einen zur Staatsdoktrin erhobenen Antisemitismus entstehen ließen. Um mit Karl Jaspers zu schließen: Es gibt für den Mord an über fünf Millionen Juden keine Kollektivschuld der Deutschen, wohl aber eine kollektive politische Haftung, die einen Neubeginn und ein Nicht-Wiederholen in sich schließt.

Die Juden als Minderheit in der Geschichte
Versuch eines Resümees

von GOTTFRIED SCHRAMM

Wir stehen am Ende einer bestürzenden Geschichte. Ohne daß es eine Vorabsprache gegeben hätte, bestätigen die einzelnen Beiträge dieses Bandes, was man für Deutschland vielleicht so zusammenfassen kann: Über tausend Jahre lang hat in unserer Mitte eine Minderheit gewohnt, die sich der ungestörten Ausübung ihrer Religion und der ihr eingeräumten, ohnedies seit dem 12. Jahrhundert einengenden Rechtsstellung nie über längere Zeit sicher sein konnte. Ja, sie mußte im 19. Jahrhundert erleben, daß die ihr endlich gewährte bürgerliche Gleichberechtigung das alteingewurzelte Faktum der Diskriminierung nicht aus den Angeln hob. Wenn den Juden, wie Hans-Günter Zmarzlik erläutert hat, ausnahmsweise einmal ein erheblicher Teil der Gesellschaft, nämlich die Liberalen, weit entgegenkam, dann wurde dafür in der Regel ein unmenschlich hoher Preis verlangt: die Aufgabe der religiös-kulturellen Identität. Die Minderheit, gegen die ihre Umwelt immer von neuem zu Felde gezogen ist, war waffenlos, friedlich gesonnen und zumeist, sobald die Voraussetzungen geschaffen waren, bereit zur Eingliederung in Lebensordnung und Lebensstil der nichtjüdischen Mehrheit. Wo immer man der Minorität einen Freiraum öffnete, bewies sie, wie nützlich sie für die Entfaltung der Wirtschaft – und nicht nur der Wirtschaft – ihrer Umwelt war.

Auf welche Triebkraft geht die lange Folge der Diskriminierungen zurück? Waren es vielleicht soziale und ökonomische Interessen der umgebenden Gesellschaft, mit denen die Juden immer von neuem kollidierten? Überzeugend, meine ich, ist ein solches Erklärungsmuster kaum. Gewiß wurden, wenn es wieder einmal gegen die Juden ging, auch und oft vor allem soziale und wirtschaftliche Gründe aufgeboten. Aber mißtrauisch muß uns stimmen, daß die Fronten zwischen Judenhassern und Judenschützern vom Mittelalter bis in unser Jahrhundert immer anders verliefen. Es sei an den Beitrag von Dieter Mertens erinnert: Während des ersten Kreuzzuges hatte die gehobene Schicht in Mainz nichts gegen ihre jüdischen Mitbürger, und der Erzbischof versuchte sie sogar gegen einen meist zugelaufenen Mob zu schützen. In Spanien dagegen spielte, wie wir von

Ernst Schulin wissen, die Kirche eine düstere Rolle bei der Mobilisierung der Bevölkerung gegen die Juden, die südlich der Pyrenäen drauf und dran gewesen waren, mehr als irgendwo zuvor mit ihrer christlichen Umwelt zu verschmelzen. Im 14. Jahrhundert, so zeigte uns František Graus, hielt Kaiser Karl IV. die Hand über seine jüdischen Kammerknechte in Böhmen. Aber im Reich, wo die Juden nicht von unmittelbarem Nutzen für ihn waren, wirkte er mit bei den ersten, von langer Hand vorbereiteten Pogromen und damit bei einem Unternehmen, in dem sich die Schrecken des 20. Jahrhunderts deutlicher als irgendwo sonst ankündigten. Seine Komplizen waren nicht zuletzt jene reichen Bürger der Städte, die während des ersten Kreuzzuges noch keine Neigung zu Judenverfolgungen verraten hatten. Hauptträger des Antisemitismus im zweiten deutschen Kaiserreich waren, wie bereits von Zmarzlik dargelegt, das Kleinbürgertum und gewisse bäuerliche Kreise, außerdem ein Teil der Intellektuellen, zu denen – aus demagogischem Interesse, die Massen für sich zu mobilisieren – der grundbesitzende Adel, namentlich in Preußen, hinzutrat. Nicht gewinnen ließ sich hingegen die Arbeiterschaft und – Konkurrenz hin, Konkurrenz her – auch nicht das Besitzbürgertum. Für die Zeit der Weimarer Republik registrierte Heinrich August Winkler einen sozialen Aufstieg des Antisemitismus. Dieser umfaßte jetzt auch die Rechtsanwälte und Ärzte, also eine Schicht von freiberuflichen Akademikern, die im 19. Jahrhundert viel zum liberalen Feldzug gegen die Judendiskriminierung beigetragen hatte. Und schließlich: wann immer zur Gewalt gegriffen wurde, machte man keinen Unterschied zwischen arm und reich. Neben den beneideten Pfeffersäcken und Großwucherern wurden immer auch und manchmal vor allem die Kümmerexistenzen aufs Korn genommen: die Hökerhändler und Altwarenkrämer. Die Nazis entwarfen Schauerbilder von ausbeuterischen jüdischen Drahtziehern, aber die große Masse der Juden, die sie in die Gaskammern pferchten, bestand aus dem Millionenheer der Ostjuden, die ihre Tage in ständiger Mühsal am Rande des Verhungerns gefristet hatten.

Wertet man das bunte Bild der sich ablösenden gesellschaftlichen Konstellationen des Antisemitismus aus, das ich hier nur mit ein paar knappen Strichen ins Gedächtnis zurückrufen konnte, dann ergibt sich, daß der soziale Gegensatz zu der Minderheit, die man als Ausbeuter und Konkurrenten empfand, wohl kaum den Schlüssel zu ihrer Diskriminierung und Verfolgung liefert, sondern uns lediglich an die Art und Weise heranführt, wie sich eine von anderswo stammende Animosität in der jeweiligen Situation artikulierte und wie sie in eine konkrete Politik, zu der immer auch soziale Träger mit ihren sozialen Interessen gehören, umgesetzt wurde. Die eigentliche Kontinuität, die hinter der jahrtausendlangen Unterdrückung der Juden steckt, ist, wie ich im engen Anschluß an Bernd Martin formulieren möchte, die Tatsache, daß die Europäer in ihrer überwältigenden Mehrheit überzeugte Christen waren. Gewiß, diese Geschlossenheit lockerte sich im 19. Jahrhundert. Und die Nazis, die in unserem Jahrhundert die schrecklichste aller Judenverfolgungen entfachten, haben zwar Vorwurf über Vorwurf auf ihre Erzfeinde gehäuft, aber der traditionelle Kernvorwurf war ihnen herzlich gleichgültig: daß die Juden den Sohn Gottes ans Kreuz geschlagen hatten. Der Befund, daß die Nationalsozialisten Postchristen oder Neuheiden waren, entkräftet jedoch, wie ich meinen möchte, meine Behauptung nicht. Denn sie waren eben doch Produkte eines Jahrtausends christlicher Vergangenheit und christlicher Bewußtseinsprägung. Und mit ihrem – zunächst so unchristlich scheinenden – Angriff auf die Juden als Rasse haben sie ein eingewurzeltes christliches Denkschema pervertierend weitergeführt. Die langandauernde, bis an die Schwelle unserer Generation nie überwundene Judenfeindschaft in Deutschland, auf das ich mich als unser Stück Abendland hier konzentrieren möchte, ist, so sei noch einmal provozierend formuliert, ein Strang praktizierter Christlichkeit. Nicht, wie man das vielleicht von den Hexenverfolgungen und von der Astrologie behaupten könnte, an den wenig spezifischen Rändern, sondern im Kern unserer abendländischen Kultur ist sie angesiedelt.

Wie läßt sich diese betrübliche Feststellung mit dem Wesen des Christentums zusammenbringen? Tut sich hier nicht ein schreiender Gegensatz zur Botschaft des Neuen Testamentes auf? Daß wir unseren Nächsten lieben sollen wie uns selbst, hatte Jesus wohlweislich an der Figur des barmherzigen Samariters exemplifiziert, also am Beispiel eines Mannes, den fromme Juden als einen Nicht-Rechtgläubigen verachteten. Der Nichtdazugehörige ist es, der – als Vorbild für die Rechtgläubigen – über die Grenzen religiöser Gemeinschaft hinweg Liebe übt. Jesus und seine ersten Folger, von denen ich nur Paulus zu nennen brauche, haben nicht primär die Liebe zu Volks- oder Glaubensgenossen gepredigt und damit, wie für archaische

Ethiken typisch, den Zusammenhalt innerhalb der Gruppe im Auge gehabt. Sie forderten vielmehr die Liebe zum Nächsten, welchem Volk und welcher Religion er auch angehöre. Damit stehen sie durchaus in einer jüdischen Tradition, die mit den Zehn Geboten ja auch den Nichtjuden vor Tötung, falschem Zeugnis und anderer Unbill schützen will und den friedlichen Fremden unter Schutz stellt. Aber wenn Jesus auch den Feind in sein Liebesgebot einbezieht und wenn in den heidenchristlichen Gemeinden zunächst die Fälle nicht selten waren, daß ein zum Christentum Bekehrter (oder genauer: meist eine Christin) in fortdauernder Ehe mit einem Nichtchristen lebte, dann waren hier fruchtbare Möglichkeiten angelegt, über die jüdische Tradition hinauszugelangen. Das Alte Testament spricht zwar an seinem Anfang von einem Schöpfergott, dessen Werk die ganze Welt und die ganze Menschheit ist, aber dieser Gott wird uns im Fortgang der Geschichte vor allem als der Gott eines einzelnen Volkes vorgestellt. In der Botschaft Jesu scheint mir, klarer als im Glauben seiner Väter, angelegt, was heute als ganz neue Einsicht in das Weltbewußtsein einzuziehen beginnt: daß nur eine Mitmenschlichkeit, die vor keinerlei Trennwänden haltmacht, das Überleben auf unserem Globus ermöglicht.

Aber wenn es Jesus und seinen Nachfolgern um alle Menschen ging, wie konnten sich so viele Generationen von Christen unterstehen, gerade die Juden aus dem Liebesgebot auszuklammern? Man ist versucht zu sagen: weil Menschen, die sich im Besitz einer Wahrheit – und zwar in einer in Heiligen Schriften und Glaubensbekenntnissen streng gefaßten Wahrheit – wissen, nun einmal unverträglich sind gegenüber Mitmenschen, die von einer anderen Wahrheit überzeugt sind. Aber ein Blick auf die mohammedanische Nachbarkultur lehrt uns, daß wir es uns so leicht nicht machen dürfen. Gewiß ist es auch hier – wiederum verweise ich auf Schulins Referat – zu Judenverfolgungen gekommen. Aber es blieb bei kurzfristigen Zuspitzungen. Im großen und ganzen war das jüdisch-mohammedanische Zusammenleben, wie es Bernd Martin andeutete und wie ich mich selber in Marokko, in den Bergen des Atlas, überzeugen konnte, friedlich. Und es wäre gewiß heute noch friedlich, wenn nicht ein Zankapfel besonderer Art die Beziehungen vergiftet hätte: der Streit um Palästina. Warum erwiesen sich die Christen als so viel unversöhnlicher, obwohl sie doch – anders als die Mohammedaner – zwei Drittel ihrer Bibel mit den Juden gemein haben und Jesus ein frommer Jude war? Ich meine: die zunächst von mir gewählte Formulierung stellt die Frage falsch. Die Christen haben den Juden nicht soviel Leid angetan, *obwohl* die Juden ihnen so nahe stehen, sondern *weil* das so war.

Jesus hatte in seinem Selbstverständnis an den leidenden Gottesknecht angeschlossen, wie ihn im Alten Testament der Prophet, den die Wissenschaft Deuterojesajas nennt, in großartigen Visionen beschwört. Die frühe christliche Theologie, der es darum ging, den eigenen Glauben als Vollendung des jüdischen Glaubens zu rechtfertigen und geschichtlich zu verankern, hat im Alten Testament eine Fülle von Vorausdeutungen auf Jesus Christus als den Messias erkennen wollen. Diese Traditionsbildung, die jüdisches Erbe und christliche Botschaft verklammert, mußte sich gegen die Juden kehren, die diese Vorausdeutungen nicht wahrhaben wollten. Erinnern wir uns an die bestürzende Entwicklung der Äußerungen gegen die Juden, die Klaus Deppermann im Werke Luthers aufgezeigt hat, also eines Theologen, der das Alte Testament so gründlich kannte und so innig liebte wie kaum einer. Die Juden – so lautete das Verdikt, bei dem nicht nur Luther landete – hatten das Zeugnis vor Augen, aber sie entzifferten es nicht. Oder, wie die verschärfte Version hieß: sie wollten es nicht entziffern. Sie sperrten sich, sie waren verstockt, und das ist viel schlimmer als unwissend.

So imponierend die Leistung jener Grundleger der christlichen Theologie anmutet, die das Evangelium als die Überhöhung des jüdischen Gesetzes begriffen, so unzulässig muß uns heute die Umkehrung erscheinen, daß man all die Stellen des Alten Testamentes, auf die sich diese Traditionsbildung gründete, als Kronzeugen in einem Prozeß strapazierte, den man – bildlich gesprochen – gegen die Juden anstrengte. Wie abwegig es ist, diese Stellen als unbezweifelbare, nur von Verstockten geleugnete Christuszeugnisse aufzufassen, ist schließlich auch der Theologie aufgegangen. Die historisch-kritische Bibelforschung, die vor allem von protestantischen Gelehrten des 19. Jahrhunderts zu einer Philologie auf höchstem Niveau ausgebildet wurde, hat das mit aller Klarheit zutage gefördert. Aber das kam für das christlich-jüdische Verhältnis natürlich viel zu spät. Mittlerweile waren verhängnisvolle Weichen längst gestellt.

Die Juden galten für das christliche Verständnis als einzige Nichtchristen nicht als Heiden, also, wenn man so will, als etwas Besseres. Aber eben das erleichterte nicht etwa ihre Situation, sondern hat sie erschwert. Daß die Juden, anders als die

Heiden, durchaus wissen konnten, was ihnen nottat, aber das ihnen Zugesprochene falsch auslegten, rückte sie in die Nähe der Häretiker. Und für Häretiker, nicht für die gänzlich Ungläubigen, pflegten Scheiterhaufen zu brennen. Nicht gegen die Heiden, sondern gegen die Ketzer kämpfe die Kirche, hat ein katholischer Kirchenmann des 16. Jahrhunderts, Kardinal Stanislaus Hosius, gesagt. In diesem hintergründigen Satz liegt, ohne daß Hosius das wußte, die abendländische Tragödie der Juden beschlossen. Ja, er liefert auch die Erklärung, warum es ihnen unter Mohammedanern meistens besser ging. Wo der Koran gilt, waren Juden eben »nur« Ungläubige. Und weil der Abstand zwischen Mohammedanern und Juden größer war als zwischen Juden und Christen, konnte der Prophet ihnen sogar gewisse Vorzüge zubilligen. Ihre Stammväter, wie Abraham, wurden zu ehrfurchtsvoll erinnerten Figuren auf dem heilsgeschichtlichen Wege, der auf Mohammed zuführte. Und als Anhängern einer Buchreligion wurde den Juden, ebenso wie den Christen, eine gewisse höhere Würde im Vergleich mit den Anhängern primitiver Religionen eingeräumt.

Eine Tragödie der Nähe. Von hier aus wird begreiflich, warum den deutschen Juden alle Assimilierung, alle bis zur Unkenntlichkeit vorangetriebene Preisgabe ihrer Eigenständigkeit wenig half. Die Antisemiten, deren Unwesen in den Nazis gipfelte, waren in ihrer Pervertierung von christlichem Erbe beflissen, die ganz Ähnlichen als die ganz Anderen zu entlarven, sie wie Aussätzige aus der Gemeinschaft zu verbannen und schließlich sogar physisch zu vernichten.

Soweit das Fazit, das ich aus der Geschichte, die wir gehört haben, ziehen würde. Von nun an geht es mir um einen Ausblick, der in einigen knappen Umrißlinien deutlich machen soll, daß man das erregende Thema von den Juden als Minderheit noch von einer anderen Warte aus angehen kann, als das in den bisherigen Referaten zumeist der Fall war. Früher – und ich meine, das war für den ersten Anlauf gut so – haben wir vor allem von den Nichtjuden gesprochen, von ihren Vorurteilen und von dem Unrecht, das daraus hervorging. Wo von jüdischer Reaktion die Rede war, da ging es meist um Extremsituationen: um Martyrium, Zwangstaufen, Auswanderung und Ghettowiderstand. Ich möchte jetzt beleuchten, wie sich Juden in einer Phase milderer Diskriminierung eingerichtet haben. Ich wähle Deutschland zwischen 1815 und 1933 und damit einen

Ausschnitt, der aus den Beiträgen von Holeczek, Zmarzlik und Winkler bereits vertraut ist. Und ich führe einen Gedanken aus, der in diesen Referaten schon anklang.

Noch einmal, aufs äußerste gerafft, die Rahmenbedingungen. Erst die Revolution von 1848 steckte sich das Ziel, den Genuß der bürgerlichen wie der politischen Rechte vom Religionsbekenntnis unabhängig zu machen. In der Folgezeit wurde – nachdem die Reaktion das Rad zunächst zurückgedreht hatte – dieser Grundsatz Gesetz oder gar Verfassungsbestandteil: 1861–64 in Württemberg, 1862 in Baden, 1867 in Österreich, 1869 im Norddeutschen Bund und 1871 im neuen Reich. Aber weder die Staaten noch die Gesellschaft waren bereit, sich in der Praxis an diesen Grundsatz zu halten. Wir haben gehört, daß in Preußen die Verwaltungs- und Offizierskarrieren für Glaubensjuden versperrt blieben. Als Richter kamen sie nicht über den Amtsrichter hinaus. Seit 1904 diskutierte der Reichstag über das offene Geheimnis, daß jüdische Einjährige seit den 80er Jahren nicht mehr zu Reserveoffizieren befördert wurden. Hier hatte die konservative Wende um 1878 die Juden sogar hinter einen Stand zurückgeworfen, auf den sie in einer liberaleren Ära gelangt waren. Daß die studentischen Korps und Schlagenden Verbindungen sich in einem vor dem Ersten Weltkrieg beginnenden und bald nachher endenden Prozeß gegen Juden abkapselten, zeigt die zunehmende Verhärtung im akademischen Milieu. Der Anteil von Glaubensjuden bei den beamteten Hochschullehrern lag zumindest bis 1918, von wenigen Ausnahmen (besonders Breslau und Frankfurt) abgesehen, niedriger als in der Studentenschaft, obwohl die Juden für Hochschulkarrieren hervorragende Eignungen und ein ausgesprochenes Interesse mitbrachten. Offenbar haben die Fakultäten, in denen ja die Nichtjuden überwogen, bei der Aufstellung von Berufungslisten und die Ministerien bei der Berufung im trauten Verein dafür gesorgt, daß – im Jargon der Zeit – die Lehrstühle nicht verjudeten. Kurz, die Gleichstellung wurde in Deutschland relativ spät, zweieinhalb Generationen nach der Französischen Revolution, Gesetz und blieb auch jetzt zu guten Teilen bloß auf dem Papier.

Aber mit diesem traurigen Befund muß man einen anderen Strang vergleichen. 1815 hatte es zwar eine kleine Gruppe reicher jüdischer Financiers gegeben, aber zum größten Teil bestand die deutsche Judenschaft noch aus Kümmerexistenzen. Im Bismarckreich aber gehörte ihre große Masse dem Bürgertum an, von seiner reichsten Schicht bis herab zum gehobenen Kleinbürgertum. Wären nicht immer wieder mittellose Juden aus Osteuropa zugeströmt, so hätte es unter den Arbeitern und den untersten, existenzbedrohten Strata des Mittelstandes noch weniger Juden gegeben, als es tatsächlich gab. In Berlin machten die Glaubensjuden – so der Beitrag von Zmarzlik – 1914 nur 5 Prozent der Einwohnerschaft aus, aber diese kleine Minderheit bezahlte mehr als ein Drittel der Steuern. Unter den 100 reichsten Preußen waren 30 Juden. Das waren Proportionen, die in den viel demokratischeren, viel weniger repressiven Staaten England und Frankreich undenkbar waren. Ja, eine ähnlich bedeutende Rolle spielten die Juden seit Heinrich Heine und Ludwig Börne in der deutschen Kultur: in der Literatur, im Journalismus und in den Wissenschaften. Von wem unter all denen, die in deutscher Sprache schrieben, sind in dem Zeitraum, den wir untersuchen, größere geistige Wirkungen auf die ganze Welt ausgegangen als von Karl Marx, Sigmund Freud und Albert Einstein, die alle drei nach ihrer Abstammung, wenn auch nicht mehr nach ihren Glaubensüberzeugungen, Juden waren? Und in welchen anderen abendländischen Kulturen spielten Juden ähnliche Bahnbrecherrollen? Einfallen will mir nur Baruch Spinoza, der geniale Lupenschleifer im Den Haag des 17. Jahrhunderts, der an der Schwelle der Aufklärung als erster Jude der Neuzeit zu einer Schlüsselfigur der europäischen Geistesgeschichte wurde. Sein hochwichtiger Einzelfall, der durch die bis dahin liberalste aller christlichen Umwelten ermöglicht wurde, nahm eine Möglichkeit von Schaffen und Breitenwirkung vorweg, die später im deutschen Judentum des 19. und 20. Jahrhunderts, großartiger noch als in Westeuropa, entfaltet werden sollte.

Somit läuft der verzögerten Rechtsgleichstellung und der Fortdauer von Diskriminierung in Deutschland und Teilen Österreich-Ungarns der beispiellose Erfolg einer Gruppe parallel, die im 18. Jahrhundert nur im engen Bereich des Leihgeschäftes eine bedeutendere Rolle gespielt hatte. Wiederum möchte ich umakzentuieren: Der Erfolg gelang nicht *trotz* der Hindernisse, die man den Juden in den Weg legte, sondern zumindest in einem beträchtlichen Maße *wegen* dieser Hindernisse. Mit dieser These, die bereits von meinen Vorgängern Gesagtes nunmehr ins Zentrum unserer Aufmerksamkeit rückt, will ich natürlich nicht das traurige Faktum der Diskriminierung durch eine Hintertür verharmlosen oder gar rechtfertigen.

Ich will lediglich darauf hinweisen, daß Maßnahmen – etwa die von Holeczek geschilderten – gelegentlich anderes bewirken, als sie bezwecken, und daß Menschen unter der ständigen Herausforderung durch Benachteiligungen keineswegs immer, aber unter bestimmten Bedingungen ihre Kräfte zu steigern vermögen. Diese besonderen Bedingungen herauszufinden, die das jüdische Wunder auf deutschem Boden ermöglicht haben, ist eine besonders interessante Aufgabe für Historiker.

Ich möchte dazu hier nur ein paar vergleichende Überlegungen beisteuern, die das deutsche Judentum des 19. Jahrhunderts mit den Vertretern anderer Minderheiten zusammensehen. Denn ich meine, daß eine Leistungssteigerung, die durch eine Minderheitensituation freigesetzt wird, ein relativ häufiges Phänomen der Weltgeschichte darstellt.

Ich beginne bei Minderheiten, die, weil ihnen eine glänzende Entfaltungsmöglichkeit wie dem deutschen Judentum versagt blieb, Kontrastbeispiele zu jenem Fall darstellen, um den es uns geht. In den Vereinigten Staaten sind die Neger, die Puertorikaner und Mexikaner in ihrer Masse nicht über die Situation von *underdog*-Minderheiten hinausgelangt. Greifen wir hier nur wenige von den Faktoren heraus, die das bewirkt haben. Wer durch seine Hautfarbe von der Mehrheit abstach, den schmiedete, auch wenn er auf Angleichung und Emanzipation drängte, diese Äußerlichkeit gleichsam immer wieder an seine Gruppe fest. Und wer sich auf den Wettbewerb mit dem Weißen oder rein Weißen einließ, sah sich selten durch ein Erfolgserlebnis beflügelt: Lange wird die trennende Hautfarbe von beiden Seiten her als unübersteigbare Barriere hingenommen worden sein. Ein Teil der genannten Minderheiten wurde zudem – und hier darf ich die Iren miteinbeziehen – lange durch eine katholische Prägung gehindert, die es ihnen schwerer als die protestantischen Denk- und Verhaltensmuster der Mehrheit machten, sich auf eine stürmische Modernisierung einzustellen. So profitierten etwa die Protestanten von dem größeren Gewicht, das in ihren Kreisen von Kindesbeinen an auf Lesen, Schreiben und Rechnen gelegt wurde. Ein Alphabetisierungsrückstand, wie man ihn für die katholischen Minderheiten Nordamerikas wird behaupten dürfen, galt wohlgemerkt für die Juden nicht. Denn sie stellten ja seit alters eine Gesellschaft dar, in der zumindest die Männer so ziemlich durchweg lesen konnten.

Daß dieser Vorzug (und verwandte Vorzüge) noch nicht hinreichten, um wirtschaftliche Erfolge sicherzustellen, läßt sich an den Judenschaften in Osteuropa ablesen. Auf dem Boden des alten, Ende des 18. bis Anfang des 19. Jahrhunderts zwischen den Nachbarmächten aufgeteilten Doppelreiches Polen-Litauen waren die Juden, wie aus dem Beitrag von Goldberg zu erfahren war, zu stattlichen Bevölkerungsanteilen von 10 bis 14 Prozent angewachsen, wie es sie in keiner anderen Weltgegend gab. Diese größte aller Judenballungen bestand in unserem Zeitraum in ihrer Masse aus armen, ja vielfach bettelarmen Kleinkaufleuten, Handwerkern und Fuhrleuten. Welche Umstände waren schuld daran, daß ihnen ein ähnlicher Aufstieg, wie ihn die Juden in Deutschland erlebten, versagt blieb? Es fehlte einmal an einem nennenswerten wirtschaftlichen Fortschritt, an dem sich Juden hätten beteiligen können. Es gab zudem in Russisch-Polen, dem größten der drei Teilungsgebiete, bis zum Ende des Zarenregimes keine gesetzliche Judenemanzipation. Die Juden blieben eingepfercht in eine immobile Ghettoexistenz mit eher abnehmenden als zunehmenden Erwerbschancen. Denn, nachdem die konkurrenztüchtigeren Juden ihre christlich-bürgerlichen Mitanbieter vielfach vom Markt gedrängt hatten, entspann sich eine mörderische innerjüdische Konkurrenz, die unter immer zahlreicheren Konkurrenten ausgetragen wurde. Hier machte sich das höchst merkwürdige Phänomen geltend, daß in jüdischen Familien trotz ihrer Armut weniger Säuglinge starben und die Menschen älter wurden als bei Christen. Das ließ den Judenanteil an der Bevölkerung ständig steigen und bewirkte, daß der Gesamterlös, den die Juden erwirtschafteten, in immer kleinere Einzelportionen geteilt werden mußte. Unter diesen Bedingungen gerieten die Ostjuden, obwohl sie viele Eigenschaften, aus denen wirtschaftlicher Erfolg hervorgehen kann, mit den deutschen Juden gemein hatten, immer tiefer in das Kollektivelend hinein, aus dem sich nur eine verhältnismäßig kleine Gruppe von Glücklicheren heraushob. Unser Ausblick nach Osten hilft uns erkennen, daß der Erfolg der deutschen Juden durch einen *allgemeinen* Wirtschaftsaufschwung und durch die stärkere, aus Emanzipation hervorgegangene Anpassung der Minderheit an ihre Umwelt mitbedingt ist.

Zunächst zu dem Umstand, daß die Juden von der raschen Modernisierung und Industrialisierung Deutschlands im 19. Jahrhundert profitierten. Zu Anfang unseres Jahrhunderts hat der Nationalökonom Werner Sombart Aufsehen mit seiner These erregt, daß in der frühen Neuzeit gerade die Juden zu den eigentlichen Urhebern des Kapitalismus geworden seien. Sie hätten auf Grund ihrer Religion und ihrer Lebenssituation die besten Voraussetzungen für diesen neuen Wirtschaftsstil mitgebracht. Die wissenschaftliche Kritik ergab bald, daß diese These kaum haltbar ist. Die Juden waren keine Menschen, die, wo immer sie hinkamen, als Modernisierer und Beispielgeber wirkten; die, bildlich gesprochen, jede Wüste in eine Oase verwandelten. Eine große Modernisierungsleistung pflegte ihnen – wohlgemerkt, vor der Kultivierung von Palästina! – nur dort zu gelingen, wo sie an einer *allgemeinen* Modernisierung teilhaben konnten. Das gilt etwa für die Juden, die aus der Iberischen Halbinsel nach Holland auswanderten, dagegen nicht für die Spaniolen, die eine Bleibe im Türkischen Reich fanden. Aber das gilt eben auch nicht für die Massierungsgebiete der Juden in Osteuropa.

Zur demographischen Entwicklung: In Deutschland, das die Juden niemals so konsequent vertrieben hatte wie England, Frankreich und Spanien, gab es 1815 einen höheren Judenanteil als in Westeuropa. Und wenn die deutschen Juden während unseres Betrachtungszeitraumes in der Wirtschaft wie im geistigen Leben eine gewichtigere Leistung verzeichnen konnten als die Judenschaften in Westeuropa, so ist das durch ihre größere Zahl mitbedingt. Allein in Preußen machten sie 1905 400000, in ganz Deutschland 600000, d.h. ein Prozent der Bevölkerung aus. In Großbritannien (ohne Irland) waren es 250000, also 0,65 Prozent, ja in Frankreich nur 100000 und damit 0,25 Prozent. Die im Vergleich mit West und Ost *mittlere* Zahl der deutschen Juden zeigte bis etwa 1860 die uns aus Osteuropa bekannte Tendenz, sich rascher zu vermehren als die Gesamtbevölkerung des Landes und damit für die Juden selber verhängnisvolle Folgen heraufzubeschwören. Aber seit dieser Zeit fiel die Zuwachsrate unter den deutschen Durchschnitt. Das ist für eine Gruppe, die weit überwiegend in Städten und immer stärker in Großstädten wirkte, nur normal, denn die Bevölkerungsexplosion fand ja auf dem Lande statt. Die abflachende Zuwachsrate, die besorgte Juden bereits an ein Aussterben ihrer Gruppe denken ließ, erklärt sich aus einer fortschreitenden, auch zahlreiche Konversionen einschließenden Angleichung an die Lebensart der Umwelt, als ein Niederschlag von Emanzipation.

Nicht die Ostjuden des 19. Jahrhunderts sind also überzeugende typologische Entsprechungen zum Erfolg der deutschen Juden. Ihre Lage war vielmehr eine ganz andere. Auf einen Fall, der mir auf Anhieb viel enger verwandt schien, wurde ich aufmerksam, als ich mich mit der ostpolnischen Handelsstadt Lemberg befaßte. Hier gab es außer Orthodoxen, die in der Wirtschaft *underdogs* blieben, und außer einer damals noch wenig gewichtigen Judenschaft zwei Gruppen, die sich im Handel Konkurrenz machten: Katholiken und, an Zahl geringer, eine Gruppe von Zuwanderern aus Armenien, deren Religion die armenische Variante des Christentums (mit monophysitischer Christologie) war. Die Katholiken besaßen als einzige der vier durch unterschiedliche Bekenntnisse definierten Elemente in Lemberg das Privileg, im Rat zu sitzen. Trotzdem sind die Armenier, ohne Anteil an der politischen Macht zu bekommen, in einer Zeit, wo Lemberg eine wichtige Station des Landhandels zwischen dem Orient und Europa darstellte, immer reicher geworden. Die konsternierten Katholiken stellten mit Empörung fest, daß ihre armenischen Konkurrenten die Restriktionen, die ihre wirtschaftliche Tätigkeit einschnüren sollten, ständig überspielten. Die Katholiken strengten Prozesse an, aber die Armenier bestachen die Gerichte, so daß die Prozesse sich verschleppten. Die Katholiken pochten auf ihre Privilegien, und die Armenier unterwanderten sie. Macht, so zeigte sich hier, ist gelegentlich eine stumpfe Waffe. Ja, sie verblendet oft, weil sie die Mächtigen verleitet, ihr Heil in einer ständigen Befestigung ihrer Macht zu suchen, während die Machtlosen sich auf ihre Tüchtigkeit verlassen.

Ich deute nur an, wo sich Ähnliches findet. Im zaristischen Rußland war die vom Staat teils erbarmungslos verfolgte, teils kleinlich diskriminierte religiöse Minderheit der Altgläubigen unter den Kaufleuten, Gewerbetreibenden und frühen Industriellen des 19. Jahrhunderts auffallend zahlreich vertreten. In Frankreich haben es die Hugenotten, seit sich im 18. Jahrhundert ihre Unterdrückung milderte und seit der Französischen Revolution, die auf dem Papier, aber wohl keineswegs de facto jede Diskriminierung beendete, zu großen Erfolgen gebracht. Ja, wie die deutschen Juden waren die französischen Calvinisten nicht zuletzt im Bankwesen und im geistigen Leben mitführend. Allerdings möchte ich meinen, daß die Tätigkeitsbereiche, in denen sich Hugenotten hervortaten, weniger scharf ausgegrenzt waren, als sich das für die deutschen Juden behaupten läßt. Schließlich sei an die aus dem Puritanismus hervorgegangenen englischen nonkonformistischen Gruppen erinnert, denen lange die Staatskarrieren verschlossen blieben, ja deren

Angehörige bis 1829 nicht ins Unterhaus gewählt werden konnten. In der Industrialisierung, aber auch in einer ganzen Reihe von anderen Modernisierungsvorgängen hat gerade der gegenüber den Anglikanern zurückgesetzte Teil der Bevölkerung eine weit überproportionale Rolle gespielt. Ein letztes Beispiel: In der führenden deutschen Handelsstadt des 17. und 18. Jahrhunderts, in Hamburg, zeichnet sich ein auffälliges Mißverhältnis zwischen der Zusammensetzung des Rates ab, der den Lutherischen als der bodenständigen Konfession vorbehalten blieb, und den Spitzenvermögen, die zum guten Teil in den Händen von politisch unterprivilegierten Zuwanderern aus dem Ausland lagen: bei Calvinisten, Mennoniten und eben Juden.

Wenn, wie meine herausgegriffenen Vergleichsbeispiele demonstrieren sollten, wirtschaftlicher Aufstieg und bürgerliche Diskriminierung häufig zusammengehen, wie haben wir uns diesen Zusammenhang vorzustellen? Auf welche Weise setzt sich ein Verhalten der Umwelt, das die Juden – und andere Minderheiten – gerade hindern und einschnüren sollte, in Triebkräfte des Erfolges um? Beginnen wir mit der Versperrung von Karrieren.

Deutsche Juden konnten bis 1918, ja weitgehend noch darüber hinaus weder in der Rechtsprechung noch in der Verwaltung und im Militär Karriere machen. Studienräte – wie der Vater von Henry Kissinger – waren unter ihnen selten. Damit blieben den Glaubensjuden wesentliche Sparten unselbständiger Beschäftigung versperrt, die – in einer Zeit der anwachsenden Armeen und Staatsapparate – einen immer größeren Anteil am Nachwuchs der gehobenen Schichten schluckten. Für die erste Hälfte des 19. Jahrhunderts brachte 1848 in der Frankfurter Paulskirche Gabriel Rießer, der wortgewaltige Abgeordnete aus Hamburg, den Ausschluß aus dem öffentlichen Dienst auf die Formel: »Ich selbst habe unter den Verhältnissen der tiefsten Bedrückung gelebt, und ich hätte bis vor kurzem in meiner Vaterstadt nicht das Amt eines Nachtwächters erhalten können.«[1] Aber weder als Hamburger Nachtwächter noch bei den übrigen den Juden weitgehend verschlossenen Karrieren ließen sich Reichtümer gewinnen. Und es lagen auch kaum ernsthafte Möglichkeiten darin beschlossen, geistige Spitzenleistungen zu vollbringen. Daß die Juden in solche Laufbahnen nur selten

[1] *Gabriel Rießers Gesammelte Schriften.* Hg. v. M. Isler. 4 Bde, 1867/68, Bd. 4, S. 408.

hineinkamen, hat sie immer wieder auf die Selbständigkeit als ihre eigentliche Chance festgenagelt, ja einen Drang nach dieser Existenzform kultiviert. Ohne kräftige Nachhilfe der Umwelt wäre das kaum der Fall gewesen, denn wo sich den Juden auch nur einigermaßen attraktive unselbständige Berufe auftaten, haben sie durchaus zugegriffen. Das zeigt etwa der in der Zwischenkriegszeit bemerkenswert hohe Anteil an den Amts-, Schul- und Sozialärzten von Berlin. Aus der durch die Diskriminierung kräftig geförderten Ausbildung eines gruppenspezifischen Verhaltensmusters ergaben sich für Christen und Juden in Preußen schließlich kraß unterschiedliche Proportionen. 1925 machten die Selbständigen unter allen Erwerbstätigen 16,2 Prozent aus, unter den Glaubensjuden dagegen 48,3 Prozent, also ein Sechstel hier und die knappe Hälfte dort. Der Unterschied würde noch schärfer, wenn man die Betrachtung auf das städtische Milieu beschränken und somit die Bauern ausklammern würde, die ja einen Beruf mit hohem Selbständigkeitsanteil darstellten. Nur im Bereich der technischen oder kaufmännischen Angestellten sowie des Büro- und Aufsichtspersonals war in einem unselbständigen Berufsbereich der jüdische Anteil weit überproportional. Doch sind diese Positionen von den Juden, die sie einnahmen, häufig nur als Steigbügel zum eigenen Geschäft benutzt worden.

Wer einen selbständigen Beruf wählte, war auf diesem Wege noch mehr als das Heer der Unselbständigen vom Scheitern bedroht. Aber er hatte dafür auch eine größere Chance, am Ende seines Erwerbslebens wesentlich mehr zu verdienen als am Anfang. Der erstaunliche wirtschaftliche Erfolg der Juden wurzelt nicht zuletzt in ihrer – gleichsam von innen wie außen betriebenen – Erziehung zur Selbständigkeit. Eine Anekdote mag das verdeutlichen. In der k. und k. Artillerie soll ein Leutnant in Verzweiflung über einen jüdischen Rekruten geraten sein, dem es – bei unverkennbarer Intelligenz – an dem nötigen militärischen Schneid mangelte. Der Leutnant: »Gehns, Bester, kaufens sich doch auch so a Kanonen und machens sich selbständig!«

Eng zusammenzunehmen damit ist, daß sich eine Gruppe, die sich am Rande der etablierten Gesellschaft angesiedelt wußte, vermutlich früh ihre Augen für wirtschaftlich ungenutzte Chancen, für Innovationen schärfte. Ich wähle aufs Geratewohl ein Beispiel aus einer jüdischen Spezialität, dem Altwarenhandel, den die Juden aus einer peripheren, als »Nothandel« deklassierten Sparte im 19. Jahrhundert zu einem durchaus normalen und oft einträglichen Erwerbszweig entwickelten. Hirsch Oppenheimer aus dem Hannoverschen sah nach dem verheerenden Brand von Hamburg 1842 einen zusammengeschmolzenen Block aus verschiedenen Metallen in einem ausgebrannten Lagerhaus. »Er erstand ihn kurzentschlossen und improvisierte an Ort und Stelle ein sinnreiches Schmelzverfahren, das es ihm ermöglichte, Eisen von Kupfer, Zinn von Zink zu trennen.«[2] Zehn Jahre später setzte er Taucher ein, um Metalle aus einem vor Bremerhaven gesunkenen dänischen Kriegsschiff zu bergen. Nicht nachzuprüfen vermag ich, ob, wie behauptet worden ist, die Fähigkeit, sich rasch an unvorhergesehene Lagen anzupassen, die Juden vergleichsweise besser über die Wirtschaftskrise um 1930 hinübergebracht hat als ihre nichtjüdischen Konkurrenten. Innovatoren waren etwa Tietz und Wertheim, die um 1890 den in den Vereinigten Staaten, England und Frankreich entwickelten Typus des Warenhauses nach Deutschland übertrugen. Emil Rathenau, der Vater des noch berühmter gewordenen Walther Rathenau, gehörte zu den ersten, die erkannten, welch große Entwicklungsmöglichkeiten in der jungen Elektrotechnik schlummerten. 1881 gründete er die »Deutsche Edison-Gesellschaft für angewandte Elektrizität«, die Keimzelle der AEG, 1884 die Berliner Elektrizitätswerke.

Daß gesellschaftliche Außenseiter einen besonderen Spürsinn für die Gleisspitze des technischen Fortschritts besitzen, findet seine Entsprechung in England, wo unter den frühen Industriellen die Anhänger der Sekten viel stärker vertreten waren als Männer, die zur Hochkirche gehörten. Religiöser und wirtschaftlicher Nonkonformismus hängen eben eng zusammen.

Selbständigkeit, Nonkonformismus und Sinn für Innovation scheinen mir wichtige Schlüssel zu der Frage zu sein, warum die Juden in der Geschichte der wissenschaftlichen Entdeckungen, der Erfindungen, ja der großen geistigen Bahnbrüche eine so bedeutende Rolle gespielt haben. Sehr feinfühlig hat Sigmund Freud formuliert, in welchem hohen Maße ihm, dem nicht mehr gläubigen Juden, sein jüdisches Erbteil zu seiner Lebensleistung verholfen hat. Anziehend für ihn seien am Judentum »viele dunkle Gefühlsmächte ... die klare Bewußtheit der inneren Identität, die Heimlichkeit der gleichen seelischen Kon-

[2] Jacob Toury, *Soziale und politische Geschichte der Juden in Deutschland 1847–1871*. Düsseldorf 1977, S. 79f.

struktion. Und dazu kam bald die Einsicht, daß ich nur meiner jüdischen Natur die Eigenschaft verdanke, die mir auf meinem schwierigen Lebensweg unerläßlich geworden war: Weil ich Jude war, fand ich mich frei von vielen Vorurteilen, die andere im Gebrauch ihres Intellektes beschränkten; als Jude war ich darauf vorbereitet, in die Opposition zu gehen und auf das Einvernehmen mit der ›kompakten Majorität‹ zu verzichten.«[3] Vielleicht darf ich das variieren. Der Angehörige einer diskriminierten Minderheit, der Diskrimination als ungerecht und unvernünftig durchschaut hat, hat es leichter als andere, zu der Überzeugung vorzustoßen, daß Mehrheiten sich gründlich irren können. Und diese Einsicht steht am Anfang geistiger Durchbrüche.

Noch einen Faktor sollte ich erwähnen, der den Erfolg förderte: die Lebensführung. Für religiöse Minderheiten und ganz besonders für diskriminierte Bekenntnisgruppen ist geradezu typisch, daß sie gegen manche Laster resistenter sind als ihre Umwelt. Erklären kann man sich das so, daß die argwöhnische Beobachtung durch die andersgläubige Mehrheit ebenso disziplinierend wirkt wie die ständige Kontrolle durch eine überschaubare, auf ihren Ruf bedachte Gruppe von Glaubensgenossen. Hinzu kommt, daß die erschwerten Lebensbedingungen wie die jahrhundertelang geltende Sondersteuer für Juden zur Anspruchslosigkeit erzogen haben. So war in der Welt jener Juden, die sich hochkämpften, wenig Platz für Glücksspiele, Weibergeschichten und vor allem nicht für die Trunksucht, obwohl den Juden der Genuß von Alkohol ja keineswegs verboten ist. Ich zitiere einen kurhessischen Landrat, der 1859 den uns schon vertrauten Altwaren- und Hökerhandel gegen den Vorwurf verteidigte, er müsse eine schädliche Erwerbsart sein, weil er von Juden betrieben würde: »welches Volk sich damit überhaupt nur so lange zu beschäftigen pflegt, bis es sich ein hinlängliches Vermögen damit erworben hat, um großartigere Handelsoperationen unternehmen zu können, während der germanische Trödler, überhaupt von wenig Geschick dazu, es selten darin so weit bringt, daß er einiges Vermögen dabei erwürbe, vielmehr wird er regelmäßig alles, was er über sein tägliches Bedürfnis hinaus erwirbt, sehr bald im nächsten Wirtshaus vertun.«[4] Übrigens haben wir Germanen oft nicht nur den

[3] Hans Jürgen Schulz (Hg.), *Mein Judentum.* 3. Aufl. Stuttgart 1979, S. 5.
[4] Toury, *Geschichte der Juden*, S. 83.

Reingewinn, sondern sogar unseren Lebensunterhalt vertrunken.

Meine Faktorenliste fortzusetzen, muß ich mir leider versagen. Es fehlt mir auch der Platz für die ebenso schwierige wie interessante Erörterung, ob es denn – neben Zügen, die das deutsche Judentum mit anderen Minderheiten in ähnlichen Lagen gemein hatte – nicht auch unverwechselbare Charakteristika gibt, Merkmale, die teils aus jüdischem Erbe stammen, teils durch die Eigenart der deutschen Umwelt bedingt sein mögen. Nur für eine letzte Frage bleibt gerade noch Raum: Erklären die skizzierten Erfolge der Juden, warum es im 20. Jahrhundert zu Judenverfolgungen von bislang unbekannten Ausmaßen kam? Man könnte sich einen psychologischen Mechanismus vorstellen, der sich immer von neuem und mit immer verhängnisvolleren Folgen reproduzierte: Die Nichtjuden sahen sich von Juden überrundet, deshalb verschärften sie die Diskriminierung, deshalb wurden sie noch mehr überrundet, deshalb haßte und diskriminierte man sie nur noch mehr und so fort und so fort. Nein, einen solchen *circulus vitiosus* hat es in der deutschen Wirklichkeit nicht gegeben. Wenn unser Land jemals ein wirkliches Judenproblem gekannt haben sollte, so hat dieses sich im 20. Jahrhundert nicht eigentlich verschärft. Mittlerweile schritt die durch viele christlich-jüdische Ehen und viele Judentaufen dokumentierte Angleichung der Juden an ihre Umwelt voran. Aber es gab auch gleichsam eine Angleichung der Umwelt an die Juden, denen man ihre Erfolgsprinzipien abschaute. Nur in einigen wenigen Bereichen, wie etwa dem privaten Bankgeschäft, dem Pelzhandel und dem Warenhauswesen kann man von andauernden jüdischen Domänen sprechen. Demographisch wie wirtschaftlich waren die Juden im 20. Jahrhundert nicht mehr expansiv. In wichtigen Gebieten wie der Schwerindustrie faßten sie, worauf schon Winkler hinwies, niemals Fuß. Und ich sehe nicht, wo ihr Erfolg beim Aufbau von Warenhäusern sich in einer anderen Innovationssparte wiederholt hätte. Ein einziges Beispiel: In der Elektroindustrie gab es neben Emil Rathenaus AEG eben auch Siemens & Halske und später Siemens-Schuckert. Das Beispiel besagt: so begabt die Juden für Innovation sein mochten – sie waren dazu nicht etwa allein befähigt. Um zwei Kontrastbeispiele dagegen zu halten. Wenn in weiten Teilen Ostafrikas Handel und Gewerbe bis heute ein Monopol indischer Einwanderer sind und die Ostjuden im

19. Jahrhundert den Polen, Ukrainern und Litauern weitgehend die Möglichkeit verbauten, in den Städten des Landes aufzusteigen, so lagen die Dinge in Deutschland ganz anders. Der jüdische Wettbewerbsvorteil, von dem wir geredet haben, war in den meisten Fällen nur dort dauerhaft, wo – wie im Bankgeschäft – alte Schwerpunkte jüdischer Betätigung lagen.

Aber wenn das so war, warum gelang dann nach dem Ersten Weltkrieg der im 19. und im beginnenden 20. Jahrhundert mehrfach gescheiterte Versuch, mit dem Antisemitismus als Achse eine Partei zum Erfolg zu führen? Nicht, weil ein Judenproblem mittlerweile brennender geworden wäre. Sondern weil Wahnwitzige sich vornahmen, die Deutschen, also ein in Europa eingekeiltes, im Weltkrieg von einer Übermacht geschlagenes Volk, zur Weltherrschaft zu führen. Dieses wahnwitzige Unternehmen ließ sich nicht auf Vernunft gründen. Man brauchte dazu einen Mythos, eine neue Religion, die alle Vernunfteinwände übertönte. In der Mitte dieser neuen Religion stand – in schrecklicher Perversion des Liebesgebotes, auf dem die wirklichen Religionen gründen – die schrankenlose Selbstliebe und ihr Gegenbild, der Haß gegen die anderen. Und für den Haß, der den echtesten Teil dieser Wahnreligion bildete, brauchte man eine Verkörperung, ein Teufelsbild. Das fand man in den Juden. Mag sein, daß die Vorstellung von den allesbeherrschenden, alleszersetzenden Juden erst durch die tatsächlichen Erfolge der Juden im 19. Jahrhundert möglich geworden war. Aber in ihrem harten Kern ist Hitlers Judenidee so phantastisch-irreal, daß man ihre eigentliche Wurzel nicht in realen Erfahrungen suchen sollte. Die Juden mußten dafür büßen, daß sie ein Jahrtausend lang in der Vielvölkerwelt unseres abendländischen Kulturkreises nicht ein Volk wie jedes andere gewesen waren, sondern eine verfemte Gruppe; zugleich aber das Volk, das einmal auserwählt gewesen war, bis Gottes Verheißung auf die Christenheit als dem neuen Israel überging. Die ältere Judenfeindschaft leitete sich zwar, wie wir eingangs hörten, aus dem Kern christlicher Überzeugung her. Aber wir würden falsch akzentuieren, wenn wir annehmen würden, die Judenfeindschaft gehöre zu den Kerninhalten des Christentums. Zum tragenden Pfeiler eines herrschenden Denkgebäudes wurde sie erst durch Hitler gemacht, der die ältere Judenfeindschaft, die wir als verzerrte Christlichkeit durchschaut haben, sozusagen noch einmal pervertierte. Hitlers postchristliche Kunstreligion überführte den alten Gegensatz zwischen den Christen und den ehemals auserwählten, jetzt aber verfemten Juden in ein neues Gegensatzpaar. Jetzt sollten die Deutschen als das neue auserwählte Volk den bösen Juden die Weltherrschaft entreißen. Diese Wahnidee vermochte erst in einer Epoche, in der Träume zerstoben, Wertwelten auseinanderbrachen und die Wirtschaft stockte, breiteren Anhang zu finden. Was einmal als Spukgebilde in einem Fanatikerkopf begonnen hatte, endete schauerlich konkret in den Gaskammern von 1942, wo 5 Millionen Juden starben, und 1945 in der Zerschlagung Deutschlands.

Quellen- und Literaturhinweise

Allgemeine Literatur

Encyclopaedia Iudaica. 16 Bde, Jerusalem 1971–72.
John F. Oppenheimer (Hg.), *Lexikon des Judentums.* Gütersloh 1971.
Simon Dubnow, *Weltgeschichte des jüdischen Volkes.* 10 Bde, Berlin 1925–1929; kurzgefaßte Ausgabe in 3 Bdn, Jerusalem 1971.
Salo Wittmayer Baron, *A social and religious history of the Jews.* 2. Aufl., Bd. 1–17, New York 1952–1980 (bis 1650 reichend).
Haim Hillel Ben-Sasson, *Geschichte des jüdischen Volkes.* 3 Bde, München 1978–1980.
Kurt Schubert, *Die Kultur der Juden.* 2 Teile, Wiesbaden 1970/1979 (Handbuch der Kulturgeschichte, 2. Abteilung).
Elie Kedourie (Hg.), *Die jüdische Welt.* Frankfurt a. M. 1980.
Léon Poliakov, *Geschichte des Antisemitismus.* 4 Bde, Worms 1977ff.
Alex Bein, *Die Judenfrage. Biographie eines Weltproblems.* 2 Bde, Stuttgart 1980.
Friedrich Heer, *Gottes erste Liebe. 2000 Jahre Christentum und Judentum.* München, Esslingen 1967.
Heinz Mosche Graupe, *Die Entstehung des modernen Judentums. Geistesgeschichte der deutschen Juden 1650–1942.* Hamburg 1977.
Wanda Kampmann, *Deutsche und Juden. Die Geschichte der Juden in Deutschland vom Mittelalter bis zum Beginn des Ersten Weltkrieges.* Frankfurt a. M. 1979.
Siegmund Kaznelson (Hg.), *Juden im deutschen Kulturbereich.* Ein Sammelwerk. 3. Aufl. Berlin 1962.

Zu Schmitthenner: Kennt die hellenistisch-römische Antike eine »Judenfrage«

Von den die Geschichte und Problematik des Judentums als Ganzes behandelnden Arbeiten muß hier A. Bein, *Die Judenfrage. Biographie eines Weltproblems.* 2 Bde, Stuttgart 1980, hervorgehoben werden; diesem bedeutenden Werk verdankt das vorliegende Referat namentlich in der Einleitung viel.

Über die verschiedenen Einrichtungen der nationalsozialistischen Judenforschung bzw. -publizistik belehrt minutiös: W. Schochow, *Deutsch-jüdische Geschichtswissenschaft. Eine Geschichte ihrer Organisationsformen unter besonderer Berücksichtigung der Fachbibliographie.* Berlin 1969; hier auch Näheres über die ›Schriften des Reichsinstituts für Geschichte des neuen Deutschlands‹, in deren Rahmen die nationalsozialistischen *Forschungen zur Judenfrage,* Bd. 1 (1937) – 8 (1943), erschienen sind. Der Bd. 7: E. Fischer, G. Kittel, *Das antike*

Weltjudentum. Tatsachen, Texte, Bilder. Hamburg 1943, erinnert z. T. an den ›Stürmer‹.

Zur »Entdeckung« des Judentums durch die Griechen vgl. vor allem A. Momigliano, *Hochkulturen im Hellenismus. Die Begegnung der Griechen mit Kelten, Römern, Juden und Persern.* München 1979, Kap. IV u. V; ähnlich das Werk des Tübinger Theologen M. Hengel, *Judentum und Hellenismus. Studien zu ihrer Begegnung unter besonderer Berücksichtigung Palästinas.* 2. Aufl. Tübingen 1973.

Alle Zeugnisse, die Begegnung und Urteil der antiken Welt mit dem bzw. über das Judentum betreffen, sind herausgegeben, übersetzt und kommentiert von M. Stern, *Greek and Latin authors on Jews and Judaism.* Bd. 1: *From Herodotus to Plutarch;* Bd. 2: *From Tacitus to Simplicius.* Jerusalem 1974, 1980. Vgl. auch die grundlegende Edition von V. A. Tcherikover u. a., *Corpus Papyrorum Iudaicarum.* 3 Bde, Jerusalem, Cambridge, Ma. 1957, 1960, 1964, sowie den die Juden betreffenden Teil III der von F. Jacoby herausgegebenen *Fragmente der griechischen Historiker.* Leiden 1958, Abschnitt C, Nr. 722–737.

Für die Geschichte des Judentums im Rahmen der hellenistischen Geschichte ist auch heute noch grundlegend das Kapitel ›Judäa und die Juden‹ in Th. Mommsens *Römische Geschichte.* Bd. 5, Berlin 1885 (Bd. 7 der dtv-Ausgabe). Ein Standardwerk sodann und viel umfassender als der Titel anzugeben scheint: E. Schürer, *Geschichte des jüdischen Volkes im Zeitalter Jesu Christi.* 3 Bde, Leipzig 1901, 1907, 1909; Bd. 1 und 2, jetzt in der von G. Vermes u. a. veranstalteten englischen Neubearbeitung, Edinburgh 1973, 1979, zu benützen. M. Weber, *Das antike Judentum* (zuerst 1917/18). In: *Gesammelte Aufsätze zur Religionssoziologie.* Bd. 3, Tübingen 1921, 4. Aufl. 1966, ist für unsere Fragestellung nicht ergiebig; vgl. dazu W. Schluchter (Hg.), *Max Webers Studie über das antike Judentum. Interpretation und Kritik.* Frankfurt a. M. 1981. Weiter wichtig als Materialsammlung: I. Heinemann, Artikel *Antisemitismus* in Paulys Realencyclopädie, Suppl.-Bd. V (1931), Sp. 3–43. Vielbewährt ist die knappe Darstellung von A. H. J. Gunneweg, *Geschichte Israels bis Bar-Kochba.* 3. Aufl. Stuttgart 1979. Unter einem besonderen Gesichtswinkel steht der Aufsatz von H. Braunert, *Jüdische Diaspora und Judenfeindschaft im Altertum.* Geschichte in Wissenschaft und Unterricht 26 (1975), S. 531–547 (wieder abgedr. in: Ders., *Politik, Recht und Gesellschaft in der griechisch-römischen Antike.* Stuttgart 1979, S. 29–43).

Der eigentlich hellenistische Zeitabschnitt wird noch immer am besten behandelt bei V. Tcherikover, *Hellenistic civilisation and the Jews.* Philadelphia 1959, in welches Buch auch die intimen Papyruskenntnisse des Verfassers eingegangen sind. Hierher gehören auch die schon genannten Werke von Momigliano und Hengel. Neueste detaillierte Spezialuntersuchung: Th. Fischer, *Seleukiden und Makkabäer. Beiträge zur Seleukidengeschichte und zu den politischen Ereignissen in Iudäa während der 1. Hälfte des 2. Jahrhunderts v. Chr.* Bochum 1980.

Von der sehr zahlreichen Literatur zur römischen Periode der jüdischen Geschichte seien genannt: J. Juster, *Les juifs dans l'Empire Romain. Leur condition juridique, économique et sociale.* 2 Bde, Paris 1914 (vorwiegend unter dem Rechtsgesichtspunkt), auch durch: A. M. Rabello, *The legal condition of Jews in the Roman Empire.* In: *Aufstieg und Niedergang der römischen Welt.* Teil II, Bd. 13, Berlin 1980, S. 662–762, nicht überholt. Das maßgebliche Buch ist hier: E. M. Smallwood, *The Jews under Roman rule. From Pompey to Diocletian.* Leiden 1976. Unter allgemeineren Fragestellungen werden die Juden mitbehandelt von A. N. Sherwin-White, *Racial prejudice in imperial Rome.* Cambridge 1970 (vor allem S. 86–101), und von J. P. V. D. Balsdon, *Romans and aliens.* London 1979. Wegen der besonderen Bedeutung des Herodes sei auf das monumentale Werk von A. Schalit, *König Herodes. Der Mann und sein Werk.* Berlin 1969, verwiesen. Gewisse gesellschaftliche Perspektiven des Jüdischen Kriegs von 66–70 haben verfolgt: H. Kreissig, *Die sozialen Zusammenhänge des jüdischen Krieges. Klassen und Klassenkampf im Palästina des 1. Jahrhunderts.* (Ost-) Berlin 1970, und: P. A. Brunt, *Josephus on social conflicts in Roman Judaea.* Klio 59 (1977), S. 149–153. Zu Bar-Kochba s. Y. Yadin, *Archäologen auf den Spuren des letzten Fürsten von Israel.* Hamburg 1971.

Zu Frank: »Adversus Judaeos« in der Alten Kirche

Bernhard Blumenkranz, *Die Judenpredigt Augustins. Ein Beitrag zur Geschichte der jüdisch-christlichen Beziehungen in den ersten Jahrhunderten.* Basel 1946. Eine Baseler Dissertation, die die Vorgeschichte der Judenpredigt des großen Kirchenlehrers aufzeigt und dann die ausführliche Analyse der Augustinischen Aussagen bringt. Die Arbeit war gedacht als Exordium einer Gesamtdarstellung der Aussage der Kirchenväter über die Juden. Diese Intention führte zu weiteren Publikationen, die Blumenkranz als hervorragenden Fachmann für das Verhältnis von Juden und Christen in der Alten Kirche ausweisen; z. B. *Juifs et chrétiens dans le monde occidental.* Paris 1960; *Les auteurs chrétiennes latines du moyen âge.* Paris 1963.

Franz Mußner, *Traktat über die Juden.* München 1979. Eine Revision des altkirchlichen Traktates *Adversus Judaeos,* die Israels Bedeutung aus biblischer Sicht darstellt und eine »christliche Theologie des Judentums« entwerfen möchte.

Marcel Simon, *Verus Israel. Étude sur les relations entre chrétiens et juifs dans l'Empire Romain (135–425).* Paris 1948. Historische Untersuchung der Beziehungen zwischen Juden und Christen im angegebenen Zeitraum mit gründlicher Auswertung der Quellen und Aufdekkung der Ursprünge des antiken Antisemitismus: religiös und sozial, während der christliche Antisemitismus aus dem christlichen Selbstverständnis begründet wird. Ausführliche Zusammenstellung der Quellen und umfassendes Verzeichnis der einschlägigen Literatur bis 1948. Simon hat die Thematik auch in späteren Veröffentlichungen wieder aufgenommen und fortgeführt.

Zusammenfassende Arbeiten: Auf Grund der einschlägigen Spezialarbeiten konnten folgende, die Thematik knapp, übersichtlich und zuverlässig erfassenden Darstellungen veröffentlicht werden: Karl Heinrich Rengstorf, *Das Neue Testament und die nachapostolische Zeit.* In: *Kirche und Synagoge. Handbuch zur Geschichte von Christen und Juden. Darstellung mit Quellen.* Band 1, Stuttgart 1968, S. 23–83; Bernhard Kötting, *Die Entwicklung im Osten bis Justinian.* Ebd., S. 136–174; Winfried Cramer, *Die Entwicklung im Bereich der orientalischen Kirche.* Ebd., S. 175–209; Theo C. de Krujf, Artikel *Antisemitismus, Neues Testament.* In: Theologische Realenzyklopädie 3, Berlin 1978, S. 122–128, mit ausführlichen Literaturangaben; Nicholas R. M. de Lange, Artikel *Antisemitismus, Alte Kirche.* Ebd., S. 128–137, mit Literaturangaben zu den einzelnen altkirchlichen Autoren.

Zu Mertens: Christen und Juden zur Zeit des ersten Kreuzzuges

Eine Übersicht über die Quellen zu den Verfolgungen von 1096 bieten in unterschiedlichem Rahmen Julius Aronius, *Regesten zur Geschichte der Juden im fränkischen und deutschen Reiche bis zum Jahre 1273.* Berlin 1902, Reprint Hildesheim 1970; Gerold Meyer von Knonau, *Jahrbücher des Deutschen Reiches unter Heinrich IV. und Heinrich V.* Bd. 4: *1085–1096,* Berlin 2. Aufl. 1965; *Germania Judaica.* Bd. 1, Tübingen 1963. Die hebräischen Chroniken sind in einer deutschen und einer verbesserten englischen Übersetzung zugänglich: Adolf Neubauer und Moritz Stern (Hg.), *Hebräische Berichte über die Judenverfolgungen während der Kreuzzüge.* Ins Deutsche übersetzt von S. Baer. Berlin 1892, und Shlomo Eidelberg, *The Jews and the crusaders. The Hebrew chronicles of the first and second crusades.* Madison, Wisc., London 1977. Die von Irving A. Agus, *Urban civilisation in pre-crusade Europe.* 2 Bde, Leiden 1965, referierten und erläuterten Entscheide der rabbinischen Gerichte, vermitteln den genauesten Einblick in Tätigkeit, Lebensweise und Probleme der nordwesteuropäischen Juden im 10. und 11. Jahrhundert; die These der Einleitung, die Stadtkultur des Hochmittelalters sei überhaupt auf das aschkenasisch-jüdische Vorbild zurückzuführen, ist allerdings weit überzogen. Eine handliche Auswahl aus lateinischen Quellen des 4.–13. Jahrhunderts: Dieter Berg und Horst Steur, *Juden im Mittelalter.* Göttingen 1976.

Gesamtdarstellungen im Rahmen der Geschichte der Juden: Georg Caro, *Sozial- und Wirtschaftsgeschichte der Juden im Mittelalter und der Neuzeit.* Bd. 1, Leipzig 1908; Salo W. Baron, *A social and religious history of the Jews.* Bd. 4, New York 2. Aufl. 1957; im Rahmen der Kreuzzugsgeschichte: Joshua Prawer, *Histoire du royaume latin de Jérusalem,* 2 Bde, Paris 1969/1970 und zusammenfassend Hans Eberhard Mayer, *Geschichte der Kreuzzüge.* Stuttgart 1965; im Rahmen der christlich-jüdischen Beziehungen die als Einführungen vorzüglich geeigneten Werke: Konrad Schilling (Hg.), *Monumenta Judaica. 2000 Jahre Geschichte und Kultur der Juden am Rhein.* Köln 2. Aufl. 1964; Karl Heinrich Rengstorf und Siegfried von Kortzfleisch (Hg.), *Kirche und Synagoge. Handbuch zur Geschichte von Christen und Juden.* Bd. 1, Stuttgart 1968.

Über die innere Geschichte (Organisation, Stellung und Einstellung) der jüdischen Gemeinden: Louis Finkelstein, *Jewish self-government in the middle ages.* New York 1924; Jacob Katz, *Exclusiveness and tolerance.* Oxford 1961, als Paperback New York 4. Aufl. 1975; im Sinn der schon genannten These: Irving A. Agus, *The heroic age of Franco-German Jewry.* New York 1969; Marianne Awerbuch, *Weltflucht und Lebensverneinung der »Frommen Deutschlands«.* Archiv für Kulturgeschichte 60 (1978), S. 53–93.

Über die innere Entwicklung der christlichen Einstellung zu den Juden (Judentheologie, kirchliches und weltliches Judenrecht): kritisches Referat der theologisch-literarischen Quellen des 4.–11. Jahrhunderts in chronologischer Reihung von Bernhard Blumenkranz, *Les auteurs chrétiens latins du moyen âge sur les juifs et le judaisme.* Paris 1963; mit reichlichen Quellenzitaten: Walter Jay Pakter, *De his qui foris sunt. The teachings of the medieval canon and civil lawyers concerning the Jews.* The Johns Hopkins University, Ph. D. 1974 (Xerox University Microfilms, Ann Arbor, Michigan); Solomon Grayzel, *The church and the Jews in the XIIIth century.* Philadelphia 1933.

Zum weltlichen Judenrecht in Deutschland grundlegend: Guido Kisch, *The Jews in medieval Germany.* Chicago 1949, 2. Aufl. 1970; und ders., *Forschungen zur Rechts- und Sozialgeschichte der Juden in Deutschland während des Mittelalters.* Stuttgart 1955, mit ausführlicher Bibliographie.

Die christlich-jüdischen Beziehungen bis zum ersten Kreuzzug behandelt auf breitester Basis das Standardwerk von Bernhard Blumenkranz, *Juifs et chrétiens dans le monde occidental 430–1096.* Paris 1960, dazu die Aufsatzsammlung dess., *Juifs et chrétiens. Patristique et moyen âge.* London 1977. Die eindringlichste Arbeit über die mit dem ersten Kreuzzug zusammenhängenden Probleme bietet Lea Dasberg, *Untersuchungen über die Entwertung des Judenstatus im 11. Jahrhundert.* Paris 1965, die entscheidendes Gewicht auf die veränderte Einstellung der Massen legt und die These vertritt, daß die Aggressivität des 11. Jahrhunderts als Abwehr gegen den Einfluß der jüdischen geistigen Kräfte zu verstehen sei. Über die gelehrte Kontroverse siehe Julia Gauss, *Anselm von Canterbury. Zur Begegnung und Auseinandersetzung der Religionen.* Saeculum 17 (1966), S. 277–363.

Zu Graus: Judenpogrome im 14. Jahrhundert: Der Schwarze Tod

Für die Geschichte dieser Zeit immer noch grundlegend Emil Werunsky, *Geschichte Kaiser Karl IV. und seiner Zeit.* 3 Bde, Innsbruck 1880–1892. Obzwar das Werk unvollendet blieb (es reicht bloß bis 1368), ist es bisher nicht wirklich ersetzt. Eine Übersicht der neuesten Literatur bei František Graus, *Kaiser Karl IV. Betrachtungen zur Literatur eines Jubiläumsjahres.* Jahrbücher für Geschichte Osteuropas 28 (1980), S. 71–88. Eine Übersicht der überaus regen Forschung, die sich mit der Pest befaßt, bei Neithard Bulst, *Der Schwarze Tod. Demographische, wirtschafts- und kulturgeschichtliche Aspekte der Pestkatastrophe von 1347–1352. Bilanz der neueren Forschung.* Saeculum 30 (1979), S. 45–67.

Für die Geschichte der Juden sind – außer allgemeinen Werken – noch besonders anzuführen: Georg Caro, *Sozial- und Wirtschaftsgeschichte der Juden im Mittelalter und der Neuzeit.* Bd. 2: *Das spätere Mittelalter.* Leipzig 1920 (Reprint Hildesheim 1964). Grundlegend ist das nach Orten angelegte Nachschlagewerk *Germania Judaica II. Von 1238 bis zur Mitte des 14. Jahrhunderts.* Hg. v. Zvi Avneri. Tübingen 1968. Zu den Pogromen insgesamt auch noch immer lesenswert: Robert Hoeniger, *Der Schwarze Tod in Deutschland. Ein Beitrag zur Geschichte des vierzehnten Jahrhunderts.* Berlin 1882. Aus der neueren Literatur ist besonders zu nennen Alfred Haverkamp, *Der Schwarze Tod und die Judenverfolgungen von 1348/1349 im Sozial- und Herrschaftsgefüge deutscher Städte. Eine Skizze.* In: *Fragen des älteren Jiddisch.* Trierer Beiträge, Sonderheft 2 (1977), S. 78–86. Zu dem Nürnberger Pogrom: Wolfgang von Stromer, *Die Metropole im Aufstand gegen König Karl IV. Nürnberg zwischen Wittelsbach und Luxemburg Juni 1348–September 1349.* Mitteilungen des Vereins für Geschichte der Stadt Nürnberg 65 (1978), S. 55–90. Zu der Fabel von der Brunnenvergiftung durch die Juden: Seraphine Guerchberg, *La controverse sur les prétendus semeurs de la »Peste Noire« d'après les traités de peste de l'époque.* Revue des études Juives 108 (1948), S. 3–40. Zur Dämonisierung der Juden besonders Joshua Trachtenberg, *The devil and the Jews. The medieval conception of the Jew and its relation to modern antisemitism.* 2. Aufl. Philadelphia 1961. Zum Krisencharakter des Spätmittelalters: František Graus, *Vom »Schwarzen Tod« zur Reformation. Der krisenhafte Charakter des europäischen Spätmittelalters.* In: *Revolte und Revolution in Europa.* Hg. v. Peter Blickle (Historische Zeitschrift, Beiheft NF 4, 1975), S. 10–30. Zur Verschwörungsthese allgemein: Norman Cohn, *Die Protokolle der Weisen von Zion. Der Mythos von der jüdischen Weltverschwörung.* Köln-Berlin 1969. Zu dem Problem der spätmittelalterlichen Randgruppen: František Graus, *Randgruppen der städtischen Gesellschaft im Spätmittelalter.* Zeitschrift für historische Forschung 8 (1981).

Zu SCHULIN: Die spanischen und portugiesischen Juden im 15. und 16. Jahrhundert

Über die spanisch-portugiesischen Juden und Marranen gibt es reichhaltige, z. T. noch unausgewertete Quellen seitens der Mehrheit und auch der Minderheit. Auf einen fast durchgehenden Informationsmangel muß aber hingewiesen werden: Da es für getaufte Juden lebensgefährlich war, wenn sie heimlich noch den Vorschriften des alten Glaubens folgten, haben sie darüber weitgehend geschwiegen. Die erzwungenen Aussagen in Inquisitionsverhören sind dafür ein ebenso zweifelhafter Ersatz wie die vielleicht zweckbestimmten Berichte nach der Emigration. Daher ist es für die Geschichtswissenschaft kaum möglich, zu einhelligen Ergebnissen über den Umfang des Kryptojudentums zu kommen.

Die immer noch grundlegende und reichhaltigste Quellensammlung über das spanische Judentum stammt von Fritz Baer (Hg.), *Die Juden im christlichen Spanien.* Erster (einziger) Teil in 2 Bdn: *Urkunden und Regesten.* Berlin 1929/36, Neudruck 1970. Der 2. Bd. konnte noch in der Nazizeit in Deutschland herausgebracht werden, obwohl Baer (nun mit dem Vornamen Yitzhak) seit 1930 bereits an der Hebräischen Universität in Jerusalem tätig war. Wichtigste neue Ergänzung: Luis Suarez Fernandez (Hg.), *Documentos acerca de la expulsión de los judíos.* Valladolid 1964.

Auch die immer noch maßgebende Gesamtdarstellung über das spanische Judentum hat Baer geschrieben. Leider ist die ursprüngliche deutsche Fassung nie veröffentlicht worden, stattdessen 1945 eine hebräische Übersetzung und 20 Jahre später eine englische: Yitzhak Baer, *A history of the Jews in Christian Spain.* 2 Bde, Philadelphia 1961–1966. Die Darstellung hebt das religiös-mystische Eigenleben der jüdischen Gemeinden hervor, gegenüber der sonst betonten rationalistischen und weltoffenen Richtung der spanischen Juden.

Neueste Gesamtdarstellung, regional differenzierend, die früh angelegte Christianisierungspolitik betonend: Luis Suarez Fernandez, *Judíos españoles en la edad media.* Madrid 1980 (mit Bibliographie). Strukturbeschreibend, unter Einbeziehung der Provence: Maurice Kriegel, *Les juifs à la fin du moyen âge dans l'Europe méditerranéenne.* Paris 1979. Kurzer Überblick in deutscher Sprache: Hermann Kellenbenz, *Die wirtschaftliche Bedeutung und soziale Stellung der sephardischen Juden im spätmittelalterlichen Spanien. In:* Paul Wilpert (Hg.), *Judentum im Mittelalter.* Berlin 1966. Für die Beurteilung der Neuchristen des 15. Jahrhunderts: B. Netanyahu, *The Marranos of Spain. From the late XIVth to the early XVIth century according to contemporary Hebrew sources.* New York 1966. Zu 1492: Maurice Kriegel, *La prise d'une décision. L'expulsion des Juifs d'Espagne en 1492.* Revue historique 260 (1978), S. 49–90.

Zum Problem der Marranen nach 1492/97: Cecil Roth, *A history of the Marranos.* New York 1974, ein glänzender, leidenschaftlich geschriebener Gesamtüberblick. I. S. Revah, *Les Marranes.* Revue des Études Juives, 3. Serie, Bd. 1 (1959), S. 29–77. Julio Caro Baroja, *Los judíos en la España moderna y contemporanea.* 3 Bde, Madrid 1961. Henry Kamen, *Die spanische Inquisition.* München 1967. Wichtige Einzelstudien in: R. D. Barnett (Hg.), *The Sephardi heritage. Essays on the history and cultural contribution of the Jews of Spain and Portugal.* 2 Bde, London 1971. Standardwerk zur Ideologie der Blutsreinheit: Albert A. Sicroff, *Les controverses des statuts de »pureté de sang« en Espagne du XVe au XVIIe siècle.* Paris 1960.

Über die wirtschaftliche Bedeutung von Juden und Marranen im Mittelmeerraum: Fernand Braudel, *La Méditerrannée et le monde méditerranéen à l'époque de Philippe II.* Paris 1966, Bd. 2, S. 135–155. Darüber hinaus: Pierre Chaunu, *La légende noire antihispanique. Des Marranes aux lumières. De la Méditerrannée a l'Amérique.* Revue de psychologie des peuples 19 (1964), S. 188–223. Hermann Kellenbenz, *Sephardim an der unteren Elbe.* Wiesbaden 1958. Zum Judenspanisch (Ladino): Rafael Lapesa, *Historia de la lengua española.* Madrid 1980, S. 523–533. Gesamtbibliographie: Robert Singermann, *The Jews in Spain and Portugal. A bibliography.* New York, London 1975.

Zu Deppermann: Judenhaß und Judenfreundschaft im frühen Protestantismus

Die erste grundlegende Darstellung unseres Themas findet sich in der Breslauer Dissertation von Reinhold Lewin, *Luthers Stellung zu den Juden.* Berlin 1911. Aus der Artikelflut der jüngsten Zeit seien hervorgehoben: Martin Stöhr, *Martin Luther und die Juden.* In: *Christen und Juden.* Hg. v. Wolf-Dieter Marsch und Karl Thieme, Mainz 1961, S. 115–140 und Wilhelm Maurer, *Die Zeit der Reformation.* In: *Kirche und Synagoge.* Hg. v. Karl-Heinrich Rengstorf und Siegfried von Kortzfleisch, Bd. 1, Stuttgart 1968, S. 363–452. Während Stöhr den Wandel in Luthers Haltung zu den Juden betont, macht die breit angelegte, auf umfassender Quellenkenntnis beruhende Arbeit von Maurer deutlich, daß gewisse theologische Grundmotive in Luthers Haltung zu den Juden gleichgeblieben sind, wenn sich auch seine Folgerungen für die Praxis ins genaue Gegenteil verkehrten. Wenig überzeugend dürfte freilich Maurers Behauptung sein, daß Luther die »Solidarität mit den ihre Selbstrechtfertigung betreibenden Juden« nie aufgegeben habe und seine Handlungsanweisungen von 1543 tatsächlich eine Form der »scharfen Barmherzigkeit« darstellten (S. 426–27). Informativ auf Grund seiner systematischen Behandlung des Themas ist auch C. Bernd Sucher, *Luthers Stellung zu den Juden. Eine Interpretation aus germanistischer Sicht.* Nieuwkoop 1977, wobei man den Untertitel allerdings vergessen kann. – Eine Darstellung der Haltung des »linken Flügels der Reformation« zu den Juden gibt es m. E. noch nicht.

Zur Rezeption von Luthers Judenschriften im 19. und 20. Jahrhundert s. Johannes Brosseder, *Luthers Stellung zu den Juden im Spiegel seiner Interpreten.* München 1972, und Kurt Meier, *Kirche und Judentum. Die Haltung der Evangelischen Kirche zur Judenpolitik des Dritten Reiches.* Göttingen 1968.

Zu Holeczek: Die Judenemanzipation in Preußen

Für den Begriff »Emanzipation« ist das Historische Lexikon der *Geschichtlichen Grundbegriffe.* Hg. v. O. Brunner, W. Conze und R. Koselleck, Band 2, Stuttgart 1975, S. 153–197, zu Rate zu ziehen, auch wenn der materialreiche Artikel begriffsgeschichtlich zu eng angelegt ist. So fehlt Dohms Maßstab der Verbürgerlichung nach »gleichen Rechten und Pflichten«, der mindestens bis 1812 die Diskussion beherrschte. Einige Ergänzungen bei R. Rürup, *Emanzipation und Antisemitismus. Studien zur »Judenfrage« der bürgerlichen Gesellschaft.* Göttingen 1975, S. 126–132.

Bezüglich des alten Preußens fand die kleine privilegierte Minderheit der »Wiener Juden« und der Eintritt dieser Elite in die Aufklärungsbewegung (Haskala) Interesse. Eine breit angelegte Darstellung gab Selma Stern-Täubler, *Der preußische Staat und die Juden.* 3 Text-, 4 Quellenbde, Tübingen 1962–1971. Die Bedeutung des Hofjuden stellen Selma Stern, *The Court Jew.* Philadelphia 1950, und Heinrich Schnee, *Die Hoffinanz und der moderne Staat. Geschichte und System der Hoffaktoren.* 6 Bde, Berlin 1953–1967, heraus. Der Eintritt dieser jüdischen Oberschicht in die deutsche Bildung ist in zahlreichen, meist biographischen Einzelarbeiten über Moses Mendelssohn, David Friedländer und Gabriel Zunz, sowie über die Salons der Henriette Herz und Rahel Varnhagen erörtert worden. Zusammenfassend: Henri Brunschwig, *Gesellschaft und Romantik in Preußen im 18. Jahrhundert.* Berlin 1975; Ingeborg Drewitz, *Berliner Salons.* Berlin 1965. Michael A. Meyer, *Origins of modern Jew.* Chicago 1966, stellt den Identitätskonflikt der Juden in den Mittelpunkt. Die Eingliederung der reichen Juden in das neue Wirtschaftsbürgertum seit der napoleonischen Epoche ist noch unbeschrieben.

Die von Christian W. Dohm, *Über die bürgerliche Verbesserung der Juden* (1781, 2. Ausgabe 1783 mit Ergänzungen, Rezensionen und Stellungnahmen), ausgehende, weit über Preußen hinausreichende Diskussion ist bisher in Ausschnitten behandelt worden. Wichtige Beiträge, besonders von Horst Möller über Dohm und von Arno Herzig über das Identitätsproblem, in dem Symposium: *Deutsche Aufklärung und Judenemanzipation.* Beiheft 3 des Jahrbuches des Institutes für Deutsche Geschichte, hg. v. Walter Grab. Tel Aviv 1980. Zur Judenemanzipation in Preußen gibt es keinen (dem R. Rürups für Baden vergleichbaren) Gesamtüberblick, doch wichtige Teile sind behandelt: Das Schwergewicht der deutschen *Bibliographie zur Judenfrage 1750–1848.* Bearbeitet von Volkmar. Eichstädt, 1938, liegt auf Preußen. Die Dokumente zum Kampf um die rechtliche Gleichstellung der Juden sind publiziert und diese danach beschrieben in Ismar Freund, *Die Emanzipation der Juden in Preußen.* Berlin 1912, mit Schwergewicht auf dem Judenedikt von 1812. Da darin neben den wichtigsten nur unpublizierte Urkunden aufgenommen sind, ist es durch andere Ausgaben zu ergänzen, so durch die *Actenstücke, die Reform der jüdischen Kolonien in den preußischen Staaten betreffend.* Hg. v. David Friedländer, Berlin 1793. Die Eingliederung der Juden in das preußische Bildungssystem ist bis 1850 von Monika Richarz, *Eintritt der Juden in die akademischen Berufe.* Tübingen 1974, ausgeführt worden. Eine Fortsetzung bis in die Reichsgründungszeit mit ihrem verspäteten aber starken Eindringen der Juden in die akademischen und freien Berufe fehlt. Der verzögerte Eintritt der Juden in die Politik ist von Jacob Toury, *Die politischen Orientierungen der Juden in Deutschland.* Tübingen 1966, auch für Preußen mitbehandelt worden. Die dafür verantwortliche Regierungspolitik ist in einer kleinen Studie von Herbert Strauss, *Preemancipation Prussian policies towards the Jews.* Yearbook of the Leo Baeck Institute 11 (1966), S. 107–136, skizziert worden. Den für die staatsbürgerlichen Rechte der Juden in Preußen entscheidenden Heeresdienst von den Befreiungskriegen bis zur 48er Revolution erörtert Horst Fischer, *Judentum, Staat und Heer in Preußen im frühen 19. Jahrhundert.* Tübingen 1968. Für die städtischen Bürgerrechte klärt Stefi Wenzel, *Jüdische Bürger und kommunale Selbstverwaltung in preußischen Städten.* Berlin 1967, einen wichtigen Bereich.

Die vorliegenden Darstellungen zur Assimilation der Juden in Deutschland stellen zwar nicht Preußen in den Mittelpunkt, vermitteln aber über die berufliche und soziale Verbürgerlichung ausreichende Klarheit. An erster Stelle zu nennen sind die materialreichen und anregenden Studien von Jacob Toury, *Der Eintritt der Juden ins deutsche Bürgertum bis 1848.* In: *Das Judentum in der deutschen Umwelt 1800–1848.* Hg. v. H. Liebeschütz und A. Paucker, Tübingen 1977, S. 139–242, und *Soziale und politische Geschichte der Juden in Deutschland 1847–1871.* Düsseldorf 1977. Die Verbürgerlichung der deutschen Juden stellt Toury dokumentarisch breit dar in: *Der Eintritt der Juden ins deutsche Bürgertum. Eine Dokumentation.* Tel Aviv 1972. Seine Hauptthesen, das jüdische Massenproblem der marginalen Randexistenzen sei bereits 1848 weitgehend gelöst und bis zur Reichsgründung seien über zwei Drittel der Juden ins wohlhabende Bürgertum aufgestiegen, können für Preußen als gesichert gelten.

Zu Goldberg: Getaufte Juden in Polen-Litauen im 16.–18. Jahrhundert

Eine in deutscher Sprache verfaßte Geschichte der Juden im damaligen polnisch-litauischen Staat fehlt bisher. Eine kurzgefaßte Synthese des Immigrations-Prozesses der Juden in diesem Gebiet sowie einen Abriß ihrer alten Kultur schrieb der führende Historiker des polnischen Judentums, Majer Bałaban, *Der Gang der jüdischen Kulturelemente vom Rhein bis an die Weichsel und den Dnjepr. 11.–17. Jahrhundert.* In: *La Pologne au VIIe Congrès International des Sciences Historiques.* Warschau 1937. Grundlegende Informationen über den Rechtsstatus der Juden und die jüdischen autonomen Institutionen gibt M. Schorr, *Rechtsstellung und innere Verfassung der Juden in Polen. Ein geschichtlicher Überblick.* Berlin, Wien 1917.

Zum Thema der soziologischen Typologie jüdischer Konvertiten in Deutschland und Frankreich schrieb. J. Katz, *Between Jews and gentiles.* Glencoe, Ill. 1963. Informationen und Bewertungen für einen Vergleich zwischen der Situation der getauften Juden in Deutschland und in Polen enthält: G. Kisch, *Judentaufen. Eine historisch-biographisch-psychologisch-soziologische Studie, besonders für Berlin und Königsberg.* Berlin 1973.

Den einzigen, auf das 18. Jahrhundert beschränkten Versuch einer synthetischen Darstellung der gesamten Problematik jüdischer Konvertiten bildet bisher der Aufsatz von N. M. Gelber, *Die Taufbewegung unter den polnischen Juden im XVIII. Jahrhundert.* Monatsschrift für Geschichte und Wissenschaft des Judentums 32 (1924).

Über die Frankisten handelt die Arbeit von M. Bałaban, *Studien und Quellen zur Geschichte der frankistischen Bewegung in Polen.* Warschau 1897. Über die Missionstätigkeit unter den polnisch-litauischen Juden schrieb S. Steger, *Die evangelische Mission unter Heiden und Juden in ihrem gesegneten Wirken.* Halle 1857, Bd. 4.

Über den Rechtsstatus der Neophyten schrieb M. Janecki, *Erhielten die Juden in Polen durch die Taufe den Adelsstand?* Vierteljahresschrift für Heraldik, Sphragistik und Genealogie 15 (1888), 4. Die These Janeckis, wonach die jüdischen Konvertiten nicht auf Grund des III. Litauischen Statuts geadelt wurden, sondern lediglich durch die Entrichtung des Wergeldes dem Adel gleichgestellt wurden, hat bereits Ende des 19. Jahrhunderts der führende polnische Rechtshistoriker Oswald Balzer umgestoßen. Er hat nämlich schlüssig nachgewiesen, daß die Juden auf der Grundlage des III. Litauischen Statuts in den Adelsstand erhoben wurden. (Rezension in: Kwartalnik Historyczny (1888) II, S. 433–438.)

Zu Löwe: Antisemitismus in der ausgehenden Zarenzeit

Gesamtdarstellungen zur Lage der Juden im Russischen Reich und zu den Erscheinungsformen des Antisemitismus sind Simon Dubnow, *History of the Jews in Russia and Poland.* Transl. by J. Friedlander. 3 Bde, Philadelphia 1916–1919; oder ders., *Weltgeschichte des Judentums.* Bd. 8–10, Berlin 1929; Louis Greenberg, *The Jews in Russia. The struggle for emancipation.* New Haven, Conn. 1965; Salo W. Baron, *Jews under Tsars and Soviets.* New York 1964; alle diese Arbeiten leiden allerdings darunter, daß sie ohne Verständnis für spezifisch russische Verhältnisse geschrieben sind. Der Versuch, den Stellenwert der Judenpolitik und des Antisemitismus in der zaristischen Innenpolitik zu beschreiben, bleibt Stückwerk.

Eine moderne Studie zur sozialen, wirtschaftlichen und entgegen dem Titel z. T. auch politischen Geschichte der Juden vor den polnischen Teilungen gibt Bernard D. Weinryb, *The Jews of Poland. A social and economic history of the Jewish community in Poland from 1100–1800*. Philadelphia 1973. Zur wirtschaftlichen Lage der Juden in Kongreßpolen und Rußland ders., *Neueste Wirtschaftsgeschichte der Juden in Rußland und Polen. Von der 1. polnischen Teilung bis zum Tode Alexanders II. (1772–1881)*. 2. Aufl. Hildesheim, New York 1972 (die 1. Aufl. erschien noch 1934 in Deutschland, wurde aber nur in kleinen Zahlen ausgeliefert).

Alle Studien zur sozialen und wirtschaftlichen Situation der Juden untersuchen leider nur höchst ungenügend die Auswirkung der Industrialisierung zu Ende des 19. Jahrhunderts und deren Konsequenzen für die innere Kohärenz der jüdischen Ghettos. Die umfangreichste Materialsammlung zur wirtschaftlichen Lage der Juden um die Wende vom 19. zum 20. Jahrhundert ist die Enquête der Jewish Colonization Agency in London, *Sbornik materialov ob ėkonomičeskom položeniem evreev v Rossii*. 2 Bde, St. Petersburg 1904; ein knappes Resümee dieser Enquête gibt Salomon Margolin, *Die wirtschaftliche Lage der jüdischen arbeitenden Klasse*. Archiv für Sozialwissenschaft und Sozialpolitik 26 (1908), S. 240–269; siehe auch Boris Brutzkus, *Die wirtschaftliche und soziale Lage der Juden in Rußland vor und nach der Revolution*. Ebd., 61 (1929), S. 266–321.

Das gesamte Ostjudentum bis ca. 1930 behandelt Peter-Heinz Seraphim, *Das Judentum im osteuropäischen Raum*. Essen 1938, der trotz wertvoller empirischer Befunde sich vom Ungeist der Zeit nicht freihalten konnte. Einen modern vergleichenden Ansatz versucht Gottfried Schramm, *Die Ostjuden als soziales Problem des 19. Jahrhunderts*. In: *Gesellschaft, Recht und Politik*. Wolfgang Abendroth zum 60. Geburtstag. Neuwied 1968. Verschiedenste Aspekte jüdischen Lebens, von Politik über Wirtschaft zur Kunst, sind – mehr memoirenhaft – behandelt in Jacob Frumkin (Hg.), *Russian Jewry (1860–1917)*. New York, London 1966; siehe auch Isaak Levitats, *The Jewish community in Russia 1772–1844*. New York (1943) 1970.

Zu den Juden in revolutionären Bewegungen: Leonard B. Schapiro, *The role of the Jews in the Russian revolutionary movement*. The Slavonic and East European Review 40 (1961), S. 148–167; Formen des Streik- und Klassenkampfes schildert detailliert Ezra Mendelssohn, *Class struggle in the pale. The formative years of the Jewish workers movement in Tsarist Russia*. Cambridge, Mass. 1970; zur Geschichte des »Bundes« s. Henry J. Tobias, *The Jewish Bund in Russia. From its origins to 1905*. Stanford, Cal. 1972; eine soziologische Erklärung der Hinwendung von Vertretern der jüdischen Intelligenz zu den Bolschewiken, Menschewiken, zum »Bund« oder zum »Poalej Zion« versucht Robert J. Brym, *The Jewish intelligentsia and Russian marxism. A sociological study of intellectual radicalism and ideological divergence.* London 1978.

Zur ersten Phase der zaristischen Judengesetzgebung s. Matthias Rest, *Die russische Judengesetzgebung von der ersten polnischen Teilung bis zum »Položenie dlja Evreev« (1804).* Wiesbaden 1975, und John D. Klier, *The ambiguous legal status of Russian Jewry in the regime of Catherine II.* Slavic Review 35 (1976), S. 504–517. Den russischen Antisemitismus interpretiert als Ausdruck eines »vormodernen« Widerstands gegen das Aufkommen des Kapitalismus und als Integrationsideologie der radikalen Rechten in der quasi-konstitutionellen Zeit von 1905–1917 Heinz-Dietrich Löwe, *Antisemitismus und reaktionäre Utopie. Russischer Konservatismus im Kampf gegen den Wandel von Staat und Gesellschaft 1890–1917.* Hamburg 1978. Das Buch gibt auch einen kurzen Überblick über die soziale Lage der Juden, ihre revolutionären Aktivitäten, die Pogrome von 1903–1907 und die Haltung der verschiedenen nicht-sozialistischen Parteien zu den Juden. Daß in der Judenfrage in den 80er Jahren des 19. Jahrhunderts in offiziellen Kreisen eine positive Einstellung gegenüber der Handelstätigkeit mit einer positiven Einstellung den Juden gegenüber Hand in Hand geht, zeigt u. a. I. Michael Aronson, *The attitudes of Russian officials in the 1880 toward Jewish assimilation and emigration.* Slavic Review 34 (1975), S. 1–18. Mit verschiedenen Aspekten der zaristischen Judenpolitik seit der Bauernbefreiung und ihren Motiven beschäftigt sich in mehreren Aufsätzen Hans Rogger, *Russian ministers and the Jewish question (1881–1917).* California Slavic Studies 8 (1975), S. 15–76; *Government, Jews, peasants and land in post-emancipation Russia.* Cahiers du Monde Russe et Sovietique 17 (1976), S. 5–25 und 171–211; *Tsarist policy on Jewish emigration.* Soviet Jewish Affairs 3 (1973), S. 26–36. Das neueste Buch zu dem Ritualmordprozeß gegen den Juden Mendel Bejlis ist Maurice Samuel, *Blood accusation. The strange history of the Beilis Case.* London 1967. Die einzige Monographie eines Sowjethistorikers über den zaristischen Antisemitismus ist ebenfalls dem Bejlis-Prozeß gewidmet, Alexander S. Tager, *The decay of Tsarism. The Beilis Trial.* Philadelphia 1935. Darstellungen jüngeren Datums von sowjetischen Historikern zu dem Themenbereich liegen – auch in russischer Sprache – nicht vor.

Zu Haumann: Das jüdische Prag

Lesenswerte einführende Gesamtüberblicke liefern Christoph Stölzl, *Kafkas böses Böhmen. Zur Sozialgeschichte eines Prager Juden.* München 1975; ders., *Zur Geschichte der böhmischen Juden in der Epoche des modernen Nationalismus.* Bohemia 14 (1973), S. 179–221, 15 (1974), S. 129–157; Ruth Kestenberg-Gladstein, *The Jews between*

Czechs and Germans in the Historic Lands, 1848–1918. In: *The Jews of Czechoslovakia. Historical studies and surveys.* Bd. 1, Philadelphia, New York 1968, S. 21–71; in diesem Band, wie in Bd. 2, Philadelphia, New York 1971, finden sich weitere interessante Aufsätze; Michael A. Riff, *Czech antisemitism and the Jewish response before 1914.* The Wiener Library Bulletin 29 (1976), S. 8–20; Gary B. Cohen, *Jews in German society. Prague, 1860–1914.* In: David Bronsen (Hg.), *Jews and Germans from 1860 to 1933. The problematic symbiosis.* Heidelberg 1979, S. 306–337; in diesem Sammelband regt eine Reihe von Aufsätzen zum Vergleich der Prager Verhältnisse mit denen in Wien und im Deutschen Reich an.

Wichtige Analysen zum Prager Geistesleben enthält das Buch: Eduard Goldstücker (Hg.), *Weltfreunde. Konferenz über die Prager deutsche Literatur.* Berlin, Neuwied 1967. Über die sozialökonomischen und demographischen Veränderungen informieren: Ludmila Kárníková, *Vývoj obyvatelstva v českých zemích 1754–1914* (Die Entwicklung der Einwohnerschaft in den böhmischen Ländern 1754–1914). Prag 1965; Pavla Horská, *On the problem of urbanization in the Czech lands at the turn of the 19th and 20th centuries.* Hospodářské dějiny (Wirtschaftsgeschichte), 1978, Nr. 2, S. 259–294; Jan Havránek, *Social classes, nationality ratios and demographic trends in Prague 1880–1900.* Historica 13 (1966), S. 171–208; ders., *Die soziale Struktur von Prag in den Jahren 1869–1921 im Vergleich zu Budapest.* Tanulmányok Budapest múltjából 20 (1974), S. 124–128; Jaroslav Purš, *The situation of the working class in the Czech lands in the phase of the expansion and completion of the Industrial Revolution (1849–1873).* Historica 6 (1963), S. 145–237; Vlastimila Křepeláková, *Struktura a sociální postavení dělnické třídy v Čechách 1906–1914* (Struktur und soziale Stellung der Arbeiterklasse in Böhmen 1906–1914). Prag 1973; Harald Bachmann, *Die Handels- und Gewerbekammern Prag und Reichenberg und der bürgerliche Wirtschaftsnationalismus als sozialgeschichtliches Problem.* Bohemia 14 (1973), S. 278–288.

Schwerpunktmäßig die politische Entwicklung behandelt Friedrich Prinz, *Die böhmischen Länder von 1848 bis 1914.* In: Karl Bosl (Hg.), *Handbuch der Geschichte der böhmischen Länder,* Bd. 3, Stuttgart 1968, S. 1–235. Zur Geschichte der böhmischen Arbeiterbewegung sind für einen ersten Zugang heranzuziehen: Hans Mommsen, *Die Sozialdemokratie und die Nationalitätenfrage im habsburgischen Vielvölkerstaat. Das Ringen um die supranationale Integration der cisleithanischen Arbeiterbewegung 1867–1907.* Wien 1963; Jiří Kořalka, *Erste Sozialisten in Nordböhmen im Verhältnis zur Eisenacher Sozialdemokratie und zur tschechischen Nationalbewegung 1868–1870.* Archiv für Sozialgeschichte 8 (1968), S. 285–347; Zdeněk Šolle, *Dělnické stávky v Čechách v druhé polovině XIX. století.* (Arbeiterstreiks in Böhmen in der zweiten Hälfte des 19. Jahrhunderts). Prag 1960. Interessante Angaben über Arbeitervereine machen speziell Jana Fleglová, *Ke společenskému životu pražského dělnictva na konci 19. a v prvních letech 20. století* (Zum geselligen Leben der Prager Arbeiterschaft am Ende des 19. und in den ersten Jahren des 20. Jahrhunderts). Etnografie dělnictva 5 (1975), S. 12–73; Ivan Otcovský, *Přehled o rozvoji německých dělnických spolků v Čechách koncem 19. století. Materiálová studie* (Übersicht über die Entwicklung der deutschen Arbeitervereine in Böhmen am Ende des 19. Jahrhunderts). Sborník k dějinám 19. a 20. století 4 (1977), S. 86–122.

Die Haltung Masaryks und die Zeit nach 1918 beschreibt Christoph Stölzl, *Die ›Burg‹ und die Juden. T. G. Masaryk und sein Kreis im Spannungsfeld der jüdischen Frage. Assimilation, Antisemitismus und Zionismus.* In: Karl Bosl (Hg.), *Die »Burg«. Einflußreiche politische Kräfte um Masaryk und Beneš.* Bd. 2, München, Wien 1974, S. 79–110. Die beste Darstellung des Ritualmordprozesses bietet noch immer Arthur Nussbaum, *Der Polnaer Ritualmordprozeß. Eine kriminalpsychologische Untersuchung auf aktenmäßiger Grundlage.* Berlin 2. Aufl. 1906. Das jüdische Verhalten beleuchtet vergleichend Hans-Dieter Hellige, *Generationskonflikt, Selbsthaß und die Entstehung antikapitalistischer Positionen im Judentum. Der Einfluß des Antisemitismus auf das Sozialverhalten jüdischer Kaufmanns- und Unternehmersöhne im Deutschen Kaiserreich und in der K. u. K.-Monarchie.* Geschichte und Gesellschaft 5 (1979), S. 476–518.

Der Beitrag ist im Zusammenhang meines Forschungsvorhabens »Stadt und Land während der Industrialisierung. Vergleichende Untersuchungen zu Deutschland, Ostmitteleuropa und Rußland« entstanden, das von der Stiftung Volkswagenwerk im Rahmen ihres Habilitierten-Förderungsprogramms finanziert wird. Meinen Prager Kollegen und den Mitarbeitern des Státní ústřední archiv (Zentralen Staatsarchivs) danke ich für wertvolle Hinweise und vielfältige, großzügige Hilfe.

Zu Dreyfus: Antisemitismus in der Dritten Französischen Republik

Allgemein zur Geschichte der französischen Juden: Philippe Bourdrel, *Histoire des Juifs en France.* Paris 1974; für den Zeitraum der Dritten Republik im Überblick: Hannah Arendt, *From the Dreyfus Affair to France today.* In: *Essays on antisemitism.* Hg. v. Koppel S. Pinson, New York 1946.

Zum Stellenwert des Antisemitismus in der »französischen Ideologie« vgl. die lebhafte Auseinandersetzung, die 1981 in Frankreich ausgelöst wurde durch das etwas kuriose, heftig angegriffene, dazu oberflächliche Buch von Bernard-Henri Levy, *L'Idéologie française.* Paris 1981.

Zur Eingliederung der Juden in die französische Gesellschaft unter Napoleon III. siehe L. Cohen, *Les Juifs de France sous le Second Empire.* 2 Bde, L'Université de Provence 1980. Zum »linken« Antisemitismus: Alan Ritter, *The political thought of Pierre-Joseph Proudhon.*

Princeton 1969, sowie Maurice Dommanget, *Blanqui et l'opposition révolutionnaire à la fin du Second Empire*. Paris 1960, und ders., *Auguste Blanqui, au début de la IIIe République*. Paris 1971. Zur Entstehung des »rechten« Antisemitismus unter Einbeziehung seiner »linken« Väter siehe die brillante Arbeit des israelischen Historikers Zeev Sternhell, *La droite révolutionnaire, 1885–1914*. Paris 1978. Zur Geschichte der École polytechnique: Terry Shinn, *Savoir scientifique et pouvoir social. L'École polytechnique 1794–1914*. Cahiers de la Fondation Nationale des Sciences Politiques (1980).

Zur Assimilation der Juden vor dem Ersten Weltkrieg siehe: Michael R. Marrus, *The politics of assimilation. The French Jewish community at the time of the Dreyfus Affair*. 2. Aufl. London 1980. Zur Dreyfus-Affäre als einzige (jüngere) deutschsprachige Abhandlung: Siegfried Thalheimer, *Macht und Gerechtigkeit. Ein Beitrag zur Geschichte des Falles Dreyfus*. 2. Aufl. München 1969. Vgl. den Literaturbericht von Gilbert Ziebura, *Die Dreyfus-Affaire und das Regierungssystem der Dritten Republik*. Historische Zeitschrift 191 (1960), S. 548–561. Ferner Stephan Wilson, *Antisemitism and Jewish response in France during the Dreyfus Affair*. European Studies Review 6 (1976), S. 225–248; Robert S. Wistrich, *French socialism and the Dreyfus Affair*. Wiener Library Bulletin 28 (1974/75) 35/36, S. 9–20. Zur Resonanz der Dreyfus-Affäre im französischen Zionismus: Cathérine Lévigne, *Le mouvement sioniste en France des environs de 1880 à 1921*. Monde Juif 33 (1977) 88, S. 137–153.

Zum Verhältnis von Katholiken und Juden in jener Zeit: Pierre Pierrard, *Juifs et catholiques françaises de Drumont à Jules Isaac*. Paris 1970, sowie Pierre Sorlin, *La croix et les Juifs*. Paris 1967.

Für den Zeitraum der Zwischenkriegszeit, zum Wandel des katholischen Antisemitismus: Lazare Landau, *De l'aversion à l'estime. Juifs et catholiques en France de 1919 à 1939*. Paris 1980. Zum Problem der jüdischen Immigration in den 30er Jahren: David H. Weinberg, *The Jews in Paris*. Ohio University Press 1977.

Zur Judenpolitik der Vichy-Regierung das Kapitel ›Le Maréchal Pétain et les Juifs‹ (S. 293–311) in dem Buch von Raymond Tournoux, *Pétain et la France. La seconde guerre mondiale*. Paris 1980. Siehe auch: Michael R. Marrus, Robert Paxton, *Vichy et les Juifs*. Paris 1981; Jean Laloum, *La France anti-sémite de Darquier de Pellepoix*. Paris 1979; Philippe Granier-Raymond, *Une certaine France. L'antisemitisme 1940–1944*. Paris 1975.

Zu ZMARZLIK: Antisemitismus im Deutschen Kaiserreich, 1871–1918

Grundlegend für Deutschland bis zur Reichsgründung: Reinhard Rürup, *Emanzipation und Antisemitismus. Studien zur »Judenfrage« der bürgerlichen Gesellschaft*. Göttingen 1975 (mit vorzüglich ausgewählter Bibliographie). Zum Kaiserreich informiert am besten: Werner Eugen Mosse (Hg.) unter Mitwirkung von Arnold Paucker, *Juden im Wilhelminischen Deutschland 1890–1914*. Tübingen 1976. Als knappe Zusammenfassung immer noch unerreicht, zugleich ein schulestiftender Ansatz hinsichtlich ökonomischer Verursachungsbedingungen des Antisemitismus: Hans Rosenberg, *Moderner Antisemitismus und vorfaschistische Strömungen*. In: ders., *Große Depression und Bismarckzeit*. Berlin 1967, S. 89–117. Zur Statistik jüdischer Bestrebungen: Arthur Ruppin, *Soziologie der Juden*. 2 Bde, Berlin 1930, und Ernest Hamburger, *Juden im öffentlichen Leben Deutschlands. Regierungsmitglieder, Beamte und Parlamentarier in der monarchischen Zeit, 1848–1918*. Tübingen 1968. Als Quellenwerk besonders aufschlußreich: Monika Richarz (Hg.), *Jüdisches Leben in Deutschland. Selbstzeugnisse zur Sozialgeschichte im Kaiserreich*. Stuttgart 1979.

Die äußerst vielfältige Literatur zum Thema durchleuchten die folgenden Aufsätze am besten: Ismar Schorsch, *German anti-semitism in the light of post-war historiography*. Publications of the Leo Baeck Institute, Year Book 19 (1974), S. 257–271; Rudolf Lill, *Zu den Anfängen des Antisemitismus im Bismarck-Reich*. Saeculum 26 (1975), S. 214–231; Dirk Blasius, *Judenfrage und Gesellschaftsgeschichte*. Neue Politische Literatur 23 (1978), S. 17–33. Einblick unter zeitlich umfassenderen Gesichtspunkten bieten: Salo W. Baron, *Changing patterns of antisemitism. A survey*. Jewish Social Studies 38 (1976), S. 5–38; Michael R. Marrus, *European Jewry and the politics of assimilation. Assessment and reassessment*. The Journal of Modern History 49 (1977), S. 89–109.

Zu Winkler: Die deutsche Gesellschaft der Weimarer Republik und der Antisemitismus

Eine knappe, aber instruktive Übersicht über Bedingungen und Ursachen des deutschen Antisemitismus in Kaiserreich und Weimarer Republik gibt Hans-Joachim Bieber, *Anti-semitism as a reflection of social, economic and political tension in Germany, 1880–1933*. In: David Bronsen (Hg.), *Jews and Germans from 1860 to 1933. The problematic symbiosis*. Heidelberg 1979, S. 33–77. Zum Gesamtthema ist auch immer noch die tiefdringende Analyse von Eva G. Reichmann, *Die Flucht in den Haß. Die Ursachen der deutschen Judenkatastrophe*. Frankfurt o.J., heranzuziehen. Unbefriedigend, weil den Antisemitismus als bloßes ideologisches Instrument des Kapitalismus deutend: Walter Mohrmann, *Antisemitismus. Ideologie und Geschichte im Kaiserreich und in der Weimarer Republik*. Berlin (Ost) 1972. Als geistesgeschichtlicher Überblick: George L. Mosse, *Ein Volk – ein Reich – ein Führer. Die völkischen Ursprünge des Nationalsozialismus*. Königstein 1978.

Für die Frühphase der Weimarer Republik vgl. den materialreichen, wenn auch sozialgeschichtlich nicht sehr befriedigenden Aufsatz von Werner Jochmann, *Die Ausbreitung des Antisemitismus*. In: Werner

E. Mosse (Hg.), *Deutsches Judentum in Krieg und Revolution 1916–1923*. Tübingen 1971, S. 27–65. Für die Endphase der Republik ist wichtig (wenngleich im Titel irreführend): *Entscheidungsjahr 1932. Zur Judenfrage in der Endphase der Weimarer Republik*. Tübingen 1965. Dieser Sammelband enthält u. a. Beiträge zu den Positionen, die Kirchen und Parteien zur »Judenfrage« einnahmen, sowie einen sehr kenntnisreichen Aufsatz von Esra Bennathan über die demographische und wirtschaftliche Struktur der deutschen Juden.

Zur sozialen Lage der deutschen Juden, auch der in Deutschland lebenden Ostjuden, sind vor allem heranzuziehen: Alfred Marcus, *Die wirtschaftliche Krise der deutschen Juden*. Berlin 1931; Jakob Lestschinsky, *Das wirtschaftliche Schicksal des deutschen Judentums*. Berlin 1933; Hans Mommsen, *Zur Frage des Einflusses deutscher Juden auf die deutsche Wirtschaft in der Zeit der Weimarer Republik*. In: *Gutachten des Instituts für Zeitgeschichte*, Bd. 2, Stuttgart 1966, S. 348–369; S. Adler-Rudel, *Ostjuden in Deutschland 1880–1940*. Tübingen 1959. Über die politische und kulturelle Bedeutung des deutschen Judentums in der Weimarer Republik informieren: Werner T. Angress, *Juden im politischen Leben der Revolutionszeit*. In: W. E. Mosse (Hg.), *Judentum*, a. a. O., S. 137–315; Ernest Hamburger, *One hundred years of emancipation*. Leo Baeck Institute, Year Book 14 (1969), S. 3–66; Donald L. Niewyk, *The economic and cultural role of the Jews in the Weimar Republic*. Ebd. 16 (1971), S. 163–173; zusammenfassend jetzt ders., *The Jews in Weimar Germany*. Manchester 1980. Zum jüdischen Abwehrkampf gegen den Antisemitismus: Arnold Paucker, *Der jüdische Abwehrkampf gegen Antisemitismus und Nationalsozialismus in den letzten Jahren der Weimarer Republik*. 2. Aufl. Hamburg 1969. Zu einer jüdischen Organisation, die in den ersten Jahren der Weimarer Republik auch zum Mittel des paramilitärischen Selbstschutzes gegenüber organisierten Antisemiten griff: Ulrich Dunker, *Der Reichsbund jüdischer Frontsoldaten 1919–1938. Geschichte eines jüdischen Abwehrvereins*. Düsseldorf 1977.

Mit dem Verhältnis der deutschen Linken zu Judentum und Antisemitismus befassen sich: Hans-Helmut Knütter, *Die Juden und die deutsche Linke in der Weimarer Republik 1918–1933*. Düsseldorf 1971; Donald L. Niewyk, *Socialist, anti-semite and Jew. German Social Democracy confronts the problem of anti-semitism*. Baton Rouge 1971; Erich Cramer, *Hitlers Antisemitismus und die Frankfurter Schule*. Düsseldorf 1979.

Für die Einstellung einzelner Gruppen der deutschen Gesellschaft gegenüber den Juden: Heinrich August Winkler, *Mittelstand, Demokratie und Nationalsozialismus. Die politische Entwicklung von Handwerk und Kleinhandel in der Weimarer Republik*. Köln 1972; Heinrich Uhlig, *Die Warenhäuser im Dritten Reich*. Köln 1956; Iris Hamel, *Völkischer Verband und nationale Gewerkschaft. Der Deutschnationale Handlungsgehilfenverband 1893–1933*. Frankfurt 1967; Jens Flemming, *Landwirtschaftliche Interessen und Demokratie. Ländliche Ge-*

sellschaft, Agrarverbände und Staat 1890–1925. Bonn 1978. Zur sozialen Struktur einer radikal antisemitischen Organisation: Uwe Lohalm, *Völkischer Radikalismus. Die Geschichte des Deutschvölkischen Schutz- und Trutzbundes 1919–1923*. Hamburg 1970.

Zum studentischen Antisemitismus: Michael H. Kater, *Studentenschaft und Rechtsradikalismus in Deutschland 1918–1933*. Hamburg 1975; Hans-Peter Bleuel, Ernst Klinnert, *Deutsche Studenten auf dem Weg ins Dritte Reich*. Gütersloh 1967; Anselm Faust, *Der Nationalsozialistische Deutsche Studentenbund in der Weimarer Republik*. 2 Bde, Düsseldorf 1973. Speziell zu Freiburg: Wolfgang Kreutzberger, *Studenten und Politik 1918–1933. Der Fall Freiburg im Breisgau*. Göttingen 1972.

Zu Martin: Judenverfolgung und -vernichtung unter der nationalsozialistischen Diktatur

Den besten Überblick zum Stand der Forschung vermittelt der umfassende Literaturbericht von Konrad Kwiet, *Zur historiographischen Behandlung der Judenverfolgung im Dritten Reich*. Militärgeschichtliche Mitteilungen 27 (1980), S. 149–192. Das deutschsprachige Standardwerk von Uwe D. Adam, *Judenpolitik im Dritten Reich*. Düsseldorf 1972 beinhaltet primär die Fakten der Verfolgung bis zur »Endlösung«. Die beste Bestandsaufnahme über die unterschiedlichsten Aspekte der nationalsozialistischen Judenpolitik und deren kontroverse Deutungen findet sich im Juliheft 1980 *Reflections on the Holocaust* der Zeitschrift ›The Annals of the American Academy of Political and Social Science‹. Informativster, kürzester Abriß mit Dokumenten von Wolfgang Scheffler, *Judenverfolgung im Dritten Reich*. Berlin 1960.

Zu den Wahlergebnissen in Freiburg (1138 Juden), Breisach (231 Juden), Eichstetten (98 Juden) und Ihringen (91 Juden) siehe die amtlichen Darstellungen in ›Freiburger Zeitung‹ und ›Der Alemanne‹. Bereits bei den Wahlen im Juli und November 1932 hatte der Stimmenanteil der Nationalsozialisten in den beiden jüdischen Landgemeinden außergewöhnlich hoch gelegen (Ihringen 78 bzw. 72 Prozent, Eichstetten 59,7 bzw. 65 Prozent) und keine Entsprechung in vergleichbaren, wirtschaftlich ebenfalls verelendeten Gemeinden gehabt.

Für die Vorgänge an der Freiburger Universität allgemein Wolfgang Kreutzberger, *Studenten und Politik 1918–1933. Der Fall Freiburg im Breisgau*. Göttingen 1972.

Zur Vielschichtigkeit des Antisemitismus in der NSDAP das gelungenste Werk zur Judenpolitik bis Kriegsbeginn von Karl A. Schleunes, *The twisted road to Auschwitz. Nazi policy towards German Jews 1933–1939*. University of Illinois Press 1972. Rationale Deutung der Rassenlehre Hitlers bei Rupert Breitling, *Die nationalsozialistische Rassenlehre*. Meisenheim 1971, und Eberhard Jäckel, *Hitlers Weltanschauung*. Tübingen 1969; psychoanalytische Deutungsversuche u. a.

Martin Broszat, *Hitler und die Genesis der Endlösung*. Vierteljahrshefte für Zeitgeschichte 25 (1977), S. 739–775; Alice Miller, *Am Anfang war Erziehung*. Frankfurt am Main 1980, insbes. S. 169–231, und Rudolph Binion, *... daß Ihr mich gefunden habt. Hitler und die Deutschen. Eine Psychohistorie*. Stuttgart 1978.

Zum Einfluß der jüdischen Protokolle siehe Norman Cohn, *Die Protokolle der Weisen von Zion. Der Mythos von der jüdischen Weltverschwörung*. Köln 1969 (amerik. Ausgabe New York 1967); zur Auslegung durch Alfred Rosenberg: ders., *Die Protokolle der Weisen von Zion und die jüdische Weltpolitik*. München 1923.

Grundlegende Studie zur Wirtschaftspolitik gegenüber den Juden und somit zur Rolle Schachts und Görings: Helmut Genschel, *Die Verdrängung der Juden aus der Wirtschaft im Dritten Reich*. Göttingen 1966. Zur Hetze des ›Stürmer‹ und seiner Resonanz: Fred Hahn (Hg.), *Lieber Stürmer. Leserbriefe an das NS-Kampfblatt*. Stuttgart 1977. Zur Judenpolitik der SS: Heinz Höhne, *Der Orden unter dem Totenkopf. Die Geschichte der SS*. Gütersloh 1967, S. 298–368.

Zur jüdischen Reaktion: Sholem Adler-Rudel, *Jüdische Selbsthilfe unter dem Nazi-Regime 1933–1939*. Tübingen 1974, und Ernst Simon, *Bewährung im Untergang. Jüdische Erwachsenenbildung im nationalsozialistischen Deutschland als geistiger Widerstand*. Tübingen 1959; zur Auswanderung: Werner Feilchenfeld u. a., *Haavara-Transfer nach Palästina und Einwanderung deutscher Juden*. Tübingen 1972; Rolf Vogel, *Ein Stempel hat gefehlt. Dokumente zur Emigration deutscher Juden*. München 1977.

Zur restriktiven Einwanderungspolitik des Auslandes, insbes. der USA, Arthur D. Morse, *Die Wasser teilten sich nicht*. Bern 1968 (amerikan. Ausgabe New York 1968).

Zur Haltung der Kirchen im Frühjahr 1933 auf die antisemitische Politik des Regimes: Klaus Scholder, *Die Kirchen und das Dritte Reich*. Bd. 1: *Vorgeschichte und Zeit der Illusionen 1918–1934*. Berlin 1977, S. 322–387.

Zur »Endlösung« noch immer nicht übertroffen als beste Gesamtdarstellung: Gerald Reitlinger, *Die Endlösung. Hitlers Versuch der Ausrottung der Juden Europas 1939–1945* (engl. Erstausgabe 1953) Berlin 5. Aufl. 1979. Dezidiert die These von der Folgerichtigkeit der nationalsozialistischen Judenpolitik und somit deren Kontinuität verficht Lucy S. Dawidowicz, *The war against the Jews, 1933–1945*. London 1975.

Zu den unterschiedlichen Deutungsversuchen der Historiker siehe John S. Conway, *The Holocaust and the historians*. In: *Reflections on the Holocaust*, a. a. O., sowie Kwiet, a. a. O., S. 160ff. Grundlegender deutschsprachiger Aufsatz zur planmäßigen Verbindung von Ostkrieg und Judenvernichtung: Andreas Hillgruber, *Die »Endlösung« und das deutsche Ostimperium als Kernstück des rassenideologischen Programms des Nationalsozialismus*. Vierteljahrshefte für Zeitgeschichte 20 (1972), S. 133–153; zum quasi-religiösen Charakter der nationalsozialistischen antisemitischen Ideologie: Erich Goldhagen, *Weltanschauung und Endlösung. Zum Antisemitismus der nationalsozialistischen Führungsschicht.* Vierteljahrshefte für Zeitgeschichte 24 (1976), S. 379–405.

Zum Nisko-Plan: Seev Goshen, *Eichmann und die Nisko-Aktion im Oktober 1939.* Vierteljahrshefte für Zeitgeschichte 29 (1981), S. 74–96. Zum Madagaskar-Projekt, das der deutsche Orientalist Paul de Lagarde 1885 erstmals verfocht, siehe Leni Yahil, *Madagascar-Phantom of a solution for the Jewish question.* In: B. Vago and G. L. Mosse (Hg.), *Jews and Non-Jews in Eastern Europe.* Jerusalem 1974, S. 315–329.

Zum Anteil der deutschen Geisteswissenschaftler an der antisemitischen Propaganda siehe das bislang einzige, in der Wertung zu negative Werk von Max Weinreich, *Hitler's professors. The part of scholarship in Germany's crimes against the Jewish people.* New York 1946; zu allgemein wiederum: Ernst Nolte, *Zur Typologie des Verhaltens der Hochschullehrer im Dritten Reich.* Aus Politik und Zeitgeschichte, 17. Nov. 1965.

Der Historiker Johann von Leers, Universitätsprofessor in Jena, stellt mit seinen antisemitischen Hetzschriften, wie z.B. *Die Verbrechernatur der Juden.* Berlin 1944, das extremste Beispiel eines »Schreibtischtäters« dar.

Für die Geschichte der Juden unter dem Islam Léon Poliakov, *Geschichte des Antisemitismus.* Bd. 3: *Religiöse und soziale Toleranz unter dem Islam.* Worms 1979; für die Juden in Ostasien: Donalds D. Leslie, *The survival of the Chinese Jews. The Jewish community of Kaifeng.* Leiden 1972 und David Kranzler, *Japanese, Nazis, and Jews. The Jewish refugee community of Shanghai, 1938–1945.* New York 1976.

Zum Problem der Schuldfrage: Karl Jaspers, *Die Schuldfrage.* Heidelberg 1946.

Zu Schramm: Die Juden als Minderheit in der Geschichte

Allgemeine Darstellungen zur beruflichen Situation der Juden: Helmut Genschel, *Die Verdrängung der Juden aus der Wirtschaft im Dritten Reich.* Göttingen 1968; J. Lestschinsky, *Das wirtschaftliche Schicksal des deutschen Judentums. Aufstieg, Wandlung, Krise, Ausblick.* Berlin 1933; Arthur Ruppin, *Die Juden der Gegenwart. Eine sozialwissenschaftliche Studie.* 2. Aufl. Köln 1911 (S. 37–41: Verteilung der Juden über die Welt); Jacob Segall, *Die beruflichen und sozialen Verhältnisse der Juden in Deutschland.* Berlin 1912; Heinrich Silbergleit, *Die Bevölkerungs- und Berufsverhältnisse der Juden im Deutschen Reich.* Bd. 1, Berlin 1930; Raphael Straus, *Die Juden in Wirtschaft und Gesellschaft. Untersuchungen zur Geschichte einer Minorität.* Frankfurt a. M. 1964; Jacob Toury, *Soziale und politische Geschichte der Juden in Deutschland 1847–1871.* Düsseldorf 1977 (u. a. über die demographische Entwicklung der deutschen Juden); Werner Sombart, *Die Juden und das Wirtschaftsleben.* Leipzig 1911, Neudruck München 1928. Kritisch dazu u. a. Lujo Brentano, *Die Anfänge des modernen Kapitalismus.* München 1916; Felix Rachfahl, *Das Judentum und die Genesis des modernen Kapitalismus.* Preußische Jahrbücher 147 (1912), S. 13–86. Vom jüdischen Standpunkt: Rabbiner Dr. M. Hoffmann: *Judentum und Kapitalismus. Eine kritische Würdigung von Werner Sombarts ›Die Juden und das Wirtschaftsleben‹. Berlin 1912.*

Als Beispiel für gehässig-verzerrte Darstellung der jüdischen Bevölkerungs- und Tätigkeitsentwicklung s. u. a. *Die Juden in Deutschland.* Hg. vom Institut zum Studium der Judenfrage. München 1935.

Über die Juden im ehemaligen Polen-Litauen s. Gottfried Schramm, *Ostjuden als soziales Problem des 19. Jahrhunderts.* In: *Gesellschaft, Recht und Politik.* Festschrift Wolfgang Abendroth. Neuwied 1968.

Zu den Lemberger Armeniern: Eleonora Nadel-Golubič, *Armenians and Jews in medieval Lvov. Their role in oriental trade 1400–1600.* Cahiers du Monde Russe et Soviétique 20 (1979), S. 345–388; Gottfried Schramm, *Lemberg und die Reformation.* Jahrbücher für Geschichte Osteuropas 11 (1963), S. 343–350.

Zu den Altgläubigen in Rußland: W. L. Bidwell, *The Old Believers and the rise of private industrial enterprise in early 19th century Moscow.* Slavic Review 24 (1965), S. 407–427. Zu den Hugenotten: Herbert Lüthy, *La Banque Protestante en France de l'Édit de Nantes à la révolution.* 2 Bde, Paris 1959–61. Zu den nonkonformistischen Gruppen in England: Isidor Thorner, *Ascetic protestantism and the development of science and technology.* American Journal of Sociology 58 (1952), S. 25–33. Zu den Kopten in Ägypten: C. Detlef G. Müller, *Grundzüge des christlich-islamischen Ägypten von der Ptolemäerzeit bis zur Gegenwart.* Darmstadt 1969. Zu den Indern in Ostafrika: Dietmar Rothermund, *Die politische und wirtschaftliche Rolle der asiatischen Minderheit in Ostafrika.* Berlin 1965.

Allgemein über »Selbständigkeit« fördernde Faktoren: Rudolf Braun, *Zur Einwirkung sozio-kultureller Umweltbedingungen auf das Unternehmerpotential und das Unternehmerverhalten.* In: Wolfram Fischer (Hg.): *Wirtschafts- und sozialgeschichtliche Probleme der frühen Industrialisierung.* Berlin 1968.

KLAUS DEPPERMANN, geb. 1930, ist seit 1977 Professor für Neuere Geschichte an der Universität Freiburg i. Br.

Veröffentlichungen u. a.: *Der hallesche Pietismus und der preußische Staat unter Friedrich III. (I.)* (1961); *Melchior Hoffman. Soziale Spannungen und apokalyptische Visionen im Zeitalter der Reformation* (1979); Mitherausgeber des Jahrbuches *Pietismus und Neuzeit,* Mitglied der Historischen Kommission zur Erforschung des Pietismus.

FRANÇOIS GEORGES DREYFUS, geb. 1928, docteur ès lettres (1958), ist seit 1969 Professor für Zeitgeschichte an der Universität Straßburg. Dort leitete er von 1969 bis 1980 das »Institut d'Études Politiques«, seit 1980 das »Institut des Hautes Études Européennes«. Seine Forschungen konzentrieren sich auf die Geschichte Deutschlands: *Sociétés et mentalités à Mayence* (1968); *Histoire des Allemagnes* (1972) und die zeitgenössische politische und religiöse Geschichte Frankreichs: *Les forces religieuses dans la société française* (1966); *Histoire des gauches en France 1940–1974* (1974).

KARL SUSO FRANK, geb. 1933, Dr. theol., ist seit 1974 Professor für Alte Kirchengeschichte und Patrologie an der Universität Freiburg i. Br.

Veröffentlichungen u. a.: *Angelikos Bios* (1964); *Mönche im frühchristlichen Ägypten* (1967); *Frühes Mönchtum im Abendland* (1975); *Grundzüge der Geschichte des christlichen Mönchtums* (3. Aufl. 1979); *Das Klarissenkloster Söflingen* (1980).

JACOB GOLDBERG, geb. 1924, Dr. phil., bis 1967 Adjunkt an der Universität Lodz; 1967–1969 Research Fellow, danach Professor für Allgemeine Geschichte an der Hebräischen Universität in Jerusalem.

Veröffentlichungen u. a.: *Die Agrarverhältnisse in den Städten des Landes Wieluń in der zweiten Hälfte des 17. Jahrhunderts und im 18. Jahrhundert* (poln., 1960); *Die »Hauländersiedlung« in den ehemaligen Lentschützer und Sieradzer Wojewodschaften* (poln., 1957); *Die neuen Städtelokationen in den ehemaligen Lentschützer und Sieradzer Wojewodschaften* (poln., 1964); *Die Manufakturen im Osten Großpolens im 18. Jahrhundert* (poln., 1968); *Poles and Jews in the 17th and 18th centuries. Rejection or acceptance* (Jahrbücher für Geschichte Osteuropas, 1974); *Jewish privileges in the Polish Commonwealth* (im Druck).

FRANTIŠEK GRAUS, geb. 1921, Dr. phil., Dr. phil. h. c., Professor für mittelalterliche Geschichte in Prag, Gießen und seit 1972 in Basel.

Veröffentlichungen u. a.: Zahlreiche Beiträge in verschiedenen Zeitschriften und Sammelwerken. Acht Bücher, davon vier in deutscher Sprache: *Volk, Herrscher und Heiliger im Reich der Merowinger* (1965); *Struktur und Geschichte. Drei Volksaufstände im mittelalterlichen Prag* (1971); *Lebendige Vergangenheit. Überlieferung im Mittelalter und in den Vorstellungen vom Mittelalter* (1975); *Die Nationenbildung der Westslawen im Mittelalter* (1980).

HEIKO HAUMANN, geb. 1945, Dr. phil., ist seit Ende 1977 Privatdozent für Neuere und Osteuropäische Geschichte an der Universität Freiburg i. Br.

Veröffentlichungen u. a.: *Beginn der Planwirtschaft* (1974); *Geschichte und Gesellschaftssystem der Sowjetunion* (1977); *Kapitalismus im zaristischen Staat 1906–1917* (1980).

HEINZ HOLECZEK, geb. 1930, Dr. phil., ist seit 1981 Privatdozent für Neue und Neueste Geschichte an der Universität Freiburg i. Br.

Arbeitet vornehmlich zum Verhältnis von Humanismus und Reformation (Humanistische Bibelphilologie als Reformproblem, Thomas More und die englische Bibel, Erasmus und Luther), zur Verbreitung und Rezeption des Erasmus in der reformatorischen Öffentlichkeit (›Erasmus deutsch‹. Bibliographie der volkssprachlichen Erasmusausgaben im 16. Jahrhundert; Erasmus als Autor von Reformationsflugschriften), und zur Entstehung der bürgerlichen Gesellschaft im 18. und 19. Jahrhundert (Septemberkrise der 48er Revolution, inner- und außerparlamentarische Bewegungen im Vormärz und 1848).

HEINZ-DIETRICH LÖWE, geb. 1944, Dr. phil., ist seit 1975 Wissenschaftlicher Angestellter am Historischen Seminar, Abteilung Osteuropa, der Universität Freiburg i. Br.; 1977/78 Lehrauftrag an der Universität Bielefeld.

Veröffentlichungen u. a.: *Antisemitismus und reaktionäre Utopie. Russischer Konservatismus im Kampf gegen den Wandel von Staat und Gesellschaft 1890–1917* (1978); *Von der Industrialisierung zur Ersten Revolution, 1890–1904.* In: *Handbuch der Geschichte Rußlands,* Bd. 3 (1981).

BERND MARTIN, geb. 1940, Dr. phil., ist seit 1976 Professor für Neuere und Neueste Geschichte an der Universität Freiburg i. Br.

Veröffentlichungen u. a.: *Deutschland und Japan im Zweiten Weltkrieg* (1969); *Friedensinitiativen und Machtpolitik im Zweiten Weltkrieg 1939–1942* (2. Aufl. 1976). Herausgeber von: *Die deutsche Beraterschaft in China. Militär – Wirtschaft – Außenpolitik* (1981). Daneben zahlreiche Aufsätze zur deutschen und japanischen Zeitgeschichte.

DIETER MERTENS, geb. 1940, Dr. phil., ist seit 1977 Privatdozent für Mittlere und Neuere Geschichte und Landesgeschichte an der Universität Freiburg i. Br.

Veröffentlichungen u. a.: *Iacobus Carthusiensis. Untersuchungen zur Rezeption der Werke des Kartäusers Jakob von Paradies, 1381–1465* (1976); *Geschichte der politischen Ideen im Mittelalter.* In: Hans Fenske u. a., *Geschichte der politischen Ideen* (1981); daneben Aufsätze zu Spätmittelalter und Humanismus. Mit Otto Herding Herausgeber der Briefe Jakob Wimpfelings und mit Theodor Verweyen Herausgeber der Gesammelten Werke Julius Wilhelm Zincgrefs.

WALTER SCHMITTHENNER, geb. 1916, Dr. phil., D. Phil. (Oxon.), ist seit 1967 Professor für Alte Geschichte an der Universität Freiburg i. Br.

Veröffentlichungen u. a.: *Oktavian und das Testament Caesars* (2. Aufl. 1973); *Rome and India* (JRS 1979). Herausgeber u. a. von: *Augustus* (1969); *Der deutsche Widerstand gegen Hitler* (mit H. Buchheim, 1966); M. Krehbiel-Darmstädter, *Briefe aus Gurs und Limonest 1940–1943* (1970); Mitherausgeber der *Saarbrücker Beiträge zur Altertumskunde* und des *Gnomon.*

GOTTFRIED SCHRAMM, geb. 1929, Dr. phil., ist seit 1965 Professor für Neuere und Osteuropäische Geschichte an der Universität Freiburg i. Br.

Veröffentlichungen u. a.: *Der polnische Adel und die Refor-*

mation 1548–1607 (1965); *Nordpontische Ströme. Namenphilologische Zugänge zur Frühzeit des europäischen Ostens* (1973); *Eroberer und Eingesessene. Geographische Lehnnamen als Zeugen der Geschichte Südosteuropas im 1. Jahrtausend n. Chr.* (1981). Mitherausgeber und Mitarbeiter des *Handbuchs der Geschichte Rußlands,* 3 Bde (1979ff.). Zahlreiche Aufsätze zur modernen Geschichte, besonders Polens und Rußlands.

Ernst Schulin, geb. 1929, Dr. phil., Professor für Neuere Geschichte 1967–1974 an der TU Berlin, seither an der Universität Freiburg i. Br.

Veröffentlichungen u. a.: *Die weltgeschichtliche Erfassung des Orients bei Hegel und Ranke* (1958); *Handelsstaat England. Das politische Interesse der Nation am Außenhandel vom 16. bis ins frühe 18. Jahrhundert* (1969); *Traditionskritik und Rekonstruktionsversuch. Studien zur Entwicklung von Geschichtswissenschaft und historischem Denken* (1979); *Walther Rathenau, Repräsentant, Kritiker und Opfer seiner Zeit* (1979); Herausgeber des Sammelbandes *Universalgeschichte* (1974) und der *Gespräche mit Rathenau* (1980); Mitherausgeber der Walther Rathenau-Gesamtausgabe.

Heinrich August Winkler, geb. 1938, Dr. phil., ist seit 1972 Professor für Neuere und Neueste Geschichte an der Universität Freiburg i. Br.

Veröffentlichungen u. a.: *Preußischer Liberalismus und deutscher Nationalstaat* (1964); *Mittelstand, Demokratie und Nationalsozialismus* (1972); *Revolution, Staat, Faschismus* (1978); *Liberalismus und Antiliberalismus* (1979); *Die Sozialdemokratie und die Revolution von 1918/19* (2. Aufl. 1980). Herausgeber von: *Die große Krise in Amerika* (1972); *Organisierter Kapitalismus. Voraussetzungen und Anfänge* (1973); *Nationalismus* (1978); *Politische Weichenstellungen im Nachkriegsdeutschland 1945–1953* (1979); *Bibliographie zum Nationalismus* (mit Th. Schnabel, 1979); *Wendepunkte deutscher Geschichte 1848–1945* (mit C. Stern, 2. Aufl. 1979). Mitherausgeber der Zeitschrift *Geschichte und Gesellschaft.*

Hans-Günter Zmarzlik, geb. 1922, Dr. phil., ist seit 1961 Professor für Neuere und Neueste Geschichte an der Universität Freiburg i. Br.

Veröffentlichungen u. a.: *Bethmann Hollweg als Reichskanz-*

ler (1957); *Die Geschichtswissenschaft an der Universität Freiburg in der zweiten Hälfte des 19. Jahrhunderts* (1957, mit C. Bauer und E. W. Zeeden); *Der Sozialdarwinismus in Deutschland. Ein Beitrag zur Vorgeschichte des Dritten Reiches.* (1961, MS); *Wieviel Zukunft hat unsere Vergangenheit?* (1970). Aufsätze zur Geschichte des Bildungsbürgertums im 19. und 20. Jahrhundert.

Personenregister